百年苏州经济简史

中共苏州市委党史工作办公室
王玉贵 编著

图书在版编目(CIP)数据

百年苏州经济简史 / 中共苏州市委党史工作办公室，王玉贵编著. —苏州：苏州大学出版社，2021.8
ISBN 978-7-5672-3668-4

Ⅰ.①百… Ⅱ.①中… ②王… Ⅲ.①经济史—研究—苏州 Ⅳ.①F127.533

中国版本图书馆 CIP 数据核字(2021)第 148851 号

书　　名：百年苏州经济简史
BAINIAN SUZHOU JINGJI JIANSHI

编 著 者：中共苏州市委党史工作办公室　王玉贵
责任编辑：孙佳颖　冯　云
装帧设计：吴　钰

出版发行：苏州大学出版社(Soochow University Press)
社　　址：苏州市十梓街 1 号　**邮编**：215006
网　　址：www.sudapress.com
邮　　箱：sdcbs@suda.edu.cn
印　　装：苏州市深广印刷有限公司
邮购热线：0512-67480030　**销售热线**：0512-67481020
网店地址：https://szdxcbs.tmall.com/(天猫旗舰店)

开　　本：718 mm×1 000 mm　1/16　**印张**：22　**字数**：395 千
版　　次：2021 年 8 月第 1 版
印　　次：2021 年 8 月第 1 次印刷
书　　号：ISBN 978-7-5672-3668-4
定　　价：60.00 元

目 录

绪 论

本书是为纪念中国共产党成立100周年而编写的，主要叙述自1921年中国共产党成立以来苏州地区的经济发展情况。就苏州地区而言，中国共产党在新民主主义革命时期的经济活动比较有限，因此，本书将叙述的重点放在1949年中华人民共和国成立后的经济变革和发展上。

或许是考虑到中国的特殊国情，中国经济史研究一直有着高度重视制度变革在经济活动中的重要作用的传统，本书也不例外。在制度学派看来，制度变革在经济社会发展中起着决定性的作用。制度学派的集大成者道格拉斯·C.诺斯曾指出："制度构造了人们在政治、社会或经济方面发生交换的激励结构，制度变迁则决定了社会演进的方式，因此，它是理解历史变迁的关键。"[1] 尤其是在我国这样的单一制国家里，制度的重要性是不言而喻的。对此，毛泽东曾指出："制度是主要的。"[2] 邓小平也多次指出：制度是决定因素[3]，制度问题"更带有根本性、全局性、稳定性和长期性"[4]。尽管毛泽东、邓小平在表达上述观点时的具体语境各不相同，但他们均清醒地认识到并十分强调制度问题的重要性。据此，本书在侧重阐述近百年来苏州地区经济活动的发展历程时，对制度特别是与经济活动紧密相连的诸如土地改革、农业合作化运动、资本主义工商业和手工业的社会主义改造、人民公社化运动、社会主义教育运动、联产承包责任制、市场化的改革取向、建立现代企业制度、新农村建设等一系列重要的制度变革问题不仅没有回避，而且给予了更多的关注，在某种程度上还将其作为百年苏州经济发展的历史主线来进行论述，这既是对中国经济

[1] [美] 道格拉斯·C. 诺斯：《制度、制度变迁与经济绩效》，刘守英译，上海三联书店1994年版，第3页。

[2] 中华人民共和国外交部、中共中央文献研究室：《毛泽东外交文选》，中央文献出版社、世界知识出版社1994年版，第293页。

[3] 邓小平：《邓小平文选（第二卷）》，人民出版社1994年版，第308页。

[4] 邓小平：《邓小平文选（第二卷）》，人民出版社1994年版，第333页。

史研究中传统做法的继承与延续，也是对百年历史变迁主调的某种关切和回应。

一、中国共产党在苏州地区的早期经济工作

中国共产党在苏州地区领导开展经济工作，主要是从1949年4月苏州解放后开始的。此前，党在经济上的工作主要包括以下几个方面的内容：一是在城市，支持工人开展罢工和其他合法斗争，以改善工作条件，增加工人收入。二是在农村，领导和支持农民开展土地革命和减租减息斗争，以减轻农民负担，使他们能够支持和参加革命活动。三是在抗日战争时期，按照有钱出钱、有力出力的原则，向大室富户筹集粮款并在根据地内进行力所能及的经济建设，征收赋税，以保证革命战争的进行。四是在解放战争后期特别是在国民党全面溃逃之际，发动人民群众，进行阻止国民党军政人员破坏和劫掠公私财产的活动。这些活动的开展，使党在掌握政权后能较快熟悉并领导经济的恢复和建设工作。

由于苏州地区一直处于国民党和日伪统治的中心地带，中国共产党未能在此建立长期、巩固的革命根据地或抗日根据地，无法从事较为稳定的工农业生产，无法保证军需民用。为了解决党所开展的革命斗争的物资需求问题，在抗日战争中，党组织积极动员殷实人家支持抗日事业。例如，在昆山县，党组织就通过积极工作，成功地争取到曾与党有过接触、政治上倾向进步的绅士陶一球对党所领导的抗日斗争提供物资支援，陶一球本人后来还直接投身抗日斗争事业。为解决军需给养，党组织有时也会在民众中开展临时性的募捐工作。1939年5月，新四军领导的江南抗日义勇军（以下简称“江抗”）进入常熟等地后，为解决水乡的交通运输问题，动员民众将船只贡献出来，有时一次就要出动几十、上百条船只。“江抗”还通过当地的妇女组织发动群众为部队做军鞋、军衣；通过抗日儿童团为军队募集草鞋，其中一次就募集了3 000双；动员民众向部队输送猪肉、鸡蛋、毛巾和纸笔等慰问品。[1]

抗战进入相持阶段后，日本侵略军主力向中国内地突进，敌我攻伐主要集中在华北、华中、华南甚至西南地区，地处敌人后方的苏州一带主要由汪伪国民政府负责维持统治秩序，这为中国共产党在敌人力量相对薄弱的苏州地区建

---

[1] 中共苏州市委党史工作办公室：《苏州抗日斗争史》，古吴轩出版社2005年版，第135页。

立抗日根据地、进行政权建设和赋税征收提供了可能。

随着“江抗”主力的东移，军需供应和各项开支相应增加，仅伙食费一项每天亟需大米60石[1]左右。为满足这一需求，中共常熟县委于1939年8月成立县财务委员会（又称“财政经济委员会”，以下简称“财委会”），统一管理辖内的财经工作，分设徐市、森泉、吴市、何项等税区，并在主要水陆通道口设立税卡。财委会坚持既有利于筹集抗日经费，又有利于人民生产和生活的原则，根据游击区的具体情况，制定了不同的税规、税法，按规收税。为控制根据地粮食出口和商贩偷税漏税，财委会还组织缉私队，打击走私活动。

与此同时，中国共产党还在其所控制的农村地区开展减租减息运动，并组织乡村工业建设。为此，财委会不久被扩建为东路经济委员会（以下简称“东路经委会”）。在开征1939年田赋时，东路经委会召开上层人士座谈会，明确表示游击区内允许地主收租，但必须实行减租，获得了地主的同意，并很快就完成了当年的田赋征收任务。常熟东乡的森泉、周行、兴隆、塘桥一带棉纺织业一向较为发达，全面抗战爆发后一些原来设在城市的棉纺织厂相继搬迁到农村集镇开工复业，从业人员有3 000多人，有布机50台以上的工厂就有20家左右。东路经委会积极协助厂家采购原料、降低税率，打破日伪的棉业统制规定。东路经委会还与布厂资方商定，各出资1万元在森泉合资开办了一家拥有人力布机100台、职工100多人的同禾布厂。布厂开工后，仅1940年就生产了1.6万多匹棉布，在满足军需民用、团结工商业者等方面起到了很大作用。经过努力，1939年7月到1940年6月东路经委会共获得田赋和税收60万元左右，除满足本地军需外，还拨出约30万元支援苏北新四军。[2]

随着抗日武装的不断壮大，加上国民政府在皖南事变后停发了新四军的军饷，活跃在苏州地区的中国共产党所领导的抗日武装，按照中共中央“发展生产，保障供给”“自己动手，丰衣足食”的要求，不断加强和改进财经工作。皖南事变后不久，在筹建江南行政委员会时，成立了江南财经处，并在苏常太、澄锡虞成立了两个财经委员会，各县、区抗日民主政府都设立了财经科或财经股。1941年元旦前夕，中共召开了东路财经会议，统一了苏常太、澄锡虞6县的税法税则，同时决定严把进出口关，展开反封锁、反掠夺的经济斗争。

---

[1] 1石，即100升。

[2] 中共苏州市委党史工作办公室：《苏州抗日斗争史》，古吴轩出版社2005年版，第158-159页。

对向根据地进口的粮食、棉纱、食盐、药品等实行免税政策，严禁粮食和废铜铁等的出口。为增加税收，税务干部还深入敌占区征税。在广大税务干部的努力下，苏常地区的各项税收总额达 70 余万元。

在田赋的征收上，各抗日民主政府按照“合理负担”的原则，在实行“二五减租”的基础上，采取“赋从租出”的方式，从佃农交给地主的地租中征收赋税。同时按累进率计征，田多者多交。对贫苦农民或确属减收者、失收者，予以减免；对抗日军属，实行优待减征。1940 年秋冬，苏州、常熟两县共征田赋约 200 万元，占全部抗日经费的 70%。

中国共产党还领导成立了江防管理局和江防大队，控制了沙洲境内从张家港以东到十一圩之间的各个港口。通过这些港口，建立起了根据地和上海等地之间的交通运输线，从上海等地源源运进棉纱、布匹、药材、日用品及军需物资、军工器材等，并转送到苏北新四军部队，同时大量运出棉花、蚕丝等农产品。江防管理局还在所控制的各港口及内河航道设立税卡，征收货物通行税，每天征税量在 7 000~10 000 元。苏常太经济委员会则在常熟境内沿江的白茆口典当桥、福山港附近耿泾口和浒浦先生桥港等地，设卡征税。

苏常太经济委员会还在根据地内开展了合作事业，兴办了消费、食粮、生产等多种形式的合作社，其中消费合作社由群众集资入股，趸批购进日用品后以稍低于一般商店的价格向社员销售，年终如有盈余则按股分红。苏州、常熟两县的许多农村地区普遍建立了这种合作社。食粮合作社大多建在纯棉区，以低于市场的价格向棉农销售粮食，并帮助农民销售棉花。沙洲后塍区建立了区级生产合作社。

为了尽可能将日伪统治区通货快速膨胀的消极影响降到最低，并满足民众日常消费活动对资金的需求，根据地内还自行发行货币。东路经委会先以长亳塘、清墩塘、七浦塘三条河流为名，发行“长清浦”代价券，作为辅币进行流通。1941 年年初，随着根据地的扩大，东路经委会又发行了“江南商业货币券”，分主币、辅币两种。主币面额分为一元、五元、十元（未真正发行）三种，辅币为一角、二角、五角三种，同时收回“长清浦”辅币。为稳定币值、树立信誉，各县都建立了基金保管委员会，购买一定数量的粮棉寄存在各地商行作为后备基金。

根据地内还设有修理枪械和缝制军服的机构。1940 年 10 月，在常熟人民抗日自卫队修械组的基础上，建立了枪械修理所，有工人四五十人，大多是从上海动员而来的五金机械工人。部队的军服，起初由“江抗”唐市办事处委托镇上的“祥记”成衣铺加工。1940 年 7 月，“祥记”成衣铺扩大为军服加工厂，由抗日民主政府投放棉布委托其加工军需服装，并在淼泉、徐市建立了两个各有十多名裁缝组成的军服加工组，其中徐市加工组能在几天内赶制 1 000 套军帽、军衣、内衣和绑腿布，满足部队迅速扩大的需要。

工农运动中涌现出来的积极分子及根据地和游击区财经工作的开展，不仅满足了战时的物资需求，而且为中国共产党在掌握政权后从事经济的恢复和建设工作积累了难得的经验，培养了管理和技术人才。

二、苏州城乡经济的近代发展

自人类文明诞生以来，除了春秋、战国及三国两晋等少数时期外，在历史发展的长河中，与北方地区周而复始地频繁发生大规模战乱和时局动荡的情形相比，苏州地区的政治局面从总体上来说较为稳定，这为区域经济的持续发展和经济力量的快速提升提供了有利条件。

（一）自然经济状态下的苏州经济发展

苏州地区气候温润，土壤肥沃，民众聪明、勤劳，适于工农业生产的进行。与中原地区最初出现的采集和狩猎经济不同，早在文明起源之际，吴地先民就逐步形成了适合水乡泽国自然状况的生产生活方式，过着温饱有余、难称富庶的自足生活。司马迁在《史记·货殖列传》中描述吴地当时的经济情形时说：“地广人希（稀），饭稻羹鱼，或火耕而水耨，果隋蠃蛤，不待贾而足，地势饶食，无饥馑之患，以故呰窳偷生，无积聚而多贫。”这是基本符合历史事实的。自泰伯、仲雍奔吴，为中原地区带来先进的农业生产技术、修建水利设施后，苏州的经济开发很快就驶入了快车道。到了春秋时期，苏州的造船、金属冶炼（特别是铸剑）、稻作、植桑、养蚕、制丝、水利和建筑工程等技术均已处于领先位置。

秦汉时期，一方面，受到秦末和西汉末年长期战乱的影响，大量北方人口向江南迁移；另一方面，铁器和牛耕等先进生产技术在吴地得到推广，吴地农业较之前有所发展，秦汉时期多次出现南粮北运的记载，说明吴地经济缩短了与北方经济的差距。三国至南北朝时期，一方面，因为孙恩、侯景之乱及政权频繁更迭的影响，苏州一直处在动荡的社会局势中；另一方面，苏州因曾是孙吴政权的政治中心，得到精心经营，经济的恢复和发展较快。六朝期间，北方民众特别是不少世家大族为逃避战乱相继南迁，江南地区的经济文化已对北方地区实现了整体超越。隋唐时期，北方人口仍在持续大规模南迁，加上大运河的开凿，苏州经济得到较快发展。到唐朝中晚期，苏州已成为江南地区的经济中心和唐王朝赖以生存的财赋重地之一，这是中国经济重心南移过程中的重要标志。

五代宋元时期，大运河水道（系）得到持续改造疏浚，并开挖至和塘等人工水渠，通航灌溉能力有所提升，建设了横塘纵浦的大片农田，形成完整的水利农田网络。加上农具与耕作方法的改进、良种的引进与推广、政局的长期相对稳定，农业常获丰收，产量大幅提高，有亩产多至三石以上的良田，可弥补全国粮食缺口，因而出现“苏湖熟，天下足”的谚言。在农业快速发展支撑下的手工业，得到长足进步。苏州所产丝绸，质量上乘，外形美观，宋锦与缂丝成为重要品牌。由于沿江地区的大量植棉，苏州成了棉织业的重要城市。其他如造船、造纸、印刷、冶铸及金属加工等也堪称发达。从城市到乡镇甚至村野，都相继开放夜市、草市；市面喧闹，人物纷聚，销售纺织、文具、纸张、鱼类、紫莼、珍茗、织席等特色产品。宋元时期，苏州对外贸易特别发达，“舟航往来，给用四方”，太仓刘家港成为与世界相通的“六国码头”，是海上丝绸之路的起点之一。苏州成了江南地区重要的商业中心。

明朝建立后，经过明初社会经济的恢复与发展，苏州社会在明朝中后期既有传承又发生很大变化，主要体现在赋役政策与措施的变化上，导致土地关系随之发生变化，引发商品经济繁盛，包括农村商品经济发达、手工业商品经济兴旺、商业经济繁盛、市镇经济繁荣，出现了被称为“资本主义萌芽”的新经济现象。因此，苏州成为全国赋税的主要来源地，并延至清朝。

有清一代，苏州经历了从初期的恢复、发展与繁荣（清顺治到乾隆年间），到中期的衰退与剧变（清嘉庆到同治初年），最后是变革与转型（清同治初年到宣统年间）。清乾隆二十四年（1759 年）徐扬创作的写实画卷《姑苏繁华图》，非常直观而细致地展示了当时苏州城市商业繁华的盛况：画面有熙来攘往的各色人物 12 000 余人，各色房屋建筑 2 140 余栋，河道中的官船、货船、客船、杂货船、画船、木排、竹筏等约 400 条。街道店肆林立，市招高扬，有 260 余家，各式桥梁 50 余座，文化场景 10 余处。在纷繁错杂的店铺中，有丝绸店铺 14 家，棉花棉布业 23 家，染料染业 4 家，蜡烛业 5 家，酒业 4 家，凉席业 6 家，油漆、漆器业 5 家，铜、铁、锡器业 5 家，金银首饰、珠宝玉器业 8 家，衣服、鞋帽、手巾业 14 家，图书字画、文化用品业 10 家，灯笼业 5 家，竹器业 4 家，窑器、瓷器业 7 家，粮食业 16 家，钱庄、典当业 14 家，酒店、饭馆小吃等饮食副食业31家，医药业13家，烟草业7家，南货业5家，洋货业2家，油、盐、糖、杂货业17家，酱菜业5家，柴炭行3家，皮货行1家，麻行1家，猪行1家，果品业2家，乐器业1家，扇子铺2家，船行3家，茶室6家，澡堂1家，花木业2家，客栈3家，其他行业11家。苏州之繁华尽显其中。

（二）近代以来的苏州经济发展

苏州是全国最早开始近代工业化进程的地方之一，它以19世纪60年代的洋务运动为发轫。苏州地区近代工商业的崛起，可从以下三个方面进行考察和认识。

1. 太平天国对苏州的占领与洋务运动的兴起

太平天国在对苏州繁荣造成严重破坏的同时，又开启了苏州经济近代化的大门，这就是历史的吊诡和辩证之处。太平军占领苏南后，由于接近上海，方便了与洋人的贸易，提升了部队的近代化水平。清同治元年（1862年）天京会战期间，李秀成部队已拥有较多的洋枪、洋炮，湘军将领曾国荃的面颊曾受枪伤，太平军还用“西瓜炸炮”轰击曾国荃部队营垒。清同治二年（1863年）六月，美国人白齐文率领约50名不同国籍的洋人，劫持了“高桥”号轮船，带了大量军火，投归苏州太平军慕王谭绍光的麾下，并训练太平军使用洋枪、洋炮，使太平军受到西方近代化军事训练。据白齐文部下马惇所说，他所见到的太平军部队，有四分之一的兵士佩带洋枪。[1] 昆山等地有不少制造和修理洋枪、洋炮的军工厂。因此，著名史学家董蔡时先生这样评论道：“从十九世纪六十年代开始，太平天国内部也已经开始了‘洋务运动’。”[2] 只不过由于太平天国的失败，其早期近代化事业才戛然而止。

无论就规模还是就成效和影响来说，清军将领为镇压太平天国运动而创办的洋务企业在苏州的近代历史发展中都是空前的。洋务派在苏州创办的近代军事工业最著名的当属苏州洋炮局。苏州洋炮局的前身为上海洋炮局（淞江洋炮局），原为李鸿章所建的一个随军小厂，规模不大，设备简陋，生产方式完全是手工操作，产品也只限于开花炮弹和引信。清同治三年（1864年）年初，江苏巡抚李鸿章将上海洋炮局移驻苏州，占用太平天国纳王府（今桃花坞大街89号，原苏州电扇厂厂址），建立苏州洋炮局，买下了被称为“水上兵工厂”

---

[1] 王崇武、黎世清：《太平天国史料译丛》第1辑，神州国光社1954年版，第73页。

[2] 董蔡时：《曾国藩评传》，苏州大学出版社1996年版，第331页。

的英国阿思本舰队的部分机械设备，其中有蒸汽锅炉、化铁炉、铁水包、车床、铣床、磨床等，初步摆脱了手工操作而进入机器制作阶段，使生产方式发生了根本的变化。

苏州洋炮局是苏州地区第一个引进英国技术的兵工厂，配备以蒸汽锅炉为动力的机械设备，在当时还是比较先进的。仅就技术层面而言，苏州洋炮局已实现了机器生产，且规模不断扩大，其生产的枪弹和炮弹的质量与数量也达到了一定水平。《北华捷报》曾发表有关苏州洋炮局的评论称："现在李抚台所统率的军队，绝大部分的军火是由苏州兵工厂供给的……每星期可以出产 1 500 发到2 000 发的枪弹和炮弹。除了炮弹、药引及自来火之外，还造了几种迫击炮弹，不久的将来就要有毛瑟枪和钢帽加在产品的单子上了。这种工厂对于本省的贡献是难以估计的。"[1] 苏州洋炮局除了制造军火炮弹之外，还根据清政府的指示，培训火器营官兵，令其学习制造洋枪、洋炮技术，培养了一些技术人才。据李鸿章在多次奏本里称，至少有 48 名官兵被分派到苏州洋炮局各局学习制造军火技术，而且已学会了制造开花炮弹。[2]

苏州洋炮局的管理方式尽管沿用过去手工作坊的管理方法，生产的产品不核算成本，直接分配给军队使用，没有内部积累转化的扩大再生产，生产物资实报实销，资金全由国库开支，但它在不经意中成为近代机器生产的开拓者，成为旧生产方式的突破口。正如学者张海林所言：从机器生产这一角度来讲，它对苏州乃至全国都具有经济发展的历史指向意义，它标志着苏州近代工业的诞生，为苏州传统经济的涅槃更新指明了突破的方向。[3]

2. 苏州开埠与外资工商企业的创办

清光绪二十一年（1895 年）签订的中日《马关条约》规定，开放苏州等口岸，允许日本在中国通商口岸城邑，任便从事商业购销、租栈存货、工艺制造、客货运输，而应得优例及利益"均照向开通商海口或向开内地镇市章程一体办理"。根据"利益均沾"的片面最惠国待遇条款，其他列强都享有这项权利。外国资本主义工商业资本从此开始向苏州渗入。根据《苏州对外经济志》的统计资料，清光绪二十二年至宣统二年（1896—1910 年）苏州外商企业简况如表 1 所示。

---

[1] 《北华捷报》，1864 年 4 月 22 日。

[2] 参见黄冰如：《苏州洋炮局》，江苏省政协文史资料委员会、江苏省国防科学技术工业办公室：《江苏近代兵工史略》，《江苏文史资料》第 28 辑，江苏文史资料编辑部 1989 年版，第 23-24 页。

[3] 张海林：《苏州早期城市现代化研究》，南京大学出版社 1999 年版，第 49 页。

表 1 清光绪二十二年至宣统二年（1896—1910 年）苏州外商企业简况表

类别	国别	名称	经营范围	设在地	成立时间
交通	日	大东汽轮公司	客货运输	盘门外租界	清光绪二十二年（1896 年）
商业	日	商店	洋货销售	盘门外租界	清光绪二十二年（1896 年）
交通	日	戴生昌汽轮公司	客货运输	盘门外租界	清光绪二十三年（1897 年）
商业	日	商店	洋货销售	盘门外租界	清光绪二十三年（1897 年）
工业	意	中欧缫丝有限公司	缫丝	盘门外租界	清光绪二十三年（1897 年）
商业	德	商店	洋货销售	盘门外二马路	清光绪二十三年（1897 年）
工业	英	麦兹逊茧灶公司	烘茧	盘门外租界	清光绪二十五年（1899 年）
旅社	日	繁乃家旅馆	日侨旅居	盘门外租界	清光绪二十六年（1900 年）
商业	日	经营菜籽公司	土货购销		清光绪二十六年（1900 年）
交通	英	老公茂汽轮公司	客货运输	盘门外租界	清光绪二十六年（1900 年）
交通	法	立兴汽轮公司	客货运输	盘门外租界	清光绪二十七年（1901 年）
商业	日	蓬莱轩饼干		盘门外大马路	清光绪二十八年（1902 年）
保险	英	永年人寿保险公司	人寿保险	阊门外南阳里	清光绪二十八年（1902 年）
旅社	日	吉原繁子旅馆	日侨旅居	盘门外租界	清光绪三十一年（1905 年）
工业	日	酒作	酿酒	盘门外租界	清光绪三十二年（1906 年）
商业	日	三盛堂大药房	药品销售	养育巷教堂对面	清光绪三十三年（1907 年）
商业	日	东洋堂	洋货销售	盘门外大马路	清光绪三十三年（1907 年）
商业	英	亚细亚石油公司油栈	煤油销售	盘门外大马路	清光绪三十三年（1907 年）
交通	日	日清汽轮公司	客货运输	盘门外租界	清光绪三十三年（1907 年）
商业	英	胜家公司缝纫机器	洋货销售		清宣统元年（1909 年）
商业	日	丸三药店	药品销售	盘门外大马路	清宣统元年（1909 年）
商业	英	亚细亚石油公司油栈	煤油销售	阊门外丁家巷	清宣统元年（1909 年）
商业	英	亚细亚洋油堆栈	煤油销售	万人码头	清宣统元年（1909 年）
商业	英	苏州驻华英美烟公司	纸烟加工销售	阊门外四摆渡	清宣统二年（1910 年）
商业	美	美孚洋油堆栈	煤油销售	灯草桥	清宣统二年（1910 年）
商业	美	美孚洋油栈	煤油销售	三板桥	清宣统二年（1910 年）

上述在苏州设立的外商企业（不含代理机构）共 26 家，其中日商企业共 13 家，英商 8 家，美商 2 家，法商、意商、德商各 1 家。经营范围以交通和商业为主，其中商业 15 家，交通运输业 5 家，从事工业生产的 3 家，另外还有 2 家旅社，1 家保险业。典型代表是英商亚细亚石油公司、美商美孚洋油公司和英美烟公司 3 家国际垄断性企业，它们先后在苏州设立分支机构，通过本地经销商推销洋油、洋烟。其中，亚细亚石油公司苏州分公司的营业范围，鼎盛时包括苏州、常熟、无锡、江阴、常州、宜兴、溧阳、平望、南浔、湖州、泗安等地，每地设经理处 1 家，每家经理处所在县境内的大小市镇设经销处，形成渗透城乡的火油销售网络。据《中国海关册》统计资料，两家石油公司在苏州设立油栈以前的清光绪三十二年（1906 年），苏州进口煤油量为 613 150 加仑[1]，设栈以后的清宣统三年（1911 年），进口煤油量达 5 476 099 加仑，增长 8 倍多。英美烟公司在苏州设立以前的宣统元年（1909 年），苏州进口纸烟量为 163 218 箱，设立公司以后的清宣统三年，进口纸烟量为 274 460 箱，增长了 68%。[2] 洋油、洋烟从此垄断苏州以至邻近地区城乡市场，说明苏州的经济发展已开始了逐渐融入世界经济体系的进程。这是一个具有历史意义的变化，尽管这种变化并非出于主动，更难说是完全自愿的。

3. 民族工商业的诞生和发展

甲午战争后，外国通过控制中国海关、设立工商企业等，加强对苏州进行商品和资本输出。为抵御外国的经济侵略，有识之士提出了“实业救国”的口号。晚清洋务大员张之洞时任两江总督兼南洋通商大臣，也多次奏请朝廷在苏州创办丝厂和纱厂，以维护利权。他认为：“丝厂利三分，纱厂利二分，若有巨款大举，即尽收利权，假如设丝厂五所……则江苏一省之茧，可全收尽矣。”[3] 清光绪二十一年（1895 年），经清政府批准，张之洞筹划成立苏州商务局，下设商务公司，额定资本白银 100 万两，开办纺丝、纺纱两局，以丁忧在籍的原国子监祭酒陆润庠为公司总董，筹建两厂。后因商股一时难以筹集，由官方奏准借用中日战争商款移作股本，向苏州、松江、常州、镇江、太仓五地以典当业为主的商人，按年息 7 厘借得白银 54.8 万两，借户作为股东，由官督商办，开办苏经丝厂和苏纶纱厂，厂址定在盘门外青旸地附近，动工兴建。

---

[1] 英制 1 加仑为 4.546 09 升，美制 1 加仑为 3.785 41 升。

[2] 苏州市对外经济贸易委员会：《苏州对外经济志（1896—1990）》，南京大学出版社 1991 年版，第 103 页。

[3] 小田：《苏州史纪（近现代）》，苏州大学出版社 1999 年版，第 66 页。

后因经费不敷，在继任两江总督刘坤一的支持下，从地方备荒项下，息借积谷、水利等公款，计白银 23.5 万两，逐年抽本还利。这都有力地支持了两厂的筹建工作。

清光绪二十二年（1896 年）夏，苏经丝厂建成投产，这是苏州最早的近代化民用企业，也是江苏省最早使用机械缫丝的工厂之一。初建时，苏经丝厂有意大利进口的缫丝车共 208 台，以蒸汽机为动力，职工有 500 余人。一年后，缫丝车全部装齐，增至 336 台，职工有 857 人，使用蒸汽锅炉 2 台，以引擎 1 台为动力，日产厂丝 170~200 斤[1]，年产厂丝 500~620 担[2]。产品由上海洋行转销英、法、美等国。其原料蚕茧免纳一切捐税，体现了官督商办的性质，并在投产时自设元记、亨记、利记、怡和等茧行，在苏州、无锡、常州一带收茧，烘干后运回工厂，每年用干茧三四千担。清宣统二年（1910 年），苏经丝厂在南京举行的南洋劝业会上，因所产生丝品质优良而获超等奖。

清光绪二十三年（1897 年），苏纶纱厂建成投产，使用当时最先进的英国“道勃生”纺织机器，共有 1.8 万锭全套纺纱机器，配以蒸汽机、磨电机，是我国最早的 10 余家机器纺纱企业之一。清光绪三十一年（1905 年），该厂以白银 5.7 万余两，进口纱锭 4 368 枚，纱锭增至 2.26 万枚。投产时，苏纶纱厂有工人 2 200 名，日夜两班生产，年产粗纱约 1.4 万件。苏纶纱厂还是苏州最早使用电能的企业，在 1897 年装置 3 台直流发电机供应厂内电灯照明。苏纶纱厂、南通大生纱厂、无锡勤业纱厂等，“皆为中国纱业之先进，亦新工业之前导”，在中国近代工业史上占有重要地位。

但是两厂的发展因种种障碍而步履蹒跚、困难重重。清光绪二十四年（1898 年）春，陆润庠服阕进京，其他地位相当的在籍富绅无人敢应此重任。不得已由纸商捐户部郎中衔祝承桂承租，租期 3 年。原股东按股收息，不负盈亏，股息改为年息 5 厘。至清光绪二十七年（1901 年）3 年期满，核查账目时，丝厂略有盈余，而纱厂亏损严重，两厂亏盈相抵，仍亏欠公私本息各款共 31 万余两。商务局总办朱竹石严令追偿，商定由两厂商董在旧股中设法分期筹款垫付。在清理祝承桂亏款过程中，苏经丝厂曾另行招商承租，由巨昌升公司徐升甫租营 1 年，清光绪二十八年（1902 年）春又由祥茂森公司沈联芳租营 1 年。

清光绪二十九年（1903 年），由官方出面，以商务局的名义收回两厂转租

---

[1] 1 斤，即 0.5 公斤。

[2] 1 担相当于 100 斤，即 50 公斤。

给商人费承荫接办，租期 5 年，股东年息减为 3 厘，降低了成本，经营状况有所好转。其间，苏经丝厂被费氏转租给福康公司、和丰公司，两家公司各经营了 2 年。清光绪三十三年（1907 年），由森记公司承租，经理汪存志在上海招股扩充，对栽桑、养蚕制种等一抓到底，各地增设茧行，扩大收茧，业务颇有改观。产品商标用人首马身的“森泰”，年产生丝 620 余担。[1] 而苏纶纱厂由于日俄战争，日本减少了棉纱对中国的出口，厂纱销路转好，开销之外盈余渐多。费氏于清光绪三十一年（1905 年）增加白银 5.7 万两添购机器设备，扩大再生产。至清光绪三十四年（1908 年），费氏 5 年期满不愿继续承租，两厂由原股东张履谦、周廷弼等收回自办，并陆续招募新股，自此有所谓老股、新股之分，“新股立于租户地位，老股立于产主地位，名为股东自办，实为租办性质”[2]。从此，原来的官督商办便改为完全商办性质。

苏经、苏纶两厂的开办与发展带动了苏州丝织业和纺织业的发展，也促进了其他近代企业的创办。清光绪二十二年（1896 年），黄宗宪、王驾六等集资白银 5.9 万两，于葑门外觅渡桥筹建恒利丝厂（吴兴丝厂），翌年投产，有意大利产缫丝车 104 台。清光绪三十二年（1906 年），由汪存志增资白银 4 万两，缫车增至 200 台。清光绪二十六年（1900 年），由杨奎侯与意大利商人康度西合作，华商集资白银 10 万两，在葑门外灯草桥开办延昌永丝厂，康度西任经理，用意商名义经营，有缫车 200 台，后增至 300 台。清光绪三十一年（1905 年），太仓富绅蒋伯言在沙溪镇创建济泰纱厂（后改称“利泰纱厂”），是当时江苏三大新式棉纺企业之一，有纱锭 1.3 万枚，所产“太狮”“醒狮”牌棉纱，誉满华南。清光绪三十三年，怡和洋行的买办蒉梅贤投资 7 万元，以其族人蒉敏伯为经理，于苏州南浩街创设生生电灯公司。清宣统元年（1909 年），无锡民族资本家祝大椿、苏州银钱业庄主洪少圃等加入合资经营，改名为振兴电灯公司。清光绪三十三年，苏商董楷生招股 1 万元创办苏州颐和罐食有限公司，生产开发听装食品。同年，洞庭西山商人罗焕章在东村地方设立机器织布厂一所，等等。[3]

---

[1] 黄启之：《苏经丝厂史略》，苏州市地方志编纂委员会办公室、苏州市档案局：《苏州史志资料选辑》第 5 辑，1985 年（内部发行），第 53 页。

[2] 章开沅、刘望龄、叶万忠等：《苏州商会档案丛编·第一辑（一九〇五年——一九一一年）》，华中师范大学出版社 2012 年版，第 268 页。

[3] 张海林曾做过统计，1896—1911 年苏州近代企业大约有 17 家。参见张海林：《苏州早期城市现代化研究》，南京大学出版社 1999 年版，第 55 页。

从总体来看，苏州近代工业呈现出创办较早、规模较大、企业较多等特点，其发展困难重重，在经营方面也不能算是非常成功，但是让我们看到了工业生产所带来的新的冲击与变化。一是企业的性质逐步由官督商办转化为商办，产权关系逐步明晰，有利于苏州民族资本主义的发展。二是生产方式逐渐由手工生产向机器生产转变。机器生产是一种全新的生产方式，生产效率高，为苏州经济的发展指明了方向。三是管理方式发生明显变化，近代企业多数为招股经营，具有股份制企业的某些特征，体现一定程度上的民主管理。此外，也产生了一批民族资本家和产业工人，他们逐渐成为新兴的社会阶级力量。

与带有新的、质的规定性的近代工业经济的缓慢发展相比，具有很强韧性特点的苏州近代农业经济和乡村社会虽也先后出现了一些积极变化，如随着市镇经济的发展，乡居地主纷纷向市镇移居，地租剥削不再是唯一的甚至是主要的收入来源，地租形态不时出现向货币化方向发展的趋势，永佃制得以延续，等等，这些使得乡村地区或多或少、或快或慢地出现了一些近代化的苗头；但总体来说，近代苏州的农业经济仍主要沿着传统的道路踽踽前行。

南京国民政府建立后，苏州地处国民党统治的中心地带，除了受到全面抗战期间主要在乡村地区掀起的风起云涌的抗日斗争及新政权建立前夕短暂的恶性通货膨胀的影响外，其他时期的工农运动总体上还不是很活跃，这在客观上为城乡社会经济的相对平稳发展提供了有利条件，并由此而为新政权建立后的尽快巩固积累了必备的经济基础。

首先，自近代以来就已出现的工业发展中的多层次性进一步明显。一方面，传统的棉织业、丝织业、踹染业、服装业、造纸及印刷业、粮业和木材加工业等纷纷采用机器生产，火柴业、玻璃业、机械制造业、发电业等新兴行业更是几乎从一开始就使用机器进行生产；另一方面，遍布城乡、面广量大的传统手工业继续得到发展，有的还与现代化的机器工业形成了有机结合、互相促进的紧密关系，如农村中手工生产的土布业就纷纷采购机器纺织出来的棉纱，丝织业中的花边业等新型行业也多购入人造丝进行生产。这些情况的出现，使得苏州城乡自近代以来逐渐形成的多层次工业结构更为凸显：既有总量上相对偏少、完全采用机器生产的现代化大工业，又有为数不少的手工与机器相结合的企业，更有面广量大的传统手工业；就组织形态而言，既有少数基本现代化的大工厂，又有不少新旧杂糅的手工工场，更有数量庞大的个体手工业作坊。这种情形的出现，既是传统经济向现代方向转型的不彻底性使然，也是由现实生活的复杂性所决定的。

其次，在农业生产中，在昆山、唯亭等地区相继出现了乡村改良的实验活动，并取得了一定成效。庞山湖农场的出现，使传统农业生产的组织形态发生了质的变化。良种的推广、机器的使用、合作组织的出现等，都使民国时期苏州农村地区出现了新的气象。只不过因战乱和动荡时局的影响，这些新的气象未能在很大程度上实质性地改变农村地区的传统面貌。这在某种程度上也为中国民主革命的发生并日益高涨提供了很好的解释。

近代以来苏州城乡经济的发展，一方面，为中华人民共和国成立后经济社会秩序的尽快确立提供了虽然有限但是必要的物质基础；另一方面，这种发展在总体上又是较为有限的，因而为中国共产党领导的新民主主义革命提供了必要的经济社会条件。这就是历史的辩证法在近代苏州地区的生动体现。

第一章　向社会主义过渡中的苏州经济

1949 年 4 月，中国人民解放军进入苏州后，苏州的历史从此翻开了新的一页。就经济的发展来说，苏州进入了国民经济恢复和向社会主义过渡时期。通过创造性的工作，到 1956 年下半年，苏州基本完成社会主义改造，初步建立了社会主义的基本经济制度。

第一节　苏州经济的恢复和初步发展

在苏州地区的经济恢复工作中，主要开展了接管官僚资本企业并进行初步改组和整顿、发动土地改革以促进农村经济的发展、对私营工商业进行调整并使其得到有序发展等工作，同时发动了“五反”运动，限制了私营经济消极一面的发展。

一、接管官僚资本企业

随着人民政权的建立，社会主义性质的国营经济得到迅速组建，成为整个国民经济的领导成分，是建立新民主主义经济的重要步骤和关键举措。苏州主要通过城市接管过程中没收官僚资本企业来组建国营经济。

苏州解放不久，各级党委和政府根据“按照系统，原封不动，整套接收，逐步改造”的方针，对各种官僚资本企业进行没收、接管。首先对金融系统展开接管。5 月 1 日，苏州市军事管制委员会（以下简称“市军管会”）通知各家银行和旧税务局冻结账目，停止收付，并抄报解放日的统计表及各科目余额，同时宣布金圆券为非法货币，限于 5 月 13 日起停止流通。物价、票据、契约、账册等，一律以人民币为单位，严禁以银圆为单位。考虑到广大群众的实际生活困难，市军管会决定于 5 月 9 日至 11 日以优惠比率收兑金圆券。财经部接管财经系统，包括国民党财经税务机关，苏州面粉厂、太湖煤矿公司等官僚资本企业，中央银行苏州分行、中国农民银行苏州分行等金融机构。公共房产管理委员会接管国民党政府机构及官僚政要苏州房产 215 处。另外，市军管会还会同专署建设处先后接收国民党政府在苏州设立的水利部工程总局、长江水利工程总局堤闸工程处、太湖流域水利工程处及原江苏省建设厅、省公路局等机构。

市军管会对官僚资本企业及各种公共企业，如工厂、矿山、铁路、邮电、轮船、电灯、自来水、仓库等则予以没收。市军管会向各官僚资本企业派驻代表，按照企业原属系统，自上而下，原封不动，整套接收。对所接收企业的财产和设备进行统一支配和管理，严禁分散资财。为保证企业正常生产和运转，对于技术人员和普通员工，采取一律留用政策；而管理层人员，如厂长、监工等，除个别反动破坏分子外，则在工人群众的监督下，继续履行生产经营的管理职责，做到“原职、原薪、原制度”不变。在官僚企业的接收过程中，接管工作人员普遍按照系统接收与自下而上的工人职员审查检举相结合的方法，既责成企业原负责人办理移交手续，又召开企业工人会议或工人代表会议，宣传政策，发动工人群众配合接收工作。同时，注重接收工作与恢复工作相结合，保证接收企业生产正常进行、人员照常工作。

通过没收和接管官僚资本企业和公共企业，苏州市全面接管中央银行苏州分行、中国农民银行苏州分行、中央信托局苏州办事处等 11 家金融机构，建立中国人民银行苏州支行；接管中蚕公司苏州第一实验丝厂、苏州面粉厂和太湖煤矿公司 3 家官僚资本企业，同时接收铁路、邮电等国民党官营机构。苏州专区各县（市）也按照上级指示对辖区内各类官僚性质的金融企业、邮电运输企业、工矿企业等进行了接管，对原官僚资本企业的技术人员和管理人员，大部分留用，并给予原职、原薪。

曾经控制苏州经济命脉的官僚资本，一经收归国有，国营经济就掌握了国民经济中大部分社会化的生产力。社会主义性质的国营经济在苏州经济总量中所占比重虽不大，但占据了核心领导地位。没收官僚资本、组建社会主义性质的国营经济，为苏州整个国民经济的恢复和发展奠定了基础。

除了接管旧的党、军、政机关和官僚资本外，还接收了大量军需民用物资，主要包括：大米 243 225 798 斤 12 两[1]、稻谷 6 576 863 斤、糙米 1 052 804. 5 斤、

---

[1] 1 两，即 0. 05 公斤。

面粉106袋、小麦51 114斤、黄金24两3钱[1] 7厘[2]、长短枪2 087支、机枪63挺、汤姆枪17支、卡宾枪14支、小炮3门、炮弹333发、子弹34 225发、军衣10 005件、鞋子86 588双、汽船9艘、汽车20辆等。[3] 对这些物资的接收，在一定程度上缓解了进城初期的物资短缺问题。

二、土地改革和农村经济的发展

（一）土地改革前期的准备

苏州近代工商业较为发达，农村租佃关系和阶级关系情况比较复杂，主要表现在：一是阶级关系复杂，地主大多住在城镇，兼营工业、商业者较多；不少城市工商业者又在农村购置土地；城市的知识分子、民主人士中也有一些人在农村占有土地并出租；城市中一些劳动者在郊区也拥有少量土地并出租。二是租佃关系复杂，田地权益一般分为“田底权”“田面权”[4]，农民凭借“田面权”也能分享土地收益。三是公地[5]的大量存在，弱化了阶级对立，虽然这些公地实际上大多操纵在地主阶级手中，但由于地主与租种学田、族田的佃农具有亲属血缘关系，封建剥削被蒙上了亲情的面纱。就整体而言，地主与农民的阶级矛盾不如苏北及全国其他地方尖锐，但少量地主占有大量土地的现象仍很普遍。常熟、吴县、吴江、太仓和昆山5县[6]地主土地占总土地（含公地）比例分别为38.79%、43.32%、31.85%、47.42%和54.82%。土地最集中的是太仓县大众乡，地主占总户数的2.24%，人口占2.83%，却占有82.59%的土地。[7] 该县的地主人均占有土地37.83亩，约为贫雇农（人均占有0.84

---

[1] 1钱，即0.005公斤。

[2] 1厘，即0.000 05公斤。

[3] 中共苏州市委党史工作办公室：《苏州城市接管与社会改造》，中共党史出版社2009年版，第109页。

[4] “田底权”是土地的所有权，为地主所有；“田面权”是土地的使用权，为佃户所有。也有两者均归田主所有或分属不同所有者，拥有田面权的被称为“二地主”。田底、田面皆可独立进行买卖。承耕人获得一定的劳动收益。

[5] 公地主要包括学田、族田、慈善团体土地、宗教性土地和农场土地等。

[6] 常熟、吴县、吴江、太仓和昆山5县的行政区划均有变更，除吴县于1995年被撤销并变更为苏州市吴中区和相城区、吴江县变更为苏州市吴江区之外，其余3县分别变更为常熟市、太仓市、昆山市。

[7] 中国共产党苏南区党委农村工作委员会：《苏南土地改革文献》（内部资料），第480-481页。但各地地主占有土地的比例相差较大，如张家港李巷乡等地，地主只占有23%的土地。参见《李巷村志》编纂委员会：《李巷村志》，凤凰出版社2015年版，第166页。邻近的妙桥乡39户地主则占有2 392亩土地，占全乡土地的44.69%。另见《妙桥镇志》编纂委员会：《妙桥镇志》，广陵书社2014年版，第141页。

亩）的45倍。[1] 除正常收取地租外，地主还采用押租、预租、虚田实租、无偿劳役、放高利贷等形式对农民进行额外的经济剥削。

在高利盘剥方面，各地形式也不尽相同，如常熟的高利盘剥（表2）的形式多样，且剥削程度较重。此外，苏州农村还有“糙三斛”“母子债”“翻头粮”“乘风浪”“印子钱”等名称[2]及“一粒半”[3] “利滚利”“豆饼换米”[4]“麦换米”[5] 等形式。[6]

表2　常熟的高利盘剥

名称	俗称	期限	剥削程度	
			一般利率	最高利率
放债米	粒半头	6个月至10个月	1担米还1担5斗	1担还2担
卖青苗	捉麦账、捉米账	1个月至3个月	比普通市价低30%	比普通市价低50%
放豆饼	借饼		10块加2块	10块加4块
放过洋	押头鸟	10天为期，利上加利	日息5%	日息10%

资料来源：潘光旦、全慰天：《谁说“苏南无封建”?》,《人民日报》，1951年5月8日，第3版。

地主广泛参与政治统治，苏州专区5个县、49个乡、1 089户地主中，参加政治性组织的有423户，占38.8%。地主还依附政权，建立“收租局”“租栈”“田业公会”等组织，私设公堂，对欠租农民采用拷打、游街、站笼、跪方砖等残酷手段逼租。中华人民共和国成立后，苏州普遍开展减租减息工作，虽大大减轻了农民的负担，但由于土地仍为地主所有，农民生产积极性受到很大限制。为促进生产力的进一步发展，继续完成民主革命的遗留任务，必须彻底废除封建土地所有制。1950年，苏州农村工作虽仍以减租减息为中心，但各

[1] 太仓市史志办公室：《中共太仓地方史·第二卷（1949—1978)》，中共党史出版社2012年版，第34页。

[2] 陈惠康：《江南农村的一场变革》，苏州大学出版社1998年版，第10-13页。

[3] “一粒半”，又称“粒半头”，即年初借1石米，年终归还时要加5斗利息。

[4] “豆饼换米”，即耕种季节借豆饼，每担折合4斗米；秋熟还账时，加收50%的利息，要还6斗米。

[5] “麦换米”，即夏收时，米贵麦贱，将所借出的米折成麦，1石米折合2石麦；秋收时，米贱麦贵，将麦折成米归还，1石麦等于1石米，如此恶性循环，利上加利。

[6] 《李巷村志》编纂委员会：《李巷村志》，凤凰出版社2015年版，第167-168页。

级干部更加重视减租的政治意义，展开减租反霸斗争，不断提高群众觉悟，为土地改革创造条件。

同年3月，华东军政委员会发出《华东土地改革实施办法的规定》和《关于土地改革准备工作的指示》，决定在2年内完成华东地区土地改革任务。4月，苏南区党委发出《关于苏南地区土地改革准备工作计划（草案)》，要求苏南地区普遍开展土地改革的准备工作。苏州地委随后召开常委会议，学习贯彻华东军政委员会和苏南区党委的指示精神，研究部署土地改革的各项前期准备工作。

根据苏州地委部署，苏州着手进行土地改革前期准备工作。一是消除匪患，安定秩序。中华人民共和国成立后，通过废除保甲制度、划小区乡、改造乡村政权等措施，建立并逐步巩固了县、区、乡各级人民政权。通过剿匪肃特、镇压反革命运动等工作，基本肃清了苏州农村反革命残余势力，为土地改革营造了没有匪患的环境。二是进行调查摸底，弄清土地占有、阶级剥削、社会动向等情况，为贯彻土地改革政策提供依据。三是训练干部。为保证土地改革的顺利进行，减少和克服干部官僚主义和命令主义的工作作风，苏州加强了对参加土地改革干部的培训。1950年6月中旬至10月底，苏州地委、县委共举办3期土地改革训练班，培训干部6 247人。四是建立和健全基层组织。根据《中华人民共和国土地改革法》《华东土地改革实施办法的规定》《苏南区土地改革实施办法（草案)》等文件精神，苏州各县相继成立土地改革委员会，作为土地改革的指导机关；组织土地改革工作队，以有农村工作经验的干部为骨干，吸收一般干部、青年学生、农民积极分子、失业工人等，负责土地改革的具体工作。常熟县组织了由520名队员（其中包括苏南区农村工作团150人、苏州地委工作队200人、常熟县委工作队170人）组成的土地改革工作队。[1] 大力发展农会和地方武装，至1950年年初，全区共发展农会会员56万余人，民兵15万人。针对农会中少数人存在的作风不纯、觉悟不高、立场不稳等现象，各地还对农会组织进行了整顿。整顿工作以各级农会原有组织为基础，整顿内容包括清除个别落后分子、纯洁领导成分、进行民主选举、发展会员和加强干群团结等。五是充分发动群众。在减租减息的基础上，开展土地改革的宣传，提高群众觉悟，使广大群众认识到土地改革的必要性。苏州专区各县普遍召开区、乡农民代表大会，围绕土地改革展开讨论，让土地改革总路

[1] 中共常熟市委党史工作办公室：《中国共产党常熟历史·第二卷（1949—1978)》，中共党史出版社2014年版，第25页。

线、总方针更深入人心。大力开展反封建宣传和教育工作，通过诉苦、算账等方式提高群众的阶级觉悟。农会会员和普通群众经过宣传教育活动，对土地改革的愿望与要求更加强烈。

（二）土地改革的展开

1950 年 6 月，《中华人民共和国土地改革法》颁布，作为指导土地改革的基本法律政策依据，新解放区土地改革运动由此开始。根据中央关于新解放区土地改革的各项指示，苏州地委发出《苏州行政区土地改革的计划与部署（草案)》，对全区[1]的土地改革工作进行规划部署。

在苏州地委和专署的统一领导下，苏州专区各县的土地改革工作分三个阶段开展。第一阶段为典型试验阶段。从 1950 年 8 月中旬开始，苏州地委和专署选择常熟县大义区的 4 个乡，其他各县也分别选择 1 个乡进行典型试验。为取得更丰富成熟的经验，培养更多土地改革骨干分子，各县在第一批典型试验结束后，又选择 30 个乡进行第二批的扩大化典型试验，至 10 月 16 日，典型试验全部结束。这一阶段基本完成 147 个乡的土地改革工作。在典型试验取得一定经验的基础上，10 月 20 日，苏州地委发出《苏州专区土地改革计划与部署修止草案》，进一步为各县的土地改革工作指明方向。第二阶段为局部展开阶段。结合当年秋征工作，全区展开 249 个重点乡的土地改革工作。开始由于秋征任务繁重、干部力量配备不足，土地改革丄作未能按原定计划如期完成。1951 年 1 月初，苏州地委和各县委召开干部扩大会、农民代表会议，重新调配力量，点面结合推进工作，最终顺利完成该阶段任务。第三阶段为全面展开阶段。从 1951 年 1 月中下旬开始在全区范围内进行大规模的土地改革。至 3 月初，剩余 353 个乡的土地改革工作基本完成。同时，各县土地财产的没收征收、分配土地财产的工作也按计划如期完成。

土地改革具体分为以下三个步骤。

1. 发动群众，斗争地主

1951 年 1 月初，苏州地委按照苏南区党委指示，召开各级干部扩大会和区、乡农民代表会议，结合实际情况，学习领会华东局“有领导地放手发动群众，大胆展开运动”，苏南区党委“放手发动群众，组织土地改革运动高潮”

[1] 此处全区不包括吴县和苏州市郊区。吴县作为苏南行政区试点，由苏南区党委直接领导部署土地改革工作。苏州市郊区按照中央人民政府政务院（以下简称“政务院”）于 1950 年 11 月公布的《城市郊区土地改革条例》部署土地改革。

的指示，研究具体推进的措施与方法。按照苏州地委和专署部署，各县纷纷组织土地改革工作队，深入农村进行调研与发动农民。土地改革工作队深入田间地头，走家串户，进行调查研究；宣传政策，掌握农村社会阶级情况；引导、启发、提高广大农民群众的思想觉悟，发现、培养积极分子。但是，很多贫雇农出于各种顾虑，不愿或不敢起来与地主斗争，导致有些地方的土地改革运动进展缓慢。针对这一情况，各地以一批恶霸与不法地主为反面典型，通过诉苦、公审等方式，揭露其恶行，发动群众展开斗争。各地经常性地召开公审会、斗争会、诉苦会等群众大会。在会上，农民纷纷起来控诉地主恶霸罪行。土地改革期间，全区召开全乡性以上的各类群众大会 1 827 次，参加农民达 170. 8 万人次。伴随着农民阶级意识的觉醒和阶级觉悟的提高，农民纷纷起来与地主斗争。轰轰烈烈的农民斗争打垮了妄图对抗土地改革的少数顽固地主，广大贫下中农占据了农村社会的主导地位，有力地推动了土地改革的深入进行。其间，少数恶霸地主跑到城市散布流言蜚语，攻击土地改革，致使城市知识分子、民主人士受到蒙蔽，对土地改革的必要性产生怀疑。针对这种情况，苏州地委和专署决定组织城市居民，尤其是民主人士，到农村实地观摩土地改革，以土地改革的真实情况取得他们的支持，建立城乡的反封建统一战线。1951 年 1 月上中旬，苏州市及各县城镇召开各界人民代表会议，向各界群众报告农村土地改革进展情况，并通过工会、学联、工商联等组织，有计划地发动与组织工人、教师、学生、民主人士和工商界人士到农村参观土地改革，争取他们的支持和拥护，进一步壮大农民声势，孤立顽固地主。苏州还先后接待了 6 批从中央、华东等地来苏州参观土地改革的各界代表团，向中央和全国其他地方的人士介绍了苏州土地改革情况。除组织群众实地参观土地改革外，苏州地委和专署还举办土地改革展览会，对城市居民进行教育。3 月，太仓县、昆山县及苏州市等地先后举办土地改革展览会，其中苏州市仅半个月参观群众就达 9 万余人次。

2. 划分阶级，确定成分

这是正确贯彻土地改革政策的关键。苏州专区各级党组织根据政务院《关于划分农村阶级成分的决定》，向群众宣传阶级划分政策，阐明阶级划分标准。各地以中华人民共和国成立后占有土地的数量、种类、经营时间、经营手段为依据，围绕有无剥削、田主是否参加劳动及劳动的形式与数量等关键问题确定成分，逐家逐户核实登记。阶级划分时，先由各家各户自报成分，再由村农会小组、村农会、乡农会逐级评议审定，最后张榜公示。初步完成阶级划分后，苏州地委和专署组织专人进行复查，发现部分地区在划分阶级时出现错划、漏划现象。如昆山县北五区错划地主26户，漏划地主19户；太仓岳王区漏划地主7户。这固然与个别地区土地关系复杂、阶级划分困难有关，但也存在部分土地改革工作人员因经验不足造成了一些偏差，个别工作人员甚至存在徇私舞弊、包庇地主的情况。针对这些错划、漏划现象，苏州地委与各县委及时进行了纠正，对干部与工作人员严明工作纪律，明确政策界限，加强思想教育和业务指导，取得了实效。

3. 没收征收、分配土地财产

阶级成分确定后，下一步工作是没收征收与分配土地财产。根据党的土地改革政策，对地主的多余土地彻底予以没收，查封耕畜、农具、房屋、粮食等多余财产；对富农和小土地出租者的土地，城市工商业者在农村的土地、公地等，采取协商的办法，向土地所有者讲明国家有关政策，征得其同意后进行征收。在土地改革工作队的指导下，村级农会成立登记、查封、验收、保管等小组，负责具体执行。至1951年3月上旬，全区没收征收土地314.35万亩、房屋18.71万间、家具53.75万件、粮食156.21万公斤和农具33.24万件。[1]没收征收土地财产工作告一段落后，在土地改革工作队的协助下，各乡、村农会负责分配土地财产的具体工作。村农会分配小组制订方案，经群众评议、乡农会批准后，按照雇农、贫农、中农的顺序进行土地财产的分配。没收征收的土地主要分配给无地、少地的雇农和贫农，以及部分拥有少量土地的中农，地主也按照平均标准分得一份土地；对房屋、家具、农具等财产，也依照类似标准进行了分配。

各县土地改革工作基本完成时，苏州市郊区着手进行土地改革。1951年2月20日，苏州市委和市政府根据政务院《城市郊区土地改革条例》的精神，制定《苏州市郊区土地改革计划（草案)》。鉴于苏州市郊区土地种类多，情况复杂，市郊区土地改革工作采取谨慎与稳步前进方针，从2月开始先在2个

---

[1] 中共苏州市委党史工作办公室：《中国共产党苏州地区历史大事记（1949.4—1983.3）》，中共党史出版社2013年版，第24页。需要说明的是，关于土地改革成果，存在不同的统计数据。据1951年3月底苏州地委扩大会议提供的材料，全区共没收征收土地290.69万亩、房屋7.16万间、家具59.24万件、粮食82.9万公斤、农具30.21万件、耕畜3 199头。参见中共苏州市委党史工作办公室：《中国共产党苏州党史大事记（1949—1999)》，中国文史出版社2000年版，第20页。另见中共苏州市委党史工作办公室：《中国共产党苏州历史·第二卷（1949—1978)》，中共党史出版社2014年版，第43页。全区共没收征收土地320.98万亩、房屋15.23万间、家具61.17万件、粮食1 103.36万公斤、农具40.54万件。

乡进行典型试验，在取得一定经验后，于3月全面展开。3月17日，苏州土地改革委员会成立，派土地改革工作队进驻各乡，领导苏州市郊区的土地改革工作。与各县土地改革相比，苏州市郊区土地改革有以下特点：一是根据政务院的《城市郊区土地改革条例》，苏州市郊区土地改革对私营工商业者在郊区用于经营工商业的土地财产予以保护，对公地和荒地予以征收，对小土地出租者予以照顾。二是苏州市郊区土地改革对茶花[1]花农做了特别安排。鉴于茶花生产的特殊性，除反革命分子的花园地、花厢、花树等茶花生产资料被没收归国家所有，地主出租的花园地予以没收交给经营者使用外，其余一律不动。凡以茶花生产为主要收入的均称“花农”，不再另划成分。三是在土地分配上，苏州市郊区土地改革也与县、区有明显差异。考虑到城市工业和其他事业的发展需要占用郊区大量土地，根据《城市郊区土地改革条例》，苏州市郊区土地改革中没收征收的土地是归国家所有的，再由郊区各级农会统一分配给无地、少地的农民使用。农民对苏州市郊区土地只有使用权而没有所有权。5月，苏州市郊区土地改革基本结束，没收征收土地3.1万余亩、房屋330间、家具310件和农具480件。[2]

（三）土地改革的完成

根据华东局《关于结束土地改革及争取1951年年底全部完成土地改革的指示》中提出的检查土地改革成效的5项标准[3]，苏州地委和专署在完成土地财产的分配后，采取派出检查组重点检查与群众自发检查相结合的办法，以乡为基本单位，进行土地改革的复查工作。复查结果显示：大部分乡村群众得到充分发动，基层干部在政治历史、思想作风上都比较纯洁，能够自觉地按照土地改革法规执行划分阶级成分、征收与分配土地财产等各项工作，群众总体比较满意。但也有少数乡村存在群众发动不够充分、干部思想作风不纯、土地财产分配不公等问题。苏州地委和专署对复查中发现的问题十分重视，组织力量对土地改革工作薄弱的乡村进行整顿，严格按照政策纠正错划、漏划阶级成分的现

---

[1] 茶花特指苏州用于窨茶的香花。苏州虎丘一带栽培香花，初供欣赏、佩戴、装饰庭园之用。后因盛产茶叶，香花作为香料，用于窨茶，改称“茶花”。用于窨茶的花主要是茉莉、玳玳、白兰。至1949年，茶花花农发展到2 000余户，从业者逾万人。

[2] 中共苏州市委党史工作办公室：《中国共产党苏州党史大事记（1949—1999）》，中国文史出版社2000年版，第20页。

[3] 5项标准具体是：有无逃亡漏网或逃亡回归的恶霸及不法地主未经法办者；土地改革后地主有无反攻复辟者；有无漏划、错划阶级成分而尚未依法改正者；被没收征收土地财产有无未分配处理者及有无不公平不合理现象；干部在土地改革中有无包庇地主及多得好处现象。

象，重新进行土地财产的没收征收与分配。对漏划的地主，坚决按政策没收其多余土地与财产；对错划成分的，重新确定成分，如有被错误没收的土地、财产，一律予以返还补偿。在检查补课阶段，全区重新没收土地 1.53 万亩、房屋 7 695 间、粮食 113.6 万公斤、耕牛 321 头、农具 1.9 万件、家具 6.11 万件。

土地改革工作进入收尾阶段后，各地紧密结合农业生产，有计划、有步骤地进行整理土地面积、发放土地证工作。1951 年 5 月 16 日，苏州专区成立发证整籍委员会，各县、区、乡均成立发证整籍委员会，统一负责整理土地面积、发放土地证的工作。

在大力宣传“一份土地，一份产权”“老实申报，产权牢靠”的基础上，通过申请登记、民主评议、统一田亩等工作，对农民的土地、房屋等财产，依据政策确定产权，最后由各级政府颁发产权证书。在发证过程中，各级发证整籍委员会的委员针对历史上存在的一些产权纠纷，经过认真细致的实地调查和文件整理，核实了过去长期混乱的土地面积，查处了一些黑田，妥善处理了历史遗留的农民与农民之间的土地、房屋纠纷问题，加强了农民的团结。除昆山县和苏州市郊区因生产季节关系分为 2 期进行外，其他各县发证工作均分 3 期进行。至 10 月底，全区 734 个乡的土地发证整籍工作全部完成，标志着全区土地改革工作的胜利结束。

土地改革完成后，全区共有农民 47.54 万户、140.42 万人分得了土地等生产资料，分别占全区总户数的 68.67% 和总人口的 45.39%。以苏州市郊区为例，贫农人均占地由土地改革前的 0.22 亩提高到 1.17 亩，雇农由 0.58 亩提高到 1.62 亩。

在大力开展土地改革、为农业生产扫清制度性障碍的同时，苏州农村还在为积极恢复农业生产而努力。1949 年 7 月初，苏州地区遭遇连续 20 多天的特大暴雨，长江、太湖水位猛涨，淹没农田 93.96 万亩。7 月 10 日，苏州地委、专署联合发出《关于防汛工作的紧急指示》。指示下达后，各级党、政、军负责人纷纷深入一线进行检查督促，发动群众，积极开展抢险、修堤、护堤工作。7 月 13 日，苏州专区防汛救灾委员会成立，负责领导抢险救灾工作。苏州专区各县（市）相继建立防汛救灾委员会，根据“以生产为主，结合救灾，以群众自救、社会互济为主，辅之以政府协助”的方针[1]，广泛进行动员，增

---

[1] “以生产为主，结合救灾，以群众自救、社会互济为主，辅之以政府协助”的方针是苏州专区防汛救灾委员会第一次会议提出的。

强群众抢险救灾的信心与决心。专署派出干部和水利专家赴常熟县、太仓县等地检查海塘、江堤情况，各县（市）防汛救灾委员会也组织人员对本地堤防情况进行检查。苏州地委组织500多名党员干部，分赴吴县、太仓县等灾情严重地区指导救灾工作。各级党员干部以身作则，组织发动群众，开展抢险救灾、恢复生产等项工作。通过积极有效的抗灾工作，灾区迅速排除80%以上的农田险情。

正当救灾工作稳步推进时，7月24日起，全区突遭持续20多个小时的强台风暴雨袭击，西起常熟县、东至太仓县的江堤海塘全面溃决，太湖水位暴涨，发生特大水灾。据不完全统计，全区共有210.52万亩低洼农田被淹，占耕地总面积的46.73%，最严重的吴江县有一半农田被淹。全区有2 880人溺亡，3万多间房屋倒塌被淹没，47.83万人无家可归。7月26日，苏州地委、专署和军分区联合召开会议，发出抗击台风、抢险救灾的紧急指示，强调抢险救灾是全区的中心工作和紧急任务。各级党委、政府和部队，组织力量、调集资源、抢修圩堤、安置难民，全力投入抢险救灾中。为尽可能抢救农田，恢复农业生产，各级党委带领灾区群众全力进行被淹农田的排水工作。针对群众和基层干部战胜台风信心不足的情况，各地党政领导加强教育动员，消除悲观消极思想，并以身作则，连续奋战在第一线，带头排水。苏州地委、专署根据“先高后低，先近后远，救活不救死，上游照顾下游”的抢救原则，有重点地进行排水抢救，避免本位自私、不顾大局的倾向。灾区男女老少一起动手，运用抽水机、水车、风车，夜以继日，不停排水，保住农田作物约170万亩，其中大部分是高产田。

1949年12月19日，政务院就全国各地出现大范围灾荒问题发出《关于生产救灾的指示》，1950年1月6日又发出《关于生产救灾的补充指示》，要求各级政府提高对救灾重要性的认识，切实开展生产救灾工作，采取措施帮助灾民度过灾荒。2月27日，中央救灾委员会成立并提出“生产自救，节约度荒，群众互助，以工代赈，并辅之以必要的救济”的救灾工作方针。根据中央的指示精神，苏州各地把生产救灾工作作为压倒一切的中心工作。1950年春季，全区各地粮食短缺情况十分严重，缺粮断炊的灾民达36.4万人。3月13日，苏州地委、专署抽调机关干部组成工作组，分赴常熟、昆山、太仓3县实地调研灾情。工作组深入灾区进行调查研究，与群众共商度荒办法。4月4日，专署建立生产救灾委员会，统一领导协调全区生产救灾工作。为恢复和扶持农业生产，苏州地委、专署联合成立生产救灾巡视团赴各县进行检查指导。在救灾巡视团的指导下，灾区群众因地制宜地在春季农业生产中大量种植早熟作物，如马铃薯、青菜等，尽快解决灾区群众的口粮问题，以度灾荒。春耕准备期间，为了解决群众生产生活困难，全区共发放柴油 1 万吨、稻种 1.9 万吨、棉种 0.2 万吨、豆饼 3.25 万吨等物资。由于副业生产周期短，受自然条件限制小，对劳动力要求相对较低，对生产度荒积极有效，因此，苏州把开展副业生产作为生产度荒的重要措施。各地结合具体情况，因地制宜地发展各种副业生产，开展生产自救活动。如利用苏州水网密集的特点，发动群众捉鱼、捉虾及捕捞各类水产品；依靠本地民间工艺水平高超的优势，组织妇女纺纱、织布、织草包、织花边。另外，各地还依靠合作社、土产公司、供销社等国营商业，大量收购农副产品，帮助灾民解决资金与产品销售问题。

为帮助灾民渡过难关，苏州各地广泛开展互济互助、捐献救灾活动。苏州专区各县（市）均建立宣传劝募团，发起宣传劝募周活动，提出“有粮出粮，有钱出钱，省一口救一命”等口号，掀起捐献救灾的热潮。至 1950 年 9 月底，全区捐献 3.5 万元、粮食 107 吨，其中苏州市捐献 1.2 万元、粮食 83 吨。为确保救灾钱粮能迅速送到灾民手中，苏州地委、专署对救灾钱粮发放的原则、程序、对象做了详细规定，避免乱发乱用、平均分配和贪污截留等现象。各地发放钱粮时，先召集灾民开会进行民主评议，通过个人自报、互评灾情，统计出需要救济的户数与人数；然后根据政府分配的钱粮数目，计算出每户每人应得的救济数量；最后对每人每户应得的救济数量进行审查，审核无误后，尽快为灾民发放钱粮。

为避免水灾给农业生产和人民生命财产再次造成重大损失，苏州地委、专署提出建设与救灾相结合，拨出大批经费，结合以工代赈，大规模兴修水利工程。1950 年 1 月 9 日，专署召开水利会议，落实苏南区第一次水利工作会议确定的兴修水利工程计划。至 5 月底，太仓和常熟两县境内的海塘工程、常熟县沙洲区的江堤工程及各地的低田复圩工程已基本竣工，培修海塘、江堤、圩岸土方共计 501.32 万方[1]，修建桩石工程 13.1 千米，动员灾民劳力达 15.8 万人，支付以工代赈粮食 413.75 万公斤。各县（市）也普遍组织群众进行修筑湖圩、桥梁、水闸等较大工程。水利工程竣工后，各地以圩作为基本单位，成立护堤组，轮流护堤排水；在堤岸上植树，巩固新修的堤岸。通过以工代赈、兴修水利，不但解决了部分灾民的生活困难，而且新建、修复了一些重要

---

[1] 1 万方，即 10 000 平方米。

的水利工程，大大提高了苏州防洪抗旱能力。

由于苏州生产救灾工作及时有效，农业生产得到迅速恢复。1950 年 5 月，政务院农业部（现称“农业农村部”）春耕生产检查团到苏州调查生产救灾情况。在抽查常熟县两个区的春耕生产情况后，检查团充分肯定了苏州的生产救灾工作，认为苏州积极贯彻生产自救方针，灾民情绪稳定，基本生活得到保障，春耕工作进展顺利且成绩显著。

三、私营工商业的调整与发展

1950 年春季，随着打击投机、平抑物价、统一财经等一系列措施的实施，苏州经济逐步向新民主主义经济转变。面对经济转轨，尤其是采取抑制通货膨胀的强力措施后，私营工商业生产经营出现严重困难。银根缩紧、物价平稳，市场虚假购买力消失，一些习惯在通货膨胀中囤积居奇的私营工商业者无法适应，停工企业甚多，造成苏州市场商品滞销、工厂停工、商店歇业。工业方面，全区纺织业仅苏州市 3 家企业勉强开工，常熟、太仓等县的纺织企业全部停工；苏州市区的染织业企业几乎全部停工；丝织业、碾米业、铁工业等主要行业亦普遍停工。商业方面，米行几乎全部歇业，绸布业商家亦大部分关门。苏州市及专区各县（市）都出现大量商家拆分店面、化整为零、场外交易以逃避税收等情况。严峻的形势表明对私营工商业的调整已成为亟待解决的中心工作。1950 年 6 月，根据党的七届三中全会对克服全国经济困难与调整私营工商业的重要指示，苏州地委和专署、苏州市委和市政府以发展生产为中心，从调整公私关系、劳资关系、产销关系入手，扶持发展私营工商业。

第一，根据公私兼顾的原则，积极调整公私关系。苏州逐步对私营工商企业采取加工订货、统购包销、代销经销、发放贷款、调配物资、调整税收等扶持措施，帮助私营工商企业克服困难，恢复和发展生产。工业方面，国营企业加大对私营企业的加工订货和收购包销，以扶助私营企业维持生产，并逐步将其纳入国家计划轨道。棉纺、粮食、面粉、丝织、榨油等主要行业都得到加工订货的扶助。比如市花纱布公司自 1950 年 7 月起有计划地逐步开展与扩大代纺代织业务，委托私营纱厂加工的织布达 1.7 万匹。至 8 月，国营企业委托市各家私营企业代纺棉纱 3 856 件，加工稻子近 15 万吨、糙米 4.5 万吨、面粉 30.56 万袋。为帮助私营企业消化库存、回笼资金，国营企业以高于市场的牌价，收购私营工业、手工业滞销库存品。商业方面，调整公私经营范围。各家国营公司相继调整经营范围，扩大私商经营领域。国营商业以批发为主，绝大部分零售商品由私营商业经营。如粮食公司撤销在苏州的所有代销店，成立4个批发营业所。国营公司只收购粮食、主要经济作物、土特产品和出口商品，其余由供销合作社和私营商业收购。另外，调整国营贸易机构的批发、零售价格及起售点。粮食、土产、百货等国营公司于6月中旬调整批零差价，在兼顾生产者、消费者、中间商三方面利益的原则下，适当扩大零售价与批发价之间的合理差额并提高起售点。在税收和金融政策上也进行调整，各级税务部门简化稽征纳税手续，调整、裁并税种和税目，减轻私营工商业者的税收负担。适度放松银根，组织公私银行、钱庄对私营工商业扩大发放贷款以扶助其生产经营。1950年5月至8月，苏州市对私营企业发放的贷款总额从28万元增加到84万元。

第二，以“劳资两利”为原则调整劳资关系。在确认工人阶级民主权利的基础上，使资本家能够获得合理利润。在规模较大的私营企业中大力推进劳资协商，建立劳资协商会议制度，解决劳资间的纠纷问题。号召工人努力生产，提高劳动生产率，协助资本家克服困难；提倡用协商方式解决劳资间的纠纷，协商不成，再由政府仲裁。1950年，苏纶纱厂、太和面粉厂、江南油厂、苏嘉湖汽车公司等41家私营企业相继建立了劳资协商会议制度。工人和企业主通过劳资协商会议缔结劳资协商集体合同，明确劳资双方的权利与责任、工时与休假、工资与劳保福利、奖励与处分等，有效缓和了私营企业内部的劳资矛盾。

按照“发展生产，繁荣经济”的要求，对产销关系进行调整，帮助私营企业根据市场的需求进行生产，克服生产的盲目性。市政府对各主要行业私营企业的生产经营状况和销售渠道进行调查研究，为国营企业开展加工订货、收购包销做好准备工作。市工商局派出干部到重点行业和企业加强指导。成立由干部、工人和资方联合参加的工厂管理委员会，共同研究制订产销计划，扩大产品销售，改善经营状况。为解决中小私营企业在资金、人力、设备等方面的困难，组织、协调工商业者建立联营机构。通过联合采购原料、统一调度人力和物资等方式有效降低了成本，提高了生产率。截至1952年年底，全市有2 528家私营企业参加联营，先后组成各类联营机构68个。

在党和政府的大力扶助和劳资双方的共同努力下，私营工商业很快得到恢复发展，从1949年到1952年，全市私营工业企业由442家发展到1 840家，私营工业总产值增长95.65%；全区私营工业企业由1 651家发展到2 968家，私营工业总产值增长 63.55%。通过调整，一些关乎国计民生的行业得以进一步发展，如染织业私营企业由 74 家增至 88 家，针织业私营企业由 67 家增至 98 家；而一些不适应社会发展和群众需求的行业则逐步削减甚至淘汰，如香烛商店由 215 家减至 148 家。在帮助私营工商业恢复和发展生产过程中，通过加工订货、统购包销、代销经销等国家资本主义形式，部分私营工商业的生产经营活动间接地纳入国家计划的轨道。国营经济的领导地位和国家调节国民经济的力量也在调整过程中得到进一步加强。

苏州手工业历来发达，产品种类繁多，手工艺品具有独特的地方色彩和民族风格。苏绣、宋锦、缂丝、玉雕、木刻等，在国内外久负盛名。但由于连年战乱和官僚资本的控制和剥削，手工业作坊大批倒闭。如纽扣业作坊从 1945 年的 100 多家减至中华人民共和国成立之初的 10 多家。中华人民共和国成立之后，手工业虽获得新生，但在 1950 年春，与私营工商业一样，面临着经济萧条、产品滞销、产能萎缩等困难。针对这些情况，苏州各地采取多种方式，积极扶持手工业恢复和发展。资金上，政府通过各大银行发放贷款，如银行一次给予眼镜业贷款 2 万元。税收上，对手工业给予缓征或减免。购销上，通过组织城乡物资交流活动，解决手工业原料和产品销售问题。组织手工业者参加苏南、华北、东北等地各大城市的城乡物资交流大会。通过交流，不少行业的产品扩大了销路，眼镜业、乐器业、纺织业等行业不但现货销售一空，还签订了业务购销合同。为进一步促进手工业发展，各地积极组织手工业联营。如吴江县盛泽镇联合各家织厂成立电机同业公会联营处，统一联系业务，安排生产及购销事宜，初步扭转困难局面。

随着一系列扶持措施的实行，苏州手工业迅速恢复。如苏州市 1952 年手工业从业人数达到 2.8 万人，比 1949 年增长 42.1%；总产值达到 3 897 万元，比 1949 年增长 80.1%。手工业为城乡市场提供大量的日用小商品、小农具，弥补了大工业的不足，为失业群众拓宽了就业渠道，对苏州经济发展、社会稳定起到了重要作用。同时，初步建立了社会主义经济和个体手工业经济之间的联系，为手工业的社会主义改造打下了基础。

为扶持工商业和手工业的发展，人民政权还积极开展城乡物资交流。1950 年，全国普遍出现市场萧条的情况，一方面，城市中工业品滞销，农副产品供应不足；另一方面，农村中农副产品积压，工业品匮乏。造成这种现象的主要原因有两点：一是由于经历长期战争，道路不畅，流通环节梗阻，导致城乡、内外商品交换滞塞。二是朝鲜战争爆发后，以美国为首的西方国家对我国实行经济封锁和禁运，对出口依赖的行业打击很大。面对经济封锁和禁运，中央明确要求1951年的财经工作要把扩大城乡交流摆在第一位，挖掘内部的潜力，依靠拉动国内需求来促进工农业的恢复和发展。

苏州经济一直具有较强的对外依附性，农村工业原料大部分出口国外，不少工业成品也靠外销，经济封锁对苏州影响尤为突出。如苏纶纱厂有相当一部分原料需要依赖国外进口，产品也大部分外销南洋等地，经济封锁后，就陷入产品销路不畅、原料耗尽、资金枯竭的严重困境。早在接管之初，苏南区党委就意识到苏南地区经济的对外依附性，把沟通城乡关系、开展城乡物资交流，作为摆脱帝国主义经济控制、建立独立自主经济体系、自力更生的重要手段。根据中央和苏南区党委要求，苏州各地着手扩大城乡物资交流，加强城乡联系，解决工业原料自给、工业品和农副产品销售问题。1951年的城乡物资交流工作以开展土特产交流为重点。5月，苏州市土特产购销委员会成立，与苏州专区其他县（市）土特产购销委员会密切联系，统一支配、调度资源。为扩大土特产的交流，建立和发展土特产交易市场，短短一年间，苏州市就设立南北货、丝绸、刺绣、火柴、肥皂等8大市场。另外，还积极参加土特产交流。1951年，苏州市参加苏南、苏北、南京等8个地区的土特产交流，购销总额达1 374.4万元。

1952年，苏州市继续把组织城乡物资交流作为重点工作。5月，市城乡物产交流促进委员会成立，协助政府促进城乡物资交流。城乡物资交流不仅巩固和扩大了已有成果，而且深入了初级市场，建立起了长期的物资双向交流机制，促进了城乡经济的进一步发展与繁荣。全市先后组织953个公营、私营企业参加全国各地举办的各层次市场交流会198个，购销额达1 137.6万元；8月至11月间，先后3次组织“下乡访问团”，分赴吴县、昆山、常熟等县的40多个乡镇开展物资交流工作。9月25日，苏南第三次城乡物资交流大会在苏州市南门新市场召开，有93个行业、129个单位参加交流，达成交易4 896笔，购销额达383.6万元。

苏州专区各县（市）相继成立土特产购销委员会，多次组织物资交流大会。1952年4月20日，苏州专区土特产交流大会召开，常熟、吴江、太仓等县代表500余人参加，涉及丝织、绵绒、南北货等80多种行业，签订合同113笔，现货成交259笔，购销额达61.8万元。

城乡物资交流活动为苏州商品在福建、江西、陕西、河北、辽宁和新疆等地打开了市场。如生菜油原来存在着严重滞销现象，生产陷于停滞状态，经过参加苏南、湖州、长兴、广德等地区的物资交流活动后，生菜油销往全国各地。至 1952 年 10 月，苏州市基本上已无滞销商品，乐器、针织、石粉等行业还积极筹划扩大生产。通过城乡物资交流，加强了城乡沟通，紧密了工农业联系，促进了各级市场活跃和繁荣，为推动工农业的恢复和发展发挥了重要作用。

四、“五反”运动的开展及其影响

随着扶持和合理调整工商业方针政策的执行，民族工商业获得前所未有的发展机遇。然而部分资本家唯利是图，甚至勾结、腐蚀国家工作人员，进行行贿、偷税漏税、盗骗国家财产、偷工减料等不法活动，特别是“三反”运动中党政机关内部揭发出来的腐败受贿案件大多与不法资本家有关。如一些不法资本家暗中控制工商联及税收评议机构，并派遣专人负责腐蚀、拉拢政府财经部门干部。资本家的不法行为不仅严重破坏国家经济建设，而且损害人民群众切身利益。例如，有资本家在生产用来救济苏北灾民的寒衣时，竟然用报纸做里子。1952 年 1 月 26 日，中共中央发出《关于在城市中限期开展大规模的坚决彻底的“五反”斗争的指示》，要求在全国城市中迅速开展大规模的反行贿、反偷税漏税、反盗骗国家财产、反偷工减料、反盗窃国家经济情报的“五反”运动。苏州市的“五反”运动从 1952 年 2 月初启动，4 月全面开展，至 6 月底结束。该运动共分为以下三个阶段。

第一，宣传准备阶段。广泛开展宣传动员，形成强有力的社会舆论，发动检举“五毒”[1] 罪行。“五反”运动开始后，心存侥幸的不法资本家不仅不愿低头认罪，坦白交代，而且千方百计阻碍和破坏运动的开展，企图顽抗到底，蒙混过关。针对不法资本家的种种抵制顽抗行为，苏州市委、市政府从运动一开始就特别注重发动群众，尤其是动员私营工商企业中的工人、店员参加运动。全市相继召开各界干部代表会议和工人代表会议，严肃批判不法资本家的“五毒”行为。在苏州市委、市政府领导下，工会、青年团、妇联、民主党派、工商联等团体，纷纷响应号召，积极组织学习宣传活动，并发动教师、学生、家庭妇女等深入街道里弄，开展宣传教育工作，有效地提高了群众的政治觉

---

[1] 在“五反”运动中，人们把行贿、偷税漏税、盗骗国家财产、偷工减料、盗窃国家经济情报统称“五毒”。

悟，使广大群众能够自觉地投身到运动中。为贯彻“依靠工人，团结职员”的方针，更好地推进“五反”运动，苏州市委、市政府在市节约检查委员会下建立“五反”总指挥部，直接负责领导组织全市各行各业的工人、店员向不法工商业者开展斗争。“五反”总指挥部下设纺织、轻工、食品、手工、机器制造等13个分指挥部，并向颜料、绸布等5个重点行业派驻工作组。总指挥部高度重视并充分发挥广大工人群众在“五反”运动中的主力军作用，召开多场坦白检举大会，组织工人、店员、会计等揭发不法工商业者的罪行，在会上出示不法资本家制作的假账、假发票、贿赂的钱物等证据，揭露运动开展后不法资本家以刀威胁、粥中放毒谋害工人等罪行。不法资本家在生产提供给抗美援朝的物资中偷工减料、严重偷税漏税等不法行为也被揭发出来。在坦白检举大会上，切实贯彻“坦白从宽，抗拒从严”的政策，对坦白者给予从轻或免予处理；对罪行严重又拒不坦白者，坚决依法从严制裁，以分化瓦解违法犯罪的工商业者。针对不法工商业者对“五反”运动的抵制行为，防止其对检举揭发的工人打击报复，苏州市政府适时宣布4项规定[1]，责令不法工商业者坦白“五毒”罪行，推动运动的深入发展。

第二，全面展开阶段。劳资见面、联合审查，“五反”运动全面开展。根据政务院批准公布的北京市人民政府《在“五反”运动中关于工商户分类处理标准和方法》，将工商业户分为5类：守法户、基本守法户、半守法半违法户、严重违法户和完全违法户。在展开阶段中，总指挥部先对占私营工商业户主体的中、小工商业户进行审查，并做出分类结论。通过劳资见面、联合审查的形式，审查处理前3类[2]中9 553家中、小工商业户。经过这一阶段的审查，所处理的工商业户占全市私营工商业户总数的60%以上，形成并壮大了“五反”运动统一战线。接着，借鉴上海市“五反”运动经验，采取互评互助、工人检举揭发、家属劝说等办法，集中力量斗争大工商业户。总指挥部直接组织105家大工商业户及工商界上层分子进行互评互助，各分指挥部以同样方式分别处理674家大工商业户。与此同时，采取团结、教育、改造的方针，处理之前遗留的3 528家中、小工商业户问题。

第三，定案处理阶段。苏州市节约检查委员会贯彻华东局指示，从资金、

---

[1] 4项规定是：私营企业负责人不准请假离开企业；不准歇业、不准解雇职工、不准不发或少发工资、不准不开伙食，不准威胁打骂利诱店员工人，不准与国家工作人员订立“攻守同盟”；不得歇业或拖延开工开店日期；充分保障店员、职员、工人的检举权利。

[2] 前3类指守法户、基本守法户、半守法半违法户。

营业、利润、公家往来、坦白数、核定数等多个方面进行分析对证，按“斗争严、处理宽，当严则严、当宽则宽”的原则，实事求是、合情合理地对工商业户加以核定。最终核定全市守法户占35.71%、基本守法户占46.37%、半守法半违法户占15.8%、严重违法户占1.68%和完全违法户占0.44%。核定完成后，采取工商界制订退补计划、工人审查、苏州市节约检查委员会批准的办法，根据情况，分期补退。经核定，须退补户为2 441户，退补金额为461.3万元，占工商界坦白金额的45.15%。

根据中央的指示精神，“五反”运动首先在大、中城市展开。随着“五反”运动形势的发展，中央决定小城市和大集镇不再进行“五反”运动[1]。因此，除常熟市[2]外，各县仅仅在“五反”运动开始时组织工商界人士进行了学习，尔后未再全面展开。

“五反”运动有力地打击了不法资本家严重的“五毒”行为，在工商业界普遍进行了一次守法经营教育。“五反”运动也是一场深刻的民主社会改革，充实整顿了工会组织，推动了在私营企业中建立工人监督和民主改革的进程，逐步建立工人、店员对企业的监督管理制度，确立了新的劳资关系，巩固了工人阶级的领导地位。运动中，私营企业中的工人群众的阶级觉悟普遍得到提高，涌现出大批运动积极分子，全市有500余名青年工人被吸收入团，496人被吸收为党员发展对象。各级党委和政府基本掌握了全市私营工商业各方面的情况，如大、中、小工商业户比例及资金量、利润率、技术管理水平等，积累了对城市私营工商业监督管理的经验，为以后对私营工商业和资本家的社会主义改造创造了有利条件。但是，“五反”运动中曾普遍发生了程度不同的违法乱纪现象，如对运动对象进行剥掉衣服、罚跪、捆绑、吊打、拘禁等[3]，导致一些工商业者产生恐慌情绪，出现抽逃资金、卖光吃光、躲藏隐蔽、停工停

---

[1] 中共中央于1952年10月批转政务院副秘书长廖鲁言《关于结束“五反”运动和处理遗留问题的报告》，决定小城市和大集镇不搞“五反”运动，只对个别“五毒”罪行特别严重者，给以必要的、适当的处分。

[2] 常熟市“五反”运动最终核定：守法户占23%、基本守法户占53.7%、半守法半违法户占21.7%、严重违法户占1.3%和完全违法户占0.3%。

[3] 参见刘亚：《检查报告》，1952年6月3日；周涛：《检查报告》，1952年6月9日；朱宏源：《检查报告》，1952年6月20日；等等。以上材料资料均藏于苏州市档案局（馆），档号A32-2-1956-74。说明：本文所引档案资料现藏于苏州市档案局（馆），因纸质版和电子版档号在编排方法上略有差异，除已注明者外，均为纸质档案资料，且只标注档号，下同。另见苏州市纪律检查委员会纪律检查室：《关于苏州市私营茶厂“五反”运动中违反政策纪律事件的检查报告》，1952年5月27日，档号A1-2-1952-32。

业、利诱毒害、畏罪自杀等不正常现象，最严重的是苏州茶厂（由40多家大小茶厂合并、集中生产）。在“五反”期间，其负责人吕万春运用农村土地改革对待地主的做法来对待资本家，并责令与私方接近的领班进行坦白交代，对被认为不彻底的就施以敲打，或罚跪在倒放的凳子边，等等，造成很多起严重的伤残和自杀事件。资本家怕遭毒打，纷纷进行假坦白，有的茶厂全部资产仅2万元，资本家“坦白”交代的行贿数竟达30万元；1951年中茶公司全年在苏州加工的花茶总共才1 300担，有一位资本家“坦白”偷窃的茶花竟达1 900担。受害工人和资本家纷纷上书苏州市委、苏南区党委和中共中央。毛泽东在控告信上批示：“转苏南区党委调查处理。”《人民日报》曾为此专门发表消息和社论。[1]“五反”运动中的过火行为给苏州地区的社会经济生活带来一定的冲击。尤其是“五反”运动时值生产淡季，各级党组织集中精力发动群众，对生产不够重视，资本家也无心生产，导致全市许多私营工商业生产经营困难，失业、半失业人数大幅增加。针对这些问题，苏州市委、市政府立即采取紧急措施，贯彻“五反、生产两不误方针”，召开工商界会议，宣传政策，纠正工商界的各种错误思想和不当做法，组织城乡物资交流，稳定了工商界情绪，促使他们安心经营，搞好生产。随着华东、苏南城乡物资交流活动的开展，市场日益活跃，同时工会工作由斗争转向劳资协商，手工业、私营工商业经营状况逐渐走向好转。

五、企业的民主改革

中华人民共和国成立初期，为维持生产秩序，保证平稳过渡，对工矿企业的接管暂时采取了“原封不动，一律包下来”的政策，封建把头制、抄身制等旧的管理制度，不可避免地残存下来。企业内部残存的反动把头势力依靠这些制度压制工人的政治热情和生产积极性，束缚了生产力的发展，工人群众普遍要求开展民主改革。根据中共中央《关于清理厂矿交通等企业中的反革命分子和在这些企业中开展民主改革的指示》精神，苏州地委于1951年12月制订了在工矿企业发动工人群众全面深入开展民主改革运动的计划。

根据苏州地委、专署的部署，苏州市委、市政府决定首先进行废除封建把

[1] 苏州市地方志编纂委员会：《苏州市志》（第三册），江苏人民出版社1995年版，第1241页。事件被揭露后，吕万春被逮捕法办，苏州茶厂“五反”运动趋于正常。

头制的反把斗争，打倒长期控制压迫工人的封建残余势力，为进一步推进民主改革创造条件。1951 年冬，苏州市委、市政府选取建筑、搬运（人力车、三轮车）等 5 个重点行业进行民主反把斗争。12 月 20 日至 30 日，全市先后召开了 13 次控诉大会，参加群众达 2 683 人次。通过反把斗争，处理了封建把头 68 人，肃清了残余的反革命分子，废除了工人群众深恶痛绝的封建把头制。

随后民主改革工作转向工矿企业内部。苏州市委、市政府根据工矿企业的不同性质，研究部署改革计划。国营企业、公营企业和公私合营企业民主改革采取党委统一领导、行政号召支持、工会发动、青年团响应带头的方式，建立民主改革工作组织；私营企业则采取党委统一领导、工会出面、劳资协商的方式，但不建立民主改革工作组织。根据计划，苏州市工矿企业民主改革采取分批、有重点地展开。自 1951 年 11 月至 1952 年 1 月，首先在中蚕丝厂[1]（国营）、苏州面粉厂（公营）、苏州电厂（公私合营）、大同兴造纸厂（私营）4 家不同类型的工厂进行民主改革试点，积累经验。2 月至 4 月，选择苏纶纱厂、苏州纱厂、源康纱厂等 10 余家较大型企业重点推进。5 月至 6 月，在其余工矿企业中全面展开。

各企业的民主改革分为准备、民主检查和自觉交代、制度组织建设 3 个阶段。准备阶段，先对企业的干部和工人积极分子进行培训，提高其思想觉悟和政策水平，发挥他们的骨干作用；再通过他们对广大工人群众进行深入广泛的发动教育。民主检查和自觉交代阶段，领导与群众相互之间开展批评与自我批评。一些有政治历史包袱和欺压过工人群众的人，深刻检讨了过去的反动思想，表达了争取改造的愿望。经过民主检查和自觉交代阶段，工人群众的阶级觉悟与生产积极性明显提高，团结意识也大大增强，涌现出一大批积极分子。制度组织建设阶段，废除压迫工人、束缚生产力的封建落后的生产管理制度。教育广大工人自觉遵守劳动纪律，建立生产责任制。进一步整顿与健全基层党组织、青年团与工会组织，大力发展党员、团员和工会会员。在国营企业中建立健全职工代表会议和工厂管理委员会，一批运动中涌现出的积极分子被提拔到领导岗位上。

私营企业的民主改革工作进展则相对缓慢。自 1952 年 10 月起，私营企业进行民主改革补课工作。很多企业主主动参与民主补课工作，担任企业民主改革补课委员会委员，与工人群众共同协商企业中有关民主改革的重大问题，制

---

[1] 中蚕公司苏州第一实验丝厂被接管后，更名为国营中蚕公司第一丝厂，以下简称“中蚕丝厂”。

定确保民主改革和发展生产两不误的各项规章措施。

苏州专区工矿企业的民主改革于 1951 年 10 月开始，从百人以上的大企业到 50 人左右的中小企业，分批、分层次、有计划地展开。翌年 7 月，苏州专区国营、公私合营企业及 50 人以上私营企业展开民主改革补课。至 1952 年年底，苏州有 39 家公营企业、50 家私营企业完成了民主改革，工矿企业民主改革工作基本完成。工矿企业民主改革调动了广大工人群众当家做主、发展生产的积极性，推动了企业管理的进步，为工业生产的恢复创造了必要的条件。

六、集中统一经济管理体制的基本形成

对官僚资本企业的没收与改组、国营经济的发展壮大、稳定物价斗争的开展、“五反”运动的发动、私营工商业的合理调整、工矿企业的民主改革、城乡物资交流、以工代赈、控制人口流动、失业人员的统一救助和安置等一系列工作的开展，在完成国民经济恢复任务的同时，也为经济工作中的集中统一管理体制的基本形成准备了条件。

这种集中统一，不仅具体表现在自上而下地普遍设立了国营性质的经济管理和经营公司，如建中、中蚕、中粮公司等，而且还表现在对一些被认定为不符合新民主主义经济方针的迷信用品如锡箔、香烛业的生产和经营，予以日益严格的限制，被列入国家统制范围的如黄铜等重要战略物资，更是被纳入国民经济的统一管制范围。

对经济工作集中统一管理的日益加强，还体现在对微观经济活动的日益严格的管理上。现以对企业年奖的管理为例，稍做展开分析。

年奖是年终酬金、年赏、年终双薪、年终奖金等的别称或简称，苏州地区的个别行业也有称“茶金”“压岁钱”“红包”等的，其发放与否及多少主要根据企业员工的勤惰、绩效及企业的经营状况而确定，一般为平时一个月的工资数，员工表现或营业情况特别好的，或物价波动剧烈时，也有超过一个月的。[1] 通常在农历春节前发放。部分行业或企业也有按营业额提成（也称

---

[1] 参见吴县衣业同业公会：《致吴县估衣业职业工会函》，1948 年 1 月 25 日，电子版档号 I13-001-0240-004。过去，中国的企业为鼓励工人积极生产，其奖励形式是非常繁多的，除年奖外，还有勤续奖（也称“升工”）、月奖、出品奖（仅在计件工资中实行并分质量好的重赏和速度快的快赏两种）、节假日奖等，此外还有分红、津贴（如加班津贴和物价波动时的米贴）等。另见王晓雄：《苏州劳动保障志（1949—2005）》，苏州大学出版社 2009 年版，第 46-47 页。

“拆账”)的，或以升工等形式发放的[1]，营业亏损或较差的，则没有或有较少年奖，但这种情况较为少见。企业主给工人发放年奖就像年终分红一样，既是经营情况良好的一种反映，也是期待工人来年能更努力工作，以取得更好的经营绩效，获取更多的利润的一种奖励形式。

1949 年前，苏州地区企业年奖的数量一般是员工全年实得工资总数的 10%左右，或是 1 个月薪金，但在很多情况下，资方总是以各种借口，无法足额或按时发放。就丝织业来说，吴县旧例通常只限给厂机（电机）工人发放年奖，有时还发放月奖；对于放出分散经营的手拉机、木机工人等，则只按照实得工资的 5%发放，没有月奖。[2] 但这也不是绝对的。1947 年，吴县丝织业规定电机工、在厂手拉机工、帮机工和准备工等最低按全年实得工资的 3%发放年奖；电机工及在厂手拉机工另按到厂时间在 4 个月以内者，再给予 5 元月奖，4~8 个月内给予 7 元月奖，8 个月以上给予 9 元月奖，帮机工和准备工分别按 7.5 折和 5 折计算。由于物价飞涨，实际发放的奖金要乘原计划发放数的 4 500 倍。[3]在一些工作条件差、劳动强度大的企业如部分造纸业工厂中，有时每星期还要加发 2 天的工钱。[4] 少数行业除有年奖或双薪，有时还有节规或节日双薪，如吴县丝织业在孙中山诞辰日、国庆节和元旦等节日，都要发放数额不等的奖金[5]。在纺织业中，有些企业规定木机、放出手拉机者，年奖按全年实得工资的 6%发放，考虑到城市工人的生活成本较高，按实得工资的 115 倍发放。[6] 有的行业还有特殊的年奖发放习惯，如洗浴业通常是在农历十二月二十七到二十九 3 天中资方按营业额拆账，33%用于工人的年奖；茶馆业则以春

---

[1] 升工和赏工，是每一个月或一“关饷”，在工人应得的工资基础上再加上几天工资的意思。参见上海社会科学院经济研究所：《荣家企业史料》下册，上海人民出版社 1980 年版，第 335 页。一些文化行业也实行升工制度。如叶圣陶于 1948 年 6 月 30 日获得“上半年之升工，计一亿有余”。只不过，此时的货币已严重贬值，仅相当于战前的 90 元左右。

[2] 吴县丝织业同业公会：《吴县丝织业同业公会通告》，1946 年 1 月 27 日，电子版档号 I14-005-0048-33。

[3] 吴县丝织业同业公会：《与产业工会洽商对年奖仍按向例分实得工资及月奖二项结算告知具体办法》，1947 年 1 月 14 日，电子版档号 I14-005-0048-020。

[4] 苏州市东区工会办事处手工组：《关于手工行业的年奖、节日、陋规了解情况汇报》，1954 年 11 月 5 日，档号 A32-6-1954-237。

[5] 吴县丝织业同业公会：《与产业工会洽商对年奖仍按向例分实得工资及月奖二项结算告知具体办法》，1947 年 1 月 14 日，电子版档号 I14-005-0048-020。

[6] 吴县丝织业同业公会：《木机及放出手拉机工友年奖办法的通告》，1949 年 1 月 17 日，电子版档号 I14-003-0503-032。

节期间卖出的茶叶收入作为年奖。[1] 一般来说，越是上规模的企业，年奖的发放越正常、越普遍，小企业则情形复杂，少数甚至没有年奖惯例。

中华人民共和国成立前夕，为了维护工人的既得利益，在中国共产党和全国总工会下发的多份文件中，均一再强调要继续保持年奖制度。例如，1949 年 1 月，中共中央在《关于新解放城市职工的工资薪水问题的指示》中指出：对于某些实行多年的劳动保险制度与奖励制度，如年关花红、例假、抚恤金等，“应按往年实际情况发给”。在致北平市委的电报中又指出：铁路工人和一部分矿工的年终双薪等，“必须按旧规定完全承认，不应有任何动摇，并须尽可能发给”。同时还强调，如确有困难，则必须向工人进行解释，求得他们的谅解，务必“不要使工人感觉人民政府有取消这些待遇的意图，以致引起工人的不安”。[2] 7 月，《中华全国总工会关于劳资关系暂行处理办法》出台，文件指出，中华人民共和国成立前“各企业原有供给职工膳宿及分红馈送与其他奖励等习惯者，均得维持旧例”[3]。中华人民共和国成立后不久，中共中央就上海处理年奖问题的批复中指出，保留年奖的做法是妥当的，如果仓促取消工人群众在党的领导下通过年关斗争而获得的这一待遇，“必引起工人群众不满”。[4] 随后，中共中央和政务院于 12 月再次下发指示，强调：年奖制度是经过工人的斗争后才取得的，尽管国家面临严重的财经困难，但仍然必须维持这一制度。[5] 12 月下旬，常州市先后有 3 个工厂因有关方面未能答应工人在年奖问题上“提出过高的要求”而发生罢工事件。华东局就处理此类问题发出指示，要求各地应慎重行事，对工人群众加强有关方针政策的宣传解释和说服教育工作，“千万不可作硬性的决定，以免造成政府与工人群众对立”。中共中央在批

[1] 苏州市总工会西区办事处：《1952 年年奖工作报告》，1953 年 2 月 5 日，档号 A32-6-1953-63。

[2] 中国社会科学院、中央档案馆：《1949—1952 中华人民共和国经济档案资料选编 · 劳动工资和职工福利卷》，中国社会科学出版社 1994 年版，第 463-464 页。

[3] 《关于劳资关系暂行处理办法》第二十条，1949 年 7 月，《新苏州报》，1949 年 11 月 27 日。

[4] 《中共中央关于上海年终奖金问题给华东局并转上海市军管会的批复》（1949 年 12 月 6 日），中央档案馆、中央文献研究室：《中共中央文件选集（1949 年 10 月—1966 年 5 月）》第一册（1949 年 10 月—12 月），人民出版社 2013 年版，第 170 页。

[5] 中央人民政府政务院财政经济委员会：《关于某些公营企业原有年终双薪或奖金问题的处理办法》，《人民日报》，1949 年 12 月 14 日。参见《中共中央关于处理公营企业中原有年终双薪或奖金的指示》（1949 年 12 月 12 日），载中国社会科学院、中央档案馆：《1949—1952 中华人民共和国经济档案资料选编 · 劳动工资和职工福利卷》，中国社会科学出版社 1994 年版，第 526 页。另见（苏州市）职工筹委会主任委员杨惠林、副主任委员朱小白：《报告（民主讨论职工年奖双薪问题经过）》，1949 年 12 月 25 日，档号 A32-6-1950-121。

转华东局指示时指出：华东局的指示在公私企业中都是适用的，企业职工放弃年奖，虽是“很好的现象，表示工人有了很高的阶级觉悟，我们应当加以宣传和表扬，以扩大这一运动。但是放弃年终双薪，关系工人的切身生活甚大，必须是真正出于每个工人自愿，而不可丝毫勉强，更不可用包办代替的办法（如举行代表会议表决等方式）来造成这种事实，以免引起工人群众的不满”[1]。

有上述政策和法规做依据，苏州地区解放后，大多数企业都继续保留年奖制度，而且其发放方式也多因袭或借鉴中华人民共和国成立前的做法，如吴县纺织业在发放1949年度的年奖时，经该业产业工会和同业公会反复协商，并获苏州市政府、劳动局批准，决定帮机工、准备工的年奖按电机工、在厂手拉机工的75%和50%发放，城市职工另发全年实得工资底薪的6%[2]，显然是承袭了中华人民共和国成立前的行业习惯做法。邻近的上海铁路局也于1949年12月根据“向例”制定了当年发放年奖的具体办法，规定：凡该局（含年内被接管单位）正式职工、长临时工及年内奉准退休或因公死亡的职工，工作时间在6个月及以上者，发给相当于该职工1个月工资或生活津贴作为年奖；3~6个月者，减半；1~3个月者，再减半；低于1个月及因过失遭遣散或离职学习者，不发；计日领薪者，另议。[3] 苏纶纱厂也按“惯例”分两次发放年奖，其中1950年8月上旬经劳资双方协商，发放了总额为四亿八千万元（旧币）的上半年的年奖。[4] 由于苏纶纱厂是苏州地区规模最大的私营纺织厂之一，在讨论1950年度下半年的年奖时，苏州市劳动局、总工会及行业工会都派代表参加。在第一次讨论中，劳方代表提出“奖金分等太多，不合理，应求接近靠拢，改为职员、技术生45天，男工一律38天，女工一律28天”，但未获资方同意。经两次协商，最后决定仍按1949年的标准发放，总金额为100件纱的价值。[5] 1951年度的年奖仍分两次发放，其中8月发放了相当于4月平均工资

---

[1] 《中共中央关于批转华东局关于处理常州市工人因年终奖金问题罢工的指示》（1949年12月30日），载中央档案馆、中央文献研究室：《中共中央文件选集（1949年10月—1966年5月）》第一册（1949年10月—12月），人民出版社2013年版，第233-234页。

[2] 苏州市纺织业产业工会丝织业分工会筹委会（刘荣华等5人）、吴县电机丝织工业同业公会（徐福庆等5人）：《协议1949年终奖金发放办法》，1950年2月7日，参见苏州市人民政府劳动局对上述办法的批示（劳字第157号），1950年2月10日，档号B3-11-1949-207。说明：所谓“底薪”，是指按1937年的工资购买力而发给工薪人员的薪金。

[3] 《上海铁路局订定年奖办法》，《新闻报》，1949年12月28日。

[4] 本厂（苏纶纺织厂）劳资协商（首次）会议记录，1950年7月10日，档号G50-2-1951-2。

[5] 本厂（苏纶纺织厂）劳资协商（第4、5次）会议记录，1951年1月13、15日，档号G50-2-1951-2。

的上半年的年奖，停工不满1天者另奖给每人1斗米。下半年的年奖则按照上一年度的同期标准提至1952年1月13日前发放。[1] 华盛造纸厂也按惯例发放了1950年度的年奖，其中170名工人的年奖总额为159 223 900元、17名职员的年奖总额为43 498 500元（称“升俸”）、16名勤杂人员的年奖总额为15 361 800元（称“升工”或“年奖”），而他们1950年12月的工资分别为94 844 100元、28 999 000元、10 241 200元[2]。从数据中可以看出，与职员相比，工人的年奖份额明显增加。

但不同时期和不同企业因营业情况不同，年奖的发放方式和数量差异甚大。如鸿生火柴厂于1949年12月19日、24日两次就当年的年奖发放问题向苏州市劳动局、工商联请示，表示除日工和计件工不发年奖外，其他工人的年奖也要打些折扣。具体计算办法为：全年的天数（按365天计算）减去43天升工、6天例假、11天年假、35天因断电或缺料停工，实发270天，加上10天断料基数，共280天，年奖率为8%，实得奖金天数为22.4天。[3] 与苏纶纱厂和华盛造纸厂相比，鸿生火柴厂的年奖发放数量明显要少得多。

店员（商业）和服务行业年奖标准的确定比较自由和灵活，但同样因营业情况的不同，相互间的差异也比较明显。如西区稻香村店员1950年拿相当于2.5个月工资之和的年奖，1951年拿2个月，1952年拿1个月双薪、10万元年奖。广州食品公司店员1951年拿1.5个月工资之和的年奖，1952年拿40天。胜利钟表店店员1952年拿2个月工资之和的年奖，1953年拿4个月。[4] 余咸钟表店店员1951年拿30天工资之和的年奖，1952年拿45天，1953年拿60天。曾记纸店1952年虽已将年奖和双薪并入工资，但店员仍然拿了1个月工资的年奖，1953年因营业情况特别好，店员提出要发5个月工资之和的年奖，资方亦表示同意。[5] 但少的也有只拿几天的，如1953年有些洗浴业店员按惯例仍拿相当于3天工资之和的年奖。[6]

---

[1] 本厂（苏纶纺织厂）劳资协商（第9、11次）会议记录，1951年8月17日、1952年1月4日，档号G50-2-1951-2。

[2] 《华盛纸厂工资、年奖等发放情况表》，1950年8月—1951年2月，档号G53-2-1951-7。

[3] 《（鸿生火柴厂）关于发给工人年终奖的函》，1949年12月24日，电子版档号I35-001-0069-007。

[4] 《店员中的年奖情况》（成文单位和时间均无），档号A32-6-1953-63。

[5] 苏州市总工会西区办事处：《1953年处理年奖情况汇报》，1954年2月22日，档号A32-6-1953-63。

[6] （苏州）市工会联合会南区办事处：《店员、手工业年奖情况汇报》，1954年12月14日，档号A32-6-1954-20。

公私合营青沪长途汽车股份有限公司尽管经营出现困难，但也仍坚持发放年奖，为此曾于1952年年初申请从苏南行署交通处公路局下拨的13 838 468元中暂垫欠缴的468万元养路费，以便按时足额发放1951年度的养路工年奖。[1]因未获批准，该公司又于4月初提出从3月份欠缴的14天养路费中拨充1951年度的养路工年奖。[2] 私营鸿盛纽扣厂1951年、1952年均出现营业困难，经劳资双方和工会组织多次协商，分期发放了8 021 700元、8 652 050元年奖，以致连工资都要延缓发放。[3] 即便是对于遭逮捕、处置的人员，其在被捕前应享受的年奖也一律照发。[4]

上述情况说明，就苏州地区的多数企业来说，尽管各自的具体情况不尽相同，但截至1952年年底，基本都仍在按惯例发放年奖。

不过，从发展趋势来看，新政权建立后已开始逐步加强对企业年奖发放工作的规范化管理。1949年12月6日，中共中央在给华东局并转上海市军管会的批复中就提出，在处理私营企业的年终奖金时，虽由劳资双方协商解决，但工会应当出面掌握，并使其一般不超过公营企业，以免互相影响发生纠纷。[5] 12月11日，中央人民政府政务院财政经济委员会（以下简称“中财委”）发出《关于某些公营企业原有年终双薪或奖金问题的处理办法》，规定：原来没有年奖惯例的，一律照旧不发；原有年奖惯例，且数额不超过半个月工资的，照原数目发给；超过半个月的，超过部分折半发给，但总额最高不得超过两个月工资，并可分期发给。[6] 12月17日，苏州市劳动局据此发出通知，要求各厂将历年发放年赏例规的材料整理上报，以便准确处理年赏问题，

[1] 青沪长途汽车股份有限公司：《为恳将3月份欠缴养路费准于垫付（19）51年度（养）路工年奖垫款项下抵补藉为交通由》，1952年4月8日，电子版档号I47-001-0074-041。

[2] 董事长金××、经理徐××、副经理许××：《为想将三月份欠缴养路费14天准于垫付（19）51年度路工年奖垫款项下抵补藉为交通由》，1952年4月8日，电子版档号I47-1-1949—1954-74。但所请仍未获得苏南行署交通处公路局的批准。这说明，政府主管机构执行政策的立场很坚定，但企业迫于员工（或许还有同业）的压力，即便是在营业不很景气的情况下，仍倾向于按惯例行事。

[3] 鸿盛纽扣厂劳方代表肖高木、邵洪元、姚立本，资方代表曹正宏，工会主席肖高木：《关于1951年1952年年奖问题汇报》，1953年1月21日，档号A32-6-1952-15。

[4] 李瑞英：《关于请发倪及之1952年年奖的函（附批复）》，1954年10月18日，电子版档号I47-001-0051-106。

[5]《中共中央关于上海年终奖金问题给华东局并转上海市军管会的批复》（1949年12月6日），中央档案馆、中央文献研究室：《中共中央文件选集（1949年10月—1966年5月）》第一册（1949年10月—12月），人民出版社2013年版，第170页。

[6] 中央人民政府政务院财政经济委员会：《关于某些公营企业原有年终双薪或奖金问题的处理办法》，《人民日报》，1949年12月14日。

防止偏向。[1] 1950年11月，中财委发出《1950年年终双薪或奖金问题处理办法》，提出：公营企业的年奖发放办法与上年相同，私营企业则照该企业去年标准发给，如盈余很多，除按去年标准发放外，可由工会与资方协商，拨出一部分兴办集体福利事业；如营业情况不好，可由劳资双方协商酌量减低或不发；如去年未发年奖，可由工会与资方协商，根据实际情况，酌情决定发给与否或发给多少；并可经劳资双方同意，分期发放。[2] 同月，在《中共中央关于年终双薪问题的指示》中，除肯定了中财委的办法外，还特别强调要发挥各级工会组织的工作主动性，领导工人群众和资本家进行斗争，以实现工人群众最迫切而又可能实现的要求。[3] 由此可见，自1950年起，是否发放年奖虽然主要还是由企业自主决定的，但其标准已不再由资方单独决定，而必须由劳资双方共同协商并报经基层工会和工商联批准（备案）后才能确定，金额一般不得超过上年标准。

1951年1月下旬，上海市委发出执行中财委关于1950年年终双薪或奖金处理办法的补充通知，并获得华东局和中共中央的肯定。这个补充通知进一步强调各级工会组织必须在工人中加强对上述中财委处理办法的宣传解释，“消除某些工人对政府的误解”，转变他们“同政府的对立的情绪”。[4]

为了做好1950年度公营企业的年奖发放工作，苏南企业公司（公营工厂管理处）要求所属各厂在12月10日前将1949年度年奖的发放标准、方式等材料统计后寄到公司（这一工作1949年就已做过，但管理处觉得不满意）[5]，并明确要求各公营企业的年奖发放必须报经主管机构审核批准[6]。接着，经苏州市劳动局、总工会、工商联等机构结合抗美援朝运动的宣传、调解及劳资双方的直接协商后，市总工会于1951年年初还专门发布了处理1950年度年奖问

[1] 苏州市人民政府劳动局：《关于要求各厂呈报历年发放年赏材料的通知》（劳字第104号），1949年12月14日，档号B3-11-1949-207。

[2] 中央人民政府政务院财政经济委员会：《1950年年终双薪或奖金问题处理办法》，《人民日报》，1950年11月30日。

[3] 《中共中央关于年终双薪问题的指示》（1950年12月5日），中央档案馆、中央文献研究室：《中共中央文件选集（1949年10月—1966年5月）》第四册（1950年9月—12月），人民出版社2013年版，第319页。

[4] 《中共中央转发上海市委关于1950年年终双薪或奖金处理办法的补充通知》（1951年1月24日），中央档案馆、中央文献研究室：《中共中央文件选集（1949年10月—1966年5月）》第五册（1951年1月—4月），人民出版社2013年版，第61页。

[5] 夏雨人：《关于邮寄1949年度企业年奖材料的通知》，1950年12月4日，档号G44-2-1950-8。

[6] 夏雨人：《苏南企业公司通知》，1950年12月4日，档号G44-2-1950-8。

题的通知。该通知指出，私营企业一般可分 5 种情况进行处理：亏损很少、保本或略有盈余的企业（厂店），按照 1949 年度年奖的发放办法处理；生产与盈余比去年差、今后仍有困难的企业，减发；生产情况很好、盈利较多的企业，除按去年标准发放外，提取一部分盈余兴办集体福利事业；过去没有年奖制度但营业情况很好的企业，经过劳资协商酌量发放；个别经营情况较好的企业如太和面粉厂、新华丝厂可超过去年标准发放。[1] 到 1951 年 1 月 10 日，全市共有 46 个单位（行业）、224 个工厂企业、8 827 家商店作场（坊）按照上述要求分别解决了 1950 年度的年奖问题（公营企业按中财委办法处理）。[2]

1951 年 12 月 8 日，中财委就公私企业的年终双薪或奖金问题的处理办法再次发出指示，限制的意图更加明显。该指示指出：公营企业的年奖发放照去年办法办理，“私营企业一律按照各该企业去年标准发给职员双薪”，如今年盈余特多者，除按去年标准发给工人职员双薪外，还可提取职工福利金，等等；如营业情况不好，可由劳资双方协商，酌量减低或不发；如去年因营业亏本未发年奖，今年营业确有盈余，且有年奖惯例的，可由工会和资方经协商，根据实际情况决定发放与否或发放多少。该指示还规定，中央人民政府所属各部、署、行，不问过去有无年终双薪或类似年终双薪的旧例，今年起一律不发年终双薪。[3]

根据上述要求，苏州市店员工会和工商联筹委会就 1951 年度私营商业的年奖发放问题订立如下协议：本年度各私营商业（包括商店、作坊等）的年终双薪、奖金（包括以其他名目出现的类似规定）应一律按照去年标准在春节前一次或分批发清，但今后不再发放；如去年因营业亏本未发或减少者，本年度得参照营业情况，由劳资双方协商决定，全部恢复或部分恢复或不发；本年度营业确实困难、无力依照旧例发放年奖的，得由劳资双方协商酌量减少或不发；如本年度盈余较多，除按去年标准发给年终双薪外，得由劳资协商按照《私营企业暂行条例》第二十五条的规定或参酌该条例精神处理，全部恢复或部分恢复或不发，但签订协议后须由双方组织转呈劳动局、工商局批准实行；各私营商业行、店如有劳资协商会议或劳资双方按照行、店实际情况参酌中财

---

[1] 苏州市人民政府劳动局：《年奖工作总结》，1951 年 1 月 29 日，档号 C4-1-1950/1951-2。

[2] 苏州市总工会主席尤旭，副主席王荣生、陈锡银：《苏州市公私营工厂企业商店年终双薪奖金处理情况简报（自 1950 年 12 月 20 日至 1951 年元月 10 日止）》，1951 年 1 月 10 日，档号 A32-2-1950-8。

[3] 中央人民政府政务院财政经济委员会：《关于 1951 年度公私企业旧有的年终双薪或奖金问题的处理办法的指示》，《人民日报》，1951 年 12 月 9 日。

委指示及本协议，订立具体协议，及时解决本年度年终双薪或奖金。[1] 其限制年奖发放的意图已十分明显。个别准备超额发放的企业则受到劳动局的严厉批评并被责令改正。[2]

据此，苏州市酱工行业在1952年年初的劳资协议中，对年奖的发放标准做了具体规定：帮工、短工、冬季白作工人均以实际工作天数按比例发给；学生（徒）第一年发给鞋袜费大米4升3斗，第二年8升6斗，第三年1石7斗2升；菜、豆油的回佣按每担5两3钱的市价计算，元酒壳子每票按米5升计算，麻油回佣按惯例处理；扁担司务满一年者发年奖1石米，不满一年者按比例发给；兼营粮食者，小工以底薪10元为标准发放，职员按酱工业标准发放(米价为每石23.05万元)。[3] 这一规定因其相当具体而操作性极强。但有些国营企业如中蚕公司的工人因企业经营情况良好，提出要加倍发放年奖。私营企业主虽表示愿按照中财委的规定办理，但不愿办理集体福利事业，经营情况仍然困难的企业则表示要减发或缓发。

自1952年年底起，苏州地区对年奖的发放采取了更为明显的限制措施。为确定1952年度年奖发放的具体办法，中共苏州市委按照中财委和中共江苏省委的有关指示，结合苏州地区的具体情况，于当年12月20日进行了专题讨论，并制定了《1952年度苏州市年奖问题处理意见》(以下简称《处理意见》)，其指导思想是：本年度年终双薪或奖金的享受范围及数量“一律不得比上年扩大或提高”，也“不得另添类似的新项目”，以便逐步代之以合理的奖励和集体福利制度。《处理意见》还规定：国营、地方国营和公私合营企业中的金融、贸易、合作社等过去没有年奖或虽有年奖，但今年已建立奖惩制度或改善福利事业的，新建工厂、企业或过去无此惯例的，不发年奖；未经工资改革或调整的工厂、企业，按不超过一个月的标准发放年奖，不满一个月的，以不超过去

[1]《中国店员工会苏州市筹备委员会　苏州市工商联合会筹备委员会关于苏州市1951年度私营商业（包括商店作坊等）年终双薪或奖金集体协议》，1951年12月21日，档号B3-6-1951-77。《私营企业暂行条例》第二十五条规定的主要内容是：企业盈余中用于支付股东红利及董事等酬金的比例一般应不低于60%，用于改善安全卫生设备的比例一般应不少于15%，用于职工福利基金及奖励金的比例一般应不少于15%。具体比例的确定应由股东会或劳资双方协商决定，盈余分配应以不影响正常的生产经营活动为原则。中共中央文献研究室：《建国以来重要文献选编》第一册，中央文献出版社1992年版，第522页。

[2]《召集丝织业第一联营公司为年奖事会议》，1952年1月20日，档号B3-20-1952-6。

[3] 苏州市酱工业劳资协商委员会：《苏州市酱工业1951年度年奖劳资协议》，1952年1月3日，档号B3-6-1951-77。

年标准发放；缫丝厂的年奖上半年按比例发放，下半年不发。[1]

按照中共苏州市委处理年奖的意见，为做好 1952 年度的年奖发放工作，苏州市总工会北区办事处对区内所有个体和私营企业进行了调查摸底和排队，分出 3 种具体情况进行区别处理：营业比 1951 年好、可以发年奖的共有 355 户（其中纺织 58 户、店员 57 户、手工 232 户、机械制造 8 户）；营业一般、利润薄、可以分期或打折扣发放的有 46 户（其中店员 19 户、手工 27 户）；亏本经营、连工资都无法按时发放、不拿或少拿年奖的 111 户（其中店员 88 户、手工 23 户）。在具体发放中，不同行业和企业之间的差距很大，如机械制造业发放 25 天（学徒 20 天）的年奖，其中 10 天为福利；大德布厂不仅年奖照旧发放，还准备给 14 个职员和技工升工（但升工标准劳资意见不一，劳方主张仿效华新布厂做法，每人 36 天，资方答应 18 天）；店员方面，因青年工人与老年工人、高级职员的收入差别太大，对按照过去标准发放年奖不满意，同时主张将经理（资方代理人）及高级职员的标准降下来；手工业方面，不少企业连 1951 年度的年奖还未发清，有些工人很不满意，认为资方能缴所得税，就应该发放年奖。[2] 截至 1953 年 1 月底，据北区手工和店员两个行业的不完全统计，共发放年奖 471 059 043 元。[3]

苏州市总工会南区办事处为做好 1952 年度的年奖发放工作，也在事前做了大量调查，并将一些特殊情况及时向上级工会组织进行汇报和请示。截至 1953 年 1 月底，全区基本处理完 1952 年度的年奖发放工作。在 43 个店员行业（337 户）中，有 33 个行业（257 户）有年奖惯例，其中按照 1951 年度标准发放的 191 户，减发的有 38 户；按照 1950 年度标准发放的有 17 户，减发的有 1 户，此外有 9 户还有月规。[4]

公私合营企业的年奖发放工作则更为规范。如公私合营苏州电气股份有限公司为发放 1952 年度的年奖，经与工会组织协商并报请苏州市财政经济委员会（以下简称“市财委”）同意，对发放范围和标准做了详细规定：1952 年入

---

[1] 《市委第 81 次会议记录》，1952 年 12 月 20 日，档号 A1-2-1952-26。中共苏州市委员会：《1952 年度苏州市年奖问题处理意见》，1952 年 12 月 23 日，档号 A1-3-1952-15。

[2] （苏州）市总（工会）北区办事处：《关于年奖情况》，1953 年 1 月 5 日，档号 A6-32-1953-68。

[3] （苏州）市总（工会）北区办事处：《关于年奖工作的报告》，1953 年 1 月 30 日，档号 A6-32-1953-68。

[4] （苏州）市总（工会）南区办事处：《（1953 年 1 月）1—4 日年奖处理情况汇报》，1953 年 1 月 5 日；《5—8 日年奖处理情况汇报》，1953 年 1 月 8 日。（苏州）市总（工会）南区办事处：《1952 年年终奖金处理情况汇报》，1953 年 1 月 27 日，档号 E5-3-1953-9。

厂的职工，从其试用期起开始计算，按比例发放；转入电厂的原煤渣部工人，以其正式入厂时间按比例发放；由政府派来的底薪制干部依其派来厂时按比例发放；1952 年内退休或死亡人员的年奖应自其停止发放工资日按比例发放；“三反”中畏罪自杀者，已给予结论被开除出厂的，一律不发放，尚未下结论者，等有结论后再做处理；转业军人按其实际工资收入计算发放；供给制和包干制干部一律不发给年奖。[1] 据统计，苏州第一米厂、苏州面粉厂、苏州第一丝厂、新苏州报印刷厂、苏州石英矿产社、苏州铁工厂、永新布厂等地方国营工厂及苏州电厂、苏嘉湖汽车公司等公私合营企业 1952 年度共发放年奖 1 062 611 225 元。[2]

从上可知，新政权建立后，苏州地区的企业年奖发放工作逐渐规范化了，无论是发放数量的确定，还是发放方式的选择都受到了某种程度的限制，而不再单纯是企业的自主行为，从而为年奖制度的最终取消创造了有利的制度环境。

第二节　计划经济体制的确立

经济恢复工作基本结束后，中国共产党提出了以实现工业化和逐步完成农业、手工业和资本主义工商业社会主义改造为中心内容的党在过渡时期的总路线，苏州地区大规模的工业化建设和社会主义改造由此拉开。

一、学习与宣传过渡时期总路线

1953 年 9 月 25 日，《人民日报》公布党在过渡时期的总路线，主要内容为：“从中华人民共和国成立，到社会主义改造基本完成，这是一个过渡时期。党在这个过渡时期的总路线和总任务，是要在一个相当长的时期内，逐步实现国家的社会主义工业化，并逐步实现国家对农业、对手工业和对资本主义工商业的社会主义改造。”此后，苏州地委、市委按照中央和江苏省委的部署，先党内后党外、由点到面地组织总路线的学习宣传活动。

---

[1] 《公私合营苏州电气股份有限公司（行政）致本公司工会函》，1952 年 1 月 8 日，档号 I34-1-1950-126。

[2] 中共苏州市委工资改革办公室：《苏州市 1953 年公私营工厂企业年终双薪或奖金处理意见（草案）》，1953 年 11 月 20 日，档号 A6-3-1953-9。

10月中旬，苏州地委召开县（市）委书记会议，对总路线的主要内容进行传达，并对总路线的学习宣传做出部署。会后，苏州专区[1]的总路线学习宣传活动有步骤地全面推开。各县（市）召开县（市）、区、乡三级干部扩大会议，对农村党员、基层干部进行总路线的教育。各乡召开各系统代表会议，培养宣传总路线的骨干和积极分子。这些骨干和积极分子组成宣传队，深入机关、厂矿企业、农村、学校向广大干部、群众宣传总路线。在学习宣传活动中，各地和各单位把总路线的学习宣传与人民群众的切身体验、切身利益结合起来，采取回忆、对比的方法，发动群众算新社会翻身账，诉旧社会受剥削、受压迫的苦，使群众的社会主义思想觉悟逐步提高。如常熟市华联布厂党支部在学习宣传总路线时，把工人在旧社会与新社会的生活场景分别做成图片进行展览。随着向广大群众的大力宣传总路线，苏州专区的学习宣传活动逐渐推向高潮。经过几个月的宣传，总路线精神在全区家喻户晓，人民群众的政治觉悟普遍提高。在总路线的学习宣传前，苏州专区有52个落后乡，这些乡大部分领导薄弱，群众政治觉悟较低，党的各项政策难以及时、有效地得到贯彻。通过总路线的学习宣传，至1954年3月，先后有45个乡跨入先进乡的行列。在总路线的鼓舞下，广大农民踊跃出售余粮，互助合作的积极性空前高涨。

苏州市委通过党校和各种培训班对各级干部进行总路线的学习宣传教育，同时将全市群众划分为工人、农民、工商界人士、教科文卫人士、普通居民5个群体，以工人与工商界人士作为重点对象进行宣传教育。回忆、对比中华人民共和国前后各方面的变化情况，仍然是主要的学习方式。通过回忆与对比，人们逐渐认识到社会主义制度的优越性，认识到只有走社会主义道路才能过上幸福美满的生活。在学习宣传总路线的过程中，广大工人掀起了增加生产、提高质量、降低成本、为国家工业化积累资金的生产热潮，积极推动了工农业生产。如苏州铁工厂工人在试制牛头刨床时，从每台需540个工时缩短到190个工时。各级党组织从工商界人士的思想实际出发，结合总路线的学习宣传，教育团结工商界的进步人士，再由他们在广大工商业者中进行深入的总路线教

[1] 1953年1月江苏省恢复建立之后，苏南行署苏州专员公署改称“江苏省苏州专员公署”（以下简称“专署”），为江苏省政府的派出机关，属督导性质。苏州专区管辖常熟市、常熟县、吴县、吴江县、太仓县、昆山县、无锡县（今无锡市锡山区）、宜兴县（今宜兴市）、江阴县（今江阴市）、太湖办事处（5月改为震泽县后被撤销并入吴县）10县（市、处），苏州市划出为江苏省直辖市。苏州地委、市委均隶属江苏省委领导。1954年11月，常熟市改为江苏省直辖市，仍接受专署督导。1956年2月，宜兴县划归镇江专区，原属镇江专区的武进县（今常州市武进区）划归苏州专区。

育。通过对总路线的学习，资本家和私营企业主的政治觉悟显著提高，为开展私营工商业的社会主义改造奠定了思想基础。郊区农民响应党的号召，把余粮卖给国家，支持粮食统购统销，积极参与农业互助合作社。全市干部和群众更以节约粮食、贯彻粮食计划供应等实际行动来拥护党在过渡时期的总路线。

二、农业合作化的实现

（一）农业互助合作运动的初步发展

土地改革完成后，广大无地、少地的农民分得了土地，生产积极性空前高涨。但由于缺乏耕畜、农具、资金等生产要素，生产手段落后，农业生产率仍然低下，农田亩产不高，且农民个体无法抵御天灾人祸的袭击。一旦受灾，农村又会因出卖土地、受高利贷盘剥等而出现贫富两极分化的现象。因此，不少农民要求组织起来，以集体的力量抵御自然灾害、克服生产困难。苏州农村原先就有较强的伴工[1]基础。既有临时性的黄霉班、车水班等[2]，又有比较长期固定的统做、打混作等[3]。全区参加各种伴工形式的农民，约占农民总人数的50%。为提高生产率，抵御自然灾害，防止农村贫富两极分化，苏州借鉴老解放区农民组织起来发展生产的经验，教育与动员广大农民在原有互助习惯的基础上组织起来，围绕排涝、抗旱、积肥造肥和抢收抢种等主要农活，积极开展劳动互助。互助生产提高了产量，增加了收入，广大农民从实践中体会到组织起来的优越性，进一步推动了互助组的发展和壮大。截至1951年年底，全区共建立季节性互助组5 277个、常年性互助组545个。

1951年12月，中共中央发布《关于农业生产互助合作的决议（草案）》，要求已完成土地改革的地区把推进农业生产互助作为一件大事去做。1952年春，苏州地委和专署、各县（市）委和政府根据中央的指示精神，把发展互助组与爱国增产竞赛密切结合起来，相互推动，在全区范围内不断掀起互助生产运动的热潮。全区主要从加强宣传教育、培养骨干和加强领导等方面推进互助组工作，在具体实践中注重把发展互助组与爱国增产竞赛相结合，宣传互助生

[1] 伴工指以工换工。

[2] 黄霉班、车水班等是临时性的伴工组织，一般是在播种、插秧、收割等农忙季节，由农民自动组织起来的，农忙一过，自行解散。

[3] 统做、打混作等是长期性的伴工组织，多建立在家族血缘基础之上，其互助关系一经确定一般不得自行变化。

产的典型，吸引更多的农民参与互助组。

加强宣传教育，提高农民对互助合作的思想认识。各级党组织利用各种形式和渠道，向农村广大干部、群众进行宣传教育，明确农村发展的方向和道路，使他们认识到组织起来不仅是当前生产上的需要，而且是将来走向社会主义合作化、集体化的必经之路。同时，紧密联系实际，批判一度滋长的急躁冒进倾向。如单纯追求数量，强迫群众编组；过早进行小组并大组，追求高级形式；盲目扩大公有财产；等等。农村党员和干部对组织起来发展生产的方针、政策和步骤有了进一步的认识，在实践中能够自觉纠正和停止急躁冒进的做法。

大力开展爱国增产竞赛活动，积极宣传互助生产的典型，把爱国增产竞赛与发展、巩固互助组结合起来，互相推动、共同发展。在爱国增产竞赛活动中，广大农民把改进耕作技术与发展副业生产相结合，订立增产计划，开展生产竞赛，更加积极地投入互助生产中。有些县（市）、区建立互助指导站，以先进互助组为核心，定期交流生产经验，对完成增产计划起到很好的促进作用。通过爱国增产竞赛活动、活动评比总结，互助组充分地显示出组织起来的优越性。入组农户的亩产量普遍比周边单干农户高出一至二成。吴县一农民参加互助组前亩产水稻 170 公斤，参加互助组后亩产水稻达到 300 公斤；常熟县一棉农参加互助组后亩产增长了 60%以上。这些事实吸引了更多单干农民加入互助组。许多互助组经过竞赛，组员更加团结，组织更加巩固。参加互助组的农民，成为爱国增产竞赛运动的主力军和单干农民学习的榜样。

培训骨干，为进一步发展互助组打好组织基础。召开和举办互助组组长座谈会和骨干训练班，成为办好互助组的重要举措。通过深入宣传学习互助合作的方针、政策，提高互助组骨干和基层干部的思想觉悟和政策水平。1953 年 2 月，苏州地委和专署召开由互助组组长和农委干部参加的座谈会，培训互助组骨干。通过座谈讨论，互助组之间广泛交流经验，并针对一些共性问题，交换看法。经过交流，互助组之间共同促进，加强了自身建设，也影响和带动了周边其他互助组和广大单干农户更好地组织起来。各县（市）也纷纷举办骨干训练班或互助组组长座谈会。截至 1953 年年底，全区先后共训练互助组骨干和积极分子 1.22 万人。通过培训，培养了一大批互助组骨干，促进了互助组的巩固和发展。

加强领导，注意解决互助生产中的问题。地、县（市）、区各级在实行首长负责的情况下，由一名领导专门负责，强化办事机构，经常研究互助生产中出现的新问题；总结推广典型经验，做到区区有标兵、乡乡有典型。各地注意贯彻执行阶级路线，坚定地依靠贫雇农，确立贫雇农的领导优势，团结中农，共同办好互助组。在互助组内普遍贯彻互利和平等原则，实行公平合理、简便易行的评工记分和清账理财办法。贯彻互助组内民主领导体制，重大问题的处理都必须经过组员民主讨论。这些措施保证了互助组的健康持续发展。

截至1952年年底，全区季节性互助组有5.17万个，比1951年增长8.8倍，入组农户35.2万户；常年性互助组发展更快，比1951年增长33.06倍，达到1.8万个，入组农户14.3万户。两种类型的互助组入组农户占全区总农户的41.12%。1953年伊始，鉴于前段工作中出现的急躁冒进倾向，各级党组织利用春耕、夏忙的空隙对互助组进行整顿。互助组在数量上有所减少，但质量明显提高。截至1953年年底，全区互助组达到3.52万个，虽然只是1952年最多时的76%[1]，这些巩固下来的互助组，成为后来发展互助组、农业合作社的基础和中坚力量。

（二）农业互助合作运动的进一步发展

1953年2月15日，中共中央通过《关于农业生产互助合作的决议》，要求在条件比较成熟的地区，有领导、有重点地发展初级农业生产合作社。苏州广大农民经过总路线的宣传教育，社会主义觉悟进一步提高，逐步认识到小农经济的脆弱和不稳定性，认为互助组的形式已经不能满足生产的需求，开始积极要求组织农业生产合作社。

苏州开展对农业的社会主义改造，主要抓住农业合作化这个关键。在实施中按照中央提出的“积极发展、稳步推进、自愿互利”的原则，采取先试点再逐步推广的方法。苏州地委和专署早在1952年5月就在市郊区娄东乡王根兴互助组的基础上，试办第一个初级农业生产合作社，以摸索经验。在学习贯彻总路线后，全区除吴江、无锡两县因试办对象不够条件、中途转组，震泽县暂不试办外，常熟、太仓、昆山、吴县、江阴、宜兴6县各试办1个合作社，加上江苏省委、苏州地委试办的2个合作社，共8个农业合作社，参加农户215户，入股土地1 862亩。社内设正、副社长各1人，会计1人，下设若干生产小队。农户入社，一般以耕地入股，留下一定数量的自留地。各县在试办过程中，按照“积极领导，稳步前进”“只许办好，不许办坏”的方针，做好思想教育，

---

[1] 中共苏州市委党史工作办公室：《中国共产党苏州历史·第二卷（1949—1978）》，中共党史出版社2014年版，第70-71页。

建立筹备组织以领导办社和生产。其后，处理好社员关心的土地入股、土地与劳动力的分红比例、耕牛农具入股及社内人事等问题，经过民主选举选出合作社领导，宣布新社成立，迅速组织生产。经过试办，截至1953年年底，据6个县级试办社统计，粮食产量比周边互助组高一成以上，增产增收的农户占6个社农户总数的91%。

在试办合作社的实践过程中，各县一边试点一边对试办合作社进行经验总结，为下一步工作打下基础。各试办合作社的普遍做法为：慎重选择办社对象，一般都有1~2个互助组作为基础。为加强领导，各县都选派得力干部（县委委员或区委书记）驻社帮助办社。把办社与组织生产结合起来，紧紧抓住发展生产、增加收入这一环节，既注重运用合作社的优越性，制订生产计划，组织生产行动，不断促进生产的发展；又划好生产小队，给每个社员评定底分，按底分向合作社投资，推行定额计分，按“土四劳六”[1] 比例进行年终分配，以充分发挥社员的生产积极性。建立健全财务制度，做到社内收支、社与社员的往来笔笔有据，账目简明清楚，并将账目按时公布，接受社员群众监督，从而使社员放心生产，合作社得到进一步巩固。

在试点基本成功后，苏州于1954年开始全面推广初级农业生产合作社。各地在新建合作社以前，整顿已有的合作社，总结办社经验，制订建社计划，分期训练1.23万名办社骨干，采取群众自报互评和领导审查批准相结合的办法，慎重选择办社对象和确定办社的次序。在办社过程中运用“层层抓点，连环带动”和“支部包，老社带”的方法，发动准备办社的群众到老社参观，由老社中的典型人物现身说法，讲解办社的方针、政策、做法和步骤等关键问题，解答群众提出的各种疑问，使其搞通思想，达到自愿办社的目的。一些条件较好的老社，采用“请进社”“送上门”的办法，具体地帮助新社解决各种政策问题。全区建社工作进展较为顺利，一般只需15天左右，即可把1个社建好。至1954年7月，全区已建成648个农业生产合作社（另有38个自发社），包括15 700户农户，占总农户的1.3%，全区1 249个乡中有436个乡已建了社。互助组有67 505个，包括536 545户农户，占总农户的44%，其中常年互助组约占40%。最多的昆山已占71%，50%以上的有太仓、宜兴、江阴、常熟，40%以上的有震泽、吴江，30%以上的有吴县、无锡。9月，全区组织起来的农户已占58.23%。11月，全区建成3 107个初级农业生产合作社，入

---

[1] “土四劳六”指土地股（包括农具股）占四成和劳动力股占六成的分配比例。

社农户达7.49万户，占全区总农户的6.68%。在合作社的带动下，互助组发展到7.69万个，入组农户达73.76万户，占全区总农户数的65.79%，入社、入组农户占全区总农户的72.47%。市郊区建立初级农业合作社118个、互助组2 733个，组织起来的农户占总农户数的72%。[1]

在农业合作社迅速发展的过程中，许多地方出现合作社解散和社员退社的现象，还出现大批售卖耕畜、杀羊、砍树等现象，这些都与合作化运动大发展中农民怕财产归公思想有关。对此，1955年1月10日，中共中央发出《关于整顿和巩固农业生产合作社的通知》，指出：合作化运动应基本转入控制发展、着重巩固的阶段。此后，苏州地委和专署贯彻中央关于农业合作化运动“停止发展，全力巩固”的方针，对正在筹备的合作社与自发社严格审查，说服条件不符合者进行转组，对建社工作粗糙、社数多的地区，根据实际情况适当收缩合作社的数目，进一步宣传“自愿入社”的原则，在解决社内原有问题后，仍要求退社的，允许其退社。经过整顿，到1955年5月，全区共有农业生产合作社3 643个（已批准数）、互助组76 861个，渔业社会主义改造也已开始。具体如表3所示。

表3 苏州专区互助合作组织概况统计表

县别			合计	常熟县	无锡县	江阴县	宜兴县	吴县	吴江县	昆山县	太仓县	震泽县
总农户数/户			1 150 286①	239 923	154 019	188 516	142 292	122 492	111 543	75 491	81 890	27 625
农业生产合作社情况	已批准社	社数/个	2 643②	500	361	579	522	407	474	426	293	81
		户数/户	86 272	12 485	9 739	14 052	12 105	8 020	8 784	11 277	7 598	2 212
		占总农户的比值/%	7.5	5.24	6.32	7.45	8.5	6.54	7.87	14.93	9.2	8
	尚未批准/个		376		182	101	84				9	
互助组情况	组数/个		76 861	15 352	10 297	10 852	9 901	8 578	8 523	5 933	5 649	1 776
	户数/户		740 068	151 818	100 190	119 198	96 847	80 092	66 431	52 980	51 855	20 657
	占总农户的比值/%		66.2	64.77	65.65	62.7	68.06	66.83	59.45	71.87	74.41	81.71

[1] 中共苏州市委党史工作办公室：《中国共产党苏州历史·第二卷（1949—1978）》，中共党史出版社2014年版，第129页。

续表

县别			合计	常熟县	无锡县	江阴县	宜兴县	吴县	吴江县	昆山县	太仓县	震泽县
信用合作情况	信用社	社数/个	795	126	95	149	90	85	69	65	84	32
		户数/户	641 617	112 609	79 464	138 646	81 053	69 685	55 252	36 655	44 645	23 608
	信用组	组数/个	183[③]	19	71	2	27	23	9	4	19	12
		户数/户	33 765	6 935	6 293	1 225	5 578	4 684	1 068	653	6 377	952
	信用部/个		15	2	3	1	1		1	1	1	5
渔业生产合作情况	初级组	组数/个	158	3	40		18		19	9	58	11
		户数/户	1 384	280	304		129		104	62	450	55
		人数/人			1 270		812		345	151	1 900	
	中级组	组数/个	170	7			11			3	6	143
		户数/户	1 402	73			98			46	151	1 034
		人数/人					410			176	687	
	合作社	社数/个	1									1
		户数/户	15									15
供销合作	社数/个		114	16	28	12	18	8	11	8	7	6
	社员数/人		1 436 691	220 516	268 397	267 013	184 915	139 534	116 064	112 061	94 831	33 360

资料来源：《苏州专区各项基本数字统计·苏州专区互助合作组织概况统计表》（一、二），1955 年 5 月 25 日，档号 H1-1-1955-19。

说明：①②③原件如此，正确的应为 1 143 791、3 643、186。

1955 年 7 月底，全区合作社进一步发展到 4 573 个，入社农户 11.66 万户，占全区总农户的 10.19%，互助组除加入合作社者外，共有 6.92 万个。参加社、组的农户，占全区总农户的 73.3%。[1] 已有的农业合作社基本得到巩固。

（三）粮食实行统购统销

大规模经济建设开始后，全国城市人口和就业人数大幅增长，工业、外贸、城市消费用粮数量相应增加，而经济作物种植面积的扩大引起粮食种植面积相应减少，广大农民随着生活水平的提高，不仅要求吃得饱，而且希望家有余粮。这些情况致使粮食供应趋向不足。这时，不法粮商乘机套购粮食、哄抬物价、扰乱市场。对此，1953 年 10 月 16 日，中共中央做出《关于实行粮食的

[1] 中共苏州市委党史工作办公室：《中国共产党苏州历史·第二卷（1949—1978）》，中共党史出版社 2014 年版，第 130 页。

计划收购与计划供应的决议》，规定：在农村向余粮户实行粮食计划收购（以下简称“统购”）的政策，对城市人民和农村缺粮人民实行粮食计划供应（以下简称“统销”）的政策。11 月 15 日，中共中央做出《关于在全国实行计划收购油料的决定》，后来又对棉花和棉布实行计划收购和计划供应。这些政策是实现党在过渡时期总路线的重大措施，也是在物资比较缺乏的情况下采取的必要的过渡性政策。

苏州与全国各地一样，随着城镇和工业企业人口的迅速增长，粮食的需求量也在迅速增长。这时，苏州的部分资本家和富农开始抬高价格与中国粮食公司抢购，甚至去苏北、安徽收购粮食然后囤积，企图从粮食上获得暴利。这种行为严重威胁着粮食的正常供应和粮食价格的稳定。1953 年 12 月，苏州地委和专署、苏州市委和市政府传达华东局和江苏省委关于实行粮食统购的指示，对粮食统购工作进行部署，按照“多余多购，少余少购，不余不购”的原则，发动农民自报认售。粮食统购工作自此在苏州范围内有步骤、有计划地开展。各地召开党团支部会议、积极分子大会和村民大会等，进行粮食统购重要性的教育，宣传粮食收购的任务、政策、方法等。随后，培养积极分子，带头卖余粮，由积极分子“分组包干”“分户包干”做其他农民的思想工作。为了掌握粮食的实际情况，各地将纯稻区按照征购比例初步匡算出每区、每乡、每户的任务，棉粮杂区、花果区按照产粮乡的大小、消费定额、已卖粮食初步匡算乡的任务。通过核算田亩数量、粮食产量摸清余粮的情况，掌握已经卖出、还能卖出粮食的情况，对征购粮食的数量反复校对、修正。针对部分自报认售不足的农户则按摸底了解的情况由积极分子反复教育、协调，尽量争取协商成功，必要时适当开展评议。最后对每户出售的粮食进行核定批准，定案出榜公布。在粮食入仓以后，村、乡对统购工作总结经验教训，处理善后遗留问题。

为更好地完成粮食统购工作，苏州地委和专署制定《关于粮食计划收购（统购）的暂行办法（草案）》，对产粮区的收购标准按照不同作物的地理区划做出具体规定，其总的原则是以农业税税额为基准，分级确定收购计划。1953 年粮食年度（1953 年 7 月 1 日至 1954 年 6 月 30 日），全区征购粮食 11.97 亿公斤，比 1952 年度增加 3.41 亿公斤。购销相抵，全区库存粮食 7.76 亿公斤，比 1952 年度增加了 2.65 亿公斤。这对支持城市、工矿区、经济作物区及受灾地区的粮食供应，起了一定的积极作用。

在统购工作进行的同时，各级部门十分注重对粮食销售工作的领导。过去，粮食市场由私商占主营渠道，尽管中华人民共和国成立之初已经取得稳定物价的胜利，但农业生产条件尚未获得根本改善，因而农业产量无法迅速大幅提高，甚至因自然灾害还有波动。在农民对统购工作抱有怀疑乃至抵触情绪的情况下，只有统购而无统销，显然无法使国家仅凭经济手段就能掌握必要的粮食资源，以满足不断增长的客观需要。华东局和江苏省委指出，“农村实行统购，如不同时实行统销，必致左手进，右手出，徒劳无功”，“各地农村以在统购的同时或销前即开始实行统销为好”。中央指出，“只实行计划收购，不实行计划供应，就不能控制市场的销量”。[1] 1953 年 12 月 6 日，苏州开始实行粮食统销，全市 146 户私营粮商纳入国家计划轨道，成为国家资本主义性质的经销、代销店，在全市范围内设立 170 个供应点实行粮食计划供应。12 月 20 日后统销工作迅速扩展到全区。

统销工作分两个步骤进行。第一步，在大范围进行过渡时期总路线宣传时，结合当地实际情况，进行粮食计划供应的教育。在城镇着重说明为保证人民生活和国家建设，稳定粮价，消灭粮食投机，必须实行粮食计划供应，只要不投机囤积、不做粮食生意、不浪费，确实需要者，国家保证供应。对农村统购后的余粮，允许农民自由存储和使用，可继续卖给国家或在农村间进行少量的互通有无的交易，对群众可能产生的怕供应不足、怕排队拥挤等顾虑进行解释。同时做好一系列的准备工作，如供应点、网的安排，供应量的确定，粮食的加工调拨，购粮证的印刷，一定预备粮的准备，经销业务手续的规定，等等。第二步，固定供应对象，不限数量与次数，有步骤地贯彻计划供应。居民用购粮证购买，只要是按照政策购买的，买多买少听其自便，但超过正常需要过多者，在教育后予以约束。对渔民等流动人口，在防止投机套购转卖的情况下，指定地点予以供应。对缺粮户或特别需要购粮的农民，凭乡政府特拟的介绍信到指定地点购买。在两县毗邻地区，先与邻县接洽谈妥供求事宜以后，再凭证向邻县拨还粮食。通过凭证购买粮食，摸清粮食消费定量、农村中缺粮户和缺粮数，为进一步实行计划供应提供依据。对私营粮商，原则应使其有着落、有饭吃，先利用其经销，再利用其代销。对有条件转业者动员其转业，跨行跨业者动员其不经营粮食，半农半商者动员其从事农业，对经营小杂粮者，在可控的原则下，暂时保持不动。待大多数私营粮商安定下来后，通过经销过程中的考验和审查，予以分别处理，转为代销或淘汰，对私营粮店的失业职工

[1]《苏州通史》编纂委员会、王玉贵、吴晨潮：《苏州通史·中华人民共和国卷（1949—1978）》，苏州大学出版社 2019 年版，第 58 页。

做妥善安置。

粮食统购统销工作涉及面较广，情况较复杂，相关部门缺乏必要的心理准备，因而在开始的一段时间里出现了不少问题。如在统购方面，不少地方在领导上普遍存在强迫命令作风和违法乱纪行为。部分农民对统购政策不是很了解，为改善自己的生活，普遍有惜售心理，特别是有些富农甚至故意破坏统购政策。在统销方面，私营粮商和部分富农套购囤积，破坏统销，还出现机关积压、浪费粮食等现象。针对这些情况，各级领导机关加大工作力度，及时处理出现的问题。先是整顿干部作风，对犯有严重违法乱纪和强迫命令错误、产生严重后果的干部给予必要的刑律处罚，对犯有轻微错误、后果不严重的干部则着重进行批评教育。接着，加大对坏分子和富农破坏活动的打击力度，根据不同情况，分别予以处理，责令其退回抢购、套购的粮食。对有余粮的富农，动员其继续卖给国家或国家领导下的粮食市场。对落后农民加强教育，使其提高觉悟。对确实缺粮户在动员其想办法解决困难的前提下，给予必要的调剂。为从根本上解决粮食问题，各地改善劳动条件，重视激发农民的生产热情。粮食统购统销工作稳扎稳打，循序渐进，原先存在的问题逐步得到解决，如富农积极配合政府工作，主动拿出了多买的粮食和家中存粮，干部经过教育普遍改进了工作作风。农村中的各项工作都有新的进展，农民的生产热情进一步提高。

1955 年 3 月，中共中央和国务院发出《关于迅速布置粮食购销工作，安定农民生产情绪的紧急指示》，强调在农村实行“三定”[1] 政策，即在每年春耕以前，以乡为单位，将全乡粮食的计划产量确定下来，向农民宣布国家计划在本乡征购和销售的粮食数字，使农民结合确定的指标，知道自己生产多少，国家收购多少，个人留用多少，缺粮户供应多少，做到心中有数。这是粮食统购统销政策的重要发展。苏州专区在 3 月底进行“三定”试点，4 月中旬全面推开。郊区的“三定”工作同步进行。1955 年，全市定产农户 3.97 万户，定产粮食 6 262.5 万公斤；余粮户 2.33 万户，定购粮食 2 187.5 万公斤；缺粮户 1.18 万户，定销粮食 548 万公斤。自给户 4 623 户。

5 月，中共中央政治局委员、书记处书记，国务院副总理陈云在苏州调查研究粮食统购统销等工作。根据陈云对苏州等地调研的情况，国务院发布《农村粮食统购统销暂行办法》《市镇粮食定量供应暂行办法》，对“三定”政策做了更加详细的规定。

---

[1] “三定”指定产、定购、定销。

苏州市人民委员会[1]于8月做出《关于进一步做好粮食统购统销工作，实行定量供应办法的决议》，决定从9月1日起城镇开始实行粮食定量供应。苏州市委、市政府抽调机关干部在全市范围内进行人口登记核实，派出495名报告员，在工商企业、机关团体和居民中进行广泛宣传。城镇居民按劳动差别、年龄大小，分9等17个标准，采取“凭证记卡”的供应办法，实行以人定量供应。1955年年底，苏州市区城镇定量供应人口为40.17万人，平均每人每月定量13.45公斤。苏州专区各城镇于9月1日开始对居民实行粮食定量供应，定量供应人口为78.25万人，平均每人每月定量16.25公斤。

继1953年对粮食实行统购统销以后，苏州于1954年对油料、棉花实行统购，其后又陆续对生猪、茶叶、烟草、黄麻等上百种农副产品实行派购，从而完成对农副产品的全面垄断。对粮食等主要农产品统购统销决策的实施，一方面，初步解决了人民经济生活中的吃、穿等问题，保持了市场物价的稳定，客观上支持了地方工业的发展，加速了社会主义改造的进程；另一方面，割断了农民同市场的联系，在一定程度上限制了商品经济的发展。

（四）农业合作化运动的完成

1955年7月，中共中央召开省、市、自治区党委书记会议，毛泽东在会上做了《关于农业合作化问题》的报告。报告批评了在农业合作化问题上的“右倾保守思想”，强调在全国农村中，新的社会主义群众运动的高潮即将到来。随后，苏州各级党组织立即以生产为中心，一面组织干部、群众学习会议精神，检查和批判领导机关、领导干部中的“右倾保守思想”，一面制定全面规划，认真巩固老合作社，积极发展新合作社，掀起农业合作化运动的高潮。

10月，中共七届六中全会（扩大）通过了《关于农业合作化问题的决议》。苏州地委书记孙加诺在会上做了《我们完全有可能把农业生产合作社办得更多更好》的发言，表示决心把苏州已有的合作社办好，并坚信到1957年年底实现全区基本合作化。而后来的实践证明，苏州的合作化发展速度比当时孙加诺预计的快得多。截至1955年年底，全区初级农业合作社已发展至2万余个，入社农户占总农户的一半。郊区的初级农业合作社快速发展到606个，入社农户占总农户的80%。其他非农业的个体劳动者也开展了互助合作运动，如苏州市郊区有各种形式的渔业互助组90个，初级形式的渔业生产合作社10个。

---

[1] 1955年3月，苏州市第一届人民代表大会第二次会议将苏州市人民政府改称“苏州市人民委员会”（以下简称“市人委”）。

由此，苏州基本实现了半社会主义性质的合作化。

苏州地委和昆山县委根据苏州地委和专署在昆山县茜墩区西宿乡试办初级农业生产合作社的经验，于10月14日联合写出《中共昆山县西宿乡支部是怎样领导全乡走向合作化的》的总结材料，并向上级报送，后被改为《这个乡两年就合作化了》收录到由中共中央办公厅编辑、毛泽东亲自审定的《中国农村的社会主义高潮》一书中。12月，毛泽东为该文加了一段近600字的按语，对处在"晚解放区"的昆山西宿乡农民自觉要求走社会主义道路、"不是三年合作化，而是两年就合作化了""走到许多老解放区的前面去了"，表示极大的赞赏和充分的肯定，指出，"群众中蕴藏了一种极大的社会主义的积极性"[1]。

中共中央于1956年1月提出的《一九五六年到一九六七年全国农业发展纲要（草案）》（以下简称《四十条（草案）》）中强调："对于一切条件成熟的初级社，应当分批分期地使它们转为高级社。不升级就妨碍生产力的发展。"这时对资本主义工商业、手工业的社会主义改造已基本完成，广大农民被幸福的远景所鼓舞，情绪高涨，为早日过上幸福的社会主义生活，纷纷要求把初级社转变为以生产资料（主要是土地）集体所有、取消土地分红、推行定额包干和评工计分为特点的具有社会主义性质的高级社。同月，苏州地委和专署为办好高级社做出具体部署，明确提出边学习边发展，深入一乡一社，及时发现和解决问题，总结经验并积极加以推广。各县（市）结合宣传《四十条（草案）》，反复说明高级社的性质、好处、条件和政策，大规模开展升办高级社的宣传教育活动。其后，以自愿入社为原则，大力做好并社、扩社工作，为升办高级社做准备。小社并大社，这不仅为升办高级社创造了有利条件，更能集中发挥生产上的优越性。在升办高级社的过程中，县（市）、区领导都派干部下基层调研了解情况，对条件不具备的社，着重说明暂不升办的理由，指明以后努力的方向，争取及早升办，以此鼓励和安定群众情绪。

高级社建成以后，一方面，抓内部组织建设，高级社设正、副社长各1人，会计1~2人，下设若干个生产队，生产队设队长、会计、保管员、农技员各1人；另一方面，抓各项政策的落实，高级社的土地除给社员户留下1~3分不等的自留地外，其余都归集体所有。以生产队为核算单位，实行统一经营、统一劳动、统一记工，取消土地分红，实行按劳取酬、多劳多得的政策。大型

---

[1] 中共中央文献研究室：《建国以来毛泽东文稿》第五册（一九五五年一月——一九五五年十二月），中央文献出版社1991年版，第514页。

农机、耕牛合理折价入社，根据经济发展状况逐年归还折价款。原初级社的公积金、公益金，一律转归高级社所有。

随着合作化运动的迅猛发展，合作社的生产内容繁多，管理工作复杂，而部分干部由于缺乏经验，管理水平不高，群众对集体生产方式还不够习惯，合作社的生产管理曾一度出现生产无秩序、责任不明确和劳动效率不高的混乱现象。为解决这些问题，苏州地委和专署围绕农副业生产，以分配为重点，针对社内不同时期存在的主要问题，实行不同内容的整社。在整社过程中，苏州各地从实际出发，实事求是，存在什么问题就解决什么问题，不搞生搬硬套。新社建立后，一般一年整顿 2~3 次。第一次整社以建立生产秩序为主要内容。根据各个合作社的具体情况，从划分生产队入手，确定耕作区，统一调配耕牛、农具等生产资料，普遍推行“三包一奖”[1] 办法。这次整社，有效克服了建社之初的混乱现象，使生产走上了正常的发展轨道。

第二次整社以推行劳动规划和财务规划为主要内容。通过对土地、农活、劳动力的调查，根据各个季节劳动力余缺情况，制订劳动力使用计划和劳动力支出计划，做到人尽其才、各得其所。大力贯彻“勤俭办社”的方针，整顿财务，制订财务收支计划。这次整社，提高了劳动出勤率和劳动效率，扭转了铺张浪费的现象，进一步提升了社内的经营管理水平。有些地方把第一次整社与第二次整社的内容结合在一起进行，同样收到了良好效果。

第三次整社以夏季预分或秋季分配为主要内容来进行。各社一般根据“土四劳六”的分红比例（高级社按劳取酬）和少扣多分的原则，制订预分方案，向社员进行公布。根据苏州地委和专署提出的保证 90%以上社员增加收入、10%的社员不减少收入的精神进行预分或决分。预分或决分的结果，增收的社员一般都超过 90%，只有大约 6%的社员减少收入。对于减少收入的社员，各个社均从各方面给予适当照顾，或采取其他补救办法，以此稳定减收社员的情绪，调动多数社员的积极性。在三次整社过程中，凡涉及社内经济政策上存在的问题，由乡党支部提出解决方案，经上一级党委批准，再发动社员酝酿讨论，逐一处理，从而达到整社的目的。

1956 年是苏州建立高级农业生产合作社的第一年。自春季合作化高潮以

---

[1] “三包一奖”指包工、包本（财）、包产、超产奖励，即根据社内的增产目标，按照土质、劳力状况，把产量、工分、成本包给生产队，根据包给生产队的产量指标，确定凡是超过产量的队在超产部分中提成，并给予奖励。

后，苏州进行了数次整社工作，在勤俭办社、民主办社的方针指引下，苏州农村建立了正常的生产秩序和管理制度，在实行生产制度改革、推广先进技术和战胜自然灾害等方面，充分发挥出集体经营的优越性，从而保证了生产水平的提高。1956 年，苏州专区水稻籼改粳、早改晚、旱改水和单季改双季的面积达 212 万亩，比 1954 年、1955 年改制面积的总和还多 1 倍，增积的自然肥料超过 1955 年的 30%以上。全年兴修水利工程达 3 500 多万方，等于中华人民共和国成立后苏州 7 年水利工程总量的 80%。虽然 1956 年自然灾害严重，但是通过采取改换良种、合理密植、防治病虫害等农业增产措施，全区粮食产量仍比 1955 年增加 1.6 亿多斤，加上发展副业生产，大部分社员增加了收入。一些过去生活无依靠的鳏、寡、孤、独和社会困难户，生活上有了保障。群众歌颂高级社是“粮满仓、鱼满塘、人畜两兴旺”。

至 1956 年 10 月底，全区建立高级社 2 936 个，入社农户占 64.1%，初级社 4 177 个，社员占 33.2%，单干农户占 2.7%。是年年底，全区建立高级社 3 632 个，入社农户占总农户的 77.8%，高级社的规模一般在二三百户，也有少数七八十户的小社和五百户以上的大社；初级社 1 964 个，入社农户占总农户的 20.2%；两者相加共建立农业社 5 596 个，入社农户达总农户的 98%。郊区采用重点试办和普遍办相结合的方法，从 1 月到 3 月将原有 606 个初级社分 3 批建成 135 个高级社，入社农户占总农户的 98.8%[1]，基本实现社会主义性质的合作化。至此，苏州对农业的社会主义改造基本完成，苏州农民从此走上集体化生产的道路，这是具有划时代意义的变革。

三、手工业社会主义改造的基本完成

（一）手工业生产合作社的发展

经过中华人民共和国成立初期一系列扶持措施的实行，苏州的手工业生产逐步得到恢复和发展。毛泽东对苏州手工业的发展比较关注，这也鼓舞了苏州人民，促进了手工业的发展。

苏州手工业由个体劳动者构成，是在私有制基础上发展的小商品经济，其生产单位存在着小、散、老、差的行业特征。资金少，人力不足，难以使用先

---

[1] 中共苏州市委党史工作办公室：《中国共产党苏州历史·第二卷（1949—1978）》，中共党史出版社 2014 年版，第 139-140 页。

进技术；工序分散，设备陈旧，质量难以提高。这些情况导致了手工业生产的不稳定，制约着手工业经济的发展，影响了手工业者的生活。因此，从广大手工业者的利益出发，提高手工业的生产力，充分发挥其在国民经济中的作用，必须组织起来走社会主义道路。1951 年 6 月 8 日，竹筷生产合作社正式成立，这是全市手工业合作运动的开端。截至 1952 年年底，针织、毛巾、竹器、缝纫、纽扣、棕刷 6 个生产合作社相继成立。合作社建社初期，在资金、工具、设备、厂房等方面都存在一定困难。国营公司和市合作总社及时采取收购产品、加速货款回笼、组织供应原材料、帮助合作社与国营或合作商业部门建立正常的供销关系等措施，支持合作社生产。7 个生产合作社初步显示出合作生产的优越性，在全市广大手工业者中树立了合作生产的榜样。

1953 年 11 月，中华全国合作社联合总社召开第三次全国手工业生产合作会议，确定对手工业进行社会主义改造的方针、组织形式、方法和步骤等。苏州手工业合作化运动，充分注意到行业复杂、分散、面广、变化多的情况，本着自愿互利的原则，积极领导，稳步发展。在合作化运动过程中，根据各行业的情况和特点，采取不同的组织形式和建社方法。对属于国家加工订货、适合集中生产的行业，按照行业分地区单独建社；对以自产自销为主、加工订货为辅的行业，采取适当集中、部分分散的方式建社；对修理等服务行业，保持分散经营、上门服务的传统方式。对手工业的社会主义改造采取生产合作小组、供销合作社、生产合作社[1] 3 种形式。截至 1954 年年底，全市共有手工业生产合作社 15 个、供销合作社 1 个、生产合作小组 15 个，参加社、组的有 1 862 人，组织起来的手工业劳动者占全市手工业劳动者总人数的 6%，产值为 95.5 万元，占手工业总产值的 2.2%。通过业务挂钩等形式，组织了 46 个生产联系小组，参加人员 2 463 人。

合作社组织扩大以后，苏州市委、市政府及时抓好已有合作社、组织巩固合作社的发展工作，特别对最早建立的 7 个生产合作社进行整顿提高，努力增加社员收入和公共积累，扩大其对合作化运动的政治影响。对手工业合作社的整顿，先是健全民主办社的制度，各社理事会定期研究布置工作，恢复社内民主生活，进一步密切干群关系，发挥社员当家做主的积极性。其后，建立生产

[1] 手工业生产合作小组指有组织地接受订货和推销产品，不改变原有的生产方式和所有制关系，是对手工业改造的初级形式。手工业供销合作社指在供销环节上组织起来，是改造手工业的过渡形式。手工业生产合作社指生产资料部分或完全公有，生产由分散变为集中，部分实行或完全实行按劳分配，是对手工业改造的高级形式。

责任制度、财务制度、收发保管制度和产品检验制度，在社员中逐步树立以社为家的思想，使合作社、组的工作纳入正常的轨道。1955 年 1 月 1 日，苏州市成立手工业管理局和手工业生产合作社联合社筹备委员会，各区相继成立手工业科和区联合社办事处。手工业各级领导部门配备相当数量、具有较高素质的干部，工会、妇联、青年团的各级组织和国营商业部门密切配合，在社员中发展成员，培养骨干，加强政治和业务指导，从组织上加强对手工业社会主义改造的领导。苏州市委、市政府先后召开四次手工业工作会议[1]，为全市手工业的社会主义改造工作进一步统一思想，推进合作化运动积极稳步地向前发展。截至 1955 年年底，全市有手工业生产合作社、组 129 个，参加社、组的有 7 084 人，占从业总人数的 20.7%，产值为 413.7 万元，占手工业总产值的 8.9%。

随着手工业合作化事业的发展，其组织起来的优越性逐步得到体现，手工业为人民生活需要和为农业生产服务的作用得到了更好的发挥。如已组织起来的针织手工业者，1955 年生产袜子 5.75 万打、毛巾 2.75 万打，分别是 1954 年产量的 200.5%和 104.9%。已组织起来的手工业者在产品质量、创新等方面显示出极大的优越性，给整个手工业的社会主义改造树立了旗帜。苏州市刺绣工艺美术生产合作社从 1954 年 8 月开始，经过反复实践、刻苦钻研，到 1955 年 10 月绣制完成我国第一幅双面绣落地插屏《五彩牡丹》。该绣品在 1955 年 12 月举行的江苏省手工业生产合作社联合社社员代表大会上展出，并获江苏省手工业联社颁发的一等奖。

苏州专区各县（市）的纺织、印染、编织、酿造、铁器锻造、成衣等手工业较发达，匠铺遍及城乡各地。自 1952 年起，与推行农业生产互助合作同步，组织手工业生产合作社和合作小组。根据中央关于手工业合作社“积极领导、稳步前进、统筹兼顾、全面安排”的方针和“从供销入手、实行生产改造”的步骤，按照自愿互利的原则，生产资料折价入股，股息分期陆续归还，社、组采取集体经营、分散经营、自负盈亏等形式。截至 1955 年年底，全区有手工业合作社、组 275 个，参加社、组的有 3.36 万人，完成产值 3 677.6 万元。

（二）手工业合作化运动的高潮

随着农业合作化高潮的到来，手工业合作化运动迅速发展。在苏州市委和

[1] 1954 年 1 月 22 日，全市召开首次手工业工作会议。1955 年 3 月，全市召开第二次手工业工作会议。1955 年 7 月和 10 月，全市先后召开第三次和第四次手工业工作会议。

市人委的发动下，手工业合作化运动在 1956 年 1 月上旬形成热潮，1. 37 万名手工业者主动申请参加合作社。市人委积极鼓励引导，1 月 12 日批准打铁、笔套等 10 余个行业的 1 500 名个体手工业劳动者实行全行业的合作化。1 月 17 日，市人委又批准 228 个行业的 1. 96 万名个体手工业者全部实行全行业合作化。

为改变手工业分布不合理的现象，充分挖掘手工业的发展潜力，在合作化高潮后，根据有利于群众、有利于生产发展及原有合作社的基础情况，进行手工业经济的改组工作。截至 1956 年 3 月底，全市完成手工业工具折价入股、工资和人事安排等工作，解决统一经营、集中或分散生产等问题，个体手工业 4 615 户已全部批准合作化。经重新组合，共组建手工业合作社 313 个，社员 3. 05 万人（包括副业 5 014 人）。其中生产合作社 216 个，社员 2. 83 万人，占 92. 41%；供销合作社 5 个，社员 608 人，占 2. 24%；生产合作小组 92 个，组员 1 632 人，占 5. 35%。苏州专区各县（市）对个体手工业的社会主义改造同步进行。到 1956 年 3 月底，全区建立社、组 608 个，参加社、组的有 8. 53 万人。截至 1956 年年底，全区共建立手工业生产合作社 485 个（包括供销合作社 22 个），生产合作小组 191 个，入社、入组人员占从业人员总数的 90% 以上，实现了供销和生产的全面合作，基本完成对个体手工业的社会主义改造。此后，城镇手工业合作社（组）逐步发展为县（市）属、区属集体工业企业，农村手工业合作社（组）发展为社办工业企业。手工业合作社（组）在改进设备、加强管理、提高劳动生产率、增加社员收入等方面显示出优越性。

苏州的手工业的社会主义改造，坚持以集体所有制为主的组织形式，发扬手工业生产小型、多样的传统特色，实行按劳取酬、多劳多得的分配原则，开展技术革新和技术革命，逐步变手工操作为半机械化、机械化操作，部分为半自动化操作，企业的规模和经济实力不断增强，小商品生产队伍逐渐扩大，手工业的传统名牌产品得到恢复和发展。互助合作关系的建立，使分散、落后的个体手工业，变为集体所有制企业，促进了生产的发展，手工业成为苏州工业的一个重要组成部分。

社会主义改造是一场所有制方面的深刻变革，苏州的农业、手工业和资本主义工商业的社会主义改造任务比原计划提前完成，成功实现了对生产资料私有制的社会主义改造，以公有制为主要成分的社会主义经济基础与社会主义基本制度得以确立，几千年来阶级剥削的历史宣告结束，广大劳动人民成为社会和生产的主人，成为社会主义建设的根本力量。社会主义改造的完成，为苏州

“一五”计划的提前实现创造了条件，初步体现出社会主义制度的优越性。“一五”计划提前实现后，全民所有制和劳动群众集体所有制这两种社会主义公有制形式，在国民经济中占据绝对地位。集体所有制比重大、发展快，成为“一五”以后所形成的苏州经济的一大特色。集体所有制企业具有灵活主动、进取心强等不同于全民所有制企业的优势。其存在和发展，不仅弥补了国家计划的不足，拾遗补阙，生产一些社会急需的产品，而且对全民所有制企业来说，是一种竞争、促进和激励。

苏州社会主义改造中也出现了一些问题和偏差。如农业高级社规模过大，农业生产责任制未能认真执行。1956 年以后，随着所有制结构趋向单一，忽视个体手工业、商业、餐饮业、修理服务业、小商小贩的经营特点和特殊作用，对他们过分的集中、合并，缩小了按市场需要自由生产经营的范围。企业实行“一切收入向上交，一切支出向上要”，缺乏必要的经营管理的自主权等。这种高度集中的计划体制，其后很长一段时间在一定程度上制约着生产者的劳动热情和创造精神。在工商业合营高潮中，一批原本属于劳动人民范畴的小商、小贩、小手工业者和其他劳动者在加入国营、公私合营企业后，被错当成资本家对待。在社会主义改造工作的后期，存在要求过高、工作过粗、急于求成等问题。尽管如此，仍应充分肯定社会主义改造对苏州政治、经济、社会发展所起到的历史性的推动作用。这些成就，都是苏州干部、群众团结一致，从实际出发，艰苦奋斗，开拓进取，克服前进道路上的困难所取得的，为苏州以后的发展打下了坚实基础。

四、资本主义工商业的改造

（一）公私合营工作的开展

通过土地改革和工商业的合理调整，国民经济迅速得到恢复，国营经济在国民经济中开始处于主导地位。从 1953 年下半年开始，国家扩大加工订货、统购包销的范围，使私营工商业的自由市场更加萎缩，国营商业阵地迅速扩展。主要农产品陆续实施统购统销的政策，在很大程度上控制了以农产品为主要原料的私营工商业的货源渠道，私营企业普遍出现经营困难的状况。1954 年 1 月，中财委提出《关于有步骤地将 10 个工人以上的资本主义工业基本上改造为公私合营企业的意见》，决定资本主义工业改造的重点是有计划地扩展公私合营，实行国家同资本家在企业内部的联系和合作。

根据中央的指示精神，苏州市委、市政府，苏州地委和专署在学习、宣传、贯彻过渡时期总路线的热潮中，本着循序渐进的原则，逐步推进工商业的公私合营改造。1953 年 12 月，全市粮食店走上了国家资本主义道路。1954 年 3 月，全市 18 家绸布业企业、12 家百货业企业、2 家图书文具业企业分别与国营公司签订供销合同，使企业的生产经营纳入国家计划轨道，走上国家资本主义道路。1954 年上半年，全市加工订货、收购经销的产值已占同期总产值的 91.08%，其中棉纺、碾米、面粉、榨油、水泥、火柴等行业的产值达到 100%，制茶、造纸、丝织、染织等行业的产值在 95%以上。

为确保对资本主义工业改造的顺利进行，苏州市委、市政府成立调查办公室，从 1954 年 5 月开始对全市私营 10 人以上工业企业进行深入调查，8 月制定出《苏州市私营 10 人以上工业进行社会主义改造方案》（以下简称《方案》），为改造规模较大、有关国计民生的重要企业提供政策指导。《方案》提出，根据国家需要从供、产、销平衡的可能性出发，计划在“一五”时期，公私合营企业 123 户，占总户数的 25.89%。苏州地委和专署于同月制定出《关于 1955 年对 10 人以上资本主义工业进行社会主义改造的计划》，结合苏州专区的具体情况，贯彻中央关于发展公私合营企业“国家投入少量资金和少量干部，充分利用原有企业的资金、干部和技术”的方针，在需要、可能和自愿的原则下，按照先大后小、先易后难、先主要后次要的顺序分批改造资本主义企业。9 月，苏州市首先选择苏纶纺织厂、苏州纱厂两家骨干企业实行公私合营，定名为“公私合营苏纶纺织染厂”。[1] 此后，光华水泥厂、红叶造纸厂、苏嘉湖汽车公司、第一染织厂等 8 家企业在 1954 年先后完成公私合营。

整个合营的过程分 3 个步骤进行。第一步，对准备合营的工厂进行调查，掌握工厂的股权、财产和生产经营等情况，拟订合营的实施计划。在此期间，由政府派出公方代表和私方代表进行谈判，协商合营的方法、人事安排、股权与财产处理等问题。第二步，政府派工作组进厂筹备有关合营事项。私方与工作组一起，深入职工群众，围绕合营的意义、政策和合营后的责任等内容，及时开展宣传教育，使职工提高认识、明确责任和做法。由工厂向政府申请公私

[1] 苏州市的公私合营企业早在苏州解放后不久就出现了。率先实行公私合营的企业有苏州电厂、苏州自来水厂等公共服务类企业，但当时的公私合营并不是当作社会主义改造的手段而进行的，而是通过将没收的官僚资本或房地产等转作公方股本而出现的。以苏州自来水厂为例，苏州市有关方面于 1953 年 9 月将接管的房地产折为 227 472 614 元作为政府投资而使之变为公私合营企业。参见苏州市人民政府房地产管理处地产科：《1953 年度工作总结》，1954 年 1 月 5 日，档号 C23-2-1953-12。

合营，政府单独审批。第三步，按照实事求是、公平合理的原则对合营工厂的各项股金进行清点评估，做好清产定股工作，确定董事会人选，制定公私合营章程，最终完成合营。合营方式分 4 种类型：国家投入资金、派出干部给私营企业，实行公私合营；私私合并与公私合营同时进行，将领导机构和财务统一，科室仍保持原状；先经过私私合并，然后实行公私合营；国营工厂与私营工厂合并，实行合营。私营企业进行公私合营改造后，公方占有相当股权，公私双方共同经营企业，实现社会主义成分同资本主义成分在企业内部的紧密合作。由于合营准备工作扎实、群众发动充分和统战工作细致，进展较为顺利，群众的政治觉悟和生产热情都有所提高，生产有所发展，初步显示出公私合营企业的优越性。

在私营商业改造方面，按照先批发后零售的顺序，采取"逐步排挤、逐步代替"的政策，扩大国营商业的批发阵地，由国营商业控制主要商品的进货与销售，对粮食、食油、棉花、棉布等关系国计民生的重要商品，实行统购统销。对私营批发商，针对不同情况，分别采取"留""转""包"[1] 等措施进行改造。对暂时维持存在的批发商，有条件地组织其联购、联销。通过改造，商业方面的国家资本主义比重显著上升。1954 年，国营批发销售额占纯商业批发销售总额的 76.55%，较 1953 年增加 16.21%。

对私营零售商的安排改造，贯彻"统筹兼顾、全面安排""一面维持、一面改造"的方针，通过批购、经销、代销等方式，使其依附于国营经济。一方面，采取各种措施，全面安排公私关系，使绝大部分私营零售商得到维持，营业额上升，困难面缩小；另一方面，又根据需要与可能进行改造。在 1954 年、1955 年，先后对绸布、茶叶、百货、南北货、肉品、新药、纸张、瓷器、文具、腌腊、五金、煤炭、糖果、酱工、图书 15 个行业进行改造。加上已改造的粮食业，16 个主要行业的零售额，约占全市私营纯商业零售额的 60%。

在逐步推进对资本主义工商业进行社会主义改造的过程中，曾反复出现限制与反限制、改造与反改造的矛盾和斗争。各地贯彻党对资产阶级"既团结又斗争、以斗争求团结"的方针，一面加强正面教育，一面坚持斗争，争取与团结私营工商业者。在 1953 年 10 月召开的苏州市四届四次各界人民代表会议上，

---

[1] "留"指由国营商业委托代理批发。"转"指批发商的资金和人员转到其他部门，批零兼营的逐步转向零售。"包"指原批发商业主和从业人员，安排到国营企业，发挥其业务上的一技之长。

许多代表严厉地批评了私营工商业中“五反”斗争后又重犯的种种不法行为，认为私营工商业者应遵守政府法令，加强思想改造，接受人民监督，清除“五毒”，真正发挥其经营上的积极性。苏州市人民法院先后多次召开宣判大会，对极少数严重违法犯罪的私营工商业者依法做出判决。在此过程中，《新苏州报》陆续发表《加强对私营工商业者的爱国守法教育》《经销和代销米店的资本家应很好接受社会主义改造》等评论。经过各级党组织的团结教育，私营工商业者中愿意接受社会主义改造的进步力量逐步扩大，一批积极分子在社会主义改造中起了骨干带头作用。如私营振亚织物有限公司董事长陶叔南，带头敞开思想，现身说法，消除工商界的顾虑，在提出公私合营申请的同时，采取修建厂房等措施解决企业存在的问题，积极创造公私合营的有利条件，为工商界接受社会主义改造树立了榜样。

随着社会主义改造的推进和国营、合作社经济的发展，国民经济中的社会主义成分进一步扩大。截至1955年年底，苏州市全民和集体的工业企业已发展为184家，产值占全市工业总产值的50.04%；公私合营企业27家，产值占私营工业总产值的45.88%。在私营大型工厂中，由国家加工订货、统购包销的占其总产值的93.63%，而工业生产中的主要原材料几乎全部为国家所控制。截至1955年年底，苏州专区各县（市）有计划地扩展公私合营厂19家。私营商业改造方面，截至1955年秋，苏州市区先后改造123户，剩下的104户是对国计民生影响不大的小批发商，市场批发总额的90%以上和零售总额的34.25%已经掌握在国营、合作社营商业手中。国家资本主义形式的经销、代销占22.09%，纯粹私营商业占43.66%。交通运输业方面，苏嘉湖、新苏两家汽车公司已公私合营。工商业公私合营工作的顺利进行，为全行业合营奠定了扎实的基础。

（二）资本主义工商业社会主义改造的完成

1955年11月，中央政治局通过了《中央关于资本主义工商业改造问题的决议（草案）》，确定了推进全行业公私合营、实行和平赎买的重大方针。1956年1月，苏州市召开中共第四次代表会议，对中央的指示进行了认真的传达和学习，指出进一步对资本主义工商业的社会主义改造是“大势所趋、人心所向”，具体研究部署迎接对资本主义工商业改造高潮到来的准备工作。苏州专区各县（市）召开党代表会议或党员、干部大会，贯彻部署对资本主义工商业改造工作。

为顺利进行对资本主义工商业改造的工作，各地各部门采取边贯彻、边学习、边准备、边行动的办法，层层展开，全面掀起大规模的宣传教育活动，激发了广大群众进行社会主义改造的热情。职工群众热烈拥护对资本主义工商业的改造，在生产经营中表现出迎接改造高潮的积极性。如人民商场的店员提出“思想通、具体懂、实际动”的口号，表示以实际行动迎接合营。广大企业职工在各级党组织的教育引导下，提出“三好”——团结好、生产好、宣传教育好，“三不错”——贷款不弄错、账册单据不写错、年终盘点不点错的口号。企业职工不仅教育、促进资本家走上公私合营的道路，而且积极地搞好生产经营，发挥了工人阶级的主力军作用。为加强对工商界的思想教育，苏州市委统战部组织640多名工商界人士和4 000多名私营工商业者，学习全国工商业联合会执行委员会有关工商业改造的文件。经过广泛深入的宣传教育和细致耐心的思想工作，工商界人士接受社会主义改造的觉悟普遍得到提高，积极投入认购公债、缴纳捐税、行业合营等工作中。

在广大干部、群众的共同努力下，全市资本主义工商业的社会主义改造高潮逐步形成。市人委于1956年1月4日首批批准64家丝织厂、28家棉布店和人民商场内的38家私营商店实行全行业、全商场公私合营。随后，32家私营染织厂的资本家到苏州市纺织工业局呈送要求实行全行业公私合营的申请书。工商界接受改造的热情日益高涨，至1月10日，全市仅商业系统就有20多个行业的1 417户申请全行业公私合营。1月15日，北京市首先完成全行业公私合营的捷报传来，更加激发了苏州市工商业者要求合营的积极性。随着对资本主义工商业改造的迅速发展，各地调整了原定的改造规划和工作方法，决定先批准合营，再进行清产核资，等等。1月17日，市人委认为，全市资本主义工商业向社会主义和平过渡的条件已经成熟，决定因势利导，批准全市59个行业725户的私营工业户、78个行业3 188户的私营商业户，以及43户私营交通运输户全部实行全行业公私合营。至此，全市私营工商业户、交通运输业已全部批准公私合营或合作化。1月18日，全市各阶层5万余人在人民体育场举行庆祝大会。苏州专区对资本主义工商业改造工作同步完成，全区共批准私营工业1 014户、蚕种场39户实行公私合营，私营商业3.63万户实行公私合营或合作化。

对资本主义工商业进行公私合营后，各地迅速组织清产核资、人事安排和经济改组等工作，以巩固与发展社会主义改造的成果。在清产核资方面，遵循国务院提出的“公平合理、实事求是”原则，对企业的实有财产进行全面复查和重点调整，做出估价，确定私方的股额，至1956年7月结束。清产核资中，妥善处理复杂的债务问题。其后，进行 1953 年至 1955 年盈余分配和定股付息。根据对苏州市区公私合营企业 1953 年至 1955 年的盈余分析，做盈余分配的有 1 017 户，3 年盈余总额 1 907 万元。1956 年上半年应发放的股息，在 8 月底前发放 98.24%。苏州专区公私合营企业清产核资、盈余分配、定股发息工作到 1956 年 9 月基本结束。全区合营企业分配盈余的共 1 159 户，盈余总额 354.8 万元，发放定息 30.8 万元，占应发数的 84.4%，基本做到了按时足额发放。对历年盈余进行分配，解决了会员普遍存在的“前途好过，中途难熬”的顾虑，较好地落实了党的对私营工商业改造政策，但在清产核资时也不同程度地存在着压低企业资产的情形。

在人事安排方面，一些有突出贡献并在改造中起带头作用的民族资本家，相继担任政府部门领导人，原私营企业主雇佣的普通职员则按照“包下来”“量才录用、适当照顾”的原则，得到妥善安排。工商界人士担任市、局级领导职务的，有副市长 1 人、局长 1 人、副局长 3 人。私方人员在企业中担任各级干部的占相当比重。在工业系统，私方人员在厂长（经理）中占 54.6%，科股长中占 34.4%，车间主任中占 37.6%，工程师中占 61.5%。在商业系统，私方人员在公司经理中占 27.5%，科股长中占 21.9%，门市部主任中占 62.6%。苏州专区各县（市）对私方人员同样做了安排。工商界人士中有 4 人当选为副县长。全区工业系统安排私方人员 798 人，占总数的 67.12%。其中，担任经理、厂长、科股长、车间主任的 430 人，占总数的 53.88%，但对不少中小企业主的安排存在不够妥当等问题。

经济改组是社会主义改造进程中艰巨复杂的重要一步，在改造高潮时一度出现盲目迁并等混乱现象，特别是按行业而不是按企业性质进行合营的现象。对全市在 1956 年 3 月前迁并或集中生产经营的工商业户进行调查的结果显示，迁并得合理、对生产经营有利、各类问题基本解决的占 22.92%；应该迁并，但时间过早、户数过多、问题较多的占 59.14%；迁并得不合理，问题较多且一时难以解决的占 17.94%。针对这些情况，各级党委澄清认识、统一思想，确定抓住生产经营这一主要环节搞好改造工作。对已迁并的，妥善处理；对生产不利的，进行纠正。同时，在调查研究的基础上，全面规划，有步骤地采取多种形式进行改组。经调整、合并，全市的工业企业改组为 233 户，其中国营 26 户，公私合营 201 户，合作社营 6 户。全区的工业企业由原来的 608 户改组为 192 户。工业企业的改组有效地改变了分散弱小、技术落后、工序不配套等状况，为企业发展增添新的动力。在苏州乃至全国都有较大影响的东吴、振亚、光明、新苏四大丝织厂，就是在社会主义改造时期由 59 个小工场、小作坊改组改造发展起来的。商业方面，采取统一盈亏的合作组织或经销代销等形式，将原有的 11 550 户商店和小业主、小商贩改组为 9 154 户。苏州市区商业网点在合营后重新进行调整，按 2 个商业区、7 个商业片、14 个商业段、61 个商业店进行规划，撤并小店，发展综合型商店，扩大特色商店和老字号影响力。由于资金、人员、物力相对集中，营业面积增加，经营情况普遍优于合营前。各行业以“为人民服务”为宗旨，革除陈规陋习，提倡社会主义商业新风尚，开展优质服务和劳动竞赛，商业面貌焕然一新。

五、对私有住房的初步改造

在社会主义改造基本完成后，生产资料公有制，即全民所有制和集体所有制已成为国家的基本所有制形态。在这种情况下，私有出租房屋的大量存在，不仅无法在全社会尽快且彻底地消灭剥削制度，而且还会引起作为生产资料一部分的私有出租房屋已被改造的原私有房主的不满。在计划经济已成为经济管理和运行的主要方式后，私有出租房屋的普遍存在，必然会强烈影响和冲击国家经济计划的实施效果。同时，对私有出租房屋进行社会主义改造，也是为了进一步消灭地主、富农和资本家等剥削阶级所赖以生存的经济基础。

进行深入、全面、准确的调查研究，是做好一切工作的前提，实行对私有住房的改造也不例外。据 1955 年 11 月的调查，苏州市城区共有 93 957 户、402 088 人[1]，房屋 317 259 间（瓦房 304 786 间、草房 12 473 间）。其中公房 52 811 间，占 16.65%；合营企业、手工业、合作社房屋 15 784 间，占 4.98%；已改造房屋 29 202 间，占 9.2%；私有房屋 219 462 间，占 69.17%。居住用房 205 000 多间，占 64.75%；工商企业等用房（含部分职工宿舍）占 21.54%，机关用房（含部分干部宿舍）占 4.14%，学校用房占 4.49%，部队用房占 2.93%，医院、诊所用房占 1.04%，教堂、庙宇、祠堂、义庄及旧社团等用房占 1.11%。

在私有房屋业主中，资本家占 25.07%，地主占 13.61%，职工占 20.21%，自由职业者占 4.58%，小商小贩占 6.88%，独立劳动者占 4.62%，农民占

[1] 1952 年苏州市城区人口 389 975 人，1953 年比上一年增加 0.25%，1954 年增加 3.1%，1955 年增加 1.65%，1956 年减少 1.89%，为 402 988 人，比 1952 年增加 3.1%。

2.14%，城市贫民占1.82%，合营企业业主占4.93%，私立学校、诊所业主占0.16%，旧社团、教堂、庙宇、祠堂、义庄业主占4.64%，旧官吏、旧军人、家庭妇女等占11.33%。其中资本家、地主占有11~30间的有4 383户、73 106间，占房主总数的16.1%、房屋总数的33.77%；占有31~50间的有677户、25 843间，占房主总数的2.49%、房屋总数的11.92%；占有51~100间的有305户、20 204间，占房主总数的1.48%、房屋总数的9.32%；占有100间以上的有80户、12 068间，占房主总数的0.29%、房屋总数的5.56%。共5 445户、131 221间，占房主总数的20.36%、房屋总数的60.57%。

全市共有私人出租房109 116间，占房屋总数的34.39%、私房总数的49.71%，出租的私房中机关用房（含部分干部宿舍）占2.78%，部队用房占0.2%，工商、手工业用房（含部分职工宿舍）占26.3%，学校用房占2.1%，医院、诊所用房占0.82%，住宅用房占67.5%，其他占0.3%。出租私房的业主共13 346户，占房主总数的47.91%，其中出租200~400平方米（不含400平方米）的有2 066户、576 042平方米，出租400~1 000平方米的有1 221户、740 961平方米，出租1 000平方米以上的有503户、1 164 096平方米，共计3 790户、2 481 098平方米，资本家、地主占52.5%，面积占68.71%。

据对其中26 500处瓦房的调查，建筑年代在100年以上的占12.6%，50~100年的占26.15%，30~50年（不含50年）的占22.78%，10~30年（不含30年）的占29.28%，1949年前后建的占9.19%。另据1952年苏州市税务局对264 684间房屋的调查，八成以上新的占2.53%，四到八成新的占83.53%，四成以下新的占13.92%。另据1956年的典型调查，487户、2 596名产业工人的人均住房面积为4.36平方米；720户、2 938名一般居民的人均住房6.94平方米；149户、649名机关干部的人均住房7.48平方米，上述住房面积不含占整个建筑面积45%的公用部分。1952年10月后，为规范对私有出租房屋的管理，苏州市宣布取缔原先的私营大来房地产公司，成立房地产交易所，打击掮客活动，逐步开展订立租赁契约、评估租金、修缮危房等工作，规定国家机关、国营公司承租房屋必须通过交易所，房主和房客之间为解决租金高低而产生的矛盾，也会请求交易所进行干预。1955年，苏州市房管部门在盘门外等工人聚居的高租区设立临时办事处，召集会议，重新评估租金。随后在各区设立办公地，在积累经验的基础上，普遍参照机关干部宿舍的租金标准，对不合理的租金问题进行管理，并采用房主自修、主修客助、拆大改小、拆楼改平、以料抵工等办法对危房进行修缮，仅白塔居委会通过上述办法就修理了191处、

987 间危房。[1]

尽管如此，房屋私有现象的普遍存在仍无法满足经济社会较快发展的需要。据 1955 年 10 月统计，苏州全市共有房屋 348 000 多标准间，其中由房管局管理的公房和代管房占 11.19%，私有房屋占 88.81%。在所有房屋中，住宅占 68.67%，工商业用房占 19.9%，机关、团体、学校、医院用房占 6.63%，部队用房占 1.46%，教堂、庙宇等用房占 3.34%。[2] 这就对出租房屋的改造提出了要求。

1956 年 1 月，中共中央在批转中央书记处第二办公室《关于目前城市私有房屋基本情况及进行社会主义改造的意见》时，决定比照对资本主义工商业改造的原则，即“对城市私人房屋通过采用国家经租、公私合营等方式，对城市房屋占有者用类似赎买的办法，即在一定时期内给以固定的租金，来逐步地改变他们的所有制；同时对依靠房租作为全部或主要生活来源的房东和二房东，进行逐步的教育和改造，使他们由剥削者改造成为自食其力的劳动者”。批示还指出：“争取在一两年内完成这一任务，是完全可以做到的。”[3] 接着召开的中央房产会议提出，要在一两年内完成对城市私有住房的社会主义改造。苏州市的大规模私住房房改造就是在这一背景下开始的。

为开展私住房房改造，苏州市于 1956 年成立了房改机构，随后进行改造试点。到这年年底，房屋改造共分三批进行。

（一）第一批私有住房改造试点：房改正式启动

第一批私有住房改造具有试点的性质。为做好改造工作，根据中央有关部门制定的调查提纲，苏州市于 1956 年年初组织了 800 名居民积极分子，在全市普查了所有房屋的占有、使用、租金、房屋建筑年代等情况，随后进行归户整理、分类统计，基本弄清了全市房主户数、占有者成分、占有面积及房屋使用等情况，并着手制定改造规划。2 月，为制定改造规划，苏州市组织了 8 名干部，对商业十分繁华的观前地区的 93 户私房业主所占有的 134 处房屋进行了调查，弄清了这些房主的政治、经济、家庭、思想及房屋的好坏、产权的来源、

[1] 《苏州市房地产管理工作情况综合资料》（原件未标注时间，应为 1957 年），档号 C23-1-1957/58-9。

[2] 苏州市人民委员会：《关于对私人出租房屋进行社会主义改造的方案（1956 年 10 月 16 日第 24 次人民委员会会议通过）》，1956 年 10 月 23 日，档号 C23-1-1956-8。

[3] 《中共中央批转中央书记处第二办公室关于目前城市私有房产基本情况及进行社会主义改造的意见的指示》（1956 年 1 月 18 日），中央档案馆、中共中央文献研究室：《中共中央文件选集（1949 年 10 月—1966 年 5 月）》第二十二册（1956 年 1 月—3 月），人民出版社 2013 年版，第 99-100 页。

共有分有和租赁关系等情况，了解了一般房主的租金分配、经营管理、依靠为生等情况，发现了房屋破旧不修、租赁关系不正常、租金高低不一及私房内部存在的押租、装修、欠租等问题。

在对93户调查材料和各户租金分配情况的反复排队及与外地的不断交流后，1956年2月10日形成《苏州市私人出租房屋社会主义改造草案》，随后进行了4次修改，到4月第五稿基本确定。其间，曾在1月召集观前中心地区房主、房客、二房东、代理人等座谈会。经过启发教育，一般房主都承认房屋私有确实存在许多不合理情况，需要改造，60多户因社会主义改造高潮的推动、子女的影响、房屋破旧无力修理、管理困难等，当场提交了改造申请。其中10多人还向正在召开的苏州市一届人大三次会议递交了申请报告。至会议结束时，共收到100多份要求改造的申请报告。按房管局拟订的方案，首批确定改造140多户（实际进行改造的112户），在积累经验后报苏州市人民委员会备案。[1] 其中3人在请愿书中要求实行“四马分肥”。[2] 苏州市一届人大三次会议做出了立即进行房改的决议。

在此期间，苏州市房管部门还选择了63户重点户，召开了9次大小不一的座谈会，从社会主义改造形势、一般房屋情况谈起，揭露房屋破旧、危险等不合理情况，引导他们发表看法。随后，又针对房主普遍关心的改造后收益、人事安排和自住划留3个问题，召开了8次座谈会，进行过渡时期总路线教育，透露改造意图，使其明白有关政策，认识到进行房改是大势所趋，鼓励其接受改造，消除其思想顾虑，并培养积极分子，以影响和带动其他房主。[3]

1956年6月15日，苏州市的房屋改造计划经苏州市委初步批准，房管部门对观前区申请改造房主和93户重点对象进行反复摸底、排队，开始正式进行房改试点，到8月30日基本结束，房管部门自下而上地征求房主意见，和房主一起就改造范围、形式、租金分配、人事安排等进行了协商和研究，不断核实和修改房改计划，发现并培养骨干，然后推向一般，弄通房主思想，贯彻政策，自愿提出改造申请。试点结束时，在首次批准112户的房改申请后，又

---

[1] 《（房改）座谈会（记录）》，参见《房改座谈会（记录整理稿）》，1956年12月30日，档号B2-3-1956-23。苏州市房地产管理局：《苏州市私人出租房屋社会主义改造工作的报告》，1958年1月16日，档号C23-1-1958-10。

[2] 《有关本市房屋改造问题座谈会（记录）》，1956年7月23日下午3时，档号B2-3-1956-23。

[3] 苏州市房地产管理局：《私房改造中房主思想动态与政治斗争的情况》，1958年1月16日，档号C23-2-1958-34。

有 321 户房主提交了房改申请。随后又有 166 户提交了改造申请。[1] 到 12 月，全市共有 1 011 户提交了改造申请。[2]

试点工作分三个阶段：第一阶段是调查摸底、排队内定。第二阶段是确定与贯彻政策，使房主自愿接受改造的主要环节，一面继续了解情况、核定政策，一面教育、改造房主，使其自愿接受改造。具体又分两个步骤：第一步，为便于了解不同类型房主的思想情况，分别召开房主和代理人座谈会，普遍酝酿摸底，发现和核定积极分子。将房主按阶级成分、政治面貌和社会地位，分为国家工作人员（高级知识分子、医务人员等）、官僚地主、无业房主、中小资本家及统战对象等类型，代理人分为是否依靠房租为生两类，由苏州市房管和市委统战部门分别召开座谈会，并在调查、核实情况的基础上，考验已有并发现新的积极分子。第二步，训练积极分子，核对规划、确定政策、访问串联、房主申请。一方面，通过总结前一阶段各种会议上房主们对改造形式、租金分配等意见，分拟安排与不拟安排两个部分召开座谈会，训练积极分子，共同研究与征求他们的意见，以核对规划、斟酌原定政策的正确程度；另一方面，通过研究有关政策，采用房主相互教育的方法，解除房主思想顾虑，促使其自觉申请改造。在训练空隙期间，积极分子串联房主，房管部门对其进行访问，扩大房改影响。对要求改造的外埠房主，以通信为主、结合登门拜访，进行联络，征求意见。第三阶段是批准改造。主要做好以下工作：一是根据训练积极分子所反映的意见和要求，进一步研究确定政策。二是根据政策，先通过协商，充分征求房主意见，然后复审与修改第一阶段排队内定意见，确定各改造户的改造形式及租金分配数额。三是做好召开大会的文牍和事务工作。四是拟订改造房屋的接管方案，分区抄具改造房屋清册，准备接管。五是召开批准大会，分组讨论，进一步贯彻政策，邀请第二批改造对象列席会议，以扩大影响，同时宣布成立房地产公司与各区分公司，在接管改造房屋时，重点准备进行第二批改造。接管工作先由房主将申请房屋清产登记表，送至房产公司备案，各公司凭登记表召开房客会议，说明房改的好处及情况，然后运用房客中的积极分子，清点接管，并在宣传教育、说明道理的基础上，取缔二房东，成立房客保养小组，最后建立集体缴租制度，使房屋

---

[1] 《苏州市房地产管理工作情况综合资料》（原件未标注时间，应为 1957 年），档号 C23-1-1957/58-9。

[2] 苏州市房地产管理局：《苏州市私人出租房屋社会主义改造工作的报告》，1958 年 1 月 16 日，档号 C23-1-1958-10。

管理迅速步入正常轨道。[1]

为推动苏州市的私房改造，苏州市政协从1956年7月起多次召开工商界人士（多为私房业主）房改座谈会，以便“将各方面情况反映出来”，“不管是自己的意见或者是别人的意见，都可谈出来”，“以供领导上参酌”。在讨论中，不少进步工商业者都赞成进行私房改造，有的提出房屋“应很快进行改造”，但要分三种情况加以考虑：一是祠堂、会馆、义庄等危险特多，本身管理极成问题，私人很难管理，是少数人公（共）有、家庭公（共）有，还算是属于私有性质。二是私人所有、有资本主义投资性质的房屋。三是祖上传下来的房屋，一部分自住，大部分出租。这三种房屋，原来完全是生活资料，但修理很成问题，应加以改造。有的表示：“为适应新形势的发展，房屋业主应争取改造”，请房管局安排，统一筹划，统一调配，希望在第一个五年计划完成时同时完成房屋改造。私有房屋纠纷较多，业主也无力修缮，极愿进行改造，但因没有先例，上海在公私合营时，采取定股定息和定额租金（“四马分肥”）两种做法。苏州市应采用定股定息的办法，尽快对房屋进行改造，以尽快“解除业主的痛苦”。有的表示：形势发展（很快），房屋也应及时被改造，否则房子被破坏无法修理。以肖家巷志恒里房子为例，业主买下后没有居住，有的空着，有的出房租，还有的不出，几乎无人管理，业主无力修理，如交公家修理，尚可做用场，静待政府解决。[2]

1956年8月30日，苏州市召开第一批房改批准大会，随后进行清产、接管工作。随后，苏州各区也进行了房改试点。以沧浪区为例，通过试点，获得如下经验教训。

第一，做好接管前一切准备是保证接管工作顺利进行的关键。一是工作开始前要进行妥善安排，对哪里应先接管、接后如何编组、应向房客讲些什么、要求他们做些什么、建立什么制度等要做到心中有数。二是召开居委会、办事处负责人会议，必须执行到位，以免他们因思想方法不全面而出现不善于抓住中心、忽视一般倾向等问题。三是训练房客中的积极分子非常重要，只有让他们掌握了房改部门的要求、方法后，才能充分发挥作用。

第二，在接管时，必须采用逐间清的原则，以防一户租户租用几间房屋、

---

[1]《苏州市房地产管理工作情况综合资料》（原件未标注时间，应为1957年），档号C23-1-1957/58-9。

[2]《房屋改造座谈会记录》（原件无标题），1956年7月18日下午3时；《有关本市房屋改造问题座谈会（记录）》，1956年7月23日下午3时，档号B2-3-1956-23。

点收混淆不清而要返工等问题的出现。

第三，接管后，通过组织评出不需交租金的租户，建立集体交租等制度，说明政府代管后的优越性，为日后的管理做好思想准备和打下组织基础。

第四，核实起租日期和租金后，应立即发出临时使用卡，以保证租户及时交纳租金，并与房管部门的会计取得联系，以防止和减少差错。

第五，为便于新上任的保养组长掌握情况，应将租户名单和每户租金数字、抄表交给组长查考，并对他们进行帮助，解决他们的思想顾虑，巩固组织，树立其在租户中的威信。

第六，督促业主并加强区房管部门与市局的联系，以免出现漏管和接管时产生错误不划留部分私有住房的现象。在第一批改造中，有学士街、财帛司弄和通和坊等 4 户房屋漏改，另有 2 户在房改结束时未给代理人划留房屋，也未保留部分房屋继续出租，以解决其生活困难。

第七，要在填表、发卡时，加强核实工作，以免弄错公私合营和国营经租（也称“国家经租”）的类型。[1]

沧浪区在房改试点中碰到的问题颇具代表性和普遍性，在随后全面铺开的房改中对其他各区具有明显的借鉴作用。

（二）第二批私有住房改造试点：制定相关政策

1956 年 9 月 19 日到 11 月 4 日，苏州市进行了第二批私有住房改造，仍属试点性质。在总结第一批改造经验、训练干部、交代方法后，由各区分公司在市领导下分头负责进行，以已申请改造和列席第一批批准大会的房主为基础，采用大会宣传、小组反复讨论、漫谈方式进行。

在为期 46 天的时间里，全市共批准 202 户进行合营、154 户实行经租。相较第一批改造较为顺利的情况，在第二批改造中，有些干部一度出现情绪急躁、对情况摸得不够深入透彻、乱许愿等问题，引起部分房主不够满意和个别社会人士的怀疑。对此，苏州市房管部门组织 19 名干部，用 14 天时间，对房改工作进行了全面检查，纠正工作中特别是干部作风上存在的失误，加强对房主进行思想教育。1956 年 10 月，由一定社会地位的代表性房主及政府有关人员组成的具有统战性质的房改协商研究会成立，旨在和上层社会人士多做沟通工作，并对少数困难户的实际问题进行妥善解决。同时，也发现有 38 户、占

---

[1] 苏州市房地产公司沧浪区分公司：《第一批改造房屋接管小结》，1956 年 10 月 21 日，档号 E6-1-1956-11。

6.34%的房主有生活困难，其中的86.84%原来就有困难，只有5户、占13.16%的房主因改造而出现收入水平下降，12户、占31.58%的房主在改造后虽然收入有所上升，但生活仍有困难。[1]

在对试点经验进行初步总结的基础上，结合国家对私有住房改造形式和起点的相关要求，市人委于1956年10月提出了房改的基本方案，并指出：私有出租房屋改造是整个国家社会主义改造的一部分，基本应按国家对私营工商业改造的方针和自愿的原则，根据出租户房屋的不同情况，分别通过公私合营、国营经租和租赁管理3种形式，分批分期地进行改造。

改造的具体政策为：一是对占有出租面积1 000平方米以上的大户，一般实行公私合营；对占有出租面积400平方米到1 000平方米的中户，实行国营经租；对占有出租面积400平方米以下的小户，实行租赁管理。这些形式可根据各户的不同情况及自愿原则，适当变更。二是改造后的房屋，公私合营和国营经租的房屋将由市、区房地产公司统一经营管理房屋的修缮、租赁、缴纳国家税收等事项，并按月付给房主应得的房租。租赁管理的房屋，仍由房主自己经营，但房主必须服从政府的政策，服从政府有关房屋租金及修缮等的规定。三是国营经租的房屋采取以租定息的办法，每月按所收租金额，付给房主固定比例的租金。公私合营的房主，每月也将得到固定的租金，但租金额是按产值计算、还是按租金计算，有待继续研究。试点期间，每月按应收租金额30%左右的比例进行支付。四是关于人事安排，根据量才使用、适当照顾的精神，对公私合营户中原来依靠房租为生或生活困难的房主、代理人和职工，给以适当的安排和必需的照顾。对国营经租的房主，除其雇佣的职工及代理人外，一般不做安排，其生活困难者，将在租金分配中予以适当照顾。五是原有欠租、押租、装修等债权和债务问题，应由房主自理，一般采用主客双方协商的办法解决。必要时，房地产公司可协助处理。六是取消二房东。对部分依靠转租为生的职业性二房东，会同劳动、民政等部门在解决城市失业和贫民的生活困难问题中统一安排和救济。

关于改造的方法和步骤，方案提出：对全市出租面积在400平方米以上的约1 748户房主，采取先大后小、先易后难、分批逐步进行的方法进行改造。1956年内，分两到三批改造1 000户左右大、中户的出租房屋，根据以房养房

---

[1] 《苏州市房地产管理工作情况综合资料》（原件未标注时间，应为1957年），档号C23-1-1957/58-9。

政策、照顾人民群众负担水平，并给出租人合理收入的原则，拟定租金标准和租赁管理暂行办法，经试验后公布实施。1957 年，除继续改造应改造而未改造的出租房屋以外，全面开展租赁管理工作。[1]

全市第一、二批改造的出租房屋总面积为 689 675 平方米，约占应改造房屋总面积的 36. 22%，为全市私人出租房屋总面积的 20%左右。共安排工作和补贴 90 人，其中房主 52 人，占已改造房主户数的 11. 1%；职业性代理人 30 人，占已改造户职业性代理人数的 93. 8%；职工 8 人，占已改造户职工人数的 100%。安排在机关任实职的 32 人，占安排人数的 35. 5%；安排在修建大队当工人的 6 人，占安排人数的 6. 6%；安排在管理小组从事半脱产工作的 28 人，占安排人数的 31. 1%；安排在董事会任虚职的 4 人，占安排人数的 4. 5%；补贴生活的 20 人，占安排、安置人数的 22. 3%。一般来说，文化水平较高、有相当工作能力、政治历史清楚、身强力壮的房主被安排到机关工作，其中年龄在 40 岁以下的有 22 人、40~50 岁的有 9 人、50 岁以上的 1 人；年龄较大、身体较弱、家务较多、政治上复杂、不安排就无法解决生活问题的房主，一般被安排为半脱产的管理小组成员。对 30 名职业性代理人、8 名职工实行包干政策，其中 14 名职业性代理人、4 名职工工资维持原来水平，其余给予经济照顾和补贴。[2]

第一、二批共改造 480 多户，应收租金 142 246 元，实收 12 万余元。开支方面：修理费 6 万余元，租金开支 41 155 元，管理费 24 791 元，税收 24 604 元，保险费 4 267 元，透支 34 981 元。[3]

（三）第三批私有住房改造试点：逐步走向深入

第三批改造试点工作开始于 1956 年 11 月 5 日，到 12 月 22 日基本结束，历时 48 天，共批准 131 户实行改造。在此前后，苏州市一届人大四次会议和二届人大一次会议都对房改情况进行了汇报和肯定。全市 400 平方米以上的私有出租房屋仍有 1 224 户、占私有住房总数的 67. 86%，未经改造。[4]

---

[1] 苏州市人民委员会：《关于对私人出租房屋进行社会主义改造的方案（1956 年 10 月 16 日第 24 次人民委员会会议通过）》，1956 年 10 月 23 日，档号 C23-1-1956-8。

[2] 苏州市房地产管理局：《私房改造中房主思想动态与政治斗争的情况》，1958 年 1 月 16 日，档号 C23-2-1958-34。

[3] 《（房改）座谈会（记录）》，参见《房改座谈会（记录整理稿）》，1956 年 12 月 30 日，档号 B2-3-1956-23。

[4] 《苏州市房地产管理工作情况综合资料》（原件未标注时间，应为 1957 年），档号 C23-1-1957/58-9。

在第三批改造的出租房屋中，根据增产节约、人事冻结的精神及合营、经租并无实质区别，且房主易于接受国营经租的情况，全部以国营经租方式进行改造。[1] 相较而言，因有前两批改造做示范，第三批改造要相对容易一些。

但在改造中也遇到了不少阻力，有的房主宁愿失去收入而面临生活困难，也不愿接受房改。如东北街有一老人宁可穿着破裤子，也不出租房子；有的故意提出增加房息，抵制房改；有的借口宪法保护私有财产的规定，认为房改违宪。一些著名的社会民主人士也多次明确表示反对私有住房改造，提出“有的房主改造并非出于自愿”“改造后生活有问题如何办”[2]，并说“房改是非法的，中央没有命令，报纸没有登载，不要理房管局这一套”[3]。

尽管如此，在房管部门做了充分的解释和说服工作后，第三批房改在总体上仍得以顺利开展。从 1956 年 10 月到 1957 年 1 月，共收租金 201 104 元，支付房租 63 140 元，占 31.4%；修理费 76 440 元，占 38%；管理费 28 928 元，占 14.4%；税收 6 000 元，占 3%（应付 18%，减免 3 万元），收支大体平衡。[4]

到 1956 年 12 月，在已经完成改造的 599 户中，出租 1 000 平方米以上的大户实行公私合营，出租 400~1 000 平方米的实行国营经租，出租 400 平方米以下的实行租赁管理。[5] 但在具体实施时，是根据具体情况进行灵活掌握的，其中实行公私合营的 282 户，占已改造户的 60.26%、应改造户的 16.35%，改造面积在 1 000 平方米以上的 185 户，占公私合营总户数的 65.62%；出租面积在 400~1 000 平方米的 94 户，占公私合营总户数的 33.33%；400 平方米以下的 3 户（均为大户的分户），占公私合营总户数的 1.05%。1 000 平方米以下实行合营的均是房主坚决要求合营，或经济及房屋条件较好的，或为共有房屋、

---

[1] 苏州市房地产管理局：《苏州市私人出租房屋社会主义改造工作的报告》，1958 年 1 月 16 日，档号 C23-1-1958-10。

[2] （苏州市）房管局党组：《第一二三批私房改造工作情况的检查报告》，1957 年 3 月 20 日，档号 C23-1-1957/58-9。

[3] 苏州市房地产管理局：《苏州市私人出租房屋社会主义改造工作的报告》，1958 年 1 月 16 日，档号 C23-1-1958-10。参见《关于房改问题的反映》（成文者和时间均不详），档号 B2-3-1956-26。

[4] 《苏州市房地产管理工作情况综合资料》（原件未标注时间，应为 1957 年），档号 C23-1-1957/58-9。

[5] 《（房改）座谈会（记录）》，参见《房改座谈会（记录整理稿）》，1956 年 12 月 30 日，档号 B2-3-1956-23。

但个人占有面积较少的，也有个别因房主得到安排而合营的。属于地主的104户，占37.22%；资本家159户，占56.338%；旧官吏和职工各5户，占3.52%；自由职业者6户，占2.1%；其他3户，占0.78%。改造后，收入增加的有15户，占5.33%；基本不变的有171户，占60.63%；下降的有96户，占34.04%。房主月收入在8~10元的有14户，占4.96%；10~16元的有99户，占35.11%；16元以上的有169户，占59.93%。改造后，有51名房主、职业性代理人和职工各28人得到了安排。[1] 其中最大的一户达到19 570平方米，为王蔚章祖传财产；最小的为140平方米，为4名叔侄商业资本家的共有房产。除此以外，这4人还分别单独拥有7 079.17平方米、980平方米、3 170平方米、840平方米的房产。[2]

实行国营经租的186户（为前两批改造户数，如果加上第三批应为317户），占已改造户的39.74%、应改造户的10.79%；改造面积在1 000平方米以上的35户，占经租户的18.81%；400~1 000平方米的126户，占67.74%；400平方米以下的25户，占13.45%。[3] 1 000平方米以上实行经租的，一般都为第三批，因苏州市委未批准实行合营，少数房主虽坚决要求合营，但房屋破旧、经济较差；400平方米以下实行经租的，其中有5户为分户，其余的或房主大部分在外地工作，或坚决要求经租。[4] 地主39户，占20.97%；资本家78户，占41.9%；旧官吏12户，占6.45%；自由职业者26户，占13.98%；职工24户，占12.9%；其他7户，占3.8%。改造后，收入增加的有12户，占6.45%；基本不变的102户，占54.84%；下降的72户，占38.71%。房主月收入在8~10元的16户，占8.6%；10~16元的有81户，占43.55%；16元以上的89户，占47.85%。房改后，房主所获租金平均约占应收租金的37.3%，其中因房屋质量差、有生活保障、房租收入降为20%的17户，占经租户的9.14%；租金收入占30%~40%的有117户，占经租户的62.9%；租金收入占40%以上的52户，占经租户的27.96%（内定50%的38户）。房改后，有

[1] 苏州市房管局党组：《关于第一二批私人出租房屋社会主义改造工作的综合汇报》，1956年12月28日，档号C23-1-1956-8。

[2] 《苏州市房地产管理工作情况综合资料》（原件未标注时间，应为1957年），档号C23-1-1957/58-9。

[3] 最少的只有140平方米，因共有房主之一在天津工作，无力管理，坚决要求改造。苏州市房地产管理局：《苏州市私人出租房屋社会主义改造工作的报告》，1958年1月16日，档号C23-1-1958-10。

[4] （苏州市）房管局党组：《第一二三批私房改造工作情况的检查报告》，1957年3月20日，档号C23-1-1957/58-9。

1 名房主、2 名职业性代理人得到了安排。[1]

在改造工作中，苏州市房管部门根据部分房主存在怕戴资本家帽子及留恋产权、怕合营等思想顾虑，做了灵活处理。一是对一般职工或自由职业者，其家庭成分也是职工或自由职业者的房主，虽从出租面积上看其符合公私合营，但仍采用国营经租方式进行改造。二是对一般职工或自由职业者，但其家庭成分为地主、资本家，且房屋又是祖传的房主，采用合营方式进行改造。三是对虽符合合营条件，但私有观念深、不易接受合营的房主，采用国营经租方式进行改造。四是对出租 400 平方米以上的中等户，如自愿合营并符合合营条件的房主，也可纳入合营范围；对虽不满 400 平方米、但在外地工作、不便管理、坚决要求改造的房主，从保养房屋出发，同样可以批准改造。[2]

在已改造的房屋中，老房客较多，他们多预付过押租、装修过房屋、添置过设备。如在第一批房改户中，有 156 户、占 5. 66%的房客都付过押租，其中二房东有押租的为 102 户，占其总数的 50. 24%；房客装修过房屋、添置过设备的有 1 580 户，占其总数的 57. 37%。对于这些问题，通过主客协商、公司和居委会协助调解，押租由房主分期偿还，或由公司在租息中分期代为扣退，也可抵充房客所欠房租；如扣还影响房主生活，动员房客酌情让免一部分。对装修问题，如房客有欠租情形，由主客协商作价抵销一部分或全部；无欠租的，有条件的房主可作价收购，无力收购的，留待房客退租迁居或危房大修理时，由公司对重要的装修项目进行作价收购，一般装修或违章搭建则要自行拆除。

对机关、团体、企业、学校、医院等单位租房后、垫付较大款项用于维修的，因多的要花 10 多年、少的也要花一两年才能从房租中扣还，所以提出如下解决办法。

第一，划归房地产公司作为国家投资，使用单位仍按修理前租金额或根据修理情况重评租金，向公司缴付房租。

第二，作为使用单位自行投资，不计房租，租金额仍按修理前低租额向公司缴付。

第三，作为房主预收租金，由使用单位按月向房地产公司缴纳房主生活费、税收及保险费用，有关修理支出仍由使用单位负责。但以第一种办法为主。

---

[1] 《苏州市房地产管理工作情况综合资料》（原件未标注时间，应为 1957 年），档号 C23-1-1957/58-9。

[2] 苏州市房地产管理局：《苏州市私人出租房屋社会主义改造工作的报告》，1958 年 1 月 16 日，档号 C23-1-1958-10。

第四，关于税收，房管部门认为，税务局提出的按公房租金的18%缴纳，比例较高，应按南京市的10%及公私合营企业房屋、以产计征的做法为宜。[1]

从1956年开始，对私有出租房屋的改造具有试点性质，为后续改造积累了经验。

六、“一五”计划的编制和执行

（一）“一五”计划的编制

党在过渡时期的总路线，是在一个相当长的时期内，逐步实现国家的社会主义工业化，逐步实现国家对农业、手工业和资本主义工商业的社会主义改造。而国民经济发展的第一个五年计划（1953—1957年，以下简称“一五”计划），则是实现总路线的一个重大步骤，也是我国第一个有计划地进行经济建设的纲领。根据中央、江苏省委的部署和要求，苏州市及其专区各县（市）分别编制国民经济发展的“一五”计划[2]。苏州市“一五”计划至1955年8月编制完成，其主要指标如下。[3]

工业方面，全市大型工业总产值计划1957年比1952年增长40.42%，其中地方国营工业增长52.33%，公私合营工业增长4 326.66%，私营工业下降63.92%。计划1957年大型工业在全部地方工业中所占比重为64.77%，小型工业占14.03%，组织起来的手工业占6.97%，个体手工业占14.23%。在“一五”时期，大力推进对资本主义工业和手工业的社会主义改造。在大型工业中，地方国营、合作经营和公私合营工业的产值在全部工业总产值中所占的比重由1952年的19.71%上升到1957年的79.37%，同期私营工业的产值由80.29%下降到20.63%。在手工业中，组织起来的手工业的产值1957年比1953年增加37.5倍以上，所占比重由1953年的1.16%上升为1957年的32.91%，个体手工业的产值1957年比1953年增长1.28%，所占比重由1953年的98.84%下降到1957年的67.09%。为使工业各项经济指标顺利实现，“一

---

[1] 苏州市房管局党组：《关于第一二批私人出租房屋社会主义改造工作的综合汇报》，1956年12月28日，档号C23-1-1956-8。

[2] 苏州专区没有编制整体的“一五”计划。

[3] 苏州市计划委员会：《关于国民经济五年计划（草案）的编制说明》（1955年8月13日），载苏州市发展和改革委员会、中共苏州市委党史工作办公室：《社会主义建设时期苏州经济工作（1953—1966）》，中共党史出版社2008年版，第43-51页。

五”计划中明确了以下几个方面的保障措施：在节约原料方面，克服浪费，寻找各种合适的代用品；在提高质量、降低成本方面，加强技术管理，不断提高产品质量、减少废品，节约企业管理费和车间经费；在利用地方资源方面，充分挖掘企业潜力，开发新产品，满足国家需要，积累资金；对资本主义工业的社会主义改造方面，根据稳步前进的方针，对有条件的企业逐步实行公私合营，把统筹安排与改组改造结合起来。

基本建设方面，计划在“一五”时期投资 786.7 万元，其中工业系统 369.51 万元，纺织工业系统 171.92 万元，城市公用事业 245.27 万元。计划五年内国家拨款 364.62 万元，企业自筹 237.37 万元，城市自筹 184.71 万元。根据国家重点建设的方针，结合苏州市原有基础，1956 年和 1957 年以整顿、改造、维护为原则，在需要与可能的前提下做必要的投资。工业领域计划对红叶纸厂进行扩建，使 1957 年的日产量达到 66 吨；华盛纸厂的新闻凸版纸到 1957 年达到日产量 8.5 吨；其余各厂采取技术措施改善劳动条件、提高生产率，以安全生产为原则，花少量投资进行整顿。其中纺织工业以整顿、改造为原则，仅在原有基础上增添必要的设备以提高产品质量、节约原材料和改善劳动条件，在安全生产和必要的生活福利等方面进行少量的投资。城市公用事业领域计划以维护为主，重点改善市区环境卫生。民生领域计划增加必要的供水设备和管道，特别是解决工厂区和劳动人民集居区的生活用水，以保证人民的生活需要，改善人民的物质生活条件。

农业生产方面，计划 1957 年水稻亩产 280 公斤、小麦亩产 50 公斤、油菜亩产 44.75 公斤，分别比 1953 年增长 7.92%、56.25%和 31%。由于地少人多，计划以大力提高单位面积产量为方针，采取兴修水利、改进技术、改良品种和增加积肥等措施，保证农业产量不断提高。根据中央“大力发展蚕丝生产”的方针，计划巩固、提高桑叶的单位产量，在不影响粮食增产的原则下，开垦山区、荒地，建成新的桑园，改进养蚕技术，进一步提高蚕茧的质量与产量。

商业方面，根据国家“一五”计划对商品流转额的增加和各种经济比重变化的要求，结合全市工农业生产计划的增长情况、对私营工商业改造计划和对以后市场发展的形势，计划全市总的流转额 1955 年较 1954 年增长 2.06%，1956 年较 1955 年增长 1.91%。根据国家对资本主义商业改造的步骤，计划 1955 年采取逐步改进、逐步排挤的方针对大部分批发商进行改造，到 1957 年批发业中国营占 91.8%、合作社占 6.76%、私营占 1.44%。根据中央关于“第一个五年计划完成的时候，私营零售商有半数以上接受代购代销的任务，完成国家资本主义性质或合作性质的商业”的指示精神，零售业在1955年下半年安排比重的基础上，采取一面维持、一面改造的方针，计划到1957年各种国家资本主义形式的比重占32.61%。

交通运输业方面，根据工农业生产的发展程度、社会经济情况、人民物质生活水平和运输工具负担能力，参照以前的运输经验、各种经济类型的发展与改造前途等情况编制而成。“一五”计划初期，货物运输量的增幅较大。但自1955年开始，粮食减少粳籼对流，全面节约运动的开展引起基本建设用料大幅减少，加上部分货物在流通方式上的变化，总的物资运输趋势有了变化。预计1956年、1957年的运输量与1955年保持相等，或略有下降。由于人民生活水平逐步提高，以及名胜古迹的逐步开放使来往游客增加，预计1955年后的客运量随之上升。根据“一五”时期货运和客运情况，对全市私营轮船运输行的改造，计划继续参照其他地区的经验，在4年内（1955—1958年）将全市24家私营轮船运输行按航线方向逐步合并成3家公私合营公司。对私营汽车业的改造，计划在1955年将私营新苏汽车公司并入已公私合营的苏嘉湖汽车公司。

教育方面，根据1955—1957年全市的学龄儿童人数、每年的毕业人数及班级、教职员工与学生人数的相互比例等，计划到1957年基本实现学龄儿童全部入学的目标。“一五”计划初期，公立学校的发展速度较快，但后2年因毕业生较多，公立学校的发展速度有所减缓。据此，计划1955年公立学校增加85间教室，投资7万元；1956年增加74间教室，投资3.7万元；1957年增加75间教室，投资9 000元。计划城区初级小学逐步发展成完全小学，郊区条件较好、地点适中的初级小学改办为完全小学。1956年、1957年计划在阊门外和胥盘区各设立1所初级中学，原有的初级中学采取租借民房、实行二部制[1]或调整校舍等措施增加班级数。全市的民办学校原有3所，计划不再增加。而私立学校因校舍设备、师资、教学质量等基础较差，在群众中信誉不高，所以计划减缓私立学校的发展速度。

苏州市“一五”计划从全国平衡和地区供、产、销平衡出发，参照江苏省“一五”计划主要产品产量的增长速度，贯彻中央“逐步实现对农业、手工业和资本主义工商业社会主义改造”的方针，在1955年计划预计完成情况的基础上编制而成。苏州市“一五”计划考虑到充分利用地方资源、厉行节约、统筹兼顾、全面安排，所确定的指标和任务，既积极又留有余地，是一份稳妥可

[1] 二部制指学校把学生分两部分轮流在校上课的教学组织形式。

靠的计划。这些计划的如期实现，能在人力、物力、财力等各方面支援国家重点建设，使全市工业、农业和商业方面均有进一步的发展。但由于厂矿、交通运输、国营贸易等部门所执行的经济计划都是国家整个经济建设计划的一个组成部分，任何一个单位如果不能按时完成国家计划，都可能影响国家整个经济建设计划的实现，因此全面和超额完成苏州市"一五"计划的指标，在当时是一项艰巨的经济任务和政治任务。

苏州地区各县（市）也相继编制（或由专署下达）了国民经济发展的"一五"计划。如太仓县从1954年8月开始编制"一五"计划。经过近2年的努力，于1956年5月编制完成，提出在"一五"时期要完成的主要任务是：以工农业生产为中心，确保增产指标胜利完成，力争超额完成，同时要大力开展多种经营，发展副业生产；进一步按照"全面规划，加强领导"的方针，完成农业的合作化，有步骤地进行对私营工商业、手工业的社会主义改造，保证社会主义经济在国家建设中的作用；有计划地发展文教、卫生事业及完成国家各项税收任务等，提高人民的物质文化生活水平。具体指标为：在农业生产方面，到1957年，水稻播种面积增加到40万亩、单位产量增加到294公斤、总产量增加到11 760万公斤，分别为1952年的134%、135%、181%；小麦播种面积增加到24万亩、单位产量增加到113.5公斤、总产量增加到2 724万公斤，分别为1952年的135%、160%、215%；大元麦播种面积增加到21万亩、单位产量增加到108公斤、总产量增加到2 268万公斤，分别为1952年的202%、167%、337%；棉花播种面积增加到25万亩、单位产量增加到25公斤、总产量增加到625万公斤，分别为1952年的67.11%、151.79%、101%；油菜籽播种面积9.5万亩、单位产量75公斤、总产量712.5万公斤，分别为1952年的504%、128%、641%。同时，大力开展多种经营，发展副业生产，1957年计划总收入达到500万元，为1952年的134%。计划还对水利、农具、肥料、病虫害防治、良种选育、发展畜牧业生产、改进耕作制度等方面提出了要求。在工业生产方面，计划要求总产值从1952年的3 101万元增加到1957年的5 087万元，为1952年的164%，占工农业总产值的比例由1952年的29.7%提高到1957年的37.8%。计划还对农业、手工业和私营工商业的社会主义改造及文教卫生事业的发展等提出了具体要求。[1]

---

[1] 太仓市史志办公室：《中共太仓地方史·第二卷（1949—1978）》，中共党史出版社2012年版，第88-90页。

1956年10月，专署下达了《昆山县发展国民经济第一个五年计划》，规定1957年全县粮食作物播种面积146万亩、单位产量177.75公斤、总产量约2.6亿公斤，油菜籽播种面积25.6万亩、单位产量40公斤、总产量1 024万公斤，饲养黄牛5 532头、水牛1.91万头、绵羊2 304头、山羊2 306头、生猪7.19万头、渔产326.8万公斤，工业总产值3 094万元、电力54.24万度、砖3 861万块、瓦1 734.7万片、食用植物油478.7万公斤、面粉390万公斤、大米4 680万公斤、酿酒120.3万公斤，社会商品零售总额4 595.1万元。此外，计划还对教育、卫生等提出了具体目标。[1]

（二）“一五”计划的完成[2]

1953—1957年的“一五”期间，苏州人民精神振奋，充分发挥建设社会主义社会的主动性与积极性，胜利完成对生产资料私有制的社会主义改造，积极开展增产节约运动，除农业及其相关产业因自然灾害的影响而未能如期完成计划指标外，“一五”计划的既定指标大部分顺利完成。

工业经济方面，苏州市委、市政府带领全市人民认真贯彻党的七届二中全会所提出的“将消费城市变为生产城市”的方针，把建设重点放在发展工业经济方面。“一五”期间苏州市工业发展主要进行两个方面的工作：改组、兴建企业，提高生产社会化程度；开展技术革新，在已有的手工业基础上发展现代工业。对企业改组结合社会主义工商业改造一并进行，对分散落后的个体手工业、小工场、小作坊适当合并，合理分工，提高其生产社会化程度。改组改造不仅使生产关系适应了生产力的发展，而且伴随着改进设备、改革工艺、采用新技术、发展新产品，也极大促进了生产力的发展。苏州医疗器械厂的发展过程就很具有代表性。1956年对私营工商业改造中，该厂在63个小工场、小作坊的基础上合并组成，开始时只有一个工种——钳工，所使用的工具主要是锉刀、台虎钳之类的手工工具。改组改造后，生产组织、分工更趋合理，职工积极性相对提高；通过改进设备，革新技术，走工厂、医院、科研单位三者相结合之路，企业面貌较之前发生很大变化。随着农业合作化高潮的到来，农业机械需求量也随之增加，苏州市农业机械生产能力不足的问题开始显露。为解决

---

[1] 中共昆山市委党史研究室：《中共昆山地方史·第二卷（1949—1978）》，中共党史出版社2011年版，第73页。

[2] 此处市区部分的资料主要来源于苏州市统计局：《关于本市第一个五年计划执行情况的公报》，《新苏州报》，1958年5月7日。该报参见苏州市发展和改革委员会、中共苏州市委党史工作办公室：《社会主义建设时期苏州经济工作（1953—1966）》，中共党史出版社2008年版，第92-97页。

这一矛盾，全市90多家小型机械工厂，在以大带小、以先进带落后的原则下，分门别类合并组成苏州机械厂、苏州农业机械厂和苏州农业药械厂。合并后，3家工厂生产社会化程度得到提高，技术得到革新，仅1956年就生产喷雾器、饲料粉碎机等20多个涉农机械新品种。1957年5月，苏州农业机械厂一座8立方米的小高炉炼出苏州历史上第一炉铁水，苏州钢铁冶炼工业迈出历史性的一步。

除改组改造以外，苏州也开始兴建一批新型工业企业。1956年9月，国家在苏州动工兴建作为国家“一五”计划重点工程的望亭发电厂，第一期四台2.2万千瓦机组于1958年2月底建成，正式并网发电，为苏州的经济建设提供了能源保障。1956年10月，安利化工厂着手兴建自动化的封闭车间，从一家月产有机玻璃30公斤的小厂，逐渐成长为国内有机玻璃3个主要产地之一。1956年的生产高潮对生铁的需求量比1955年增加了一倍，而国家计划配给苏州市的生铁只是需求量的1/3。在这种情况下，当阳山、潭山等地发现小型铁矿后，苏州人民就起步建立地方炼铁工业，1957年4月开始兴建的苏州钢铁厂，让苏州拥有了第一座84立方米的洋高炉，该高炉于1958年4月点火投产。

经过五年的建设，全市经改组建成工业企业146个，新建扩建工业企业75个，苏州的现代工业雏形由此逐步形成。1957年全市工业总产值达到3.36亿元，完成“一五”计划指标的128.27%，与1952年相比增长79.12%，平均每年递增12.25%，远远超过国家要求苏州市“一五”期间工业总产值增长32%的计划指标。其中，中央工业企业完成“一五”计划指标的118.64%，与1952年相比增长961.28%，平均每年递增60.29%；地方工业企业完成“一五”计划指标的130.4%，与1952年相比增长54.19%，平均每年递增9%。若按系统划分：重工业系统完成158.68%，保证了经济建设对生产资料的需要；轻工业系统完成142.41%，不仅较好地保证了城乡人民对工业消费品的需求，而且使苏州市一跃成为国内轻工业产品的主要生产地之一。工业系统各部门的发展，以化学、陶瓷、建材、造纸、金属加工、丝织等工业部门发展最快，列入“一五”计划的57种主要工业产品中，有44项超额完成计划。而食品、棉纺织工业中有13种因受农产品原料的限制，未能完成计划指标。为满足工农业生产和人民群众生活上的需要，全市在“一五”期间还试制并生产了生铁、喷雾器等96种新产品。

与此同时，全市工业在提高产品质量、节约原材料等方面，取得了很大成绩，工业利润也有了大幅度增长：丝织品正品率由1952年的79.98%提高到

1957年的90.29%；净麦出粉率由1952年的79.27%提高到1957年的84.30%；大米出米率由1952年的70.54%提高到1957年的74.09%；菜籽出油率由1952年的32.84%提高到1957年的37.70%；工业利润比1952年增加6.5倍，上缴数完成“一五”计划指标的101.59%，五年为国家积累7 195万元。全市工业结构也发生较大变化：现代工业不断增长，工场手工业逐步向机器工业过渡；生产资料相关工业有了显著发展，消费资料相关工业受农产品原料的限制，发展较慢。与1952年相比，现代工业增长达117.06%，平均每年递增16.78%；工场手工业减少20.78%，平均每年递减2.83%。生产资料相关工业增长207.8%，平均每年递增25.33%；消费资料相关工业增长53.54%，平均每年递增9%。随着工场手工业逐步向机器工业过渡、生产技术水平的日渐提高，劳动生产率有了较快的提高，与1952年相比，工人劳动生产率提高59.11%，平均每年递增9.71%。

历史悠久、具有独特地域风格的苏州手工业，在社会主义建设高潮和“百花齐放”方针的鼓舞和推动下，过去被埋没的许多手工艺开始投入生产，一批造诣很深的老艺人把技术无私地贡献出来。中断多年的手工艺品“通草堆花”[1]重新恢复了生产；天鹅绒、象牙雕刻、竹刻、宋锦、缂丝、宝带等手工业产品也重新与人们见面；美术陶瓷、人造宝石、地毯等新的手工业产品也开始出现。“一五”期间，手工业产值以年均13%的速度递增，超额完成“一五”计划所给予产值任务的45.79%。

由于工业生产的迅速发展，苏州市在江苏省的经济地位有了显著提高。全市工业总产值（包括手工业）占全省比重由1952年的6.9%提高到1957年的7.5%，地方工业产值占全省比重由1952年的8.4%提高到1957年的10.6%，手工业产值占全省比重由1952年的4.6%提高到1957年的6.2%。江苏省从此将苏州市列入工业生产城市行列，苏州市实现了由消费型城市到生产型城市的转变，与1949年前形成了鲜明的对比。1949年前，苏州由于地处南京和上海之间，加上适宜的地理环境，向来被视为达官贵人和通商大贾的后花园。1949年，苏州市区工业总产值（含手工业）为7 346万元，社会商品零售额7 890万元，商业注册资本（含银钱业）大于工业资本，市内居住着大小地主约

[1] “通草堆花”是用通草制作而成的一种传统手工艺品。由于“通草堆花”费工且难以获利，加之技艺要求较高，自清末民初逐渐衰落，到20世纪40年代全国已无人从事“通草堆花”的制作。在20世纪50年代社会主义建设高潮中，苏州的“通草堆花”重新恢复生产。

5 000 户，为地主收租的租栈达数百家，是一座商大于工、游资众多、就业不充分的“消费城市”。[1]

农业生产方面，“一五”期间，经过农业合作化运动，依靠集体经济的力量，广泛兴修水利，普及良种，改革耕作制度，发展农业机械，提高栽培技术和植保水平，改善生产条件，农业生产获得新的生机。一是进行耕作制度变革。苏州市郊区与专区各县（市）一样，坚持以粮食作物为主，以提高土地产出率为目标，不断进行耕作制度变革，完成了“一熟改两熟、籼稻改粳稻、早稻改晚稻”的“三改”变革，在低洼淤区把一年只种一熟水稻的部分地区，全部改为两熟制，或一稻一麦，或一稻一油菜。二是开展农作物病虫害防治工作。红铃虫是棉花的主要害虫之一，1955 年开始在种子仓库使用“666”农药、在棉田使用“1605”农药加以防治，取得较好效果；1956 年开始实行晚粳晚播技术避螟，辅以“1605”农药防治，水稻白穗率得以逐年降低。三是加大水利建设力度。“一五”期间，对水利建设贯彻“小型为主、配套为主、自办为主”的方针，进行全面规划、分区治理，广泛发动群众，大兴治水运动。四是农业生产服务体系开始建立。在市郊区建立农业技术推广站，担负农业生产的技术指导工作，服务对象主要是集体生产组织；建立种子站，改变种子分散经营的状况，搞好良种调剂；市供销合作社逐步承担起农资供应的重任，先后设立生产资料经理部（批发站、批发公司），基层供销社也相应设立专业门市部，经营范围主要是肥料、农药、药械、农用薄膜、农具等农用物资。

然而与苏州市“一五”计划对比，全市人民虽然进行了顽强的抗旱、防涝工作，对出现的灾情及时进行抢救，但农业生产仍未能完全摆脱自然灾害的影响，没有完成计划指标，粮食总产量仅完成计划的 70.91%，亩产量完成 81.58%；油菜籽总产量完成 89.24%，亩产量完成 83.56%。其中，水稻受到的自然灾害较多，五年中的产量起伏很大，亩产量在 237.3 公斤至 277.6 公斤徘徊；小麦的亩产量在前四年逐年提高，至 1956 年提高到 85.4 公斤，但 1957 年受灾害影响，又下降到 30.5 公斤；油菜籽亩产逐年提高，1957 年亩产达到 50.1 公斤。养殖业等副业生产也有较大发展，这对农民收入的增加起到一定作用：养猪业饲养数量 1957 年比 1952 年增加 1 倍以上；养羊业饲养数量比 1952 年增加 4 倍多；鸡、鸭、鹅饲养数量比 1952 年增加 60%左右；蚕茧产量逐年递减，1957 年仅完成计划指标的 53.49%，为 1952 年产量的 72.44%。

---

[1] 苏州市地方志编纂委员会：《苏州市志》（第一册），江苏人民出版社 1995 年版，第 7 页。

商业方面，“一五”期间，随着工农业生产的发展，商业取得较大的发展。全市社会商品零售额，在五年中除因1954年农业歉收影响导致1955年商品零售额略有下降外，其余年份逐年扩大。1957年商品零售额比1952年增长40.3%，完成计划指标的116.23%。由于人民生活水平的提高，食品类占纯商业零售额比重由1952年的50.43%提高到1957年的57.31%，其中又以副食品最为突出，1957年副食品销售额比1952年增长1倍以上。其他一些商品的消费也逐年上升，与1952年比较，增长在15%以上的有粮食、棉布等；增长在50%以上的有胶鞋、肥皂等；增长在100%以上的有呢绒、煤炭等，其中呢绒增长6倍以上。

社会主义商业在整个市场商品流转总额中的比重是不断增加的。由于1954年开始对棉布实行计划供应，并对某些副食品和供求紧张的商品采取流通措施，加强了对手工业产品、农副产品的收购、销售工作，进一步巩固了国营、合作社商业的阵地及其对整个市场的领导。1954年，在苏州市的市场总销售额中，国营、合作社商业的销售额较1953年增加36.29%，占市场总销售额的2/3。

基本建设方面，在“一五”期间，苏州贯彻勤俭建国、多快好省的方针，以投资小、收效大、利用快为原则，厉行节约，努力降低非生产性建筑造价和建筑成本。为促进工业生产的发展，全市2 654万元的基本建设投资，主要投资在工业生产上。在投资比重上，生产性建设占55.29%，流通性建设占2.15%，非生产性建设占42.56%。全市新建扩建企业、事业单位128个，其中5年投资总计在100万元以上的有苏州化工厂、苏州自来水厂、红叶造纸厂、苏州铁工厂、苏纶纺织染厂、中建部苏州建筑工程学校、工人住宅7个项目；投资额在50万元以上的有苏州钢铁厂、苏州采矿公司、苏州玻璃厂、江苏师范学院（今苏州大学）、江苏师范学院附中（今苏州市第十中学）5个单位。为改善公共基础设施，“一五”期间共修建路面10.75万平方米，占全市道路总面积的9.02%；修建下水道57千米，占全市下水道总长度的38.31%；铺设自来水管长度49千米，比1952年增加2倍以上。

经过实施“一五”计划，苏州经济社会获得稳步发展。五年间，苏州社会总产值分别为8.59亿元、8.91亿元、8.76亿元、10.74亿元、11.15亿元，1955年社会总产值比1954年有所下降，其主要原因是1954年苏州遭受特大水灾，以农产品为原料的纺织、丝绸、食品等工业严重减产，影响了1955年工业生产。1956年社会主义改造基本完成，社会总产值增长超过20%，1957年在较高的基础上保持了持续增长。“一五”期间，苏州产业发展也较为协调，国民经济三次产业比重由 1952 年的 45. 9 : 24. 8 : 29. 3 调整为 1957 年的 44 : 30. 7 : 25. 3，其中苏州市的三次产业构成由 2. 5 : 52. 3 : 45. 2 调整为 3. 5 : 57. 5 : 39。农业生产保持一定增长，基本满足了人民生活和轻工业发展的需要；第三产业产值在总产值中所占比重有了相当幅度的下降，主要是因为第二产业增速较快，并逐步成为国民经济的主体。随着经济的发展，苏州地方财政收入也有较大增长，1957 年达到 1. 71 亿元，比 1952 年增长 51. 33%，增速高出社会总产值增幅的 7. 7%。[1]

“一五”时期国民经济之所以能够比较协调地发展，与该时期形成的新的经济管理体制是分不开的。经过土地改革和“三大改造”，国家在开始大规模、有计划的经济建设过程中，逐步建立直接计划和间接计划相结合的经济管理体系，同时在地方经济建设中仍保留着一定的市场调节功能。苏州的经济活动，直接或间接地按照中央制订的经济计划运行，各级政府分别直接管理全民工业企业和公私合营企业的人、财、物和产、供、销，对统负盈亏的大集体所有制企业的重要生产指标，也加以管理。同时，适应多种经济成分并存的情况，对集体经济、个体经济和私人资本主义实行间接管理和计划指导下的市场调节。以苏州市为例，1957 年，各级政府分别直接管理全民工业企业和公私合营企业 196 家；采取商业订购合同形式间接管理集体所有制企业 456 家，以及农业生产合作社若干家。

苏州专区各县（市）“一五”计划的各项指标也基本如期完成。“一五”期间各个领域所取得的成就，是苏州经济社会发展中的一个里程碑，具有重要的历史意义。“一五”计划的基本顺利完成，使苏州的经济建设，特别是工业经济得到很大发展，初步积累了社会主义经济建设的宝贵经验，明显改善了人民群众的物质文化生活水平；“一五”计划实施过程中激发起来的创业精神，成为苏州经济进一步发展的强大动力和宝贵财富。囿于城区在当时定位为中国著名的历史文化古城，发展工业具有一定的局限性，苏州市委、市政府根据实际情况，因地制宜，在国家总的发展战略指导下，正确制定地方发展战略，调动各种积极因素，加快工业经济发展的步伐。“一五”期间苏州增加的工业固定资产达 3 170 万元，其中国家投资只有 1 370 万元，其余 1 800 万元主要靠企

[1] 此处数据统计区域为现苏州市域范围。

业自筹。[1] 苏州大部分工厂开始时都是利用破庙、祠堂、民房或搭简易棚作为厂房，以手工工具或外地淘汰下来的旧机器为设备，探索出许多解决资金、设备、技术困难的办法。由于中华人民共和国成立后进行经济社会建设仅有几年的时间，实践经验不足，“一五”时期的经济社会建设和社会主义改造工作，出现了一些缺点和偏差。主要表现为社会主义改造后期要求过急、工作过粗、改造过快，所有制形式上比例失衡。这些问题在苏州同样存在。尽管如此，“一五”期间苏州经济社会建设所取得的历史性成就仍是主要的。这些成就的取得，为苏州以后的发展奠定了坚实的基础。

“一五”期间，为推动区域经济的全面进步，苏州地区还积极开展了劳动竞赛、技术革新、增产节约、农作物的品种改良、农田水利建设、抗洪救灾等经济活动，并取得了不少成就。

---

[1] 此处数据统计区域为现苏州市域范围。

第二章　探索时期苏州经济的发展与曲折

国民经济的迅速恢复、社会主义改造的提前完成，以及“一五”计划的顺利实施，积累了较为丰富的经济工作经验，却也助长了经济工作急于求成、急躁冒进的风气，对前进道路中的困难缺乏足够清醒的认识，这为自1958年起的经济工作失误埋下了隐患。

第一节　经济建设的良好起步及“左”的偏向的发生

社会主义改造基本完成后，党和国家的工作重点转移到了以社会主义建设为中心的工作上来，苏州地区的经济发展和全国一样，起步良好，但由于缺乏社会主义建设的足够经验，在一系列内外因素的共同作用下，“左”的偏向不断滋生并有所发展，对经济工作造成了严重的消极影响。

一、“二五”计划的编制

早在“一五”计划指标大多提前或超额完成的1956年8月，苏州市就着手编制“二五”（1958—1962年）计划。1958年2月，《苏州市第二个五年发展计划》制定完成。[1]“二五”计划强调在优先发展重工业的基础上工农业并举；苏州市郊区做到乡乡、社社办工业；通过实现农业机械化、水利机电化等措施，使农副业总产量和农民出售的商品有大幅度增长，以提高农民收入。

工业、手工业生产方面，“二五”期间，主要发展化学、机械、丝绸、纺织等工业。地方工业1962年总产值达到22亿元，比1957年增长6.59倍，每年平均递增率为50%。其中，生铁增长70倍，农业机械增长50倍；重点建

[1] 与“一五”计划的编制一样，苏州专区没有编制统一的“二五”计划，各县（市）分别编制各自的“二五”计划。

设、扩建合成纤维、丝绸等40个项目，项目所需投资苏州市自行解决1.1亿元，国家投资0.7亿元；丝绸等34种产品质量在“二五”期间达到或超过国际水平，农业机械等23种产品质量达到或超过国内先进水平；加强新产品的试制和新技术的研究工作，试制新产品1 000种。

农业生产方面，“二五”期间，农业和副业总产值比1957年增长2.71倍，每年递增22%。其中，每亩平均施肥由1957年自然肥料220担、化肥8斤，增长到1962年自然肥料1 500担、化肥100斤；主要农作物单产指标由1957年水稻501.3斤、小麦60.96斤，分别增长到1962年水稻1 500斤、小麦600斤；生猪由1957年6.4万头，增长到1962年45万头。

商业方面，“二五”期间，国营商业对地方产品收购额37.29亿元，比“一五”期间的8.25亿元增加352%。其中，1962年收购额11.5亿元，为1957年2.41亿元的477.18%；销售额42.88亿元，为“一五”期间10.19亿元的420.8%。社会商品零售额8.19亿元，比“一五”期间5.95亿元增加37.65%，平均每年递增8.45%，其中1962年为1.97亿元，比1957年1.32亿元增加49.24%。

交通运输业方面，计划1962年货运量达到721.6万吨，为1957年的641%；客运量达到825.5万人，为1957年的200%。教育事业方面，扫除文盲，一年内基本完成全市青壮年文盲80 649人的扫盲任务；普及小学教育，小学入学率1957年为80%，到1958年4月底前达到95%以上；基本普及初中教育，高小升学率达到95%，中考升学率达到34%。卫生事业方面，在1958年基本消灭血吸虫病；病床（除精神病床及产床）达到1 400张，人口床位比达到1 000∶2。文化艺术方面，“二五”期间文学作品数量增长40%，1962年基本完成传统剧目的整理工作；五年内增加图书15万册，使图书馆馆藏图书达到50万册。

“二五”计划成为其后苏州经济社会发展的指导性计划，广大人民满腔热情地为“二五”计划的实现努力工作。一批新的企业，如苏州纺织机械厂、苏州电力电容器厂、苏州仪表元件厂、苏州第一光学仪器厂（今苏州一光仪器有限公司）等，都在1958年建成投产，成为苏州工业经济的重要组成部分。但由于“二五”计划是在当时全国上下急于求成的思想指导下制定的，因而许多发展指标脱离实际。在随后到来的“大跃进”运动中，许多指标又不断地被调高，严重违背了经济社会发展的客观规律，致使“二五”计划所定的发展指标根本无法实现，最终沦为一纸空文，给经济社会发展带来了很大的负面影响。

这是苏州经济社会发展探索道路上的一段曲折，也是应该吸取的教训。

二、“大跃进”运动的兴起

（一）农业“大跃进”运动的发动

1957 年 10 月，中共中央发出《一九五六年到一九六七年全国农业发展纲要（修正草案）》（以下简称《四十条（修正草案）》[1]。《四十条（修正草案）》是在我国第一个到第三个五年计划期间，为迅速发展农业生产力，以便加强社会主义工业化、提高全体人民生活水平的一个纲领。《四十条（修正草案）》对农村的发展蓝图做了大致的规划，对 1956 年到 1967 年的粮食亩产量做了具体数量规定[2]，并为实现农业生产的全面高产要求制定了若干重要的增产措施。

1957 年冬至 1958 年春，苏州全区开展了大规模的农田水利建设与以改良土壤为中心的农业生产高潮。经过一个冬春的突击跃进，全区共完成土方工程 5.1 亿方，超过 1956 年的 20 倍；增积自然肥料 87 亿担，超过 1957 年同期的 8 倍。这实际上已经率先拉开了苏州农业“大跃进”运动的序幕。1958 年年初，苏州地委召开县（市）委书记会议，分析全区冬季生产形势，强调使生产在原有的基础上再跃进一步；研究制定提前实现《四十条（修正草案）》目标的具体措施，提出农业“三麦赶水稻、水稻翻一番”计划，全区用三年时间使粮食平均亩产量达到 800 斤、五年平均亩产量超过 1 000 斤[3]；并提出在“二五”计划期间实现农业机械化。

1958 年 2 月 3 日，苏州市委公布《关于苏州市贯彻执行全国农业发展纲要（修正草案）的规划（初稿）》，明确要求郊区苦干一年，提前七年完成《四十条（修正草案）》规定的任务。在江苏省委提出粮食“苦战五年，提前实现 800 斤”的号召后，苏州市委随后提出“苦干三年，实现千斤区”的口号，对农作物产量的计划严重浮夸，全市农业生产“大跃进”的氛围日渐浓厚。

---

[1] 《四十条（草案）》是中共中央在 1956 年 1 月提出的，前文已述；1957 年 10 月，党的八届三中全会根据两年来一些事实的变化和工作的经验，做了一些必要的修改和补充，形成了《四十条（修正草案）》；1960 年 4 月，第二届全国人民代表大会第二次会议根据变化了的情况，讨论并通过了《一九五六年到一九六七年全国农业发展纲要》（以下简称《四十条》）。

[2] 《四十条（修正草案）》提出：从 1956 年开始的十二年内，粮食每亩平均年产量，在淮河、秦岭、白龙江以南地区，由 1955 年的 400 斤增加到 800 斤。

[3] 苏州虽为鱼米之乡，但按当时正常年景的生产水平，小麦亩产量为 75 公斤左右，水稻亩产量为 250 公斤左右，即平均亩产量为 325 公斤左右。

当农民向河塘要肥料、向土地要粮食、顽强“跟大自然进行搏斗”之时，一个以支援农业生产为中心的工业生产高潮在苏州也逐渐形成。苏州市委和市人委修订了《关于第二个五年计划期间苏州市地方工业发展纲要（草案）》，将1958年地方工业总产值计划数，由4.5亿元增至5亿元，并向全市广大职工群众发出“苦战一百天，完成六大指标”的号召。[1] 在这次工业生产高潮中，苏州市总工会发起了一个声势浩大的“人人赛诸葛，个个献计策”的群众性技术革新运动，工业领域也随之涌现出许多跃进式的成果：苏州机械厂工人改进的自动筛机，工作效率提高了15倍；铸造机械厂改进的牛头刨，成本减少300元；农业机械厂工人一昼夜制造出万能粉碎机；小型万能拖拉机、能将物体放大5 000倍的显微镜、无经轴织绸机等纷纷宣告试制成功。[2]

中共八大二次会议正式提出社会主义建设总路线之后，以片面追求工农业生产、建设高速度为标志的“大跃进”运动在苏州进一步开展起来。为了适应“大跃进”运动的形势，加强工农业协作和加速农业发展，7月，江苏省委决定将苏州市委划归苏州地委领导，江苏省人民委员会第十二次会议也随之决定将苏州市划归专署领导。[3]

为保证实现跃进目标，苏州地委和专署提出“担肥斤粮”的口号，增施肥料，改进施肥技术成为当时主要的跃进手段。苏州地委为此专门成立了“三土”（土化肥、土农药和土水泥）办公室，组织和发动人民群众进行“三土”运动。以棉花种植为例，每亩施肥量要求相当于猪粪50~60担肥效的肥料。但是由于肥料总量的急剧增加是通过“烧土窑积肥”等非常规手段达到的，肥料的质量已经大大下降。

---

[1] “六大指标”分别为：完成1958年计划的45%~50%；达到全年质量指标；完成农村夏收夏种需要用的农业机械的生产；完成全年上缴利润的45%~50%；基本完成全年基本建设任务；保证生产上的安全。

[2] 此时宣告研制成功的新产品、新工具，应区别对待：有的确系劳动人民智慧的结晶；有的则是浮夸的产物。

[3] 1958年2月，苏州、松江两个专区合并为苏州专区，苏州专区辖常熟市、吴县、常熟、昆山、吴江、太仓、江阴、无锡、武进、震泽、川沙、青浦、南汇、松江、奉贤、金山16个县（市）；1958年4月，常熟市撤销，苏州专区辖15个县（市）；1958年7月，苏州市划入苏州专区，无锡县划入无锡市，武进县划入镇江专区，苏州专区辖14个县（市）；1958年11月，原属于松江专区的川沙、青浦、南汇、松江、奉贤、金山6县划入上海市，苏州专区辖8个县（市）；1959年4月，震泽县撤销，苏州专区辖7个县（市）；1962年1月，沙洲县设立，苏州专区辖8个县（市）；1962年5月，无锡县划入苏州专区，苏州专区辖9个县（市）；1962年6月，苏州市改为省辖市，苏州专区辖吴县、常熟、昆山、吴江、太仓、江阴、沙洲、无锡8个县（市）。这一行政区划设置一直延至1983年2月。

以改善劳动条件、提高劳动效率为目的，农村各地积极推广新式农具。截至1958年年底，全区共推广新式农具和改良农具500余万件，基本上达到了把旧式农具改良一遍的目的，其中比较成功又受群众欢迎的工具，有各种人力和畜力绞关、滑轮式深耕犁、蟹螯型收割器、三麦播种机、畜力风力脱粒机、木制水力戽水机、插秧机等30余种。推广新农具和改良农具，在一定程度上减轻了劳动强度，缓解了“大跃进”兴起后农村劳动力短暂不足的矛盾，提高了生产效率，但许多发明创造设计不合理，材料不适宜，制作粗糙，不具备实用价值。如将只有在北方耕作才能使用的双轮双铧犁引进苏州，其实就是单犁，苏州也很难使用。

为增加农作物产量，以深翻密植为中心的一系列革新措施也广为推行。以小麦种植为例，要求田块深翻1尺[1]，每亩播种量增加到净种25公斤以上。不适当地深翻、密植，翻乱了土层，浪费了种子，严重脱离小麦的种植施种实际，造成第二年小麦的减产。其他如预防涝害、消灭杂草、彻底治虫、选留良种等常规措施在当时也被广泛采用。

据1958年统计部门的统计，在农业生产“大跃进”形势下，采取“最有效”措施的苏州，把低产变为高产、高产变为更高产，农业“大跃进”第一年，全区农业生产获得了前所未有的丰收，粮食和棉花都提前完成了《四十条(修正草案)》规定的任务。粮食平均亩产565公斤，总产量达到53亿公斤，比1957年翻了一番；按人口平均计算，全区每人粮食711公斤。棉花平均亩产皮棉42.75公斤，总产量达到6 674万公斤，比1957年增加65.8%。在当时全社会“大跃进”的氛围中，这些统计数据无疑具有浮夸的成分。

（二）全民大炼钢铁与工业“大跃进”的全面展开

“大跃进”在工业方面的表现，首先是钢铁产量指标的不断提高。1958年6月中旬，国家计划委员会（以下简称“国家计委”）向中央提出新的《第二个五年计划要点》。新的《第二个五年计划要点》认为，以钢铁为主的几个主要工业产品的产量，有可能不用三年就可以赶上和超过英国。此后，中央提出“以钢为纲”的口号，并宣布1958年的钢产量要比1957年翻一番，达到1 070万吨。全民大炼钢铁的热潮逐渐形成。

为贯彻中央高速度发展钢铁工业的号召，苏州一边建造炼铁高炉，一边举办高炉训练班，学习炼铁技术。大炼钢铁的第一张成绩单在1958年6月19日

[1] 一尺约为0.33米。

揭晓：苏州钢铁厂炼出全省第一炉用贝氏转炉炼出的钢水。7月，苏州市委发出《关于发展钢铁工业的决定》（以下简称《决定》）。《决定》指出：由于资金少、钢材缺、时间紧，各地必须大办“小土群”（小型、土设备、群众运动）。“钢铁元帅”一马当先，全市各行各业纷纷响应，数千座小高炉很快就拔地而起，一个全民办钢铁工业的群众性运动迅速形成高潮。当月，苏州地委有关领导在民丰苏锅农具制造厂和工人开始在0.18立方米一号炉上开始进行土法冶炼试验。8月末，民丰式试验炉白煤炼铁利用系数全国第一，烟煤炼铁和冷风炼铁获得成功。

据当时的统计，至8月28日，全区共建炼铁炉4 567座，生产铁4 211吨。根据8月份的钢铁生产完成情况，9月6日，苏州地委再次召开专门会议，分析当时的钢铁生产形势，结合钢铁生产计划，分解钢铁生产任务。为了更好地完成钢铁生产任务，9月底，苏州地委又向全区提出“发动人人炼铁、多种多样炼铁”的新要求。

据当时的统计，从8月5日至9月7日34天中，全市共堆砌土炉2 800余座，参加人数达到28万人，其中调集外地农民14万人。9月23日后，全市先后组织开展3次大炼钢铁突击周活动。第一次是9月26—30日的“国庆建炉周”，共有20万人参加建炉，续建土高炉502座。第二次是10月15—20日的“钢铁高额丰产周”。此次突击周，仅高炉操作工和炼焦、运输人员就有5万余人。第三次是10月29日至11月3日的“比赛周”，旨在获取“突飞猛进”的成果。

轰轰烈烈的大炼钢铁运动，全区工农商学兵、男女老少幼全民参与，在三四个月的时间内，平地建起了大批炉群。然而，不遵循经济规律的结果便是，大炼钢铁运动所生产出的钢铁，成本高而质量差，多为废品，亏损巨大。据苏州地委财贸部对钢铁生产亏损问题的调查，至11月全区已经生产钢铁93 496吨，但亏损高达5 872万元。庞大的亏损额迫使土法炼铁不得不于11月中旬相继停止。随后在“以钢为纲”方针的指导下，“小洋群”（小型、洋设备、群众运动）又全面兴起。苏州依靠上海提供的小高炉全套设备，陆续建起24座小高炉，由于焦炭紧张等原因，这些小高炉时开时停，连续生产的只有胥江钢铁厂、苏州钢铁厂2家。但这些钢铁厂全年所生产的1 170吨钢，因质量不合格，最后也全部沦为废品。

大炼钢铁开始不久后，“全民办工业”的口号又甚嚣尘上。苏州市工业总产值的指标，从1958年年初的4.5亿元，提高到5亿元、6.6亿元，直至最后提高到 8.5 亿元。苏州市内到处在办工厂：农业合作社办工厂，学校办工厂，医院办工厂，机关办工厂，商店办工厂，居民也办工厂。随着工业指标的不断增高，工厂的不断增加，全民办钢铁、全民办机械、全民办化工、全民办交通、全民办水泥、全民办砖瓦的“全民办工业”局面逐渐形成。

全民办钢铁、全民办工业带来了很多方面的负面效应。据当时的统计，1958 年全市钢产量 1 170 吨、铁产量 31 361 吨，工业总产值达到 5.91 亿元。[1] 实际上 5.91 亿元的工业总产值中，除去国家投资的以外，工业增加值仅为 7 888 万元；所产的钢铁因质量原因，也多沦为废品。全民办钢铁、全民办工业的成效如何，已是一目了然。由于工业企业盲目扩大增人，大批农民进城务工，1958 年市区职工总数比 1957 年增加 6.19 万人，增幅达到 42.88%，农村出现农田抛荒现象；轻工业企业大批职工加入“炼钢队伍”和支援机械、化工、纺织等行业，大批合作社合并、转产，日用小商品生产急剧下降，轻、重工业比例失调，全市生产资料的产值占工业总产值的比重，从 1957 年的 27.67%上升为 41.57%，消费资料的产值从 1957 年的 72.33%下降为 58.43%，从而造成市场严重缺货，人民生活水平普遍下降；很多行业屡经折腾，损失惨重，如苏州市化学工业原定投资 663 万元的 30 个项目在全民大炼钢铁时全部停止，后来全民办化工时，各区、街道又纷纷上马，仅土法生产烧碱的单位就有 16 家，另外还有大批生产土农肥、土农药的企业，但所产化工产品大部分质量低劣，造成很大的浪费。

在人民公社化运动中，创建社办工业，大搞农田水利建设，为推动苏州的经济发展和社会进步起到了一定的作用。如当时苏州新办了一些厂矿企业，后来从中择优发展了一批骨干企业，苏州冶金、电器、仪表、化工、医药等行业由此成型，为以后的发展创造了条件，并培养和锻炼了一批办工业的骨干力量。据 1966 年的统计，当时苏州市 339 个主要工厂中，有 195 家是“大跃进”期间建立而后进一步发展起来的。“大跃进”时期农田水利方面建设的一些重大项目，至今仍在发挥着重要的作用。如太湖流域综合治理规划的骨干工程太浦河、望虞河等都是在 1958 年人民公社化运动中动工开挖的。文化、科技、教育、卫生等领域的发展，在某些领域也取得了一些实质性的成果，这些都是苏州人民智慧的结晶。但是，所得与所失是严重失衡的。“大跃进”运动的教

---

[1] 此处工业总产值的数据，是当时统计的数据。1961 年对某些工业产品的产值计算范围进行调整后，1958 年工业总产值经重新核算调整为 5.81 亿元。

训是深刻的，值得好好反思。教训给我们最重要的启示是，在任何时候，我们都要坚持马克思主义实事求是的基本原理，坚持群众路线，一切从实际出发，才能正确地处理社会主义革命和建设中的实际问题，使社会和经济得到科学和持续的发展。

（三）农田水利建设

1958 年 8 月，在“大跃进”的高潮中，江苏省委召开全省水利工作会议，研究制定以建设梯级河网化为中心的全省水利规划，并针对圩洼、平原、山丘三种不同类型地区的自然特点，分别提出实施农田水利规划的具体治理措施。当年秋冬，苏州广大干部、群众响应江苏省委号召，积极投身到轰轰烈烈的水利建设中去，采取多种多样的工程措施，一边自力更生大搞小型农田水利，一边由国家投资或补助建设一批流域性、区域性骨干工程，因地制宜进行治理，以解除圩区洪涝危害为重点，全面发展机电灌溉，进而治理渍害，以适应农业生产不断发展的需要。

圩区治理重在联圩建设。昆山、常熟两县率先全面铺开，其中常熟县栏杆圩、西湾圩的“三分开一控制”综合治理的成功做法在全省推广，为苏南太湖、苏中里下河圩区 560 多万亩一熟沤田改为稻、麦两熟田提供了经验。由于联圩主要分布在低洼圩区较多的阳澄和浦南区域，是电力排灌优先发展地区，所以吴县、吴江、太仓三县在兴办电力排灌工程的同时，一并进行联圩并圩。联圩由若干鱼鳞小圩合并而成，包进联圩内的河道是原来小圩系统犬牙交错的老河网，一般都存在不系统、不规则、标准低、质量差等缺点，不利于引、排、降、航。为了探索圩区老河网改造、整治的途径，江苏省水利厅于 1958 年冬按照当时的规划设想，派遣工作组在昆山县城南公社江浦圩和常熟县白茆公社大荡圩两地进行试点。这两个联圩面积均在万亩上下，新河网布局均按排灌分开，使沟能通船，路能行车。由于新开河道较多，规格标准较高，因而土方负担重，动员民力广，挖、压、废面积大，遗留问题较多，排涝能力虽有提高，经济实效并不大。尤其大荡圩，开了新河又缺土源填没老河，新、老河并存，使排灌系统更乱，田块更加支离破碎，群众意见较大，使老河网改造工程停顿了一阶段。

平原治理主要是滨江片引潮灌溉工程、高亢片河网化建设和棉区治理。1958 年冬，太湖流域治理及其他区域性工程提到了议事日程，决定建设四大水利项目，即开太浦河，辟分洪道；开望虞河，筑控制线；开浏河，集中排低区水；开张家港，引江水灌溉。四大水利项目共投资 4 437.26 万元，成为那个年代苏州水利建设之最。针对高亢平原缺水灌溉是主要矛盾的特点，持续兴修以开辟、扩大灌溉水源，增强防旱能力和提高灌水技术为中心的农田水利。1959年开挖望虞河，贯通江、湖，并建成望虞闸控制引排后，高亢平原灌溉期水位一般可比历史枯水年抬高0.4~0.8米，具备了水源足、水位稳、扬程低的优越条件。纯棉区因历年浚港堆土泥山较多，形成龟背田与高岗地为主要组成部分的复杂地貌。对纯棉区的治理，主要是从平整土地入手，以解决“有机不能用，有水不能灌”，抗旱靠肩挑人抬的突出矛盾。如常熟县徐市乡于1959年平整高低相差近2米的龟背田50亩；开挖沟渠95条，把400多亩高岗田和500多亩龟背田连成一个水系，使原来的“望天田”变成能引、能排、能灌的“保收田”。据统计，1958—1960年，常熟县约有3万亩龟背田和高岗田得到初步平整。但这些工程主要建在典型的社队，面上行动尚不普遍。

山丘治理重点是1958年冬开挖位于吴县天池村山谷的白象湾水库。白象湾水库的地形和地基条件均较好，清基深2米，达不透水层。开挖白象湾共填挖土石方8 000方，对当地抗旱和山农生活用水起到了重要作用。山区梯田建设在当年也掀起第一次高潮，仅吴县洞庭东、西山就建造梯田1 000余亩。常熟县动员广大干部、群众前往虞山镇的1.9万亩山地进行绿化造林，为虞山林场后来的发展奠定了基础。为了提高果品生产的抗旱保证率，推行适时适量灌溉制度，以促进花果高产稳产，吴县开始试办山区翻水站工程——白沙翻水站。

治理渍害主要依靠水利措施，同时辅以农业措施相配合。为了有效治理渍害，苏州大部分县以农田水利试验站为中心，进行麦田地下水位控制试验及调查研究工作，着重试验研究“地下水深度与三麦产量关系”“小麦不同生育阶段的适宜地下水深度”“沟距沟深与排降地下水速度关系”等课题，为提高治渍认识提供理论依据。以后，各地又从规划治理角度陆续进行了明沟、暗管、鼠道、暗墒等多种田间工程形式的试点和推广，使农田治渍从科研逐步走向生产应用，推动治渍工程的发展。各地在实施各项田间治渍工程的同时，还实施土壤改良与种植耕作等农技综合治理措施，改善土壤通透性，调节土壤水、气、肥、温，减轻渍害，促进增产。

三、农村人民公社化运动的发动

（一）农村人民公社化运动的兴起

1958年8月29日，中共中央做出《关于在农村建立人民公社问题的决议》，指出建立农、林、牧、副、渔全面发展、工农商学兵互相结合的人民公社。这是指导农民加速社会主义建设，提前建成社会主义并逐步过渡到共产主义所必须采取的基本方针。全国随即掀起了创办人民公社的高潮。

在此背景下，苏州地委农村合作部于9月4日制定了《苏州专区建立人民公社的规划》（以下简称《规划》）。当时，苏州专区有301个乡、5 711个农业生产合作社，最大的1 000户左右，最小的100户左右。《规划》认为，由于农业生产合作社规模小，人力、物力、财力不能高度集中，劳动力难以调度，而且农业生产合作社是纯经济性组织，不能完全包括工农商学兵，因此不能适应“大跃进”的形势，必须迅速实现人民公社化。《规划》拟在10月中旬前分三批建成230个公社，实现全区的人民公社化。9月中旬，苏州地委召开乡党委书记会议，根据中央的指示精神，结合苏州实际，进一步讨论开展人民公社化运动问题，会上各县（市）制定了本县（市）建立人民公社的规划。此次会议后，全区农村人民公社化运动迅速进入高潮。

到9月25日，全区共成立285个人民公社，入社农户占农户总数的99.99%，农村基本实现了人民公社化。[1] 到10月中旬，经进一步整顿、合并，全区共有277个人民公社，入社164.84万户家庭，入社农户占农户总数的95%。其中一乡一社的237个，两乡一社的22个，三乡一社的6个，三乡二社的7个，七乡一社的1个，一镇一社的4个；平均规模为每社5 950户，其中1 000户以下的1个，1 500~3 000户的7个，3 000~5 000户的89个，5 000~8 000户的148个，8 000~1万户的21个，1万~1.5万户的4个，1.5万~2万户的3个，2万~3万户的2个，3万户以上的2个。[2] 在不到一个月的时间内，全区300多万名农民就全部加入了人民公社。人民公社化运动的进展速度和规模声势，都远远超过了1955年的农业合作化运动。

（二）早期农村人民公社的基本特点

1. 政社合一

此前，农村实行的是乡社分设的管理体制，其中乡是农村基层政权，农业生产合作社是经济组织，两者职能是不一样的。通常情况下，一个乡领导几个甚至几十个农业生产合作社。人民公社化运动后，人民公社实行政社合一的体

---

[1] 中共苏州地委合作部：《人民公社化运动的报告》，1958年10月20日，档号H5-1-1958-22；《苏州专区人民公社概况》，1959年9月30日，档号H5-1-1959-43。据1959年1月统计，原松江地区6个县划归上海后，全区有163个公社，是由3 533个农业生产合作社合并而成的。

[2] 《人民公社化运动情况（资料）》（成文者和时间均不详），档号H5-2-1958-37。

制，人民公社既是一种政权机构，也是一种经济组织。乡党委就是公社党委，乡人民委员会就是社务委员会。人民公社实行分级管理的体制，在社务委员会之下，再设工业、农业、水利、林业、供销、信用、教育、人民武装等工（工业）、农（农业）、商（交换）、学（文化教育）、兵（民兵）部门。人民公社化前，农业生产合作社之下设生产队。人民公社化后，人民公社之下设大队和生产队[1]。人民公社将农业生产、农村发展和农民生活全部纳入其管理范围，形成以公有制和高度计划经济为基础，将政治、经济、文化、社会、意识形态和资源的分配与再分配、社员个人的生产与生活等全部包括在内的管理体制。

2. “一大二公”

所谓“大”，就是规模大，是从人民公社的人数和地域上来说的。人民公社是将原来的农业生产合作社归并起来的。苏州原有农业生产合作社 5 711 个，最大的才 1 000 户左右，归并后的人民公社 277 个，平均规模为每社 5 950 户。所谓“公”，就是公有化的程度高。实际上就是通过“一平二调”[2]，把经济水平不同、贫富水平悬殊的农业生产合作社合并后，将土地、耕畜、农具等生产资料及其他公共财产全部转归人民公社所有，实行全社统一核算；社员原来经营的自留地及个人拥有的林木等财产，被收归人民公社所有和经营，并实行部分供给制。

3. 推行“三化”

1958 年 9 月下旬，全区上下掀起了一个声势浩大的“全民皆兵”和“大办民兵师”的热潮，从农村人民公社到城市机关、学校、厂矿企业，在原有民兵组织的基础上，按照组织军事化、行动战斗化、生活集体化的要求，全区青壮年社员基本上以生产队为单位组成民兵连，以大队为单位组成民兵营，以公社为单位组成民兵团，以县（市）为单位组成民兵师，进行军事化管理，吃饭、工作、休息都做到步调一致。它们既是民兵组织，也是生产突击队，劳动力在全公社范围内统一调动。仅 10 天左右的时间，全区共组建了 13 个民兵师、274 个民兵团、2 466 个民兵营、19 728 个民兵连，民兵总数发展到 158.63 万人。

---

[1] 生产队与大队对应，称为“小队”。

[2] 所谓“一平二调”，“一平”指在公社内部实行平均主义，贫富拉平，主要体现在供给制上；“二调”指对生产队的劳动力、财物无偿调拨。后来由于基层农民的反对，毛泽东在 1960 年 11 月 28 日批示“永远不许一平二调”。

4. 大力兴办福利事业

人民公社化后，为配合推行供给制，全区人民公社掀起兴办公共福利事业的高潮。到10月下旬，全区共建16 318个幼儿园；42 478个托儿所，儿童入托率达81%；331个幸福院，6 968人进入幸福院；4 080个缝纫组；21 376个洗衣组；2 761个浴室。这些福利全部由公社免费无偿供给。与此同时，苏州有的地方还制定了向共产主义过渡的规划。如常熟县白茆公社在过渡规划中就提出：1959年建1座文化宫、40个社员俱乐部、7个图书馆（藏书3万册）、40个综合体育场，开办17所文化技术学校、1所农业大学、7所政治学校。

在实现人民公社化运动的过程中，人民公社大办粮食、大办水利、大搞平整土地，进而大办钢铁、大办工业、大办集体福利事业和社会公益事业，苏州人民为此做了大量的工作，付出了艰辛的劳动。但是，人民公社追求“一大二公”，“一平二调”盛行，侵犯了农民的经济利益，挫伤了集体和农民的积极性，违背了生产关系与生产力相适应的规律，从而严重阻碍了农村生产力的发展，使农业经济的发展遭受到了重大损失。

（三）社队工业的萌芽

在农村社会主义改造过程中，集镇个体加工业逐步走上合作化道路，分散在农村的家庭手工业成为农业生产合作社中的副业。如常熟县塘桥乡的新生高级社和民联高级社于1957年春联合投资兴办草包工场，生产草绳和草包，有40多台织包机、120多名职工，年利润达到5 000元。1958年中央发出“人民公社必须大办工业”的号召，江苏省委也提出“县县发展工业，乡乡兴办工业，社社积极参加”的口号。此后全区社队工业[1]有了很大发展，以农机修配、粮饲加工、砖瓦烧制、纺织服装等为主的一批主要为农业生产与农民生活服务的小型工业企业破土萌芽。如常熟县杨舍公社在一个月的时间内，兴办起土化肥厂、土农药厂、砖窑厂、缝纫厂、棉织厂、水泥厂、肥皂厂、酒厂、化学厂等大小工厂51家，产品有35种之多。据统计，当年苏州专区社队工业产值达到6 000万元。

1959年，毛泽东对社队工业给予很高评价，指出“我们伟大的、光明灿烂的希望也就在这里”[2]。苏州地委和专署在此鼓舞下，积极贯彻“以农具带

[1] 人民公社化以前农业生产合作社兴办的小型工业在人民公社化以后分别转为社（人民公社）办或队（大队）办，两者合称“社队工业”。

[2] 中共中央文献研究室：《建国以来毛泽东文稿》第八册（一九五九年一月——一九五九年十二月），中央文献出版社1993年版，第69页。

头，大抓机械”的方针，有条件的公社相继办起农具农机、棉花加工、纺织服装等具有一定机械化程度的工业企业。如常熟县中兴公社创办中兴铁木业手工联社，生产出一批半自动插秧机。截至 1959 年 7 月底，全区仅社办工厂就有 1 936 个，职工达到 93 986 人，苏州社队工业实现工业产值 4 435 万元。[1] 是年年底，苏州地委和专署决定在全区范围内普遍建立市、县属大厂与公社挂钩的制度，有力推动社队工业的进一步兴起。短时间内，全区工厂支援公社各种机床器材 10 万余件，培训技术人员 3 400 余名，并帮助办起了 180 多家社队工业企业。截至 1960 年年底，全区社队工业企业达到 1 187 家，务工人数 4. 5 万人，占当年农村劳动力的 2. 7%。[2]

社队工业是人民公社化时期的新生事物，是广大农民的创造。萌芽阶段的社队企业虽然规模较小、生产力水平低下，但在服务农业生产、人民生活、大工业和外贸出口等方面，都取得了不小的成绩，并初步积累了农村办工业、农民办企业的经验，培养了一批掌握一定工业生产技术和企业管理才能的骨干人员，使苏州成为乡镇工业的主要发祥地之一，为以后苏州乡镇工业的异军突起奠定了一定的基础。

四、对私房改造的加快

在苏州市的私房改造工作中，1958 年是具有决定性意义的一年。1958 年 2 月，第一次全国房产工作会议召开。3 月，中华人民共和国第二商业部向国务院提交了《关于城市私房改造问题的报告》（二商房字第 154 号）。苏州市有关部门根据上级指示的精神，结合本地具体情况，对私房改造的基本政策做了详细规定。

关于改造的起点：

> 原定出租 400 平方米为改造起点的决定，已不再适用，出租房屋在 150 平方米以上的都要进行改造。非住宅用房，不受改造起点限制，凡出租者一律改造。地主、工商业资本家出租的房屋，虽未达到改造起点，亦

[1] 苏州市发展和改革委员会、中共苏州市委党史工作办公室：《社会主义建设时期苏州经济工作（1953—1966）》，中共党史出版社 2008 年版，第 214 页。

[2] 此部分社队工业产值等数据的统计区域为现苏州市域范围。中共苏州市委党史工作办公室：《中国共产党苏州历史 · 第二卷（1949—1978）》，中共党史出版社 2014 年版，第 250 页。

应进行改造。对于老弱病残及其他无劳动力者，如因房屋改造后生活无法维持又无其他办法可以解决的，可暂缓改造，待以后情况发生变化时再改造。[1]

关于改造的形式：

国营经租的改造形式因较灵活、简便，易于为原房主所接受，有利于改造工作的进行，同时合营与经租，在当前都可以起到由国家直接控制房屋实行统一经营管理的作用，而且将来都可以直接过渡到社会主义的全民所有制。因此，今后改造，还是采用国营经租形式最为相宜。对已改造的合营户，仍按原批准形式，不予变动。[2]

关于租金分配：

根据第一批改造的租金分配情况，已定租的300多户中，平均分配比率为35%，未定租的应适当压缩，一般掌握在30%左右。对已改造合营户的租息问题，采取以租定息的办法，其幅度不予变动。[3]

---

[1] 苏州市私房改造办公室：《关于对房屋改造中几个具体政策问题的补充规定》，1958年4月15日，档号C23-2-1958-34、C23-2-1966-73。苏州市私房改造办公室规定，私人出租房屋达150平方米以上者，一律进行改造，但少数鳏、寡、孤、独等缺乏劳动能力者，虽以最高租金付给，每人每月生活费仍不足10元的，可暂缓改造；出租在100~150平方米的，如房主自愿接受改造、生活又无问题者，也可进行改造；非居住用房，不受改造起点限制，一律纳入改造范围，但如自住和非居住出租房屋整幢相连、划分不清的（如楼上自住、楼下出租为店面的），其出租部分也可不纳入改造；地主（曾被剥夺过选举权、不论是否摘帽）及资本家（中华人民共和国成立后雇佣过3个以上、职工投资额在2 000元以上的工商业者，含负债超过资产、没有定息者）的出租房屋，不受改造起点限制，一律纳入改造范围。但如房主房屋全部出租，自己又租用他人房屋使用，而出租部分和租用他人部分又基本相等，其出租部分可不改造；如出租部分超过租用部分，超过部分应纳入改造。自住和出租房屋整幢相连、划分不清，而又以自住为主、出租为次（如出租二、三间）的出租房屋，不予改造。

[2] 《苏州市关于继续对私房进行社会主义改造的初步打算》，1958年3月1日，档号C23-2-1958-34。

[3] 苏州市私房改造办公室：《关于对房屋改造中几个具体政策问题的补充规定》，1958年4月15日，档号C23-2-1958-34、C23-2-1966-73。苏州市私房改造办公室规定，房屋改造后付给房主的租金以接管月之应收租金为基础，平均掌握在30%，幅度为20%~40%。先看房屋保养的好坏，然后参照其生活好坏和租金高低的情况确定。执行时，还应贯彻压大户、放小户的精神，以达到“以大带小、统筹兼顾”的目的。为照顾少数困难户，在上述幅度之外，另有5%~10%的附加租金。具体为：一是凡房屋保养、租金高低和房主生活状况都属一般者，以30%定租；二是凡房屋保养不善，房主生活一般尚好，租金水平又偏高者，以20%~30%定租；三是凡房屋保养较好，房主生活依靠租金者，以30%~40%定租，或虽房屋保养很差，但房主主要生活来源依靠租金，租金又属偏低者，亦以30%~40%定租，对如上生活来源主要依靠租金收入，房主又属鳏、寡、孤、独，老幼病残，丧失劳动能力，虽付以最高租金尚不能维持生活的，可给以5%~10%的附加租金，以资照顾。

关于人事安排：

国营经租对房主生活有来源的，原则上不做人事安排，如改造后确实影响生活，同时又有安排条件者，以及房主雇用的房屋管理人员，一般也不再安排为国家工作人员，可由劳动部门介绍就业，民政部门组织生产自救，房管部门吸收为管理小组或采取上山下乡等办法适当予以安排。[1]

关于土地：

房屋地基应随房屋一并改造，如房屋和土地分属二人者，由房主分给地主一部分租息，房屋之外的单独土地，原则上仍由房主管理，如房主确实不需要，也可无偿由国家管理。[2]

关于自留房：

给房主留房，不宜太严，对房主原自住部分，除少数留房过多外，一般不予变动，如不便管理和修理，可采取划整不零的办法，予以适当调整，如因人少，不需整幢整改者，可另调适当的房屋，作为自有。[3]

关于特殊房屋的改造：

会馆房屋应收归国有。祠堂出租房屋，达改造起点以上的，纳入改造。宗教团体出租房屋达改造起点以上的，纳入改造。对事业、企业及公私合营企业多余的出租房屋，不做改造，一律转交房管部门统一管理。[4]

关于公用间的计算，苏州市提出，凡以房客使用为主的公用间（如客堂、大厅、厨房、走廊等），作为出租房屋计算；凡主客平分使用或以房主使用为主之公用间，不作为出租房屋计算。关于归户分析，苏州市提出，凡未正式办

---

[1] 《苏州市关于继续对私房进行社会主义改造的初步打算》，1958 年 3 月 1 日，档号 C23-2-1958-34。

[2] 1958 年 4 月底，苏州市私房改造办公室提出，在随房一起改造房屋地基时，如房屋和地基分属二人，其中由房主按月付租的，由房主与地主协商，将所领租金分给地主一部分；如地租（或少付地租）约定期满后，房屋无条件归地主所有，期满后，根据原定契约，由地主领取租金。苏州市私房改造办公室：《关于改造房屋的土地、修理等问题的处理意见》，1958 年 4 月 27 日，档号 C23-2-1958-34。

[3] 《苏州市关于继续对私房进行社会主义改造的初步打算》，1958 年 3 月 1 日，档号 C23-2-1958-34；苏州市私房改造办公室：《关于对房屋改造中几个具体政策问题的补充规定》，1958 年 4 月 15 日，档号 C23-2-1958-34、C23-2-1966-73。

[4] 《苏州市关于继续对私房进行社会主义改造的初步打算》，1958 年 3 月 1 日，档号 C23-2-1958-34。

理分析手续者，不论其有否分开管理，均作为共有房屋，做一户改造。对宗教庙宇出租房屋的改造，另行规定。[1] 这些规定更为具体、细致，操作性更强，同时也充分反映了房改必须坚持阶级路线的政策意图。

1958 年 4 月，苏州市成立了由市委书记、分管副市长担任正、副组长，市委财贸部、统战部部长和市政府公安局局长、房管局分管局长、各区区委书记为成员的市房改领导小组。4 个区也分别成立了由区委书记或副书记任组长、区长或副区长任副组长兼办公室主任、房管科长为副主任的领导小组（除区委书记、区长外，区公安分局局长、房管科长等也要参加）和房改办公室，街道成立房改办事处，由街道办主任、公安、户籍员、房管所管理员、税务干部组成的工作组，抽调居民干部 6~7 人脱产办理具体房改登记手续。随后，私房改造在全市全面开展，并很快宣告基本完成。

在 1 个多月的时间里，全市就如期完成了 4 590 户私房的改造工作。[2] 这一时期私房的改造，不仅速度很快，而且将起改面积下调至出租 150 平方米，面积为 100~150 平方米、房主自愿申请改造的也予以批准，地主、资本家出租低于 100 平方米的也纳入了改造。[3] 房改结束后，全市私有出租房屋面积的 70%已被国家掌握。[4] 到 7 月初，全市仅用了 3 个月的时间，就基本上结束了私房的改造。[5]

8 月 6 日，《人民日报》发表中央主管机关负责人对城市私房进行社会主义改造的谈话，提出对私房改造的政策，基本上采取类似赎买的办法，将私房通过国家经租或者公私合营等方式纳入国家直接经营管理的轨道，在一定时期内给房主以固定的租息，来逐步改变私房的所有制，同时将依靠租金为生的私

---

[1] 苏州市私房改造办公室：《关于对房屋改造中几个具体政策问题的补充规定》，1958 年 4 月 15 日，档号 C23-2-1958-34、C23-2-1966-73。

[2] 苏州市建设局：《关于处理私房改造遗留问题（向市人民委员会）的报告》〔城房（63）字第 297 号〕，1963 年 9 月 23 日，档号 C1-3-1963-302。一说为 4 591 户。参见苏州市房地产管理局：《苏州市私房改造工作总结报告》，1958 年 6 月 16 日，档号 C23-1-1958-10；苏州市建设局：《对私房改造政策调查工作的草案》，1962 年 10 月 4 日，档号 C22-3-1962-46。

[3] 金阊区人委建设科：《关于我区妥善处理私房改造遗留问题的工作计划》，1963 年 11 月 23 日，档号 E10-3-1963-49。

[4] 苏州市房地产管理局：《苏州市私房改造工作总结报告》，1958 年 6 月 16 日，档号 C23-1-1958-10。

[5] 中共江苏省委第 237 号文件，1958 年 7 月 7 日，档号 C23-2-1964-59。说明：该文件应是 1958 年 7 月 4 日中共江苏省委所批转的省财政厅党组《关于对城镇私人出租房屋进行社会主义改造的意见》。1958 年 7 月 7 日应为下发时间。

房房主逐步改造成为自食其力的劳动者。当时，各地普遍采用的改造形式是“国家经租，以租定租”，即房主把出租的房屋交给国家房产管理部门统一管理，统一修缮和调配使用，由国家按租金的一定比例（20%~40%，一般为30%）逐月付给房主固定的租息，其总水平不应超过房主原租金的净收入。当时认为，国家经租适合私房改造的特点，“不仅在当前可以起到由国家直接控制房屋并实行统一经营管理的作用，而且将来也可以直接过渡为社会主义的全民所有制”。具体做法为：凡房主出租的建筑面积达到改造起点的（大城市为150平方米以上、中等城市为100平方米以上、小城市和城镇在50~100平方米进行选择），将其出租房屋全部由国家统一经营。对老弱病残及其他无劳动能力的房主所出租房屋暂缓改造。房屋改造后，除房主雇用的专业房屋管理人员可根据情况由房产部门予以安排外，现无职业的但有就业条件的房主，应随当地建设事业的发展逐步吸收参加生产或者从事其他工作。同时，要通过房主所在单位、居民组织等加强对房主的思想改造。各地要在1958年年内完成私房改造任务。[1]

这一谈话显然总结了各地房改的经验教训。1958年8月，平江区尚余的360户符合改造条件的私房出租户中，又有51户填写了登记表和改造申请。[2]

1959年上半年，苏州市有些地方仍在继续进行私房的社会主义改造。其中，平江区于2月改造了9户。[3] 4月16日，在该区召开符合改造条件的房主会议上，又有14户（出租96.5间房屋）提交了改造申请，并获得了批准。[4]

到1960年，苏州市共改造私房5 884户、111 873间，占全市房屋总间数的36.17%，占全部私房总户数的32.39%，其中出租面积在150平方米以上的4 626户、105 843间，占改造总户数的78.61%、总间数的94.61%；100~150平方米的723户、4 755间，分别占改造总户数的13.29%、总间数的4.25%；100平方米以下的535户、1 275间，分别占改造总户数的9.1%、总间数的1.14%，全市平均定租率为32%，少数困难户增加租率5%~10%。[5]

---

[1] 《全面完成城市的社会主义改造》，《人民日报》，1958年8月6日第6版。

[2] 平江区房地产分公司（房管科）：《8、9月份工作计划》，1958年8月10日，档号E2-3-1958-44。

[3] 苏州市房地产公司平江区分公司：《1959年2月份工作回（汇）报》，1959年3月4日，档号E2-3-1959-50。

[4] 苏州市房地产公司平江区分公司：《四月份工作回（汇）报》，1959年5月2日，档号E2-3-1959-50。

[5] 苏州市房地产管理局：《关于私人出租房屋社会主义改造和处理遗留问题的方案（草稿）》，1964年12月18日，档号C23-2-1964-59。

第二节 国民经济的调整与发展

“大跃进”与人民公社化运动，破坏了国民经济的协调发展，加上严重自然灾害的普遍发生，致使出现了全国范围的严重困难局面。经济发展水平一向较高的苏州也未能幸免，国民经济经历了三年困难时期。农业生产自1959年以来连年滑坡，农业主要产品产量大幅度减产，1960年与1957年相比，苏州水稻产量减少47.2%，三麦产量减少37.2%，油菜籽产量下降近70%，这不仅影响了工业生产的部分原料来源，而且直接减少了人民群众的口粮。在高指标、高征购的压力下，农村有些地方的群众发生缺粮、断粮现象，造成严重后果。

面对全区粮食、副食品供应日趋紧张的严重局面，苏州地委和专署号召社员群众大种蔬菜，大力发展养猪事业，充分利用田间隙地种瓜果，想方设法采集、制造代用食品，以渡过持续“大跃进”和自然灾害带来的灾难。然而，这些补救措施对弥补天灾人祸带给苏州人民的损失，作用是十分有限的。为度过严重困难时期，苏州地区在中央和江苏省委的统一领导和部署下，对国民经济进行了调整。

一、工业经济的整顿与发展

（一）初步调整

1959年6月13日，中共中央发出《关于调整1959年主要物资分配和基本建设计划的紧急指示》，降低了钢及其他产品的计划指标。按照中共中央关于纠正“左”倾错误的指示精神，苏州工业生产方面的整顿，主要是调整工业结构，恢复小商品生产；整顿企业管理，加强经济核算，建立质量检验等规章制度；增加商业网点，加强日用工业品的采购和供应；撤、并、转、迁部分“大跃进”期间新办的企业，减少企业职工；大力兴办沼气，解决煤炭供应严重不足的问题；提高农药、农肥的质量与产量，加强农业机械的制造和修配，加大工业支援农业的力度。

6月30日，陈云到苏州视察，参观苏绣研究所，鼓励苏绣产品对外销售。陈云对苏绣出口的鼓励，促进了苏绣的对外销售。根据陈云的指示，苏州市委、市政府专门组织苏绣艺人前往东欧进行考察调研，根据国际市场需求，扩大日用绣品的品种和生产能力，苏绣的对外销售量有所增加。

从1959年7月起，苏州地区还在6个公社对社办工业的整顿进行试点。整顿的一般做法是对于专业性生产的工厂划归公社经营。这类工厂设在集镇上，大部分是在手工业社、组的基础上建立起来的。如农具机械厂、化肥农药厂、印刷厂等，具有一定的规模和技术条件，产、供、销属公社的范围，有的甚至超出一个公社的范围。这类企业的所有制结构不变，由公社统一管理，分厂核算，各负盈亏。对于兼业性、季节性的工厂划归大队经营。这类厂设备简陋，技术简单，产、供、销主要属大队的范围，与社员生产生活关系密切，能就地取材、就地生产、就地修配、就地使用，农闲务工，农忙务农。如小型农具修配站、饲料加工厂、针织厂等。这类企业划归大队所有，统一经营，统一核算，队负盈亏。对于适宜分散、业余生产的手工业，如花边等的生产，除工艺要求高、件头大的需要集中进行专业生产外，其余的都分发到户，在不妨碍农业生产的前提下由社员业余生产，工资收入完全属于个人。

6个试点公社的94个厂经过整顿后，仍留作社办的18个，占19.15%；恢复手工业和放回大队的43个，占45.74%；收回县办的7个，占7.45%；划归商业部门的5个，占5.32%；停办的21个，占22.34%。工人数整顿前5 284人，整顿后3 132人，减少2 152人，减少人数占整顿前工人数的40.73%。[1] 6个试点公社的社办工业经过整顿后，在各方面都呈现出新的面貌，生产积极性和劳动生产率得到提高，服务态度得到改善。如太仓县双凤公社卫星染织厂，整顿前实行二班制生产，日产棉布1 200米；整顿后，工人由244人压缩到125人，日产量仍达到1 000米。精简出一部分劳动力，农业生产得到支援。整顿前，6个试点公社的社办工厂中有农民工1 423人，整顿时除必要留下的外，下放回农村1 060人，占原人数的74.49%。企业管理得到加强，劳动纪律松弛、出勤率低、生产无人负责等混乱情况得到改变。如常熟县浒浦公社农具厂的铁工，1958年平均每人每月出勤26天，1959年上半年平均每人每月出勤只有20天。整顿后，工人上班迟到、早退的现象基本被杜绝，产量、质量都有了提高。通过适当调整关系到制定关乎社员切身利益的具体政策，调动了职工群众的生产积极性。

自1960年起，对社办工业进行了进一步整顿，并坚持如下原则：总的应

---

[1] 苏州市发展和改革委员会、中共苏州市委党史工作办公室：《社会主义建设时期苏州经济工作（1953—1966）》，中共党史出版社2008年版，第214页。

该从维护国家计划的集中统一，有利于促进社会主义计划经济发展，有利于集中力量办好农业生产和便利群众生活出发，对那些生产方向不对头，违反“三就地”原则的企业，应该坚决停办；对于那些产品确系农业生产和人民生活所需要，生产技术条件、经营管理基础又确实很好，必须保留的企业，应根据具体情况，分别转为手工业社（组）或商业作坊；对于操作技术不复杂，适宜分散经营、分散生产的企业，应分别改为农兼手工业、家庭副业或组织生产自救性的小组。经过整顿，社办工业的数量大为减少。截至1961年年底，共有946个单位、60 552人；截至1962年年底，进一步减少为345个单位、13 903人。其中城镇社办工业有101个、职工5 244人；农村社办工业244个、8 659人。[1]

（二）工业经济的继续调整和工业学大庆运动的兴起

1. 工业布局的调整

在“调整、巩固、充实、提高”的方针中，调整是首要环节。只有在工业内部之间的各方面关系都得到合理的调整、建立新的平衡后，才可能更好地巩固、充实和提高。因此，苏州工业领域贯彻执行八字方针，重点优先放在工业布局的调整上，以农、轻、重次序安排工业生产，着重压缩重工业和充实恢复农用、日用品工业，撤销、停办和调整一些技术落后、亏本经营的企业，将一些在“大跃进”中不适当上升为全民所有制的企业恢复为集体所有制，在此基础上逐步进行工业生产的巩固、充实和提高，推动整个国民经济的进一步发展。

在工业布局调整过程中，坚持了三个原则：一是善始善终地抓好定员编制以外的人员精简工作，按照积极抓紧、实事求是、按政策办事、经得起检查的要求，对每一个职工高度负责，妥善安排，人人有着落。二是对已定企业生产方向的改变，根据先转向后过渡、边转向边脱壳的精神，稳步进行，不能脱节，在转入生产新的产品时，在生产技术、原材物料的组织、设备来源、工艺规程的制定和完善等方面都要落实好。三是对于在撤、并、改组和调整产品布局中涉及的拆、迁、搬、建事项，要做出切实筹划，所需资金和施工力量本着精打细算、力求节约、系统自行挖潜为主、全市统筹调度的精神，分轻重缓急，按序进行。在调整中，适当压缩重工业，扶持和发展轻工业、手工业，以

---

[1] 苏州市经济贸易委员会、苏州市乡镇企业管理局、中共苏州市委党史工作办公室：《苏州乡镇工业》，中共党史出版社2008年版，第68-69页。

满足民众生活的需要。

2. 加强企业内部的管理制度建设

建立健全以党委领导下的厂长负责制为中心的一系列经营管理责任制。为更好地进行整顿工作，各企业先行做了许多准备工作：组织干部职工学习《国营工业企业工作条例（草案）》（以下简称《工业七十条》）的基本精神；分别对行政管理、计划管理、技术管理、财务管理等制订整顿方案；根据整顿方案配齐职能科室和人员，并对相关人员进行业务训练，做好组织准备。前期准备工作做好后，整顿工作逐步推进。

接着，按照《工业七十条》的要求，搞好“五定五保”，即国家对企业实行“五定”：定产品方案和生产规模，定人员和机构，定主要的原料、材料、燃料、动力、工具的消耗定额和供应来源，定固定资产和流动资金，定协作关系；企业对国家实行“五保”：保证产品的品种、质量、数量，保证不超过工资总额，保证完成成本计划并且力求降低成本，保证完成上缴利润，保证主要设备的使用期限。[1]

鉴于整顿工作的复杂性，苏州在执行《工业七十条》时，先选择5个企业进行整顿试点。经过试点后，决定分段分步逐步贯彻。第一步，根据“五定”的要求，对各企业的综合生产能力、人员使用情况、设备固定资产状况、原材料消耗定额、经济协作关系、规章制度和责任制度等各个基本方面的具体情况，做了详尽的调查研究，以此作为“五定五保”的根据。第二步，明确工人和管理者各自的职责范围，建立责任制度。各个企业在明确党委、厂长间工作关系的基础上，抓住以建立健全党委领导下的厂长负责制为中心的一系列责任制度，对每一个专职机构、专职干部和群众性的管理组织与人员，都建立明确的职责范围和具体的责任制度。充实技术机构，健全设计、工艺、检验、化验等环节的规章制度，巩固、提高生产技术水平和技术革新成果。第三步，加强技术管理，建立技术责任制。第四步，加强企业生产的计划性，使计划体现出既积极又可靠、既鼓足干劲又留有余地的精神，让计划发挥保证生产正常进行的作用，成为组织企业生产和全体职工的目标方向。同时，严格进行经济核算。对经济活动认真分析，建立班组核算，加强财务计划，加强资金管理，严格控制费用开支，系统地建立健全财务、资金管理制度。第五步，健全和加强

[1] 中共中央文献研究室：《建国以来重要文献选编》第十四册，中央文献出版社1997年版，第649-650页。

经济核算。第六步，在上述基础上，经过实践考验，全面总结经验，进行复查。

3. 充实工业战线

在抓好调整、巩固、充实、提高的同时，工业战线根据农、轻、重次序安排的原则，结合苏州实际，围绕加强对农村的支援，增加农业生产资料的生产；加强轻工业和手工业的生产，增加市场日用品的供应；加强采掘工业的生产能力；加强薄弱环节、增补缺口等要求，进行必要的充实。为缓解日用品紧缺的状况，充实与人民生活息息相关的厨房用品、洗涤用品、教育用品、医药器械等急缺产品的生产能力；增补薄弱环节，充实采掘业和基本原材料生产的生产能力；以满足排灌、矿山设备的修理需要为重点，充实机修力量和备件、配件的生产能力。

工业战线的充实工作没有单纯地增加投资、增加设备、增加人员，而是充分挖掘已有的生产潜力。凡属某项生产需要充实的，都本着先厂内后厂外、先系统后全市的要求，积极调整、调度；凡属可以在已有物质、技术上适当改造加以利用的，都充分利用起来；凡属确需新增人、钱、物的，则根据少花钱、多办事的原则，合理安排，并且将重点放在最急迫的项目上。

4. 工业学大庆运动的开展

大庆油田是20世纪60年代初我国工业战线上的先进典型，大庆人创造出了辉煌业绩，表现出了伟大的奉献精神。中央于1964年2月发出“工业学大庆”的号召。此后，全国工业交通战线掀起了学习大庆经验的运动。苏州工业交通战线的工业学大庆运动随之逐步推开。

苏州各地工业交通部门把学习大庆自力更生、艰苦奋斗的精神与本部门、本单位实际相结合，以“政治思想好、革命干劲好、传统作风好、科学管理好、群众路线好”这“五好”为目标，学习大庆油田狠抓“练好基本功、做好基层工作、加强基础性管理”的工作经验；学习大庆人创造的“做老实人、说老实话、办老实事”“严格的要求、严密的组织、严肃的态度、严明的纪律”“工作时黑夜和白天一个样、坏天气和好天气一个样、领导在场和不在场一个样、没有人检查和有人检查一个样”这“三老”“四严”“四个一样”的优良作风，改进企业管理，组织比、学、赶、帮活动，进行增产节约运动，开展技术竞赛，以提高质量、降低成本为中心，促进生产发展。在工业学大庆运动中，沙洲县开展技术革新活动，全年工业、手工业系统实现技术革新项目242个，通过技术革新提高产品质量、降低生产成本；开展挂钩赛、“一帮一”等多种措施，促进产品质量的提高。开展工业学大庆运动，因地制宜地推广大庆经验，对苏州全面完成国民经济调整任务，建立起现代工业发展的基础，起到很大的推动作用。

二、农村政策的调整与农村经济的恢复

（一）农村人民公社的初步整顿

1958 年 11 月，第一次郑州会议和中共八届六中全会相继召开，开始对农村人民公社存在的混乱现象，尤其是各地愈刮愈烈的“共产风”“立即进入共产主义”等当时已经认识到的错误着手纠正。1959 年 2 月召开的第二次郑州会议和 3 月召开的中央政治局扩大会议，主题就是人民公社的整顿问题，要求公社在体制上，实行权力下放，三级管理，三级核算，以队为基础[1]；要求对公社化过程中平调的财物“算账”，并进行退赔[2]。江苏省委也制定《关于人民公社的管理体制和若干政策的规定（草案）》，指出“一平二调”使不少生产队和农民的现金收入大为减少，损害了生产队和农民的利益，不利于生产的发展。

为解决农村人民公社化运动中出现的问题，苏州地委和专署、市委和市人委根据中央的指示精神和江苏省委部署，按照先行试点再全面推开的步骤，积极采取措施对刚刚诞生的农村人民公社进行整顿，纠正人民公社化运动中一些“左”的做法。当时农村人民公社通过完善“三包一奖”责任制，明确公社、大队和生产队三者之间的权限，适当调整大队、生产队的规模，建立健全民主管理制度等措施，改善公社的经营管理。通过对人民公社化过程中的无偿调拨进行算账退赔，恢复社员的自留田，积极发展多种经济等措施，调动农民的生产劳动积极性。

1. 完善“三包一奖”责任制

鉴于“三包一奖”责任制（包工、包产、包成本和超产奖励）本身具有

---

[1] 1959 年 2 月召开的第二次郑州会议提出“三级管理，三级核算，以队为基础”。此时的“队”，有的地方是生产队，有的地方是生产大队，还有的地方是管理区，并无统一要求，但主要是生产大队。3 月召开的中央政治局扩大会议上，明确规定“生产小队也应有部分的所有制和享有一定的管理权限”。

[2] 1959 年 2 月召开的第二次郑州会议规定在清理“共产风”问题时，旧账一般不算。3 月召开的中央政治局扩大会议上，又决定旧账都要算，要退赔。

不完善的地方，如手续不健全、指标过高等，为改善公社的经营管理，在继续推行“三包一奖”责任制过程中，苏州农村各地逐渐将“三包一奖”完善为“四包一奖”（包工、包产、包成本、包增产措施和超产奖励），不仅生产队可以向社员实行“四包”，而且公社对大队、大队对生产队也可以实行“四包”。在实行“四包”的同时，还根据劳动力的强弱、技术高低、态度好坏，分别评定等级，作为发放工资的根据。劳动等级评定后，可根据情况的变化，随时（一般是半年或一年）进行调整。对于超额完成任务的单位和个人给予奖励，并可实行双奖，既可获得提成奖励，又可获得工资奖励，或同时兼得。

2. 明确公社、大队和生产队三者之间的权限

为纠正公社权力过分集中，统得过多、过死，经济上平均分配等弊端，苏州农村各地调整核算单位，确立以大体相当于原高级社规模的生产大队为基本核算单位，在收益分配上实行工资制和供给制相结合的制度，按劳分配部分和供给部分相当，或稍高于供给部分。注意处理好统一与分管的关系，将公社的权限确定为“五统一、四负责”。“五统一”是指统一制定全社的远景规划、基本建设计划和当年工、农、林、牧、副、渔的生产计划；统一核算全社经营盈亏；统一组织调配劳动力、畜力和生产资料；统一制订分配方案，确定劳动等级、工资标准和供给范围；统一制定奖惩条例。“四负责”是指负责对国家完成统购任务和财政包干任务；负责对外签订合同、契约；负责领导和监督大队、生产队和国家下放给公社的金融、粮食、交通、文教、福利等企事业单位的经营管理；负责管理全民武装和办理户口、婚姻登记等行政事务。大队的权限确定为“三个保证、七个权力”。“三个保证”是指保证公社生产计划的实现；保证按照公社需要调出劳动力、畜力和生产资料；保证各项制度和财务计划的执行。“七个权力”是指有权根据公社的计划和自身的特点，合理调整种植布局；有权在不影响集体生产的原则下，发展公社没有计划而为社会需要和自身需要的各种农副业生产；有权调度使用大队范围内的劳动力、畜力和生产资料；有权交代或分配所属单位的生产、建设任务；有权根据公社财务包干合理使用资金；有权处理所属单位奖励工资；有权加强所属单位（包括公共食堂等福利事业）的领导和检查，监督其生产、管理、资金运用等。生产队的权限确定为按照公社和大队的要求，根据本队具体情况制订季节和短时段生产计划；合理安排和使用劳动力、耕畜、工具和资金；管理本生产队的公共食堂、托儿所、幼儿园和文化教育等福利事业。

3. 调整大队、生产队的规模

人民公社化后，生产队的规模平均比农业生产合作社时扩大1倍左右，给生产队的生产与管理带来一系列的问题：干部领导水平跟不上，生产指挥不灵；上下工路途增加，耽误工时；干活分散，社员相互间猜忌之心加重，影响积极性。为解决这些问题，大部分大队与生产队进行了规模调整，一些在人民公社化过程中被强行合并起来、事实证明不利于生产并影响团结的大队、生产队，相继重新分开。调整后生产队的规模变小了，大多数以自然村为单位建队，二三十户组成一个生产队，这样人熟、地熟、情况熟，更加有利于生产；一村、一队、一个公共食堂，更加方便生活；人数不多，评工更加便利；居住邻近，更加便于领导。

4. 建立健全民主管理制度

在公社实行“三化”的过程中，有些干部缺乏民主作风，遇事不与群众商量，甚至对待不同意见的群众随便扣上“算账派”的帽子。针对这种情况，苏州地委批转常熟县委《关于“算账派”问题的报告》，指出对待持不同意见的人，不能乱扣帽子、混淆两类不同性质的矛盾；坚持以理服人，改进工作作风。后来，苏州地委和专署进一步要求各地建立健全民主管理制度，包括建立和健全公社和大队的社员代表大会制度，凡是生产建设规划、财政预决算、分配、生产措施、劳动力投放、群众生活等重大事项，必须由社员代表大会讨论通过，然后付诸实行；建立大队与生产队队务委员会及社办工厂、学校、公共食堂等组织的管理委员会，吸收群众参加，并定期召开会议，以便广泛地吸取群众的意见，及时改进工作；建立休假制度，处理好有计划生产和临时生产、劳动与休整、生产组织与军事组织的相互关系；建立民主选举干部和干部参加劳动的制度。进一步保护干部、群众的积极性，严格规定社队干部不准打人、绑人、骂人、侮辱人格；不准随便强迫社员劳动改造；不准停社员的伙食；明确提出对违反纪律的干部，应根据情节轻重分别给予教育、批评、警告处分，个别作风恶劣、屡教不改的干部，应清除出干部队伍。仅1959年3月底，全区17个整社试点公社就处理79名违法乱纪干部。

5. 对人民公社化过程中的无偿调拨进行算账退赔

1959年5月，中共中央发出《对算账和召开社代表大会等问题的指示》后，苏州地委和专署要求各地抓紧时间进行算账退赔，并选择常熟、吴县等地的部分社队作为算账退赔工作的试点地区。以常熟县为例，算账的方法是一层一层算，一边“鸣放”一边算账，一边兑现一边整改。算账的重点是核查账目的“四对头”，即账与账对头、账与单据对头、账与实物对头、账与现金对头。公社主要算四笔账：1958 年秋季作物的产量和调拨账；1958 年分配的积累、透支账；物资调拨、库存账；国家、公社的兑现账。大队主要算六笔账：农业、副业、非生产收入账，小队各种作物的单产和副业上交账；分项收支账；现金分配账；粮食分配账；与公社在钱、粮、物上的调拨账；收入、支出上的漏洞账。通过算账，解决了存在的部分问题，如徐市公社 15 大队，经过结算分配账，从漏估收入、多估支出、仓库积压物资和国家、公社退款等方面找出应该补分给社员的现金 7 584 元，平均每户 14 元。

6. 恢复社员的自留田

在人民公社化运动中，自留田被视为私有制的残余和尾巴，在取消之列。自留田的取消给农民的日常生活带来诸多不便，如私家养的猪、鸡、鸭、鹅大量减少，便对积肥、肉蛋供应和私人零用钱的积攒带来了不利影响。为改变这种局面，根据中央有关的精神，1959 年 7 月，苏州大部分地方重新划分了自留田。广大农民利用工余、工休时间和辅助劳动力，精心经营，农村很快出现了六畜兴旺、副业发展的喜人景象。但有些地方还存在不彻底的现象，主要是部分干部思想认识片面，对自留田下放顾虑重重，怕影响社员出勤；怕社员不向集体交家积肥料；怕社员破坏自留田的零星树木；怕社员自留田上的农作物收获之后瞒报私分；怕社员自己有了蔬菜，影响公共食堂的巩固。有的地方干脆不放，有的地方明放暗不放，有的地方放坏的留好的，有的地方放远的留近的，有的地方放一半留一半，还有的地方即使将自留地下放了，也附加了许多条条杠杠，如不许用大粪、不许误工、不许种杂粮，甚至不许社员私人收获，限制了生产发展。针对这些问题，苏州地委农工部强调，各地必须尽快恢复农民的自留田，规定公共食堂占用社员原来的自留田，必须分给社员；集体在社员原来自留田上种植的农作物，立即随自留田下放；由于兴修水利、平整土地等，社员自留田无法继续种植的，应设法如数补足；由于并村搬家、居住集中，社员原来的自留田离村太远的，按照同等数量、质量，调给靠近村庄的土地；少数低田地区的大队，原来没有自留田或者自留田很少，应挤出零星隙地分给社员，如果仍然不能解决问题，可以划出一点大田分给社员。

7. 积极发展多种经济

恢复自留田等调动农民积极性的一系列政策措施贯彻执行后，不仅促进了农民搞好农业生产的积极性，也推动了农民发展副业生产的积极性。苏州地委和专署、市委和市人委因势利导，在搞好农业生产的前提下，积极领导全面发展林、牧、副、渔多种经济。贯彻执行公私并举的方针，既积极发展生产大队和生产队的集体副业，又恢复社员的小私有制，鼓励社员私人饲养家禽家畜和进行其他副业生产；发展副业生产以养猪为重点，全面发展，力争初步解决副食品供应紧张局面。全区1月至6月副业生产的总产值达到1.73亿元，比上年同期增加23%。

（二）农村政策的继续调整和农业学大寨运动的开展

1. 完善人民公社管理体制

为扭转1959年以来国民经济日益困难的严重局面，全党上下认真调查研究，纠正错误，调整政策。1961年1月召开的中共八届九中全会，正式通过对国民经济实行“调整、巩固、充实、提高”的八字方针。这次会议，标志着党的指导思想的重要转变，表明“大跃进”的方针实际上已经停止，国民经济开始转入调整的轨道。3月，在《关于农村人民公社当前政策问题的紧急指示信》（以下简称《十二条》）的基础上，毛泽东主持制定了《农村人民公社工作条例（草案）》（以下简称《农业六十条》）。《农业六十条》对于纠正公社对下级管得太多太死、经营管理制度不健全等方面的问题，做出较为系统的规定。苏州地委和专署、市委和市人委根据中央的精神，面对实际困难，深入调查研究，及时调整政策，从完善人民公社经营管理体制入手，大力恢复和发展农业生产，对农村政策进行调整。

首先，改进劳动管理体制。农村地区按照既有利于巩固大集体、大生产，又允许社员有必要的、适当的、自由的原则，积极改进劳动管理体制。经过一段时间的探索，全区确立了四种劳动管理形式：固定作业组负责固定耕作区，集体操作集体管理为主；固定作业组或临时作业组，没有固定耕作区，季节性地包工到组，集体操作集体管理为主，分散操作分散管理为辅；夏忙、秋忙期间按技术编临时作业组，田间管理、收获管理期间按劳动力分田，部分农活包工到户；重要作物集体操作集体管理，零星旱泽田、小量经济作物包产到户。

其次，健全财务管理制度。清理账目、盘点财产、健全制度，做到“三结清”（结清工分、往来、包本账目）和“四核实”（核实田亩、人口、产量、副业收支）。实施民主制定计划预算、开支审批、结账公布、现金管理、财产管理、粮食管理、账据保管、社员预支、采购员结报、财会人员分工负责十项财务管理制度。为加强人民公社的财务管理，苏州地委财贸部于9月18日至11月27日专门兴办会计训练班，对269名会计人员进行培训，提高他们的业务水平。到1962年，当基本核算单位由大队调整为生产队后，财务人员数量激增，很多是新手，不熟悉财务工作。于是苏州地委统一安排，又先后对48 000多名会计进行培训，帮助55%左右的生产队建立了财务管理制度。

最后，调整基本核算单位。改变以大队为基本核算单位的做法，从1961年11月起，开始在11个大队实行以生产队为基本核算单位的试点工作，到1962年1月，在48 431个生产队全面推开，数目占生产队总数的98.3%。农村实行以生产队为基本核算单位的公社、大队、生产队三级集体所有制的做法，有利于纠正和克服生产队与生产队之间的平均主义，能更好地贯彻多劳多得的原则，从而较好地调动生产队和社员的生产积极性；有利于促进生产队精打细算，爱护农具，恢复和发展农村生产力；有利于生产队之间消除怀疑，杜绝瞒产私分，加强队与队之间的团结。实行以生产队为基本核算单位的做法，受到广大干部和群众的普遍欢迎。

此外，还改进评工记分制度，推行按件记工的办法。恢复社员劳动手册和社员工分由干部盖章、干部工分由社员代表盖章的制度；恢复日清月结、按期公布账目的民主管理制度。制定更加合理的劳动定额，作为安排调配劳动力的依据；制定更加合理的生产包工标准和评工记分制度。

2. 彻底算账退赔

“反右倾”斗争期间，苏州专区各县不少地方不但前面的平调账没有算清偿还，反而又开始了新的平调。国民经济调整的八字方针提出后，退赔工作被重新提上议事日程。1961年6月19日，中共中央做出《关于坚决纠正平调错误、彻底退赔的规定》，指出只有彻底退赔，“才能恢复广大农民群众对党的政策的信任”。彻底退赔，就必须认真算好平调账。经过统计，全区被平调的财物总额为1.58亿元，其中属于社员个人的1.02亿元，占64.56%。主要的平调物资如下：拆毁房子15.49万间，平调锅子76.59万只、农具498.63万件。各地在退赔工作中，遵循的基本原则是：只退赔1958年“大跃进”和人民公社化运动中被平调的财物；按照谁平调谁退赔的精神进行退赔；尽量以实物退赔，同时辅以一定数量的期票，避免现金过多进入流通领域，引起供应紧张，导致物价波动。

在各项退赔工作中，以房屋的退赔所遇到的困难最大。这不仅因为在所有被平调的财物中，房屋所占的比例最大。更重要的原因是，房屋问题与社员日常生活的关系最为密切，而且无法替代，社员也就最为关心。就数量而言，全区共拆迁6.21万户、房屋15.49万间。属成批整村拆毁的有196个自然村。最为严重的常熟县谢桥公社，全社共拆房屋5 520间，其中金星、明星、陈桥3

个大队，因望虞河工程、大炼钢铁、大搞繁殖场、大办公共食堂等原因，拆毁房屋830间，成为拆迁重灾区。

全区的退赔工作1961年上半年进展较为缓慢。一方面，这是因为在1961年上半年处于国民经济大调整初始阶段，各项工作交织在一起，工作任务非常繁重；另一方面，有些地方的领导人对退赔工作的重要性认识不足，影响了工作进展；再加上这一工作本身比较烦琐，难度较大，开始阶段又缺乏经验，对哪些受到损失的财物应视作平调进行处理，数额如何估算，以何种方式进行退赔，缺乏可操作性的具体规定，也影响了退赔进度。随着有关政策进一步明确、具体，退赔经验逐渐积累，自1961年下半年起，退赔工作明显加快。到1965年，苏州专区退赔工作全部结束。共退赔房屋10.14万间，占拆毁房屋总数的65.7%。用于退赔的钱、物，仅江苏省与苏州专区就下拨230多万元。其后，退赔工作的个别遗留问题归于民政部门统一处理。[1]

苏州地区的退赔工作主要包括对房屋、土地、用具（包括生产和生活用具）和劳动力等的清理与退赔。

首先，对劳力的处理和退赔。“大跃进”高潮中，由于错误地估计了农业生产形势，认为农业问题已经解决，致使大量青壮劳力被抽出农业生产第一线，进行大炼钢铁、大办社队企业和兴修各种水利工程，加上生产上的瞎指挥、搞大兵团作战等，对劳动力的平调是很严重的。以吴县渭塘公社保圩大队为例，在农业劳力的安排上，自1957年起呈逐年下降的趋势，而且老弱病残妇的比例逐年加大。具体如表4所示。

表4　吴县渭塘公社保圩大队劳力安排情况

项目	1957年		1958年		1959年		1960年	
	人数/人	所占比例/%	人数/人	所占比例/%	人数/人	所占比例/%	人数/人	所占比例/%
农业	723	96.91	640	88.76	568	79.44	525	76.64
副业	7	0.94	15	2.08	44	6.15	54	7.88
福利	6	0.80	18	2.50	35	4.90	43	6.28
社办工业	1	0.13	24	3.33	30	4.19	37	5.40

[1] 参见王玉贵：《20世纪60年代初农村人民公社退赔研究——以苏州地区为考察对象》，《当代中国史研究》2003年第1期，第45-46页。

续表

项目	1957年		1958年		1959年		1960年	
	人数/人	所占比例/%	人数/人	所占比例/%	人数/人	所占比例/%	人数/人	所占比例/%
水利	1	0.13	5	0.69	14	1.96	1	0.15
交通运输			9	1.25	6	0.84	3	0.44
文教	2	0.27	10	1.39	18	2.52	22	3.21

资料来源:《渭塘公社保圩大队劳力调查情况》, 1960年7月15日, 档号H5-1-1960-48。
说明:原表格中少数数据疑似有误,现进行更改。

尽管苏州地区历史上人多地少的矛盾一向比较尖锐,但苏州地区长期以来已形成了一套适应本地区人口稠密这一基本特征的农业生产经营方式,即以劳动密集型为主的精耕细作式的生产经营方式,在单位土地面积上投入较多的劳动力,同时提高复种指数,以获得尽可能多的劳动产出,为解决劳动力的富余问题,家庭副业和手工业也很发达。公社化初期,农业生产就其经营手段也是就生产力水平而言的,并没有什么质的改变,但生产经营的组织方式发生了很大变化,家庭经济作为私有制的残余被取消了,农户的唯一收入来自集体生产单位,当青壮劳动力被平调出农业生产第一线后,所产生的消极影响是致命的,而且农业生产具有很强的季节性,收种不及时会对产量的高低产生极大的负面影响。而农业生产的下降,使农民基本口粮也难以得到满足,反过来又影响了农业劳动者的体质,使农活质量下降,事倍而功半,如此形成恶性循环。

针对这一情况,自1960年下半年起,苏州各地开始对农村劳动力被挤占、抽调的情况进行摸底调查,并着手整顿,提出通过排、挤、保、改、管、定等办法,解决农业一线劳动力不足的问题。从挤、保入手,解决当前问题;从排、管着眼,做好长期打算;以改、定为保证,从根本上解决问题。排,就是根据"以农业为基础,以粮为纲,全面安排"的方针,统筹兼顾,全面规划,合理安排农村各条战线投放劳动力的比例;挤,就是千方百计挤出各行各业可以挤出的劳动力,支援农业生产;保,就是爱护、保护劳动力,使所有的劳动力能够精力充沛地投入生产战线;改,就是坚持群众路线,大搞工具改革,大搞农业的技术革新和技术革命;管,就是加强公社、大队的经营管理工作;定,就是对管理、使用劳动力做出制度规定。为使劳动力的管理真正规范化,落到实处并取得成效,相关文件还对上述措施做了具体规定。就劳动力的管理制度而言，苏州地委农工部的文件做了十五条规定，主要内容有：一是今后农村劳动力要实行统一管理，不准乱抽调，更不能任意组织协作和大兵团作战，打乱承包单位的劳动力使用计划，组织协作必须双方自愿，经上一级党委批准。二是凡是1960年以来各公社、各系统、各单位私招乱雇的人员，要一律查明送回原生产单位。三是公社、大队用劳动力出去开后门、搞协作的，要一律查明找回。四是各级、各部门一律不准占用劳动力，如确因工作需要，必须经过县委批准，对于已占用的劳动力，必须认真进行清查，不该动用的，要全部退回农村。五是公社一律不准专设建筑队伍。六是社办工业在今后两年内一律不准抽调农村劳动力，按照农忙小办、农闲大办的精神，农忙抽调部分人员支援农业，农闲全力发展工业，做到亦工亦农，增产不增人。七是大队不搞专业运输队伍，对于已经向生产小队抽调的农船、劳动力，必须放回生产队，参加农业生产。八是社办农业学校、红专学校、农业中学，农忙时间一律放假，除去留下从事本校生产必需的人员以外，其余教员、学生全部回原大队参加生产。九是机关、学校、企事业单位开展副业生产，不得占用农业劳动力，对于已经占用的，必须进行整顿，全部退回农村。十是公社文工团，应在业余时间进行活动，一律不能脱产。十一是对盲目外流的社员，要认真做好思想工作，动员回家参加劳动，在生产、生活上的困难，应该给予必要的照顾，不可歧视打击。十二是民兵的训练工作必须在农闲时进行。十三是公社和各直属企事业单位，必须全面进行排队，精简非生产人员，大队不得设专职的通讯员、采购员、统计员。十四是对于福利和副业生产等实行定员、定额制度，规定炊事员至少每人负担50人的吃饭，种菜员至少每人负担50人的吃菜，保育员至少领10个小孩，饲养员至少养30头猪。十五是农村劳力要普遍进行一次清理，重新评定劳动等级，充分为计划生产、安排劳力提供条件[1]。根据这些规定，各县都着力整顿了被平调的劳动力，充实农业、充实第一线。总的来说，这一工作的起伏不大，到1961年下半年由于停止了各种大办特别是社队企业的停办，就基本结束了。被平调的劳动力不仅重新回到了农业生产第一线，而且还获得了相应的补偿。

其次，对土地的清理与退赔。“大跃进”期间，因各种大办而挤占、征用、浪费了大量宝贵的土地资源，这对于原本就人多地少的苏州地区而言，无异于

---

[1] 中共苏州地委农村工作部：《关于整顿农村劳动力问题座谈会议的情况》，1960年8月3日，档号H5-1-1960-48。

雪上加霜。为此，苏州地区按照江苏省委的要求，从1960年年底开始对各有关单位征而未用、用而多余和平调占用的农用土地，进行了初步清理和退赔。但在工作刚开始时，不少参与平调的单位对退赔工作的重要性认识不足，有的多占少退，有的明退暗不退，有的边退边占，有的公退私不退。有些被平调的生产队因害怕收回土地会增加征购粮数量，使社员产生吃力不讨好的感觉，对收回土地也不很急切，因而影响了土地的彻底清理与退赔。到1962年6月，全区仅清理出农用土地26 127.9亩。其中属征而多余的6 900.45亩，属平调占用的9 346.27亩，属平整挖压废等的5 095.18亩，属蔬菜改种粮食的4 786亩，另有国营场圃和企事业单位继续耕种，实行定产、定任务的4 164亩[1]。

针对这一情况，1963年3月，苏州地委退赔工作领导小组根据国务院有关指示和《农业六十条》等有关文件规定的精神，做出了具体规定。一是关于退还给生产队的土地所有权问题。规定指出，凡是征而未用的土地，一律无条件退给生产队，不准收回征用费，土地所有权仍归国家，今后需要时，经过批准手续，无代价地收回使用；凡是无偿占用生产队的土地，一律无条件退给生产队，所有权亦归生产队，并视具体情况，适当补偿占用期间的损失。二是青苗作物的处理问题，按照国务院规定的精神，已经成熟和即将成熟的，谁种谁收，离成熟期尚早的，随地交苗，双方协商，由生产队酌情补偿种子和工本费。三是建筑物和其他固定设施，生产队有保护的责任，不准破坏，如要借用，应征得原单位同意。对生产有关的小型附着物，原单位不需要的，可以协商作价移交给生产队使用。四是生产队接受的土地，凡是熟田，都应列入计划面积，照计征购；凡是破坏性不大，稍加平整就能耕种的土地，列入计划面积，在第一年定产时适当给予照顾，第二年照计征购；凡是破坏性很大，生产队得花很多劳力平整后才能耕种的土地，按开荒办法处理。五是对原属市镇居民私有的土地或其他没有入社的私有土地，由占地单位直接交给所在地生产队，私人不得收回土地，如果本人要求种田，可随地入社，转为农业人口，并按社员待遇划分自留地。六是有些单位季节性使用的大片场田，可根据不同情况，采取几种办法处理：其一，单位用生产队种，轮流交叉，但不能影响单位使用；其二，单位用单位种，规定上交任务；其三，本着节约用地的原则，缩小范围，退一部分留一部分。七是对围墙、篱笆内的大片可耕地，亦可根据具

[1] 中共苏州地委农村工作部：《关于清理土地的情况报告》，1962年6月19日，档号H5-1-1962-65。说明：文中个别数字可能有误。

体情况，采取几种办法处理：其一，缩小篱笆，把地让出来；其二，社员进围墙种田；其三，单位耕种，规定上交任务。八是关于学校占地，除了必要的运动场所、批准保留的农中和其他专业性学校的生产地外，全部退给生产队，不得借口劳动锻炼、生活福利等占地不放。如果在退地后，吃菜有困难，所在地商业部门和生产队应该负责供应。个别处在偏僻地区、人数较多的学校，当地商业部门和生产队无法解决他们吃菜问题，经县委审查批准，也可以保留一定的蔬菜基地。九是公社、大队耕种的土地，按《农业六十条》精神办事，一般都要撤掉，土地退给生产队，少数确有保留价值的，经县委批准，也可以退一部分，留一部分或者全部保留。十是国营场圃、大市镇的蔬菜基地、劳改单位的土地、兵役局的土地，以及其他特殊情况占用的土地，牵涉问题较多，应与有关单位和主管部门商定初步意见，专题报告各级党委研究处理[1]。

这一操作性极大的规定出台后，尽管有些地方仍存在这样那样的问题[2]。但总的来说，各地对土地的清理退赔工作还是迅速走向深入。经过进一步全面认真地清理，到1963年9月，全区又退出征而未用和无偿占用的土地13 857.421亩，加上前几年陆续退还的土地，占1958年以来征用、占用土地总数45 103亩（不包括水利挖废、压废的土地）的90%以上，基本上退清了应退可退的土地[3]。这在一定程度上，促进了生产的发展，增加了生产队和社员的收入，巩固了集体经济，特别是对城镇郊区一向人多地少、征用土地较多的社队，其作用尤为显著。

在各种退赔中，要数对房屋的退赔最为困难，进展也最为缓慢。一方面，因为在所有被平调的财物中，房屋所占的比例最大；另一方面，房屋问题与社员日常生活的关系最为密切，而且无法替代，因此社员也就最为关心。而当时对建房物资如木材和毛竹等却又最难筹集。到1962年3月，全区仅退赔房屋46 450间，占总数的30%。其中以公房抵赔的22 075间，占14%；公房拆建或旧房新建的16 393间，占11%；群众自筹的7 962间，占5%。另有一部分作价赔钱[4]。从1963年下半年开始，随着经济形势的进一步好转，各方面对退

---

[1] 中共苏州地委退赔领导小组：《关于退赔房屋清理土地会议的情况报告》，1963年3月24日，档号H1-2-1963-306。

[2] 中共苏州地委退赔办公室：《关于吴县金山公社清理退还土地情况的报告》，1963年6月25日，档号H5-2-1963-111。

[3] 中共苏州地委农村工作部：《关于清理土地工作总结》，1963年9月4日，档号H5-1-1963-70。

[4] 《苏州专区平调退赔情况》，1962年3月13日，档号H5-1-1962-63。

赔工作的支持力度逐渐加大，退赔工作的进度也日趋加快。8 月底，苏州地委向江苏省委报告，全区共退赔、重建房屋 9.49 万间，占拆毁民房 15.85 万间的 59.9%。[1] 是年 10 月，专署先是从江西省组织到计划外毛竹 2 万支。随后，江苏省又先后下拨给苏州地区用于退赔建房专项资金 6 万元，木材 200 立方米。11 月，苏州专区供销社生产资料站又从安徽组织到计划外毛竹 1.5 万支[2]。据初步排队，到 1964 年春节，全区有 111 个公社（占被拆毁民房总数的 51%）、1 872 个大队（占 68%）已解决或基本解决了急需户的住房问题[3]。到 1965 年 3 月，退赔房屋总数增加到 93 999 间，占拆毁总数的 60%以上，占总农户的 90%左右[4]。

据统计，4 年来，全区用于建屋的退赔物资，仅省、区下拨的就有木材 6 375 立方米，毛竹 93 600 支，煤炭 2 975 吨，砖 2 990 万块，瓦 1 059 万张[5]。全区共退赔、建还房屋 101 377 间，占拆毁房屋总数的 65.7%。详细情况如表 5 所示。

表 5　苏州专区退赔安置房屋情况

地区	拆迁情况		退赔安置情况					
					分年度情况/间			
	户数/户	间数/间	间数/间	占拆迁间数的比值/%	1962 年前	1962 年冬 1963 年春	1963 年冬 1964 年春	1964 年冬 1965 年春
合计	59 904	154 269	101 377	65.7	71 917	15 987	7 243	6 230
无锡	4 994	11 775	6 063	51.5	4 387.5	1 313	341.5	21

[1] 中共苏州市委党史研究室：《中国共产党苏州大事记》，中国文史出版社 2000 年版，第 105 页。

[2] 以上材料分别参见中共苏州地委退赔办公室、江苏省供销合作社苏州专区办事处：《关于分配一批计划外毛竹用于生活和退赔建屋的通知》，1963 年 10 月 21 日；江苏省苏州专员公署财政局、中共苏州地委退赔办公室：《关于分配一批退赔经费的通知》，1963 年 10 月 21 日；中共苏州地委退赔办公室、江苏省苏州专员公署计划委员会：《关于分配一批退赔专用木材的通知》，1963 年 10 月 21 日；中共苏州地委退赔办公室、江苏省供销合作社苏州专区办事处：《关于分配一批安排生活专用毛竹的通知》，1963 年 11 月 23 日，档号 H5-2-1963-110。

[3]《苏州专区退赔房屋安置拆迁户工作情况和意见（出席省退赔会议资料）》，1964 年 3 月 7 日，H5-1-1964-74。有些文件中的统计数字可能有误。如据 1963 年 10 月的统计，全区已退赔建还 94 092 间，占当初被拆毁房屋总数的 59.3%。参见《退赔会议情况报告》，1963 年 10 月 25 日，档号 H5-1-1963-69。

[4]《关于结束退赔房屋安置拆迁户工作的初步方案》，1964 年 4 月，档号 H5-1-1964-74。

[5]《苏州专区 1961 年到 1964 年分配退赔建屋物资汇总表》，1965 年 7 月 12 日，档号 H5-1-1965-77。

续表

地区	拆迁情况		退赔安置情况					
	户数/户	间数/间	间数/间	占拆迁间数的比值/%	分年度情况/间			
					1962 年前	1962 年冬 1963 年春	1963 年冬 1964 年春	1964 年冬 1965 年春
江阴	4 764	11 702	6 360	54.5	4 635	1 011	420	294
沙洲	16 629	33 259	26 237	79	18 455	2 951.5	2 397.5	2 433
常熟	18 619	55 842	34 423.5	61.7	22 269.5	6 270	2 764	3 120
太仓	1 950	6 288	4 489	71.4	3 758	611	120	
昆山	5 111	14 201	12 899.5	90.8	10 399.5	1 632	586	282
吴县	3 830	8 717	4 271	49	3 184	785.5	301.5	
吴江	4 007	12 485	6 634	53.2	4 828.5	1 413	312.5	80

资料来源：苏州地委退赔办公室：《苏州专区退赔安置房屋情况》，1965 年 7 月 8 日，档号 H5-1-1965-77。

另据 1964 年 6 月的数据统计，全区在结束退赔工作时，尚有 9 000 间左右房屋需要退还，其中最严重的常熟县就需 5 000 多间，最少的吴江县则需 200 多间[1]。具体安排如表 6 所示。

表 6　苏州全区退赔安置房屋扫尾任务规划　　单位/间

地区	尚需安置的房屋	大中型水利工程拆迁房屋	小型水利工程拆迁房屋	其他大办工程拆迁房屋	
合计	5 094	3 048	846	1 200	说明（解决办法）：各县现有积存材料解决 700～800 间；省分配材料、经费可以解决 1 500 间左右；挖地方潜力，动员群众自筹解决 1 000～1 300 间；尚缺 1 400～1 800 间。
常熟	2 500	1 784	416	300	
沙洲	1 591	856	250	485	
吴江	301	258	10	33	
无锡	332		100	232	
江阴	250	150	50	50	
昆山	120		20	100	

资料来源：《全专区退赔安置扫尾任务规划》，1965 年 7 月 16 日，档号 H5-1-1965-77。

[1] 中共苏州地委退赔办公室：《当前退赔安置工作情况》，1964 年 6 月 13 日，档号 H5-1-1964-74。

最后，对各种生产和生活用具的退赔。有关政策虽然一再强调要一律尽量采用实物进行退赔，但在具体工作中，一般多是将小农具的损坏归于正常损耗的范畴而不予退赔（当时农民所损失的几乎都是一些小农具，大农具在合作化运动时期都已作价或入股归集体所有）；对生活用具，因其种类繁多，客观上难以做到一一核实，并予赔付，比较可行的只能是作价退赔期票。

根据上级的统一部署，自1963年下半年起，苏州地区的一些地方已开始着手准备结束退赔工作。[1] 1964年4月以后，全区的退赔工作全面进入结束扫尾阶段。[2] 到1965年上半年，退赔工作全部结束，有关机构相继撤销，少量遗留问题划归民政部门统一处理。全区用于退赔的钱物，仅由省、地两级下拨的就合计达230多万。[3] 另外，还退赔了大批期票。具体情况如表7所示。

表7　苏州专区退赔期票情况　　单位/元

县名	发放数				银行已回收数	尚未收回数			
	合计	大小队	社员	其他		合计	大小队	社员	其他
合计	5 785 102	3 339 520	2 350 561	76 939	1 541 355	4 172 260	2 406 939	1 762 025	76 254
无锡	1 340 908	586 286	754 140		225 437	1 053 984	463 885	652 099	
江阴	948 040	651 004	267 064	29 972	416 654	531 386	435 504	105 409	
沙洲	539 353	144 987	384 336		62 946	466 407	83 131	379 264	13 011
常熟	708 642	284 507	377 168	46 967	236 395	472 247	164 295	261 737	46 217
太仓	765 898	351 975	413 923		238 472	527 426	277 960	246 950	2 516
昆山	305 686	289 030	16 656		71 125	234 561	203 790	16 261	14 510
吴县	86 575	36 470	42 535		18 060	68 515	18 700	42 245	
吴江	1 090 000	995 261	94 739		272 266	817 734	759 674	58 060	

资料来源：地委退赔办公室：《苏州专区退赔期票情况》，1964年10月15日，档号H5-1-1965-77。

在进行农村政策调整期间，中共中央副主席、国务院副总理陈云还于1961

[1]《退赔安置工作情况与意见（讨论稿）》，1963年12月7日，档号H5-2-1963-109。

[2]《关于结束退赔房屋安置拆迁户工作的初步方案》，1964年4月，档号H5-1-1964-74。

[3]《苏州专区退赔安置工作情况和全面结束的意见》（该文件的形成时间及作者不详），档号H5-1-1965-77。具体应为233.197 2万元。参见《苏州专区1961年到1964年分配退赔建屋物资汇总表》，1965年7月12日，档号H5-1-1965-77。

年7月16—18日在苏州专区进行调查研究，与专区及吴县等5县负责人、部分大队党支部书记进行座谈，就双季稻种植、小麦种植、养猪、粮食征购、自留地等5个问题进行交流。陈云此次苏州调研，不仅对苏州农村政策的调整进行了直接的指导，而且在此次苏州调研和早些时候青浦调研的基础上形成的《母猪也应该下放给农民私养》《种双季稻不如种蚕豆和单季稻》《按中央规定留足自留地》3个调研报告，在报送中央并于8月23日召开的中央庐山工作会议上印发后，对全国农村政策的调整也具有深远的积极意义。

对农村政策的调整，“三级所有，队为基础”基本制度的确立，表明在1958年9月所设想的那种为加速向共产主义过渡的人民公社体制正式宣告失败。在人民公社制度还不可能被废除的历史条件下，通过调整，在一定限度内还是有利于农村紧张形势的缓和与农业生产的恢复与发展的。“三级所有，队为基础”的所有制结构与传统农民的居住结构和劳动格局在空间上相吻合，没有打破农民世代生活的基本环境，这就大大缓解了行政组合的强制性。苏州农业的调整成效逐渐显现，1965年与1962年相比，苏州农业总产值由16.49亿元增长到26.34亿元，增长59.73%；粮食产量由152.32万吨增长到210.32万吨，增长38.08%；农民人均纯收入由103元增长到152元，增长47.57%[1]，农村的整体形势明显好转。

3. 农业学大寨运动的兴起

1964年2月10日，《人民日报》发表《大寨之路》的报道，同时发表《用革命精神建设山区的好榜样》的社论，介绍当时山西省昔阳县大寨大队在贫瘠的土地上艰苦奋斗，发展生产的事迹，大寨成为全国农业战线的一面红旗。此后，全国农村掀起了农业学大寨运动。苏州农村地区的农业学大寨运动随之逐步推开。

3月，苏州地委和专署、市委和市人委发出在农村深入开展“学大寨、赶大寨、比学赶帮超运动”的指示，提出开展以大寨为榜样，以政治思想好、执行政策好、干部作风好、增产增收好、经营管理好等“五好”为目标的群众运动。考虑到地域等自然条件方面存在的差异，在农业学大寨运动早期阶段，苏州把大寨作为生产典型推出，除了强调学习大寨的自力更生、艰苦奋斗的精神外，更多的是强调学习在本地区具有样板作用的社队经验，抓住夺高产多贡献这个主题，把学大寨作为一项生产竞赛活动。地、县、公社、大队四级，层层

[1] 此处农业各项数据统计区域为现苏州市域范围。

办样板，样板点通过开展比、学、赶、帮等活动，推广先进经验和科研成果。以专区为例，1964 年 3 月，专区、县、公社、大队四级共建样板点 5 142 个，计 88 万亩土地，占集体耕地总面积的 13%。其中，吴县郭巷公社长桥大队第一生产队被立为全区推广陈永康水稻高产经验的中心示范点。各地争相邀请劳动模范、科技人员介绍先进经验、传授科学方法。6 月 20 日，在全国劳动模范、水稻栽培专家陈永康到沙洲县做水稻种植技术报告后，全县迅速掀起推广陈永康经验的热潮，有效地提高了水稻栽培水平，促进了水稻增产。为大面积粮棉油平衡增产，各地以改造低产队、低产片、低产田“三低”为重点，在小型水利建设、田间渠溪配套工程、治渍治涝、土地平整、优质肥料等方面下功夫，采取综合措施，努力实现灌排机电化，努力改善低产地区的生产条件，到“文化大革命”前，共有 75 万亩低产田得到不同程度的改造。1966 年年初，农业部把苏州地区列入大寨式专区，省委号召全省学苏州。开展农业学大寨运动，对促进农田基本建设、发展农业生产起到了一定的积极作用。

三、手工业和商业的调整

1. 手工业领域的调整

在“大跃进”运动中，手工业合作社（组）的大部分职工加入炼钢队伍或支援机械、化工、纺工等工业行业，大批手工业合作社（组）相继合并、改组或转产。尽管在大办工业中，市区街道新办了一批生产企业，部分工厂也新建了一批卫星厂，但由于这批企业大多属于因陋就简，仓促上马，产品一时无法完全替代被改组、转产的原有手工企业生产的各类日用小商品，造成市场严重缺货。苏州在贯彻执行国民经济调整八字方针过程中，手工业战线得到了适当充实。1961 年 6 月，中共中央发出《关于城乡手工业若干政策问题的规定（试行草案）》（以下简称《手工业三十五条》）。《手工业三十五条》规定：手工业的主要所有制形式应是集体所有，前几年已改为全民所有制的，一般仍应恢复原来的手工业合作社或者合作小组。据此，苏州继续有计划、有步骤地调整手工业领域。

苏州市委和市人委对手工业的调整确定了“五有利”原则：有利于调动手工业工人的生产积极性，提高劳动生产率；有利于增加产品品种和数量，提高产品质量，恢复发展传统名牌产品；有利于节约原材料，降低成本；有利于适应农业生产和人民生活的需要；有利于更好地实行“各尽所能，按劳分配”，在发展生产的基础上，逐步增加手工业工人的收入。根据上述原则，全市在调整步骤上分期分批、先主后次地进行。先抓好所有制、规模、网点的调整，再解决分配问题；先搞好与人民生活密切关联的行业，再分批全面展开。

调整企业所有制和规模方面，将合并过大、企业性质上升不当的企业下放，退赔被平调的资金。将部分大集体（合作工厂）改为小集体（合作社或合作组），把部分生产合作社改为供销生产合作社。1962 年苏州市共调整 89 户，其中全民所有制改为集体所有制 12 户，合作工厂改为合作社 69 户，手工业生产社改为供销生产社 8 户。

调整网点布局方面，为支援农业、保证出口需要、加强生产薄弱环节，让一批原属手工业局的企业归队；对一些产供销无问题、生产尚不能满足人民需要的行业，进行调整和充实，如将原来以大集体核算的铁制农具厂，按照历史习惯，调整为娄门、葑门等 7 个铁业小组，实行专业定点生产。为满足人民群众生活需要，恢复发展传统产品生产，1962 年手工业系统基建投资的费用，62%用来加强生产传统特色产品。对于供产销矛盾比较突出、产品供过于求、短期不能扭转亏损局面的少数企业，则采取撤销淘汰、适当压缩或转向、转业生产等方式处理。1962 年全市压缩手工业 7 户、生产转向手工业 34 户、关闭手工业 12 户。

调整手工业人员队伍方面，1962 年根据增产节约、精兵简政、支援农业、克服困难的精神，组织能工巧匠归队和充实手工业生产；精简来自农村的职工回乡务农，在集体所有制手工业企业中安置全民所有制企业精简的职工和一部分社会闲散劳动力，全市共精简来自农村的职工 2 740 人，安置全民所有制企业精简出厂人员和社会闲散劳动力 3 145 人。

调整分配制度方面，按照“各尽所能，按劳分配”的原则，根据企业不同特点，实行分配制度多样化，计时工资、计件工资、分成拆账工资并存，有的企业还实行自负盈亏的办法，在发展生产的基础上，逐步增加手工业工人的收入。

在调整过程中，伴随着技术设备革新，手工业系统机械化程度不断提高，除必须保留手工操作的传统技艺，如刺绣、雕刻等特种手工艺品外，全系统基本上达到机械化、半机械化程度。尤其是各地加强对传统手工艺人的保护，鼓励老艺人带徒弟，提倡师徒自由选择，防止传统工艺出现后继无人的情况。由于方法得当，措施有力，手工业的调整进展较为顺利，从业者的生产积极性有了显著的提高。

2. 商业领域的调整

1961年6月，中共中央发出《关于改进商业工作的若干规定（试行草案）》（以下简称《商业四十条》）。《商业四十条》规定：国营商业、供销合作社商业和农村集市贸易，是商品流通的三条渠道。要把过去撤销或合并的农村供销合作社恢复起来，把过去拆散的合作商店、合作小组恢复起来。同时，有领导地开放农村集市贸易。

根据中央关于改进商业工作的精神，苏州认真贯彻执行“发展经济，保障供给”的财经工作方针，各地商业、供销部门主要进行了以下几项工作：注意改进对工业品的收购和原材料的供应工作，增加农业生产资料供应，支援工农业生产。尤其是抓紧秋后的农副产品的收购和调拨，加强城乡人民群众生活资料的组织供应。在国营商业的主导下，积极恢复农村供销合作社的自营业务，恢复农村集市贸易。随着农村自留田的下放，家庭副业迅速发展，各地建立了近300个农民服务站和贸易货栈，市场交易日益活跃。针对市场上出现的影响市场物价和社会稳定的投机倒卖活动，各地都加强对市场的领导和管理，开展对投机集团和投机分子的斗争，市场物价日益稳定。在外贸收购方面，对出口产品实行“安排在先、生产在先、原材料和包装物料供应在先、收购在先、运输在先”的原则，选派责任心强、业务熟练的干部进驻重点出口生产企业，督促落实生产，保证产品质量。

随着工农业生产的发展，到1963年，苏州整个市场状况有了明显好转，蔬菜、荤食品、代粮食品的供应量都有较大幅度的增长，部分日用工业品的供应也有较多增加，当年苏州市全年实现购买力1.48亿元，超额完成省下达的1.4亿元的计划。到1965年，苏州社会消费品零售总额达到4.86亿元，比1962年的4.3亿元增长13.02%。[1]

四、户籍管理的加强与城乡二元经济社会结构的形成

中华人民共和国成立初期，城乡之间的人员流动一般是不受限制的，农民享有自由迁入城市的权利。大批农民不受限制地迁入城市，尽管满足了大规模城市经济建设对劳动力的需求，却又使城市在就业、住房、食品供给等方面越来越不堪负担，同时大量劳动力脱离农业生产第一线，在基本是手工劳动的生

[1] 1965年数据统计区域为现苏州市域范围。

产力条件下，也削弱了农业生产力量，进而影响剩余农产品对城市生产和生活需求的满足。针对这种情况，政务院于1952年发出了《关于劝止农民盲目流入城市的指示》；1957年，中共中央、国务院又颁布了《关于制止农村人口盲目外流的指示》，并采取了诸如严格禁止企业单位从农村招工、在城市建立收容站、把进城农民遣送原籍等强有力的措施。1953年10月，政府还出台了对主要农产品实行统购统销的政策，旨在控制城市居民对农产品的不断增长的过度需求，同时限制了农村居民向城市的盲目流动。不过这些措施在执行初期，其效果并不十分理想。

为控制人口在城乡、地域间的自由流动，1958年1月，全国人大常委会第91次会议通过《中华人民共和国户口登记条例》（以下简称《条例》），将城镇人口和农村人口明确区别开来，规定了城乡居民的居住地和就业范围，农村人口不经有关部门许可、没有正当理由不得变更自己的户籍，与之配套的则是全国普遍实行的生活资源按户籍定量、凭票证供应的制度，这就将所有社会成员都置于强有力的行政控制之下，通过控制生活资源实现控制经济资源和人员在城乡间流动的目的。《条例》规定“农业、渔业、盐业、林业、牧畜业、手工业等生产合作社的户口，由合作社指定专人，协助户口登记机关办理户口登记。合作社以外的户口，由户口登记机关直接办理户口登记”；“农村以合作社为单位发给户口簿，合作社以外的户口不发给户口簿”；“公民由农村迁往城市，必须持有城市劳动部门的录用证明，学校的录取证明，或者城市户口登记机关的准予迁入的证明，向常住地户口登记机关申请办理迁出手续”。颁布这一条例的目的是“为了维持社会秩序，保护公民的权利和利益，服务于社会主义建设”[1]，其实更多的是限制了公民自由选择居住地的权利。1964年5月，江苏省人民委员会发出《关于正确处理户口迁移问题的通知》，提出：一是从城市、集镇迁往农村的，从城市迁往集镇的，从大城市迁往小城市的，同等城市、集镇、农村之间的相互迁移，只要理由正当，一律不要限制。二是除按国家规定进行调动、招收和分配的职工、学生及被批准随迁的家属，退职、退休、退学、休学和被清洗、开除、劳改释放后必须回家的，无劳动能力在农村无依无靠、不能单独生活而必须回到城市、集镇投靠直系亲属的以外，对从农村迁往城市、集镇的，从集镇迁往城市的，要严加限制；从小城市迁往大城市

---

[1] 中共中央文献研究室：《建国以来重要文献选编》第十一册，中央文献出版社1995年版，第16-18页。

的，要适当限制。三是对倒流回城市的下放人员，应继续动员他们下乡。四是除世居城镇、家庭有实际困难者外，农村妇女与城镇男子结婚的，不要迁入城镇；农民与渔民结婚、女方已到男方生活的，应准予迁移户口。五是女方在农村的夫妻所生子女的户口，按 1963 年 7 月江苏省人委转发省公安厅《关于新生婴儿申报户口问题的报告》的规定，在农村落户，除女方患有严重疾病或有其他特殊困难，新生儿童须由男方抚养，可在男方常住户口所在地落户；女方在城市的夫妻所生子女的户口，在男方户口所在地落户。[1]

城乡隔离的户籍管理制度一经确立，就成了我国户籍管理的一大特点和主要内容，限制了人口在城乡之间特别是从乡村向城市的自由流动，城市与乡村之间的经济、社会二元结构非常明显。在城乡之间的人口自由流动基本停止的同时，城乡之间的人口逆流动却一直延续到“文化大革命”结束后。

除“大跃进”运动之初有部分农民迁入城市外，如苏州市为迎接“大跃进”高潮到来而在 1957 年迁入城市的人口达 13 754 人，其中由农村迁入的为 12 472 人，占 90.6%[2]，更多的是从城镇前往乡村或边疆地区。从 1961 年起，在贯彻调整方针时，决定大规模精减职工，减少城镇人口，规定“大跃进”运动以来来自农村的职工，凡是能够回乡的，就动员回乡。

苏州地区的精减人口工作就是在这一背景下展开的，主要做了两个方面的工作：一方面，对于应该动员回农村的人员，坚决动员他们回农村；另一方面，多渠道地做好精减职工的安置工作。安置主要采取了以下几种途径：对全民所有制企业需要下放到集体所有制企业人员，有意识地组织“过渡性”生产，然后全班人马调整归口；允许社会上有手工技艺的个体手工业者登记开业，扩充服务行业，吸收企业精减职工就业；采取统一规划、单位招收、自愿报考、领导批准的办法，鼓励能工巧匠吸收学徒，培养新生力量；积极发展家庭副业，将适宜于分散生产的刺绣等加工性作业工种，安排为家庭副业；对一些根本无法从业劳动、生活困难的人员，则由民政部门给予必要的社会救济和尽可能地组织生产自救，使他们能够维持最低生活水平。通过上述种种办法，1961 年苏州专区共精减全民所有制职工 37 352 人，压缩城镇人口 66 090 人，减少国家粮食定量供应人口 72 556 人。

---

[1] 江苏省人民委员会：《关于正确处理户口迁移问题的通知》，1964 年 5 月 22 日，档号 C1-2-1964-255。

[2] 苏州市地方志编纂委员会：《苏州市志》（第一册），江苏人民出版社 1995 年版，第 296 页。

根据中共江苏省委的规定，1962—1963 年苏州全区需精减职工 38 878 人，职工总数控制为 100 800 人。到 1962 年 6 月底，全区已精简全民所有制职工 27 332人（不包括苏州市和无锡县），超过原定任务的 3.1%；减少城镇人口 32 187 人，占任务的 86.4%；减少定量人口 49 155 人，占任务的 72.2%；减少吃自筹粮的人口 11 148 人，占总数的 39.5%[1]。当年，苏州全区全民所有制职工毛减 43 175 人，净减 28 145 人[2]，节省工资支出 779 万元，尚有 115 861 人未能精减；商品粮人口毛减 85 948 人，净减 60 172 人，压缩粮食销量 4 291 万斤；城镇人口毛减 58 351 人，净减 39 068 人。具体如表 8 所示。

表 8　苏州地区精减任务分配表　　单位/人

地区	城镇人口			商品粮人口			全民所有制职工				
	两年任务	1962 年已减数	1963 年再减数	两年任务	1962 年已减数	1963 年再减数	1962 年末人数	1962 年已减数	1963 年再减数	1963 年年末控制数	
										小计	其中含临时工、季节工
总计	65 000	39 068	25 932	76 194	60 172	16 022	113 399	28 145	17 050	99 500	3 500
江阴	11 437	6 563	4 874	14 136	8 749	5 387	15 846	4 574	1 383	14 463	510
无锡	3 106	2 256	850	3 760	3 110	650	14 266	1 564	1 228	13 038	460
沙洲	1 992	1 136	856	3 019	2 510	509	14 774	+415	6 611	8 163	320
常熟	5 198	10 746	4 452	21 012	18 212	2 800	1 928	575	2 900	16 383	620
太仓	8 009	3 309	4 700	6 099	4 898	1 201	7 718	2 528	421	7 297	250
昆山	9 127	4 927	4 200	7 679	6 445	1 234	10 919	3 384	1 407	9 512	350
吴县	10 149	6 149	4 000	13 298	10 815	2 483	16 892	8 118	1 570	15 322	550
吴江	5 982	3 982	2 000	7 191	5 433	1 758	13 701	2 641	1 530	12 171	440
1963 年计划需增										3 151	

资料来源：中共苏州地委精简小组：《关于召开各县精简工作会议的情况报告》1963 年，档号 H1-1-1963-46。

[1] 中共苏州地方委员会：《关于华东局扩大会议贯彻执行情况的报告》，1962 年 7 月 20 日，档号 H1-1-1962-39。

[2] 据另一份文件统计为 23 817 人。参见中共苏州地方委员会：《关于今后继续精简职工、减少城镇人口初步计划的报告》，1963 年，档号 H1-2-1963-306。

其中，工业部门1962年精减17 655人，基建部门1 169人，农林水利系统246人，交通邮电系统963人，商贸系统2 061人，公用事业部门494人，文教卫生系统2 759人，金融系统36人，机关工作人员2 655人。1963年，上述各系统需继续精减17 050人，具体分布为：工业部门3 799人，基建部门125人，农林水利系统8 967人，交通邮电系统57人，商贸系统2 615人，公用事业部门321人，文教卫生系统1 166人。此外，还要关停36家企业，改制9家企业；撤销停办14所学校，把7所公办学校转为民办。[1]

1963年需再减职工15 061人，据各县及专区各系统初步排队，1963年可继续精减11 950人，其中工业系统3 124人，撤并24个单位；农林水系统5 000人，主要是场带大队退出；商业系统2 701人，文教系统800人，其他基建、公用事业方面325人。这一计划实现后，各方面保留数除农林水比1957年增加外，商业、文教大体上保持1957年水平，而工业则低于1952年的34 184人（1963年控制数为30 407人）。全区还要减少吃商品粮人口21 735人，据各县初步排队，可减定量人口14 531人，主要是1958年后来自农村的新职工2 500人，1953—1957年参加工作的职工中的部分粗壮工及失去劳动力的老弱残人员1 000人，来自农村的工下家属2 000人，城镇人口下乡插队落户5 000人，季节工口粮再改2 000人为自带、国家按工种补助办法，其他如农村学生口粮改为自带、清理油粮户口等2 031人。此外，吃商品粮的菜农除常熟、江阴县城保留适当数量外，其余逐步改为口粮自给，1963年先减3 500人；吃商品粮的农村社队办企事业人员，通过整顿再压缩5 000人。多项合计共减23 031人。城镇人口再减25 932人，据各县初步排队，可减28 857人，主要是动员家住农村的各类人员回乡6 531人，动员城镇人口下乡插队落户5 000人；按照国务院关于划分城镇的规定，通过精简，将无锡县梅村、利农和吴县金山浜3个镇改为农村户口，可减城镇人口5 500人；按照中央县城以下不划郊区的规定，调整县城建制，将原是农业人口、1958年后划入城镇的11 826个菜农户口，划回农村，不列为城镇户口。[2]

除此以外，自1959年起，苏州地区还通过移民支边的办法，进一步减轻人口压力，缓解人地矛盾。按照省里的统一部署，苏州全区5年内支边任务为

[1] 中共苏州地委精减小组：《关于召开各县精简工作会议的情况报告》，1963年，档号H1-2-1963-306。

[2] 中共苏州地方委员会：《关于今后继续精简职工、减少城镇人口初步计划的报告》，1963年，档号H1-2-1963-306。

75 000 人，1959 年已动员了 7 000 人，1960 年的任务是再动员 13 500 人，具体分配如下表（表 9）所示。

表 9 苏州地区支边计划

县别	五年支边总数/人	占总人口数的比值/%	1959 年已进疆数/人	1960 年任务数/人	备注
江阴	20 000	2.13	2 040	4 050	1960 年已进疆 38 人
常熟	22 000	2.02	2 040	4 050	1960 年已进疆 24 人
太仓	5 600	1.60	600	900	
吴县	14 000	1.63	1 640	2 650	
昆山	4 000	1		800	
吴江	9 000	1.61	600	1 000	
苏州	400	0.50	80	50	已进疆
总计	75 000	10.49	7 000	13 500	

资料来源：中共苏州地委办公室：《关于完成 1960 年支边任务几个问题的指示》，1960 年 3 月 11 日，档号 H1-2-1960-210。

这一工作后来因难度太大，加上农村形势的逐渐好转而没有进一步开展下去。

1962 年，苏州市净减城镇人口 29 911 人，完成江苏省下达的两年任务的 75%；净减粮食定量供应人口 30 068 人，完成两年任务的 64%；净减全民所有制职工 28 745 人，完成两年任务的 86%。1962 年的粮食定量比 1961 年减少 1 116 万斤，全民所有制单位工资总额比 1961 年减少 993.5 万元。1963 年需继续精简。

第一，城镇人口 10 100 人，而实际能够精简的只有 5 600~6 200 人。其中，可继续动员回乡的来自农村的人员 1 880 人，分别为职工 837 人（中华人民共和国成立后来自农村、1958 年后参加工作的 3 734 人，其中 1953—1957 年来自农村的老工人为 2 085 人；1958 年后来自农村的新职工 960 人。这些人中可以动员返乡的分别为 291 人、148 人），军、工、干属 929 人（1962 年已动员 6 887 人返乡，尚有 4 982 人），无固定职业者 119 人（总数 501 人）；组织动员城市人口下乡 1 200~1 700 人，其中历届休学学生 4 000 人左右，可动员去国营农场的 1 000~1 500 人，除去 1962 年已有 700 人去苏北东辛、洪泽湖国营农场外，还可再组织300~800人，另可下放到农村的干部209人；调整区域可减少城镇人口1 600人；可压缩外省、市、县驻苏单位人员（其中吴县驻苏单位39个、4 042人，外省驻苏单位25个、325人）1 000人。

第二，商品粮人口17 000人，除上述精简人口后可减少吃商品粮人口外，郊区可减少定量供应人口800~1 000人，两项共计4 800~5 400人；减少蔬菜种植面积，可在1962年9月底商品粮人数上再减少10 000人；在新划入郊区渔民512户、2 123人中，可减少一部分定量供应人口。

第三，全民所有制职工4 700人，其中动员返回农村的350人、老年职工退休（含提前2年退休在内）和符合退休（或请长假）的资本家2 800人、通过退职和处理老弱残人员（含子女顶替）及在妥善安置条件下精简1958年从城市招收的新职工1 800人、集体所有制单位下放630人、调往外省和自然减员及其他550人，上列几项工在扣除新增的子女顶替、外地调入、统配学生、转复员军人和侨生外，可净减少职工3 660人。全市年末全民所有制职工将控制在93 618人（包括临时工2 000人、属于集体所有制性质的供销社1 600多人在内）。[1]

经过艰苦努力，苏州市1—2月净减少全民所有制职工1 255人、城镇人口235人、粮食定量供应人口183人。同时安置了待业人员1 000多人，连同1962年共安置了18 446名待业人员，占总数21 677人的80%。或许是因为困难形势有所缓和，江苏省最终下达的1963年全市精简数为：全民所有制职工5 200人、城镇人口6 100人、商品粮人口15 500人。[2] 到4月9日，全市已毛减职工4 449人（毛减总数为8 000人左右），1—3月净减城镇人口437人、定量人口283人，其中涉及1 800多名老弱残职工，工作难度很大。[3]

在精简、压缩城镇人口的同时，苏州对党政机关的人员编制也进行了适当压缩。全市编制按人口4‰比例配备，总编制为2 388人（不包括人民银行、武警），比1962年2月底的3 045人减少609人，减少20.32%。其中，市一级党委从244人减为195人，减少20%；市政府部门从1 864人减为1 581人，减

[1] 中共苏州市委员会：《关于继续精简职工、减少城镇人口的初步计划》，1963年1月16日，档号A1-3-1963-584。

[2] 中共苏州市委员会：《关于继续精简职工、减少城镇人口的报告》，1963年3月13日，档号A1-3-1963-584。

[3] 中共苏州市委办公室：《苏州市精兵简政工作情况——关于城市老弱残职工的处理情况》，1963年4月11日，载中共苏州市委办公室：《苏州市工作情况简报》1963年第7号。

少15.18%；市群团部门从138人减为130人，减少5.8%；区镇一级从620人减为386人，减少37.7%；公社一级从179人减为96人，减少47.9%。市一级党委部门撤销市委书记处、工业部、财贸部、教育卫生部、交通部、郊区工作部、劳动工资部、重工党委、轻工党委、手工党委，新建郊区工作委员会、工业党委，党委机构设办公室、组织部、宣传部、统战部、监委、郊区工作委员会、机关党委、工业党委、财贸党委、交通建设党委、教育卫生党委、文化总支。市政府部门由39个减为32个，撤销人事处、监察局、轻工局、化工局、冶金局、建筑工程局、房地产管理局，新建人事监察局、轻化工局、工商行政管理局（与原物价局合署办公）、郊区办事处（与原农林局合署办公），手工业管理局与工艺美术局合署办公，原来和计划委员会合署办公的统计局，与计划委员会分开办公。全市设6个区、1个镇、8个人民公社。每个人民公社设党委书记、副书记各1人，组织委员1人，宣传委员（兼文卫）1人，妇联1人，团委1人；公社管理委员会设社长2人，内勤1人，民政员1人，会计统计1人，炊事员1人，共计12人。撤销无线电台，有线电台编辑部与工农报社合署办公。

五、调整的主要成效

（一）工业经济在调整中发展

通过对工业布局的调整，压缩了重工业，充实和恢复了农用、日用品工业，撤销、停办和调整了一些技术落伍、亏本经营的企业，一些在“大跃进”中不适当上升为全民所有制的企业，恢复为集体所有制，推动了工业生产的巩固、充实和提高。1961年，市区缩减重工业单位45个，增加手工业单位139个，专区到当年8月全民所有制工业企业由155个调减为55个，其中15个恢复为集体所有制。1962年的调整力度更趋加大，是年年底，全市工业、手工业单位从年初的402个调整为524个，其中全民所有制工业企业从177个调减为133个，集体所有制企业从225个增加到388个。到1963年，全民所有制工业企业进一步调减为122个，集体所有制企业增加到399个。工业总产值的构成因此发生了明显的变化，全市生产资料在工业总产值中占29.21%，比1961年下降6.2%；生活资料产值的比重上升到70.79%，比上一年增加6.2%。[1]

[1] 苏州市发展和改革委员会、中共苏州市委党史工作办公室：《社会主义建设时期苏州经济工作（1953—1966）》，中共党史出版社2008年版，第262页。

通过全面推行新的企业管理制度，苏州市的工业企业在生产、技术、经济指标和财务、劳动管理等方面都有全面提高和改善。据对全市304种主要工业产品的检查，1962年的质量比上年提高的有214种，达到和基本达到国家标准的有192种；重工业系统已基本消灭了三等品，累计亏损企业由25家减为11家。到1963年，全市工业生产出现了全面好转的局面，主要表现为：当年各个工业门类都实现了增长，157种国家计划产品中，完成或超额完成的有31种；42种主要原材料产品中，完成或超额完成的有31种；77种主要日用工业品中，完成或超额完成的有59种。工业产品的质量也有了很大进步，经过评定的全省质量比较好的56种产品中，苏州市占23种，苏州医疗器械厂28种眼科手术器械赶上国际先进水平；在中国纺织品公司主办的全国棉布和针棉织品产品质量评比中，苏州针织内衣厂生产的汗衫、协成染织厂生产的“团结”牌被单布被评为优秀产品。企业效益有所提高，1963年实现工业利润3 600万元，工业全员劳动生产率达到7 463元，大大超过了工业总产值的增长速度。[1]

行业内部也得到了充实。“大跃进”期间兴起的苏州机械制造业，适应国民经济全面调整的需要，遵循市委和市政府“保留骨干企业，妥善安置被精减职工”的决定，组建一批集体所有制小型机械工厂，安置全民所有制企业精减的职工。这些新建小型工厂，后来大多发展成为相当规模的企业。至1966年，机械制造各业的设备，都换装成国家统一型号的各类机床，实现了向机械化的转变；许多产品也由仿制向自行研制、设计转变。硬质合金磨刀机床、B50振动台、电火花机床、金刚石砂轮、眼科医疗器械、自动织绸机、新型阀门、高压电瓷、高压开关板等，当时在国内均处于先进水平。有些原为改造本地行业而发展的产品，如丝绸机械、建筑机械、金属加工机床、行车等，也逐渐成为供应外地的重要商品。其间，苏州还应上级要求，负责组建“小三线”[2] 工厂淮河机床厂和烽火机械厂，后来分别迁至安徽省大别山区和广德山区。

起步不久、在“大跃进”中损失惨重的化学工业从1961年开始，一手抓调整，一手抓发展。淘汰污染严重、条件差的企业；完成中断多年的扩建、新

---

[1] 苏州市发展和改革委员会、中共苏州市委党史工作办公室：《社会主义建设时期苏州经济工作（1953—1966）》，中共党史出版社2008年版，第263页。

[2] “三线”建设指自1964年开始，在中西部地区13个省、自治区进行的一场以战备为指导思想的大规模国防、科技、工业和交通基本设施建设。同时，地处一线、二线的省份，也各自建了一批地方军工企业，被称为“小三线”建设。

建和技术改造项目，使大部分企业基本实现机械化、管道化。至 1965 年，全市 23 种产品纳入国家计划，硫酸、烧碱、农药等产量成倍增长，工业产值达到 1.05 亿多元，所有化工厂全部扭亏为盈。[1]

电子工业在“大办电讯仪表”中存在着严重盲目办厂情况。1961 年调整后，全市生产电讯、仪表、仪器的 77 家工厂仅保留下来 3 家。工厂数量减少，但产品种类进一步丰富，电子陶瓷元件、云母电容器和各种电阻元件产品陆续生产，并成功组装 14 英寸电子管黑白电视机。为加速电子工业的发展，1963 年国家成立第四机械工业部。苏州吸取“大跃进”期间盲目办厂的教训，确定电子工业发展的方向，主要是根据第四机械工业部需要配套的项目建立工厂，苏州市仪器仪表工业公司等一批电子企业得以成立，到 1966 年全市电子工业企业已发展到 15 家，职工 2 000 余人。产品也有了一定发展，开始生产半导体器件、半导体收音机等产品；至 1966 年，电子工业产值达到 1 400 余万元，占市区工业产值的 1.8%。苏州电子工业的发展有了一个良好的基础。

“大跃进”期间大办工业的热潮客观上促进了苏州医药工业的发展，苏州化工、商业、金融等行业和部门相继建立了一批化学制药厂，并开发多种医药中间体、化学原药及制剂，这些企业为苏州发展抗生素、合成药和化学制剂生产奠定了基础。但是在一哄而上的生产热潮中，苏州医药工业的发展过程也出现了一些失误。在贯彻国民经济调整方针时，医药工业通过调、撤、并，调整企业结构和产品结构，生产专业化程度进一步提高。1965 年，中国医药工业公司对全国医药工业实行“托拉斯”管理，苏州第一制药厂成为中国医药工业公司江苏省分公司直属企业，技术力量、产品开发有了新的提高和发展，试制成功全国首创的植物类新药“血凝”，生产的呼吸系统药品“咳必清”填补了省内该领域的空白。

传统纺织工业去虚存实，对“大跃进”运动中创办的工厂仅保留具有发展前途的苏州毛纺织厂、化学纤维厂、毛针织厂、纺织机械厂等工厂。随着纺织业机械化的提高和农业生产恢复后原材料供应充足，纺织工业生产自 1963 年开始回升，至 1966 年产值达到 2.93 亿元，比 1958 年增长 40%。经济效益进步显著，棉纺、织布、内衣、织带 4 行业利润达到 1 500 万元，比 1958 年增

[1] 苏州市地方志编纂委员会：《苏州市志》（第二册），江苏人民出版社 1995 年版，第 470 页。

长 80.4%。[1]

苏州社队工业受“左”的错误指导思想的影响，存有不少的问题：有的违反“三就地”[2] 的生产方针，乱搞协作，盲目采购；有的生产方向不对，经营管理不善，产品价高质次；有的积压产品大于账面盈余，如常熟虞山镇 11 个社办工业，1962 年账面上的盈余有 15 万元，而价高质次销不出去的产品却有 20 万元之多；有的布局重复，增加了国家负担，如吴江盛泽镇，在同一个镇上有县属全民所有制华生机械厂、手工业的农具社、镇办机械修配厂和农村社办农机厂等四个机械修配单位，这些企业不仅生产性质相同，而且都存在任务不足、劳动力过剩的问题。在国民经济全面调整期间，苏州开始主动关停一批社队工业企业。1963 年 7 月，苏州地委和专署决定进一步整顿社办工业，进一步整顿的原则是：对违反“三就地”的坚决停办；对必须保留的好企业分别转为手工业合作社（组）或商业作坊；对适宜分散经营、生产的，分别改为家庭副业或生产小组；对国营工业、手工业不能代替，又不适宜下放生产队经营的，如个别粮食、饲料加工厂，可暂时保留为社办。经过这次整顿，至 1964 年，全区社办企业由 1962 年的 345 家减至 84 家。

随着工业领域调整的完成，苏州工业产值逐年增长。1965 年与 1962 年相比，苏州工业产值由 11.27 亿元增长到 17 亿元，增长 50.84%；社队工业产值由 0.25 亿元增长到 0.31 亿元，增长 24%；职工平均工资由 501 元增长到 585 元，增长 16.97%，工业发展形势逐渐好转。[3]

（二）农业生产的恢复和发展

在恢复和发展农业生产上，除了认真清理被挤占的农用土地，扩大农作物种植面积外，还采取了以下措施。

第一，加强对农村劳动力的管理，充实农业生产第一线。据统计，“大跃进”和人民公社化运动以来的两年，苏州转移到其他领域的农业劳动力共有 15 万人，其中支援国家工业建设的 7 万人、支援边疆生产建设的 7 800 人，致使农业劳动力减少 10%。[4] 农业劳动力的减少，对农业生产的负面影响是较大的，因为农业生产具有很强的季节性，收种不及时会对产量产生极大的不利影

[1] 苏州市地方志编纂委员会：《苏州市志》（第二册），江苏人民出版社 1995 年版，第 97 页。

[2] “三就地”指就地取材、就地加工、就地销售。

[3] 此处各项数据统计区域为现苏州市域范围。

[4] 《储江同志在县、市、公社党委第一书记会议上的报告（记录稿）》，1960 年 8 月 8 日，档号 H1-1-1960-32。

响。而农业生产的下降，使农民基本口粮难以得到满足，反过来又影响了农业劳动者的体质，如此形成恶性循环。针对这一情况，各地认真对农村劳动力挤占、抽调情况进行摸底调查，着手整顿。各条战线私招乱雇的人员，一律送回原生产单位，解决农业一线劳动力不足的问题。社队工业农忙时抽调部分人员支援农业，农闲时全力发展工业，做到亦工亦农，增产不增人。据统计，从 1960 年 9 月到 1961 年 5 月，专区城镇、公社下放到大队、生产队务农人员 22.93 万。1962 年到 1963 年，苏州市从城市返回农村务农人员 3.82 万。[1]

第二，进一步调整公社、大队和生产队规模。将全区公社由 167 个调整为 215 个，平均每个公社由 5 659 户调整为 4 395 户；大队由 2 275 个调整为 3 006 个，平均每个大队由 415 户调整为 315 户；小队由 25 838 个调整为 28 932 个，平均每个小队由 37 户调整为 34 户，恢复到高级农业生产合作社的规模。[2] 具体如表 10 所示。

表 10　生产大队、小队规模与高级社、初级社规模的比较

县市别	生产大队规模与高级社规模比较							生产队规模与初级社规模比较					
	原有高级社			生产大队		生产大队比原来高级社少的单位数/个	生产大队平均规模比原来高级社平均少的户数/户	原有初级社			生产队		生产小队平均规模比原来初级社平均少的户数/户
	个数/个	户数/户	平均规模/个	个数/个	平均规模/个			个数/个	户数/户	平均规模/个	个数/个	平均规模/个	
总计	3 712	916 563	247	2 898	335	814	88	14 400	451 301	31.3	26 348	37	5.7
江阴	763	193 959	254	555	363	208	109	3 516	130 979	37.3	5 394	37.3	
常熟	943	258 703	274	680	395	263	121	4 207	127 751	30.3	6 513	41.2	10.9
太仓	287	81 453	284	254	332	33	48	1 469	40 360	27.6	2 274	37.1	9.5
昆山	430	80 429	187	375	222	55	35	1 631	52 684	32.7	2 384	35	2.3

[1] 中共苏州地委精减小组：《关于召开各县精简工作会议的情况报告》，1963 年，档号 H1-1-1963-46。

[2] 中共苏州地委农村工作部：《关于大队和生产队规模问题的研究》，1960 年 2 月 22 日；苏州地委办公室整理：《关于社队体制和规模问题的资料》，1962 年 9 月 12 日，档号 H1-1-1962-39。

续表

县市别	生产大队规模与高级社规模比较							生产队规模与初级社规模比较					
	原有高级社			生产大队		生产大队比原来高级社少的单位数/个	生产大队平均规模比原来高级社平均少的户数/户	原有初级社			生产队		生产小队平均规模比原来初级社平均少的户数/户
	个数/个	户数/户	平均规模/个	个数/个	平均规模/个			个数/个	户数/户	平均规模/个	个数/个	平均规模/个	
吴县	739	168 878	228	635	300	114	72	1 305	37 081	28.4	5 685	33	4.6
吴江	452	117 160	259	352	366	100	107	1 956	55 805	28.5	3 416	37.7	9.2
苏州市	98	15 973	163	57	295	41	132	316	6 637	21	682	24.6	3.6

资料来源：《生产大队、小队规模与高级社、初级社规模的比较》（原件没有成文者和时间，应在 1962 年前后），档号 H1-1-1961-35。说明：原有高级社数是 1957 年年底的统计材料。原有初级社数是 1955 年年底的统计材料，当时参加初级社的农户，只占全区总农户的 59.5%，其余是由互助组一步跨入高级社的，因此现在小队的队数，不能与初级社的社数相比。

社队规模调整后，更符合农村地区的经济发展水平，更有利于农业生产的恢复与发展，也便于发挥各级组织的作用。

第三，加强农田水利基本建设，改善农业生产条件。针对圩洼、平原等不同类型地区的水利问题，以解除圩区洪涝危害为重点，全面发展机电灌溉，因地制宜进行治理。圩区治理将套闸、防洪闸、分级闸三闸配套列为联圩建设的重要任务，对规模布局不够合理的联圩做了适当调整；平原治理主要是滨江片引潮灌溉工程和高亢片河网化建设，到 1961 年年底，先后建成浏河、张家港、杨林塘、浒浦塘、望虞河 5 座大中型节制闸，使主要通江港口都有闸控制，初步建立了引排骨干水系，奠定了统调江、湖水源和稳定灌溉水位的良好基础。对于高亢平原缺水灌溉的矛盾，兴修以扩大灌溉水源、增强防旱能力和提高灌水技术为中心的农田水利。为提高低洼稻地区排灌能力，加快发展机电排灌工程，截至 1962 年年底，全区低洼水稻地区基本实现排灌机电化。其后，各地重点对原有机泵设备进行调整配套，部分煤气机改用柴油机，采取新技术改装老式机泵，达到既节能减排又增加水流量的效果。在调整配套的同时，在常熟县城南公社建造苏州第一座苏排Ⅱ型圬工泵排涝站，提高排涝能力。此外，大力建设农田水利配套工程，降渍抗涝，累积优质肥料，到“文化大革命”前，苏州农村原有的150万余亩低产田，已有75万余亩低产田得到不同程度的改造，为全区粮棉油增产奠定了坚实基础。

第四，各行业加强对农业生产的支持力度。城乡之间的协作进一步增强，工业战线加强支农产品的生产和农机具的维修配套，积极试制为农业技术改造所需要的新产品。如防治病虫害的植保机械552丙型压缩喷雾器，在全国评比中位居第一；成功试制潜水泵、农肥过磷酸钙等支农新产品。交通运输部门把支农物资的运输放在首要位置，从计划安排到运输工具配备和劳动力调度，全部贯彻执行支农运输优先的原则。航运部门增辟了从苏州到沙洲县杨舍公社等5条航线，深入农村腹地，加大支农运输力度。商业部门在供销工作上按照优先供应农村的原则，扩大农村商品分配比重，加强农用物资的供应，大力组织工业品下乡，各县的经营品种比过去增加20%~30%。卫生部门针对危害农业劳动力的主要病种，大力开展防治工作，提高广大农民健康水平。如针对浮肿病高发的严重问题，集中人力、财力进行治疗。自1960年起，全区从苏州市和县工业战线选拔235名党员领导干部和近300名技术人员，充实社办工业的领导力量和技术力量。城乡之间建立了固定的协作制度，制造农业生产资料的工厂和农业机械修理厂赶在农业生产季节前面，制造农业生产资料。戽水机的修理提前一个季度完成任务；上半年生产柴油机18 877匹，比上年同期增长2.7倍，生产化肥44 600吨（折合标准品），比去年同期增长9.5倍，农药4 280吨，比去年同期增长85.5%。半年来，全区县的农业机械厂由18个增加到22个，机床由597台增加到782台。社办工业在市县工业支援下，机床由522台增加到760台，并有15%的公社机械厂负担了大修小造的任务。[1]

农村广大地区还大力鼓励发展副业，恢复农民自留田，增加农民的蔬菜、副食品生产。实行“公私并举，私养为主”的养猪方针，鼓励农民养猪。开放集市贸易，提倡“活而不乱，管而不死”的集市贸易管理方法，活跃市场交易。这些做法不仅有效地调动了农民的生产积极性，而且对促进农副产品生产发展、稳定市场物价起到积极的作用。

第五，停办公共食堂，恢复口粮水平。为杜绝公共食堂粮食浪费等弊端，自1961年6月起，全区各县（市）陆续停办农村公共食堂；确保社员基本口粮的供给，想方设法恢复和发展饲养业；加强对农村粮食市场的管理，严防有

---

[1]《储江同志在县、市、公社党委第一书记会议上的报告（记录稿）》，1960年8月8日，档号H1-1-1960-32。

的地方隐瞒、截留粮食[1]；落实中央调整农业税的政策，从1961年6月起调整农业税，减轻农民负担。再加上国家对苏州的粮食征购任务也多次调减，苏州农民的口粮水平逐渐恢复，到1963年已大致恢复到1958年的水平。

在上述综合措施的共同影响下，苏州地区的工农业生产有了较快的恢复和发展。以常熟县为例，农业总产值由1958年的16 342万元增加到1965年的26 265万元，工业总产值由1960年的18 775万元下降为1962年的10 669万元，1965年为18 681万元。[2] 工农业之间的比例较为正常。

六、对私房改造的基本完成

20世纪60年代前中期的私房改造，呈现出这一历史时期的基本特点：一方面，因调整方针的全面贯彻，改造的总体步伐明显放慢，而且还对某些房改政策做了一些调整，并对存在的问题进行了一定程度的纠正。[3] 这是基本的方面。另一方面，由于“左”倾思想的发展，不仅起改点进一步下降，甚至对原先的剥削阶级搞了无起点改造，而且改造范围也由城市迅速扩大到普通城镇。

自1963年起，受城乡社会主义教育运动的影响，全国各地相继密集出台了一系列关于加快私房改造的政策。2月，国务院华侨事务委员会和国家房产管理局给国务院上报《关于对华侨出租房屋进行社会主义改造问题的报告》。7月，中共江苏省委转发省建设厅、财政厅党组《关于妥善处理私房改造遗留问题的报告》，对私房改造的有关政策，做了补充规定。8月初，中央主管机关负责人发表“对城市私有出租房屋的社会主义改造”的谈话。12月，国家房产

[1] 人为失误加自然灾害，导致粮食产量大幅度下降。1960年秋季分配时，苏州专区有321个大队比1959年同期收入减少，占大队总数的11.1%。在粮食供求已很紧张的形势下，有些地方还存在隐瞒、截留粮食的行为。如太仓县从1959年到1962年6月，共隐瞒粮食814.5万公斤。对此，苏州地委决定加强农村粮食市场管理。

[2] 常熟市统计局：《常熟四十年》，1989年内部本，第56、80页。

[3] 关于对此前私房改造中存在问题进行纠正的政策依据和实施情况，参见国家房产管理局：《关于私有出租房屋社会主义改造问题的报告》，1963年12月30日，档号C1-2-1964-255、C23-2-1964-59；江苏省建设厅党组、江苏省财政厅党组：《关于妥善处理私房改造遗留问题的报告》，1963年4月5日，档号A5-2-1984-369；江苏省苏州市人民委员会：《关于妥善处理私房改造遗留问题的通知》，1963年10月17日，档号C1-3-1963-340；苏州市建设局：《关于处理私房改造遗留问题（向市人民委员会）的报告》，1963年9月23日，档号C1-3-1963-302；苏州市房地产管理局：《关于处理私房改造遗留问题的情况汇报》，1966年3月5日，档号C23-2-1966-76。需要指出的是，这一时期对房改问题的纠正不仅很不彻底，还逐渐将此前房改中存在的所谓“右倾”思想作为重点遗留问题来处理。

管理局向国务院上报《关于私有出租房屋社会主义改造问题的报告》。这些文件在房改政策方面发生了明显变化，并集中地体现在江苏省建设厅于1964年7月提出的《关于对贯彻执行私房改造政策中若干具体问题的处理意见》中。

关于改造的起点和面积计算：

一是市区和市属镇、县城和其他集镇的私房改造仍按照两个起改点执行，但都应调到70平方米。二是对略低于起改点的确定，除了考虑房屋自身的面积外，还要考虑房主自住房是否宽裕、是否便于划分管理和有无生活困难等情况；为免于过多的退房，在已改的地方，起点低于150平方米、但大于100平方米的，可不再变动；起点在100平方米以下的，可考虑退还；今后进行改造的地方，要严格掌握一般相差不超过10平方米为宜，且要确实符合1958年文件中规定的4个条件。三是因错划处分而进行改造的，应予改正（房主成分的划定，一律以当地1949年前3年的成分为准，属于农村户口的以土地改革时评定的成分为准）；房主为剥削阶级子女、但本人不属剥削阶级的，如果其出租的房屋是继承剥削阶级而来的，应按对剥削阶级房主的政策处理，反之则按一般房主的政策处理。四是在计算出租房屋面积时，如在出租的同时，又有租入的，应扣除租入部分；完全由房客使用的客堂、大厅、过道间、厨房和卫生间等附属房屋，全部计入出租面积，由房主和房客合用的，按用户数比例计算；出典房屋，如典价过大，准以一部分房屋抵还典款的，应扣除这部分房屋（其他以房屋抵押的债务，也按此办理）；借出房屋，不计出租面积、纳入改造，但不包括房主为逃避改造而故意出借的房屋；共有房产的面积计算要根据具体情况分别处理：私改前，共有人（如父子、兄弟等）的房产确已分析，立有契约，并正式分居、各自独立生活，或虽未立契约，但为亲属和群众所公认，应分户计算出租面积，反之，产证虽为几人所共有，或产证中是以一户中的几个成员分别顶名的，则按一户计算；确为几户异姓共有的，应分户计算；房改前，房主将房屋赠予儿女或他人，立有契约的，或虽未立契约，但为众公认的，都应按赠予后的情况计算出租面积，为逃避改造而进行的分析、赠予等一律无效。

关于改造范围：

一是1958年以来动员房主把自住房挤出来出租出借的，不论房主是什么阶级成分，都不应纳入改造，也不计算为出租面积。如原来就是出租房屋，后来经过动员转租给机关、企事业单位使用的，应视作出租房屋，符合改造条件的，仍应改造。二是1958年文件中规定不改造职工到外地工作而出租的房屋，是指职工到外地工作之后出租的自住房屋，如是外出之前就一向出租的房屋，或虽是外出之后出租的自住房屋，但职工在外地又另有自住房屋的，这些出租房屋够改造起点的，都应当改造。三是职工以解决自住房屋为目的，用工资积蓄和借贷新建一些房屋，后来因为偿还借款，又从自住房中挤出一部分房屋出租的，对这部分房屋可不纳入改造，已改造的要退还。

关于自住房屋：

一是自住房屋（包括改造后又考虑重新增加的自住房屋），应根据房主人口多少、性别、辈分、社会地位等情况和参照当地居住水平妥善划留。同时还要考虑房屋质量，一般的应按房主原住房划留，不能另拣质量差的房屋划留给房主，也不宜把自住房划留在两个地方；如房主原住房屋质量很差，需要大修理，而房主又无力修缮的，可酌情调整。二是房主出嫁的女儿及其家属（如丈夫、公婆等），以及由房主一贯供养的非直系亲属，过去一向住在房主家的，要同样留房；如果为了多得一份留房，有意识在改造前后迁居到房主处的，不给留房。三是房主或其直系亲属过去在外地，现在迁回本地的，应当留给住房；或现在虽然没有迁回本地，但房主要求划留，且在外地又没有自住房的，也应酌情划留。

关于债权债务：

一是典价、押租等过大的，一般用“以产抵债”办法处理；债务较小、房主经济情况较好的，可以在定租中逐步扣还，但扣还时间不宜太长，要考虑到将来取消定租，且太长也不易为债权人所接受。债权人过去租入、典入房屋是转租给别人的，其取得产权部分的房屋，应连同债权人其他出租房屋合并计算出租面积，够改造起点的，应当改造。二是土地所有者出让土地给别人建屋，双方协议在一定期限内土地所有者不收地租，期满后房屋归土地所有者，可视同土地所有者出租房屋，符合改造条件的，应纳入改造，并分别情况妥善处理：在私房改造时，约期已满，应予接管，原建房人按规定交纳租金，并给房主（土地所有者）定租；约期未满，房屋准予原建房人继续使用或出租，也不给土地所有者定租，等约期届满时再接管。

对教会、寺庙的房屋：

> 仍按照1958年文件规定的“代理经租”形式进行改造，具体和“国家经租”办法同，但定租最好支付给当地宗教事务管理部门，而不直接交给教会、寺庙。定租数量和支付方式的确定，以兼顾房屋修缮和宗教职业者的生活为原则。[1]

1964年11月，国家房管局又将上海市《关于私有出租房屋社会主义改造问题的报告》转发全国各地参考。该报告提出，市区仍按出租的建筑面积150平方米为改造起点，郊县以70平方米为改造起点，原属郊县、后划归市区的，按郊县已改造的私有出租房屋，不再变更。各区、县私房改造的起点问题，按以下原则处理：

> 一是个别县改造起点低于市统一规定建筑面积70平方米的，一般应按统一规定进行调整，退还不应当改造的房屋，但地主、富农分子已经改造的出租房屋，即使不满改造起点的，也不再退还。二是对私有出租的厂房、铺面房、仓库、货栈等工商企业用房，已经实行了无起点改造的，一般不再变动。三是房主的自住房留其他房屋的，一般应当退还。对于那些目前占有自住房屋比较多的地主、富农分子和资本家，过去动员其出租的部分自住房屋，已纳入改造的，不必退还。过去改造时，房主已留房自住为名仍然出租的，应当予以改造。但对于过去改造中，批准保留作为自住的部分，目前因为房客没有退租而继续出租的或者因为房主确实由于经济困难，挤出少量自住房屋出租，并且明确今后收回自住的，可不予改造。四是过去因房主生活困难而批准暂缓改造的出租房屋，应当在改造工作结尾阶段，重新审查，区别不同情况，分别对待。凡属地、富、反、坏分子以及经济上已经不再依靠房租收入维持生活的其他房主，应当予以全部改造；一般劳动人民，如生活仍旧有困难，经本人所在单位或者街道组织证明，可批准部分或全部免改，今后不再保留暂缓改造的名义。五是空关房屋，在空关前曾出租过，按出租房屋论。长期空关、房主不需要自住的房屋，在改造时房主自愿申请改造的，可接受；已改造的空关房，不再变动。

---

[1] 江苏省建设厅：《关于对贯彻执行私房改造政策中若干具体问题的处理意见》，1964年7月5日，档号H57-3-1964-146。

关于自留房的划留问题：

在对私房继续进行改造时，应当贯彻阶级路线，照顾到房主住房，特别是劳动人的住房的实际需要，留给足够的自住房屋，一次留定，今后不得因人口增多或者其他原因要求补充留房。

关于支付固定租金问题：

定租一般不应当高于原租金的40%，也不应当低于原租金的20%。在具体执行中，应当根据改造房屋的好坏、租金水平的高低和房主的经济情况做适当的考虑，一次定好，以后不再变动。如果房屋纳入改造而确实严重影响房主生活，而无其他办法解决的，经房主申请和有关组织证明，由区、县人民委员会批准，可以免改一部分或者全部，或者改造以后经区、县房管部门审批，在定租上给以照顾，即在最高40%的定租之外，可以酌情另给附加定租，但定租加上附加定租的总额，最高不得超过原租金的60%。附加定租的期限，最多为一年，到时仍有困难，房主可以继续提出申请。那些破损严重，改造以后，修理费用过大，致使国家赔钱的房屋，经区、县人民委员会的主管部门批准，可以给予房主略低于原租金20%的定租。

过去私房改造时，对定租低于原租金20%的，除地、富、反、坏分子以及因房屋破损严重的以外，其他应按照规定调整。考虑到以往处理这类问题，对定租调高以后的差额，曾规定从房屋改造之日起补发，市区和少数县也已按这项规定基本上处理完毕。为前后一致，不知被动，仍以执行原规定为宜。过去确定给房主的附加定租，也按上述原则重新加以审查办理。

国家经租的房屋，因国家建设需要，被拆除或因其他原因损毁，应继续付给房主应得的定租。如因水灾、龙卷风等人力不可抗拒的自然灾害而损毁，则停止付给房主定租；对生活有困难的房主，可酌情给予一次性的补助。

1964年12月，苏州市提出要在两年内完成私房改造工作。为此，全市由分工市长挂帅，区里以分工区长挂帅，组织各街道办事处、房产公司，依靠和发动群众，加强督促、检查和指导，对补改和退还的，要由各区逐个过堂审查批准，具体业务由房管局负责指导；纯洁干部队伍，被安排的私方人员和立场不稳者应设法调整；要依靠房客中出身好、成分好、政治清楚、思想进步，积极支持私房改造、熟悉地区情况的居民干部和里弄积极分子；加强对私房主的思想领导，促使其在接受房屋改造的同时，也进行思想改造，各区人委在完成私房改造后，要由各街道办事处按期召开已改造房主会议，不断进行社会主义思想教育，对资产阶级房主，要与工商联主抓的改造资本家工作一起进行；为防止漏改，各工矿企业、社会团体租用私房在100平方米以上、尚未进行改造者，应主动和所在区房管部门联系。[1]

到1965年10月，全市（市区、市郊）共改造私有出租房屋6 076户，其中1958年6月到1965年10月间改造了884户。[2] 据1966年3月市房管部门向市政府的汇报材料，全市共改造私房6 893户、约300万平方米。[3] 其中有不少是在1965年3月至1966年5月间被改造的。[4] 全市尚有94户、占1.24%的出租私房业主没有改造，其中绝大多数是地主（6户）、资本家（52户）、小业主（10户）等，有的虽系职工，但也多是剥削阶级家庭出身，最多的1户出租面积高达1 000平方米以上。[5]

自1965年4月起，省社教工作团还在试点单位吴江县黎里镇进行了私房改造。到5月初，仅用了一个月时间就完成了157户私有出租房屋的改造工作（含出租面积在70～100平方米、住房较宽裕的23户），占全镇出租户的46.4%；改造房屋1 360间，占出租私房总数的67.7%。在被改造的157户中，属剥削阶级的38户，其中资本家16户，工商业、自由职业兼地主19户，地主兼工商业者3户；小商小贩、自由职业者等劳动人民119户。[6]

---

[1] 苏州市房地产管理局：《关于私人出租房屋社会主义改造和处理遗留问题的方案（草稿）》，1964年12月18日，档号C23-2-1964-59。

[2] 苏州市房地产管理局：《关于处理私房改造遗留问题的情况汇报》，1966年3月5日，档号C23-2-1965-67、C23-2-1966-76。

[3] 《私房改造情况表》（成文者和时间均不详），档号C23-1-1983-124；苏州市房地产管理局：《关于我市城区落实私房政策工作的情况汇报》，1989年12月28日，档号C1-31-1989-114；苏州市人民政府落实私房政策办公室：《关于落实城区私有出租房屋社会主义改造遗留问题（向市人民政府请示）的处理意见》，1995年11月6日，档号C1-30-1995-682。

[4] 苏州市房地产管理局：《关于处理我市城区私有出租房屋社会主义改造遗留问题的请示》[苏房（政90）第55号]，1990年11月2日，档号C1-7-1991-7。据1966年3月统计，到1965年10月，又改造了884户。苏州市房地产管理局：《关于处理私房改造遗留问题的情况汇报》，1966年3月5日，档号C23-2-1965-67、C23-2-1966-76。参见苏州市人民政府落实政策办公室、苏州市房地产管理局：《关于苏州市城区私有出租房屋社会主义改造遗留问题的处理意见》，1993年12月6日，档号C19-1-1994-422。

[5] 苏州市房地产管理局：《关于对拒不接受私房改造的房主处理意见（向市人委）的请示报告》，1966年7月8日，档号C23-3-1966-74。

[6] 江苏省建设厅、苏州专署财政局黎里镇私房改造工作组：《关于吴江县黎里镇私有出租房屋进行社会主义改造的工作总结》，1965年5月5日，档号C23-3-1966-74。

专区各县也明显加快了对私有出租房屋的改造进度。9月，专署财政局对私房改造工作提出如下补充意见：一是关于改造范围，凡县属建制镇和目前虽不是县属建制镇、但符合国务院规定的县属镇条件（人口在3 000人以上者、非农业人口占70%，或人口在2 500人以上不足3 000人者、非农业人口占75%）的集镇，均可列入私房改造范围。二是关于起改点，中华人民共和国成立前合伙开店用的营业用房，在店面关闭后进行出租的，要按户计算面积，达到起改点的，纳入改造范围；公私合营时，投入企业的私人用房，应和现有私人出租房合并计算，达到起改点的，改造其现在出租的部分。三是对出租非居住房屋不够起改点而被改造的，一般不再退还。四是漏改户的补改起点为70平方米；对剥削阶级实行无起改点改造。五是全家长期居住外地的，要把房主成分、人口、职业、住址等情况调查清楚后，通过所在单位征询其家属要否返回居住和留房的意见，确定是否留房。[1]

到11月初，吴江、吴县对土改时地主在集镇上未经过处理的多余房屋，都并入公房处理；昆山、常熟、沙洲、江阴4个县在县人委所在地对土改时未处理的地主多余房屋，进行了改造；太仓、无锡两县则基本完成了全部私房改造。[2] 不少地方一度将起改点下降到50平方米。[3]

到“文化大革命”爆发前夕，苏州地区的私有出租房屋已基本改造完毕。

第三节　“文化大革命”中的苏州经济

“文化大革命”爆发后，苏州地区的经济工作遭到了严重的冲击，但由于许多党员干部和广大人民群众对“文化大革命”错误的抵制，苏州经济在某些时期和领域仍有较快发展。

一、“文化大革命”对苏州经济的冲击

1966年“五一六”通知的发表，标志着“文化大革命”的爆发。“文化大

[1] 江苏省苏州专员公署财政局：《关于没收处理集镇上地主多余房屋和对私人出租房屋进行社会主义改造工作的报告》，1965年9月20日，档号H57-3-1967-170。

[2] 江苏省苏州专员公署财政局：《关于对于私人出租房屋进行社会主义改造工作的报告》，1965年11月8日，档号H57-3-1967-170。

[3] 江苏省苏州地区革命委员会财政局：《关于私有出租房屋进行社会主义改造问题的情况和几个政策问题（向地委和地区革委会）的请示报告》，1973年6月19日，档号H57-2-1973-113。

革命”对苏州包括经济工作在内的各项工作造成了全面冲击，对城市和工业企业的冲击程度尤为严重。

（一）对私房的冲击和改造

“文化大革命”爆发初期，一些地方的房改工作仍在进行之中，并强调要发动群众，对此前一再抗拒改造的私房业主开展针锋相对的“说理斗争”，“把应纳入改造的房主全部纳入改造”；“对少数虽经辩论斗争后仍不接受改造的情节严重，民愤较大的户，通过法院宣判，予以强制改造”。[1]

苏州市郊集镇的私有出租房屋也要进行改造。苏州市委郊区社教工作团和市房管局提出要按照1958年7月省委批转省财政厅党组《关于对城镇私人出租房屋进行社会主义改造的意见》（对地主、富农、资本家出租房屋实行无起点改造）、1964年1月国务院批转国家房产管理局《关于私有出租房屋社会主义改造问题的报告》（国房字21号，规定设镇的地方起改点为建筑面积100平方米）、1964年7月国家房管局对国务院批转的《关于私有出租房屋社会主义改造问题的报告》说明（对农村人民公社集镇的房屋，永远归社员所有，不进行改造，允许社员租赁和买卖，但如自愿申请改造，也可接受）、1965年7月省委和省人委批转省人委工作组《关于吴江县黎里镇没收处理地主多余房屋的报告》（对地主多余房屋全部没收）、1965年10月江苏省建设厅印发的《关于吴江县黎里镇私有出租房屋进行社会主义改造的工作总结》（出租在70～100平方米、自住宽敞、出租与自住不相连或好划分的也实行改造）等对改造范围和起点及出租面积、定租、自留、典押、非法买卖、没收地主多余房屋等的规定，暂停定租的发放，生活困难的房主可以暂借形式获得补助。

随后，有关部门又对定租的支付问题做出规定。1966年10月下旬，国家房管局就东台县[2]处理已改造房主的定租暂停支付问题致函江苏省建设厅，指出：已改造房主的定租，在全国人大或人大常委会通过取消给资本家的定息的决定之前，“一律暂停支付”，对少数改造户的生活困难问题，在与民政部门联系后，“由社会救济解决”。[3] 苏州市房管局根据中共中央批转并“原则同意”国务院财贸办公室和国家经济委员会（以下简称“国家经委”）《关于财政贸

---

[1] 苏州市房地产管理局：《关于对拒不接受私房改造的房主处理意见（向市人委）的请示报告》，1966年7月8日，档号C23-3-1966-74。

[2] 东台县于1987年撤县建市（县级），1988年由盐城市代管。

[3] 国家房产管理局：《关于改造房主的定租暂停支付的意见》[（66）国房局字第77号]，1966年10月21日，档号C23-3-1966-74。

易和手工业方面若干政策问题的报告（试行草案）》第二条关于取消和（取消前）暂停定息的意见，决定在取消定息、暂停支付定租后，对丧失劳动能力、要依靠定息生活的鳏寡孤独和老弱病残者，可在经居民群众评议后，由民政部门给予生活补助；如经费有困难，可由房管部门划拨一部分经费给民政部门。据统计，全市拿定租的房主共6 094 户、月拿定租 62 960. 77 元，“文化大革命”爆发后，有 514 户自动申请放弃 12 336. 22 元定租；3 834 户（定租 33 809. 18 元）不靠定租生活，597 户（定租 7 767. 82 元）部分依靠定租生活；422 户全部依靠定租生活，占拿定租总数的 6. 9%，定租额 6 536. 75 元，占定租额的 10. 4%；在外地的 727 户，定租额 2 510. 8 元。[1]

1967 年 5 月，苏州军分区生产办公室在向省军管会的请示报告中提出，在社属镇只对剥削阶级的多余房屋进行改造。对起改点，苏州市提出以 70 平方米为宜（省里规定 100 平方米）；对剥削阶级，则实行无起改点改造，将所有多余房屋都纳入改造范围。关于改造办法，苏州市决定按照国家房管局于 1966 年发出的“暂停支付定租”的通知精神，“对私房改造中不再做评议定租工作，只宣布改造接管”。[2]

“文化大革命”爆发后，各地还对私有房屋进行了“二次改造”。[3] 据 1985 年年初的调查，全市“文化大革命”中共对 666 户私房进行了改造，有各种遗留问题的 106 户、占 15. 92%，其中对划留私房中出租面积超过 100 平方米以上进行“二次改造”存在遗留问题的有 15 户、占 2. 25%。[4] 另据对市区被改造的 210 户的调查，被改造面积达 42 664 平方米。[5] 据另一份材料称，全市被补改的 240 户、面积 33 000 平方米。[6] 全国被纳入改造的 62. 41 万户，

---

[1] 苏州市房地产管理局：《关于执行暂停支付定租中的具体问题（向市人委）的请示报告》，1966 年 11 月 1 日，档号 C23-3-1966-74。

[2] 中国人民解放军江苏省苏州军分区生产办公室：《关于地主多余房屋和对私人出租房屋进行社会主义改造问题的请示报告》，1967 年 5 月 8 日，档号 H24-2-1967-125。

[3] 财政局：《当前私房改造中的几个问题》，1973 年 1 月 13 日，档号 H57-3-1974-227。

[4] 苏州市人民政府落实政策办公室：《关于落实私房政策和清退“文化大革命”中查抄财物工作的情况汇报提纲》，1985 年 1 月 18 日，档号 C1-31-1985-61。

[5] 中共苏州市委统战部：《关于我市落实“文革”中被查抄财物和私房政策情况》，1985 年 6 月 4 日，档号 A5-2-1987-402。参见苏州市房地产管理局：《关于“文革”期间拆除私房和拆除下放户私房所需经费情况的汇报》，1987 年 2 月 25 日，档号 C23-1-1987-246。苏州市房地产管理局：《情况汇报参考·关于落实私房政策的情况汇报》，1985 年 4 月 3 日，档号 C23-1-1985-200。

[6] 苏州市人民政府落实政策办公室：《（关于落实私房政策）向全国政协落实政策调查组江苏组汇报材料》，1986 年 5 月 23 日，档号 C1-31-1986-70。

面积 11 648 万平方米。[1] 少数私房的改造工作还一直持续到“文化大革命”结束后。

1967 年，江苏省建设厅发出建革字第 145 号文件，重新发动房改。1969—1971 年，在吴江县除黎里外的县属镇和 3 个公社集镇进行代管处理。全县共接管私房 3 361 户、38 748 间、682 764 平方米，其中地主多余房屋 1 073 户、18 378 间、319 733 平方米，私有出租房屋 2 288 户、20 370 间、363 031 平方米（含 1965 年改造的黎里镇和被没收的地主多余房屋）。[2] 苏州专区的私房改造到 1970 年基本完成，共涉及 18 个县属镇、152 个公社属镇、16 098 户，接收私房 12.3 万余间、234.9 万平方米。[3]

（二）对个体工商业和渔业经济的改造

“文化大革命”爆发后，各地均加强了对非公有经济成分的改造。1968 年 8 月，江苏省苏州市革命委员会（以下简称“市革委会”）发出由市革委会政法工作组打击投机倒把办公室起草的《关于打击投机倒把，加强市场管理的通告》，据此，苏州市加强了对个体商贩的社会主义改造。到 1971 年 5 月，经过清理整顿，分不同情况对全市 2 400 余户个体商贩采取到农村安家落户、安排到工厂生产、吸收进合作商店、组织起来办街道生活服务站和社会救济等办法，全部做了安置。其中去农村落户的 500 余户、占 24%，青壮年则被安排到工矿企业做临时工或到街道工厂工作。另外，组织了 15 个生活服务站、169 个服务店，涵盖 46 个行业，共安置 1 350 人。对少数老弱病残、失去劳动能力且无生活依靠的，由街道列入社会救济，使其基本生活得到保障。[4]

“文化大革命”中个体、私营经济的改造，集中表现在对渔业经济的改造方面。早在 20 世纪 50 年代中期社会主义三大改造高潮相继出现之际，对渔业生产也曾进行了社会主义改造，但由于渔业生产的特点及当时运输和储藏条件

---

[1] 城乡建设环境保护部：《关于城市私有出租房屋社会主义改造遗留问题的处理意见》，1985 年 2 月 15 日，档号 C23-1-1985-200。

[2] 中共吴江县委员会、吴江县人民政府：《关于进一步做好落实私房政策和妥善处理“房改”遗留问题的请示报告》，1985 年 8 月 22 日，档号 A1-6-1985-152、C23-1-1985-200。

[3] 江苏省苏州地区行署财政局：《关于处理私房改造中的遗留问题的意见》，1979 年 2 月 2 日，档号 H1-2-1979-612；江苏省苏州地区革命委员会财政局：《关于处理私房改造遗留问题的报告》，1977 年 8 月 27 日，档号 H57-3-1977-260。

[4] 《苏州市对个体商贩进行了社会主义改造》，1971 年 5 月 22 日，载国务院办公厅：《参阅文件》〔1971〕42 号。

的限制，在纠正“大跃进”运动失误的20世纪60年代初，多数渔民又相继恢复单干。“文化大革命”爆发后，苏州地区的渔业社会主义改造再次全面拉开。

为加强对渔业社会主义改造工作的领导，苏州市于1966年7月在苏渔公社成立了隶属于市人民委员会的“渔业社会主义改造办公室”（日常工作由郊区工委负责）。[1] 渔业改造办公室成立后，决定采取到农村插队落户、以生产队为家、统一核算、统一安排的办法，对连家渔船进行改造。苏州市对1 549户渔民进行分别处理：一是有定居条件和生产基地的676户，采取养捕种相结合、以渔为主的多种经营，旺季捕捞、淡季养种，组织领导和经济形式保持不变。二是生产困难的873户中，730户到郊区农业队安家落户，以农为主，亦农亦渔，农忙务农，农闲搞多种经营，或外出捕捞，插队渔民不单独成立渔业队，政治思想由队统一管理，生产上由队统一规划，经济上实行统一核算，享受队员的一切权利；给国营金鸡湖水产养殖场的143户渔民提供生产基地，使其到岸上定居，实行捕养结合，汛期捕捞，其他时间搞多种经营，组织领导归场，经济单独核算。[2] 1966年7月，金鸡湖水产养殖场改名为金鸡湖捕捞大队，由苏渔人民公社和市水产养殖场实行双重领导。其中生产安排和政治思想工作由水产养殖场负责；经营管理、经济分配和民政福利工作由苏渔公社负责。[3] 苏渔公社在1—7月有797户连家渔船、3 946人（其中劳动力1 997人），先后分4批被安置到郊区4个农业社队和市水产养殖场。[4] 为便于对上岸渔民的渔船进行统一修复和管理，并有利于搞多种经营，巩固已有改造成果，苏州市还于1966年12月批复同意，在苏渔公社原有船橹生产小组及214大队办的修船厂的基础上，成立“苏渔公社修船厂”，另由公社投资和扒蚌大队联合经营“苏州市苏渔纽扣厂”。[5]

---

[1] 中国共产党苏州市委员会郊区工作委员会：《关于成立苏州市渔业社会主义改造办公室和人选问题的报告》，1966年7月14日，档号A7-3-1966-158。

[2] 吉文明：《从市郊实际出发，以到农业插队落户为主，加强对建（连）家渔船的社会主义改造》，1966年12月31日，档号A18-4-1966-313。

[3] 江苏省苏州市人民委员会：《关于建立苏渔人民公社金鸡湖捕捞大队的批复》，1966年7月18日，档号C1-2-1966-283。

[4] 苏州市人民委员会郊区办事处：《关于郊区连家船渔民陆上定居的经费预算要求国家补助的报告（附表）》，1966年9月27日，档号C1-3-1966-448。

[5] 江苏省苏州市人民委员会：《关于同意成立“苏渔公社修船厂”和“苏州市苏渔纽扣厂”的批复》，1966年12月30日，档号C1-2-1966-283。

同年7月，苏州专区在总结此前昆山周市公社等地进行渔业社会主义改造的经验教训后，对全区的渔业改造提出了如下意见：一是加强对渔民进行的社会主义、集体主义、爱国主义、国际主义的教育，发扬自力更生、奋发图强的革命精神，用自己的双手，改变渔业生产和渔民的精神面貌，建设社会主义新渔村。二是贯彻“备战、备荒、为人民”的要求，立足陆上、面向湖荡，亦渔亦农，多种经营。在改造内容上，变单一经营为多种经营，变生产资料私有制为集体所有制，变水上漂泊为陆上定居，改变其生产和生活习惯。在组织形式上，虽不搞一刀切，但要充分考虑有无开展多种经营的水面、土地和定居基地，现有渔业队的规模大小，生产工具和技术是否有发展前途三个原则问题，分别改造。在房屋建造方面，在确定生产基地和搞好集体生产的同时，随着生产方式的改变，应从方便生产的角度出发，由渔民自己设计，有计划地分批建造渔民陆上定居房屋，建屋资金以自筹为主，有困难的，可用私造公助、集体补助等办法解决。在生产资料所有制方面，在实现陆上定居后，所有连家渔船和主要网具都要及时折价归公，折价资金的偿还可与房价相抵，也可算作股份基金投资；作价后的渔船，改为生产船，网具过多过少的，由生产队进行调度。三是切实改进渔业队的经营管理，建立健全各项制度，在开展多种经营后，实行统一核算、分别记工，集体分配，发挥组织起来的优越性。四是加强渔民中的党团组织建设，做好经常性的政治思想工作。[1]

1967年4月，苏州地委新的领导班子组成后不久，江苏省苏州专员公署多种经营管理局决定从公安、民政、水产和商业等多个部门抽调相当于渔民总数几十倍的工作人员，负责对全区的128个专业捕鱼队、1.1万只连家渔船、6万多渔民（这些渔民中除太湖渔业公社外，其余的则分散在各人民公社，生产资料仍为私有、产品自捕自销）进行改造，引导他们走集体化道路。[2] 随后，全区的渔业改造正式开展。优先选择无锡钱桥，常熟任阳，昆山周市，吴县的里口、新联、黄埭，吴江平望，太仓双凤等8个公社的渔业大队进行改造试点。随后扩大到无锡荡口、常熟辛庄、吴县湘城等24个点，到7月初，已完

[1] 江苏省苏州专（员公）署多种经营管理局：《苏州专区连家渔船社会主义改造的初步意见》，1966年7月28日，档号H37-2-1967-26。

[2] 江苏省苏州专员公署多种经营管理局：《关于要求立即开展淡水连家渔船社会主义改造的报告》，1967年4月1日，档号H37-2-1967-29。

成32个单位、2 181户、10 256人、2 970只渔船的改造。[1] 为进一步推动渔业改造，专署于10月初提出，要从公安、水产、商业、供销、农村政治部等单位抽调人员成立专门渔业改造的办公室。

“文化大革命”全面爆发初期，在极为混乱的情况下，各地曾一度暂时放松了对上岸渔民的管理，因此普遍出现了不同程度的反复。到1968年2月，苏州市淡水捕捞业有1个公社（苏渔人民公社）、11个大队、3个养殖场，有渔民2 067户、9 509人，渔船2 331条，其中专业渔民1 293户、5 671人[2]，仍以分散、流动经营为主。

1967年12月召开的江苏省淡水捕捞渔业社会主义改造工作会议，提出要在1968年年内基本完成全省的渔业社会主义改造工作。1968年4月初，苏州专区召开淡水捕捞渔业社会主义改造工作座谈会，进一步推动渔业改造工作。在座谈会上，一是学习了邻近的上海市郊和浙江杭嘉湖等地的经验，以公社为单位，加强对渔民的思想政治工作。二是加强调查研究，在摸清水面、渔户、作业情况等的基础上，制定具体改造规划，然后进行思想发动，按照水面和渔户的多少在各县范围内合理调整布局。三是将个体私有的船、网等生产资料折价归基本核算单位集体所有，由基本核算单位统一调配使用，并彻底批判按产记分、定额上交等管理制度，积极推行大寨式评工记分办法，做到产品统一处理，收益统一分配。四是发扬自力更生、艰苦创业的革命精神，建设生产基地，开展亦渔亦农或亦渔亦副，发展集体生产，抓好当前生产，取得丰收。五是在发展集体生产、增加公共积累的基础上，逐步实现陆上安居，进行文教、卫生等建设。为此，座谈会提出要建立健全领导机构，各县革委会或军管会、“三支领导小组”要加强对渔改工作的领导，各有关公社也要健全领导小组，由专人负责，水产部门积极投入运动，发挥助手作用，计划、公安、财政、银行、商业、粮食、民政及农林、水利、工交、文教、卫生等部门，也要积极支

[1] 江苏省苏州专员公署多种经营管理局：《关于当前连家渔船社会主义改造的情况报告》，1967年7月4日，档号H37-2-1967-29。据该报告称，全区共有122个内河捕捞队、8 218户、39 584人、20 163个劳力、11 455只渔船（其中连家渔船9 164只）。但据1966年7月统计，全区有淡水捕捞渔民7 307户、33 830人、17 796个劳动力，共组成114个专业捕捞大队，除太湖渔业公社外，其余都分属各农业公社领导。有渔船14 080条，其中连家船8 263条。（江苏省苏州）专（员公）署多种经营管理局：《苏州专区连家渔船社会主义改造的初步意见》，1966年7月28日，档号H37-2-1967-26。

[2] 苏州市革命委员会渔业社会主义改造办公室：《关于1968年淡水捕捞渔业社会主义改造工作意见的报告》，1968年2月24日，档号C1-3-1968-508。

援“渔改”。[1]

苏州市为了解决上岸渔民的生产和生活问题，需要支出大量费用用于制作农具和建造房屋等。苏渔公社仅 1966 年就需要 341 306 元。具体如表 11 所示。

表 11　渔民插队落户陆上用款预算表

单位		合计	娄葑	横塘	长青	虎丘	水产场	说明
插队户数/户		797	193	225	168	145	66	渔船折价标准：娄葑每条 220 元，横塘扛网队每条 350 元，三大队每条 120 元，长青每条 200 元，虎丘每条 300 元，水产场每条 150 元。建房间数：每户平均 1.5 间。横塘 10 户、17 间，金星 6 户、8 间，茭白塘 12 户、15 间，小计 28 户、40 间。
人口劳力	人口/人	3 946	1 005	1 076	789	775	301	
	其中劳力/人	1 997	550	470	393	429	155	
渔民船只	无船户/户	26	3	5	6	12		
	渔船/条	777	190	220	168	133	66	
	估价/元	172 070	41 800	46 870	33 600	39 900	9 900	
原透支	户数/户	691	147	210	157	127	50	
	金额/元	181 363	50 756	39 697	38 850	39 590	12 500	
已补生活费（6 元）/人		181 924	3 084	5 456	4 734	4 650		
农用工具费/元		28 756	2 920	6 768	5 659. 2	6 177. 6	2 232	
造房计划	间数/间	1 197	290	338	252	218	99	
	金额/元	263 340	63 800	74. 360	55 440	47 960	21 780	
必须用具费/元		30 286	7 334	8 550	6 384	5 510	2 508	
合计费用/元		341 306	82 138	96 134	722 172	642 976	26 520	

资料来源：苏州市人民委员会郊区办事处：《关于郊区连家船渔民陆上定居的经费预算要求国家补助的报告（附表）》，1966 年 9 月 27 日，档号 C1-3-1966-448。

由于苏州地区土地稀缺，为解决上岸定居、从事农业生产的渔民所需的耕地，还需要安排经费用于围湖造田，并购置生产工具。1967 年 8 月，全省下拨了 220 万元专项经费，苏州地区获得 33. 5 万元（其中苏州市 3. 5 万元）。[2] 10 月，专区增拨 30 万元用于支援淡水捕捞渔民的社会主义改造，其中吴江县的

[1] 江苏省苏州专区革命委员会生产指挥组：《苏州专区淡水捕捞渔业社会主义改造工作座谈会的情况报告》，1968 年 4 月 8 日，档号 H24-2-1968-138。

[2] 中国人民解放军江苏省军管会生产委员会：《关于核增淡水捕捞渔民社会主义改造经费指标的通知 · 淡水捕捞渔民社会主义改造专项经费分配表》，1967 年 8 月 12 日，档号 C1-3-1967-472。

6.7万元主要用于围垦北草荡，作为渔民的生产和生活基地。至于上岸定居所需木材，则另由省水产局、物资局计划安排。[1] 1968年，苏州市又需要此项经费56万多元（含建房所需经费），其中30万元左右由接收安置的社队自筹，其余经费（占总费用的30%左右）由国家补助，并预支吃粮。具体如表12所示。

表12　1968年苏州市渔业社会主义改造需要国家支持资金、物资数量

项目	资金/元	水泥/吨	木材/立方米	钢筋/吨	180千伏安变压器/台	65千瓦电动机/台	24寸水泵/台	A-35高压裸铝线/公斤
围垦独墅湖工程	250 690	72	21.5	4.9	1	2	2	120
上岸定居建房	70 000		450					
合计	322 690	72	471.5	4.9	1	2	2	120

资料来源：苏州市革命委员会渔业社会主义改造办公室：《关于1968年淡水捕捞渔业社会主义改造工作意见的报告》，1968年2月24日，档号C1-3-1968-508。

由于渔户的生产规模存在明显差异，其中太湖公社的湖中、湖胜、湖丰等3个渔业大队和1个运输大队的渔户生产规模都较大，一般都有五六十吨的大型渔船和三套大型网具，并雇佣2~4名工人。针对这一情况，苏州专区决定仿照资本主义工商业社会主义改造的办法对其进行改造，在将船网等工具折价归集体所有的基础上，创办一个合作社性质的渔业公司，作为公社下属的社办企业。[2]

自1967年起，江苏省和苏州专区曾多次向生产有困难的渔业队下拨补助经费，其中1968年1月，苏州专区就分别向当时隶属于该专区江阴、无锡两个县增拨14万元、5万元。[3] 6月，江苏省又分别给苏州专区和苏州市下拨17

[1] 中国人民解放军江苏省苏州军分区生产办公室给各县军管会生产委员会、人武部生产办公室的通知，1967年10月6日；中国人民解放军江苏省军事管制委员会生产委员会：《关于吴江县渔民围垦草荡的批复》，1967年8月12日，档号H24-2-1967-126。

[2] 江苏省苏州专区革命委员会政治工作组：《关于吴县太湖公社四个大船大队进行社会主义改造的请示报告》，1968年5月24日，档号H24-5-1968-3。

[3] 中国人民解放军江苏省苏州军分区生产办公室：《关于核增淡水捕捞渔业社会主义改造经费指标的通知》，1968年1月3日，档号H24-2-1968-129。

万元和20万元，11月又向专区增拨23万元。[1] 7月，苏州专区再次向沙洲、昆山、吴江、吴县、太仓、常熟等县下拨了17万元，用于“发展集体生产和购置必需的生产资料。确实亟须的生产用房，在落实建筑材料的基础上，经县革委会批准，也可酌予安排部分资金”[2]。1969年5月、11月，苏州专区又分两次给无锡、吴县、吴江、太仓、常熟等县下拨了37万元专项经费，用于渔改队的生产基地建设、集体生产工具的添置和部分困难渔业队的定居补助，并严禁“非生产性开支”。[3]

巩固“渔改”成果的工作持续于整个“文化大革命”之中。有关部门一再提出要加强连家渔船的上岸定居工作。到1972年7月，全省虽已有19 379户、90 548人实现了上岸定居，但仍有27 954户、19.5万多人未实现上岸定居。当年，全省需安排1.3万户，吴县则需安排1 200户。[4] 1974年，苏州地区又提出要进一步加强对连家渔船的社会主义改造。当时全区共有淡水捕捞渔民1.6万多户、7.2万多人，其中180个淡水渔业大队全面进行了船网工具折价归公，落实生产水面30万亩、土地2.5万亩；已上岸定居1.05万户，其中75个渔业大队已基本完成定居。剩下的5 000多户力争在两年内完成，其中当年要完成3 000户。具体如表13所示。

表13　1974年渔民陆上定居计划

县别	计划定居户数/户	资金/万元	木材/立方米	1973年结算任务补助费/万元
总计	3 000	76.5	1 360	18.5*
无锡	678	14	407	0
常熟	200	5	130	0

[1] 江苏省革命委员会生产指挥组：《关于核增淡水捕捞渔业社会主义改造经费的通知》，1968年6月25日；江苏省苏州专区革命委员会生产指挥组：《关于增拨淡水捕捞渔业社会主义改造经费的通知》，1968年11月11日，档号H24-9-1968-13。

[2] 江苏省苏州专区革命委员会政治工作组、生产指挥组：《关于核拨淡水捕捞渔业社会主义改造经费的通知》，1968年7月4日，档号H24-5-1968-3。

[3] 江苏省苏州专区革命委员会生产指挥组：《关于核拨1969年淡水渔业社会主义改造经费的通知》，1969年5月17日；《关于增拨1969年淡水渔业社会主义改造经费的函》［苏专革生便（69）字第152号］，1969年11月29日，档号H24-9-1969-33。

[4] （江苏）省革委会农业局：《关于渔民陆上定居情况的汇报》，1972年7月24日，档号H24-9-1972-57。

续表

县别	计划定居户数/户	资金/万元	木材/立方米	1973 年结算任务补助费/万元
昆山	237	6	142	0
吴县	1 000	25	360	0
吴江	385	10	231	5.3
地区暂留	500	13.5	0	0

资料来源：苏州地区革委会农业局：《关于连家渔船社会主义改造情况和今年定居任务安排的报告》，1974 年 4 月 15 日，档号 H35-2-1974-45。

说明：* 含江阴（3.3 万元）、沙洲（3.3 万元）、太仓（6.6 万元）3 县的补助费。

不过，考虑到渔民从事种植业生产的不便，同时也为了丰富民众日常生活的菜篮子，有关部门改变了此前片面强调渔民要尽可能地弃渔业农的僵化规定，转而实行鼓励发展渔业生产的政策。如 1973 年的江苏省农村工作会议决定："凡是能养渔（鱼）的水面，应该优先安排给渔业队养渔（鱼）"，"切实纠正围湖（河）造田，毁池种粮等不正之风"，有条件的地方甚至可以挖一些鱼池，发展内塘养鱼，同时要明确渔业队使用的水面经营权，"长期固定，不要轻易变化"。[1]

1976 年 7 月下旬，国家农林部在吴县召开了连家渔船社会主义改造现场会，全国 12 个省、市、自治区的农办、水产主管部门及重点地、县的负责人和渔民代表参加了会议。会议指出："连家渔船的改造工作（以下简称'连改'）几经反复，至今还没有完成"，全国仍有 6 万户处于单干或名为集体实则单干的状况；即便是已经组织起来的渔业社队，大部分也仍然保留个体生产方式，在产品处理和收益分配上的资本主义倾向也相当严重；有的渔业社队生产、生活基地还没有落实，集体经济比较薄弱，定居进度不快。会议提出要"在普及大寨县运动中积极进行'连改'工作"，彻底改变生产资料私有制和个体生产方式，真正做到"四个统一"，即统一安排劳力、使用船具、处理产品、分配收益，"树立起贫下中渔的阶级优势"。为了从根本上解决渔业生产分散流动、长期单干的状况，会议提出，要由县、社委统一安排，将水面划给渔

[1] 苏州地区革委会农业局：《关于连家渔船社会主义改造情况和今年定居任务安排的报告》，1974 年 4 月 15 日，档号 H35-2-1974-45。

业社队。[1] 不过，此时已接近“文化大革命”尾声，“连改”工作并未有效开展。[2] 渔业改造之所以如此艰难，主要是由渔业生产的特殊性所决定的。

“文化大革命”中的渔业改造工作总体上来说是不成功的。“文化大革命”结束后，改造所取得的“成果”很快便丧失殆尽。不仅如此，在改造中为了巩固改造“成果”，在财力相当困难的形势下，各地仍投入了相当的经费。仅1966年全区需要国家投资3.568万元进行连家渔船的基本建设。具体如表14所示。

表14 1966年苏州专区连家渔船改造基本建设情况

县别	建设项目	需经费/万元
吴县	黄埭公社渔业大队农田排灌需1.2万元：加高独龙圩埂，需1万方土方，按每方0.4元，计0.4万元；添置2台40匹马力打水机，计0.6万元；建造2间机房，计0.2万元。在吴淞江边划出40亩农田、70亩鱼池归斜塘公社渔业大队经营，作为渔业大队的生产基地，因鱼池大都坍塌，需整修费0.32万元。	1.52
无锡县	后桥公社渔业大队围垦原属建农大队的1 000亩芦滩，其中农田800亩、鱼池200亩，安排300~400户渔民，需挖1.5万方土方，每方0.4元，计0.6万元；做埂需3 200人工，每工1.2元，计0.384万元；整地需2 200个人工，共0.264万元。	1.248
吴江县	平望公社渔业大队添置拦鱼设备需0.5万元，其中在莺脰湖种水生作物，在6 000亩唐家湖内搞养殖，因有大小口子18处，需编竹帘4 800多公尺，加上鱼种，共需5万元。	0.5
昆山县	由国营水产养殖场划出100亩荒田交渔业大队开垦种植，因地势低洼，需开沟渠800个人工，每工0.12元，计0.1万元；做圩埂5 000方土方，每方0.4元，计0.2万元。	0.3

资料来源：江苏省苏州专员公署多种经营管理局：《关于报请审批1966年连家渔船社会主义改造基本建设的报告》，1966年6月28日，档号H37-2-1967-27。

[1] 《连家渔船社会主义改造现场会议纪要》，1976年8月4日，档号C1-3-1976-716。

[2] “文化大革命”结束后，江苏省革委会又提出要加强对分散单干渔民进行社会主义改造，公社有专业渔业队或水产养殖场的，吸收单干渔民参加公社专业渔业队、专业养殖场；公社没有专业渔业队或水产养殖场、但有水产资源的，建立渔业大队或生产队，没有水产资源的，可并入邻近共设的渔业专业队；公社有生产基地，但水产资源有限的，可动员单干渔民就地转渔为农，或从事其他农副业生产。参见江苏省革命委员会农业局：《关于加强对分散单干渔民社会主义改造工作的报告》，1976年11月18日，档号C1-2-1976-449，但各地实际并未按照上述要求进行渔业改造。

由于渔民既不习惯上岸定居，也不习惯从事集体生产，因此渔改后的渔民生产生活水平普遍有所下降，据国家水产部在1966年对部分地区的调查，80%以上的连家渔船渔业队没有公共积累，60%左右的渔户不能维持简单再生产。为了促进和加速连家渔船的社会主义改造并巩固改造成果，以"壮大集体经济"，水产部和中国人民银行曾多次提出要不断加大并改进对渔业社（队）的贷款工作，在贷款的"期限上、数额上应予以适当的照顾"，信用社资金有困难时，"银行应给予支持"，同时还明确规定，"对于名义上入了社，实际上还搞单干的和那些无组织，无户籍，到处游荡的'黑船'银行不予贷款"。[1] 这在当时来说，都是不小的经济负担，挤占了本已十分紧张的资金，且还难以收到预期效果，得不到多数渔民的支持和拥护。

大量渔民被迫上岸定居、从事并不熟悉的种植业生产，不仅很不习惯，而且还进一步加重了人地关系紧张的原有矛盾。1968年，苏州市郊区共有2 385户、11 000多名渔民，占全省直辖市渔民总数的50%，除1 015户、5 000多人在1967年以前已插社、插场外（其中1966年插队797户、3 800人），仍有1 370户、6 200多人需要安置，但郊区农村早已人满为患，安置十分不易。为此，苏州市于1968年春通过围垦独墅湖和阳澄湖，获得3 000多亩农田，用于安置渔民。[2] 大量湖面被围垦，不利于涵养水源，这是此后一个时期苏州地区曾普遍发生内涝的一个重要原因。

二、经济建设艰难发展

（一）"四五"计划的编制

1966年7月，苏州市计划委员会按照中央关于利用沿海工业建设内地"三线"军工工业精神，编制了《苏州市"三五"期间重点工业初步规划》（以下简称《规划》）。[3]《规划》根据以农业为基础、以工业为主导发展国民经济的总方针，提出"把苏州建设成为一个先进的、新兴的工业城市"。然而由于

---

[1] 中华人民共和国水产部、中国人民银行：《关于加强渔业贷款工作促进并加速连家渔船社会主义改造问题的通知》，1966年9月23日，档号H37-3-1966-53。说明：1965年12月13日，国家水产部和中国人民银行曾下发过类似通知。

[2] 苏州市革命委员会渔业社会主义改造办公室：《苏州市渔业社会主义改造情况和意见的报告》，1968年7月3日，档号C21-2-1968-59；苏州市革命委员会渔业社会主义改造办公室：《关于请求解决捕捞渔民土地的报告》，1968年12月9日，档号C1-2-1968-321。

[3] 苏州市没有编制国民经济发展的第三个五年计划与第五个五年计划。

“文化大革命”运动的消极影响，苏州市并未制定综合性的五年计划，“三五”期间苏州市的各项工业指标也均未能达到《苏州市“三五”期间重点工业初步规划》的目标。

1970年8月，根据全国计划会议精神，市革委会生产指挥组编制了《苏州市1970年和第四个五年国民经济计划》（以下简称《计划》）[1]。《计划》提出“充分发挥现有工业基础作用，充分利用地方资源，积极发展原材料工业生产，大搞综合利用，把苏州市建设成为能适应战备要求和小而全的社会主义工业城市”的发展目标。为全面实现这一目标，《计划》制定了几个方面的具体要求：积极支援大小“三线”建设；狠抓煤铁钢的生产和基本建设；大力发展电子工业和化学工业；积极发展机械工业；充分发展轻纺工业和建材工业；相应发展电力工业和交通运输业，加强电信、邮政工作；积极发展预制构件；积极扶持社办工业、街道工业和手工业，充分发挥其作用；加强科学研究工作，大搞群众性的技术革新运动。

《计划》制定的1970年和第四个五年计划期间主要经济指标，在工业方面，分别如下。铁：1970年计划生产10万吨，1975年达到20万吨至25万吨。钢：1970年计划生产5 000吨，1975年达到20万吨至25万吨。机床：1970年计划生产365台，1975年达到2 000台。化肥：1970年计划生产5.3万吨，1975年达到10万吨。丝：1970年计划生产500吨，1975年达到1 000吨。在农业方面，指标如下。粮食：1970年计划生产3 840万公斤，1975年达到6 000万公斤。油料：1970年计划生产105万公斤，1975年达到157.5万公斤。生猪：1970年计划生产5万头，1975年达到10万头。蔬菜：1970年生产40.6万公斤，1975年达到54.5万公斤。工农业总产值1970年和1975年分别达到14亿元和35亿元。

“四五”计划于1971年开始执行后，又多次受到冲击，结果未能完成预定指标。

（二）工业经济的发展

“文化大革命”使苏州的经济建设遭受很大的干扰和破坏。各级革委会成立后，形势相对稳定，人民群众迫切希望结束动乱，恢复和发展生产。苏州工矿企业广泛开展高产、优质、安全、多品种、低消耗的增产节约运动，开展社

---

[1] 与“一五”“二五”计划的编制一样，苏州专区没有编制统一的“四五”计划，各县（市）分别编制各自的“四五”计划。

会主义劳动竞赛，努力克服煤炭、电力和原材料不足等困难，工业生产取得一定进展。

根据中央大力发展电子工业的精神，1969 年 10 月，苏州市做出开发电子产品的决策，积极争取中央有关部门的投资，再加上当时 300 余名军工专业技术人员到苏州加入电子工业人才队伍，促进了苏州电子工业的较快发展。有关电子类的投资额、消费额、元器件产品的产值，均有较大的增长。集成电路、光电器材、电子计算机、微波接力通信机、纵横制电话交换机、黑白电视机等均属国内领先的新产品。其中苏州八一电子仪器厂[1]于 1971 年 9 月试制成功的黑白电视机是我国第一台黑白电视机。

丝绸业响应周恩来“多缫丝、织好绸、多出口”的号召，积极开展以调整产品结构、扩大出口为主要内容的技术改造，1970 年全年开工日达 350 天，产丝 484 吨，超过 1966 年产量的 20%。纺织业积极发展合成纤维产品，并以所得的部分利润投入技术改造，完成社会主义改造后纺织业的第一次设备更新。1970 年纺织业生产总值（含丝绸业）达到 3.73 亿元。

轻工业则以恢复企业生产秩序、调整管理体制为龙头，狠抓企业管理，落实规章制度，机械化水平、产品产量与质量都有了新的提高。缝纫机、自行车、手表、照相机、打字机的整机生产能力逐渐形成并批量投放市场，其中钟表、缝纫机和自行车开始在省内、国内市场上取得一定的地位。电风扇、服装、眼镜、小五金、塑料制品等生产发展都较快，其中塑料制品以品种齐全、花色翻新、产量大而闻名全省。

机械工业的技术装备不断得到改善，部分加工装配工序开始向组合机床和生产流水线发展。经过干部职工的努力，先后有螺旋板式热交换器、110 千伏横担电瓷、35 千伏多油断路器、10 千伏少油断路器、光电跟踪线切割机床、铸造射压造型自动线、165F 汽油机等新产品问世；防腐蚀喷雾器、光电跟踪线切割机和 JGJ2 型精密光学经纬仪等首次参加国际展览。化工业重新实施已停顿多年的技术改造项目，苏州化工厂的烧碱、农药，苏州溶剂厂的增塑剂、联苯、乙酸，苏州合成化工厂的苯酐，苏州硫酸厂的硫酸，苏州前进化工厂的小苏打，苏州安利化工厂的有机玻璃，苏州助剂厂的糖精等主要产品，均初步实现电气化、仪表化作业，产量随之出现较快增长。钢铁工业方面，1971 年，苏州钢铁厂实现高炉、转炉、焦炉“三炉”齐开的局面，生铁产量首超 10 万吨，

[1] 苏州八一电子仪器厂为苏州电视机厂前身。

钢产量近万吨。

在“抓革命、促生产”运动中，苏州工交领域的工业学大庆运动进一步开展。1971 年 6 月 20 日人民日报发表《工业学大庆》的社论后，苏州掀起工业学大庆运动新的热潮。工交系统认真总结“工业学大庆”的经验，把革命精神和科学态度结合起来，充分发挥广大群众的积极性和创造性，继续开展增产节约运动和社会主义劳动竞赛，进行比学赶帮超活动，进一步加强企业管理和财务管理，建立岗位责任制，推动工业学大庆群众运动深入发展。此阶段的工业学大庆群众运动，在当时的政治形势下，无疑也出现了一定的偏差，但在规章制度的健全、产品质量的提高等方面，均取得了一定的成绩，这也为 70 年代初苏州国民经济取得一定成绩创造了条件。

（三）农村经济的发展

“文化大革命”开始后，苏州农业学大寨运动受到极大冲击。1968 年开始，农村社会秩序相对平静，各地普遍强化农业生产的领导力量，把农业学大寨运动推向深入。12 月，苏州专区有关领导带领 500 余人到大寨参观学习。其后各地学大寨运动从注重组织宣传、组织评比活动，转为注重扎扎实实抓好生产的关键环节上来。从注重单纯夺取粮食丰收，转为注重农、副、工协调发展上来。在改变农业生产条件、创造农业高产基础、实行科学种田，农、林、牧、副、渔综合发展等方面，开始进行探索，做了许多基础性工作。

1970 年后，各地积极贯彻中央关于发展农村经济的政策，顺应广大干部、农民的要求，对农村工作中的“左”的错误进行纠正，更加注重开展农田基本建设工作，树立“水稻高产学龙桥，三麦高产学塘桥，全面发展学华西”[1] 3 个先进典型，开始逐步纠正农村收缴社员自留田、饲料地、林果木、家禽等错误做法，鼓励发展家庭副业生产，并制止围湖造田等违背经济社会发展规律的错误行为。

农村经济政策的调整，让 20 世纪 70 年代初苏州的农业生产得到一定的发展。1970 年 6 月 1 日，水产部向全国转发调查报告《五七指示放光芒，渔业大队卖余粮》，介绍吴县横泾公社新联大队以渔为主、亦渔亦农、夺取鱼粮双丰收的经验。12 月 31 日，《人民日报》发表《江南高产地区学大寨的一个榜样——吴县龙桥大队调查报告》，介绍吴县长桥公社龙桥大队粮食再夺高产的事迹，

---

[1] 1970 年后，吴县龙桥大队水稻平均亩产超过 400 公斤；沙洲县塘桥公社三麦平均亩产超过 300 公斤；江阴县华西大队粮食平均亩产超过 800 公斤，成为粮食高产的典型。

并配发了编者按。通过群众性的科学实验活动，苏州农业科学技术网从无到有、从小到大，取得突破性成功。县、公社建立的农科所和农科站，培养出一批农业专业技术人员，承担起良种试验、推广等作用，对全区耕作制度的改革和农业生产的发展，做出很大贡献。在各种自然灾害比较频繁的困难条件下，1971 年全区棉花生产仍然取得较好收成，部分社队的皮棉亩产超过《四十条》规定的指标，即亩产皮棉 80 斤以上。

苏州工农业生产结束了 1966 年下半年至 1968 年上半年的下降局面，出现一定幅度的增长。1970 年，苏州实现国民生产总值 15.03 亿元，比 1965 年增长 39.42%；1966 年至 1970 年平均增长 6.9%，但由于受“文化大革命”的影响，此阶段比 1962 年至 1965 年调整时期增速下降 7.8%。财政收入 4.12 亿元，比 1965 年增长 48.20%；年均增速 8.2%，但比 1962 年至 1965 年调整时期增速下降 10.7%。[1] 1970 年以后，由于“文化大革命”已进入后期，经济、社会秩序总体上较前有所稳定，加上受周恩来和邓小平等先后对极左错误进行了一定程度的纠正，因此全国各地的工农业生产又有了进一步的发展。就苏州市区而言，到“文化大革命”结束的 1976 年为止，全市的经济总产值达到 214 304 万元。工业为 197 231 万元、农业为 3 072 万元，分别比 1966 年增加 121 209 万元、112 503 万元、1 097 万元。[2]

（四）社队企业在夹缝中的发展

1970 年，苏州地委、市委和市革委会要求各地充分利用城镇职工回乡、知识青年插队的人才资源和城乡工业产品短缺、城市工业恢复发展中急需寻找加工配套单位的有利条件，积极谋划，重新起步发展社队工业。正是在这样的条件下，苏州农村纷纷兴办农机修造、砖瓦、纺织、服装加工等社队工业，并涌现出一批社队企业的先进典型。如沙洲县妙桥公社与上海针织站、针织九厂联合创办针织厂，生产尼龙衫、尼龙裤；妙桥公社农机厂与上海第七纺织机械厂联合创办针织机械厂。由此，妙桥公社形成了以针织业为主的社队企业，当年实现产值 216.13 万元，成为沙洲县社队办企业的排头兵。据统计，1970 年苏州（包括市区和专区各县在内）工业总产值为 23.22 亿元，比 1965 年增长 6.22 亿元，其中社队工业产值 0.97 亿元，比 1965 年增长 0.66 亿元。

---

[1] 此处国民生产总值等数据的统计区域为现苏州市域范围。

[2] 苏州市地方志编纂委员会：《苏州市志》（第二册），江苏人民出版社 1995 年版，第14 页。

为了使社队工业能沿着健康的轨道向前发展，在经营方针上，各地始终坚持“围绕农业办工业，办了工业促农业”“以副养农，以工补农”，坚持“三就地”“四服务”。在一些具体问题上，各地的做法虽不尽一致，但都以有利于社队工业的生存与发展为目的。

社队工业还十分注意处理好与国营工业的关系，协调彼此在原材料与市场上存在的矛盾。有的为大工厂加工配套，有的搞来料加工，有的进行物资协作或议价购买原材料，有的则注重发展那些国营企业不愿或没有生产的商品，满足市场多层次需求，同时也补充了国家计划的不足，满足了人民生活消费的需要。

为了推动社队工业的发展，新华社记者喻权域在江苏等地调查后写了《为无锡县的社队工业申辩》一文，以事实和统计数字回答了社队工业发展会“造成国家财政收入减少”“排挤国营工业”“浪费原材料”“不按国家计划生产”“搞非法的资本主义市场经济”“许多产品同农业生产毫无关系”“社队工业没有发展前途”等责难。他认为，无锡县的基本经验——走农副工综合发展的道路，对于中国农村的发展是“有普遍意义的”。[1]

1975 年邓小平重新主持工作后，对社队工业持支持态度。是年 8 月，国务院讨论国家计委起草的《关于加快手工业发展若干问题》时，他发表了《关于发展工业的几点意见》的谈话，指出工业区、工业城市要带动附近农村，帮助农村发展小型工业，搞好农业生产，并且把这一点纳入自己的计划。[2] 苏州社队工业据此获得了大发展的难得机遇。

到“文化大革命”结束的 1976 年，苏州地区（含无锡、江阴两县）社队工业达 10 513 个，其中社办工厂 2 339 个，亦工亦农人员达 21 万名之多；社队企业工业总产值达 9.92 亿元，比“文化大革命”前的 1965 年增长 18.4 倍；社队工业对苏州经济的促进作用日益增强，占全地区工业总产值的比重由 1965 年的 6.8%提高到 35.7%，转队工资占农民人均纯收入的比重近 15%，苏州地区财政收入增长部分的 2/3 来源于社队工业。同时涌现出一批社队工业发展较快、办得较好的县、社、队。常熟、沙洲、吴县社队工业总产值都超过亿元，常熟虞山、沙洲南沙、吴县枫桥等公社（镇）都已超过千万元。[3]

---

[1] 转引自莫远人：《江苏乡镇工业发展史》，南京工学院出版社 1987 年版，第 153 页。

[2] 邓小平：《关于发展工业的几点意见》，《邓小平文选（第二卷）》，人民出版社 1994 年版，第 28 页。

[3] 苏州市经济贸易委员会、苏州市乡镇企业管理局、中共苏州市委党史工作办公室：《苏州乡镇工业》，中共党史出版社 2008 年版，第 2 页。

（五）经济领域的整顿

1971年以后，国务院提出整顿企业的措施，恢复被破坏的各种规章制度，扭转国民经济下滑的趋势。苏州地委和地区革委会、市委和市革委会对经济政策进行了有限调整，努力恢复工农业生产，国民经济发展取得了一定的成效。

农业战线上，1972年2月苏州地委做出《关于贯彻落实〈中共中央关于农村人民公社分配问题的指示〉的决定》后，各地在开展农业学大寨运动过程中，落实党的农村基本政策，加强农村人民公社的管理，建立健全各项管理工作机构；加强劳动管理，科学组织劳动力，合理评工记分，提高每个社员的劳动生产效率；加强财务管理，加强经济核算，坚持勤俭办社，执行增产节约原则，严格控制非生产性的用工和开支；加强民主管理，依靠群众办社，生产队的劳力分工，与社员商量，评工记分由社员民主讨论，生产队的生产计划、增产指标和增产措施，须经社员充分讨论，并由社员大会讨论通过，不能由少数干部包办代替；批判重粮轻棉的思想，调动广大棉农的积极性，鼓励棉农种好棉花。3月4日，《人民日报》发表《江苏省粮食平均亩产超〈纲要〉》的文章，对苏州地区的粮食生产做了很高的评价。

农田水利基本建设在这一阶段取得较大进展。此时，苏州大部分农田已由稻麦两熟改为稻稻麦三熟制，很多灌区工程不适应水旱作物茬口交错出现的用、排水新矛盾，尤其是三麦渍害严重，产量徘徊。专区水利局通过总结昆山县同心大队、江阴县华西大队、无锡县东亭大队等一批高产大队的治水改土经验，推行对工程设施合理改造为重要内容的治水措施，发动县、公社、大队层层制定水利建设全面规划，苏州出现水利建设高潮。主要工程有：推广昆山县同心圩“四分开、两控制”[1] 的治圩经验，加速建设联圩工程，提高圩区抗灾能力；适应双季稻灌溉制度的需要，把用水矛盾较大的3 000亩至8 000亩的大灌区，分期分批改造成千亩左右、送水快的中小型灌区；满足三熟制的水浆管理要求，把原为节省土地推行的灌排合一两用沟改为灌排渠沟分开，有的地方还把明渠改暗渠，达到省地、省水、省能源的效果；以利用改造为原则，把原来浅、窄、弯、乱、断的低功能河网，逐步改造成有利于引、排、蓄、控、调、航的高功能水系；结合平整土地，把零星耕地改造成规格化田块，提高灌水质量和适应农业机械耕作、治虫、施肥等田间操作，提高土地利用率。同时

[1] “四分开、两控制”是指圩内圩外河分开，高低田（高低片）分开，灌排沟渠分开，水旱茬口分开，控制圩内水位，控制地下水位。

还兴建白茆塘拓浚工程、浏河节制闸加固配套整修工程等一批大中型骨干河道和堤防工程。

工业战线上，立足发展自己的特色，走老厂挖潜、技术改造的路子，传统产品重点发展丝绸、工艺、市场日用品，新兴产品重点发展具有现代科学技术水平的精密机械、电子仪表、光学仪器，在工矿企业进行整顿，加强企业管理，完善规章制度。社队工业遵循“围绕农业办工业，办好工业促农业”的工作思路，认真落实“三就地”方针，抓住市场对计划外产品需求不断增长的时机，充分利用城市下放工人和下乡插队知识青年的知识与技术条件，使受“文化大革命”严重冲击的社队工业逐渐走出低谷。

服务业随着地方工农业生产的发展，商品及商品销售额也在徘徊中呈上升趋势。为解决商业网点的不足，苏州市增设娄门、齐门、胥门及阊门外西园百货商店（场），建造南门商业大楼和日用品展销商店[1]。1972 年日用工业品品种比 1971 年增加 960 多种。

不久，由于种种原因，经济调整被迫中断。邓小平主持中央工作后，再次进行了经济政策的调整。

首先，工业领域的整顿。1975 年 3 月中旬，苏州地委、市委分别召开县委书记碰头会和区、局领导干部会议，传达全国工业书记会精神，要求各级领导既要“抓革命”，又要“促生产”，将大力发展工业生产同贯彻中共中央《关于加强铁路工作的决定》结合起来，让苏州的经济工作发生根本好转。会后，苏州工矿企业普遍进行整顿。工矿企业狠抓党的各项政策的落实，整顿“软、懒、散”的领导班子；为老工人、老劳动模范和技术骨干落实政策，动员科技人员为实现“四个现代化”贡献力量；广泛发动群众，发挥工业学大庆的积极作用；加强企业管理，恢复和建立必要的规章制度，建立健全岗位责任制、质量检验制、经济核算制等规章制度。通过整顿，各级领导班子得到调整、充实；企业生产秩序混乱、劳动纪律松懈、生产效率低、产品质量差、生产成本高等状况得到初步改变。1975 年，苏州市工业总产值比 1970 年增加 41.11%，扭转了长期徘徊和负增长的局面；重工业占生产的比重上升至 42.3%；轻工业加快发展了市场上热销的手表、自行车、家用缝纫机“三大件”。

其次，农业领域的整顿。9 月 15 日，苏州地委在全国农业学大寨会议上，提出“吨粮田”的奋斗目标。11 月 12 日，地委召开县委书记会议，研究贯彻

---

[1] 南门商业大楼和日用品展销商店后分别改为泰华东楼和第一百货商店。

落实全国农业学大寨会议精神，要求各地抓好农业建设，早日把苏州各县建设成大寨县。在农业学大寨运动中，各地大力发展农田水利基本建设，特别是吴县龙桥大队出现全省第一个“吨粮田”之后，广大农村地区推广龙桥“要夺一吨粮，先造吨粮田”经验，掀起以建设旱涝保收、稳产高产农田为目标的农田水利建设新高潮，进行山、水、田、林、路综合治理。从1975年秋开始，全区经过一个冬春的奋战，完成土方3.1亿立方米，相当于1970年至1975年的总和，平整土地120多万亩，初步建成吨粮田56万亩。1975年，农业总产值增长15.74%，夏粮总产量比1974年增长2.35亿公斤，比历史最高的1971年增长4 000万公斤；油菜籽产量比1974年增长10%，使苏州地区全省第一粮食高产基地的地位得到巩固。

在整顿期间，苏州农业经济“一业为主、多种经营”取得较显著的成效。如吴县黄埭公社卫星大队原是一个穷队，后来从发展河蚌育珠起步，逐步成为农副工贸综合发展的大队。苏州地委及时宣传这个典型，提高全区各级干部、群众加深对发展外贸重要性的认识。1975年，苏州外贸商品收购总额达到2.76亿元。1976年1月，苏州被列为全国农副土特畜产品出口商品生产基地。外贸部每年拨付100万美元的外汇额度，由苏州自主安排基地建设。

最后，商业领域的整顿。从4月开始，相继恢复市各国营专业公司，重建批发与零售经营网络，增加商业服务网点：恢复食品公司、糖烟酒公司、蔬菜公司及百货站，成立苏州市土产日用杂品公司、五金化工交通用品公司和农业生产资料公司，做到集中与分散相结合，国营、合作与代销相结合。这些公司成立后，积极开展业务学习，开展依靠群众办商业活动，加强流通领域的管理，调动了群众办商业的积极性，商业流通有了较大起色。

“文化大革命”中苏州经济发展中的另一项重要工作就是张家港港口的兴建。张家港口岸顺直，深水贴岸，河床稳定，不冻不淤，江心有双山沙作天然屏障，加上地处长江口南岸，腹地辽阔，上海、苏州、无锡、常州、南通等大中城市环列四周，江阴要塞近在咫尺，是个理想的建港地点。张家港港口规划岸线自巫山港至十字港，长5.5千米，港口陆域纵深规划为600米左右。建港工程由交通部投资2 011万元，征用沙洲县南沙公社巫山、长江两个大队土地700余亩，于2月19日正式开工。沙洲县前后出动近10万人参加施工建设。至1969年7月，建成钢桥浮码头结构泊位4个，其中万吨级、5 000吨级泊位各2个，设计年吞吐能力220万吨。同时建成与之配套的后张（后塍至张家港口）公路、巫山港引航道各1条，张家港闸1座，并进行试运行开港。当年货物吞吐量 4 万吨。1970 年 11 月 3 日，张家港正式开港。上海海运局“战斗25”号满载 2 500 吨磷矿石驶抵张家港，成为投产后第一艘进港货轮，港口自此正式投产运行，是年货物吞吐量 9. 4 万吨。1972 年，货物吞吐量增至 78. 9 万吨。[1] 此后直至“文化大革命”结束，吞吐量变化不大。

---

〔1〕 中共张家港市委党史地方志办公室：《中国共产党张家港（沙洲）历史·第二卷（1949—1978）》，中共党史出版社 2013 年版，第 211 页。

第三章　改革开放初期的苏州经济

自中共十一届三中全会确立以经济建设为中心，实行对内改革、对外开放的战略决策以来，中国的改革开放事业已进行了 40 多个年头。如何对这 40 多年的历史进行恰当的分期，是个见仁见智的问题。本书将其分为三个阶段，即改革开放初期（1978—1991 年）、向社会主义市场经济体制转轨时期（1992—2002 年）、转型发展时期（2003 至今）三个时期。

第一节　徘徊中前进的苏州经济

“文化大革命”结束后，苏州地委、市委和市革委会根据中央的指导方针和江苏省委的部署，引导广大干部、群众，深入揭批江青反革命集团的罪行，清查其在苏州的帮派体系及代言人；恢复各级党组织和行政机构的组织秩序，整顿受到“文化大革命”冲击的人民团体，拨乱反正，在较短时间内稳定了局面；积极平反各类冤假错案，为“右派分子”摘帽，落实党的政策；同时开展真理标准问题的大讨论，解放干部和群众的思想。苏州的经济建设得到了恢复和发展，工农业产值不断提高，社队工业的发展取得了可喜的成绩。文化和社会事业建设水平也不断提升。苏州逐步摆脱了“文化大革命”造成的消极影响。

一、工业生产较快增长

粉碎江青反革命集团后，中共中央、国务院采取各项措施，迅速恢复铁路运输的正常秩序，建立各种规章制度来整顿各行各业，恢复和发展工业生产。1977 年 1 月 14 日，苏州市委和市革委会召开工业战线万人干部大会，号召为普及大庆式企业而奋斗。31 日，苏州地委和地区革委会召开工业学大庆会议，研究制定工业学大庆、普及大庆式企业的规划。会后，各级党组织带领广大人民群众，贯彻执行中央关于工业学大庆、普及大庆式企业的一系列重要指示，开展广泛的学习、宣传活动。通过宣讲大庆生产建设的基本经验和大庆式企业的6条标准[1]，发动群众参与制定创建大庆式企业的规划，表彰先进、树立标兵，鼓励各行各业开展内部，以及相互之间的经验交流，促进工业学大庆的群众运动广泛深入地开展和工业生产建设水平的逐步提升。

在工业学大庆、普及大庆式企业的群众运动中，涌现出一大批先进集体和先进个人。5月13日，在全国工业学大庆会议上，望亭发电厂、苏州绣品厂、红卫丝织厂[2]被命名为大庆式企业；苏州医疗器械厂、苏州光学仪器厂[3]、苏州砂轮厂被命名为学大庆先进企业；人民纺织厂细纱车间汪兰英小组、第一建筑工程公司第一工程队、航运公司铁姑娘船队、江苏省第四地质队四〇三机台被命名为学大庆先进集体。

为了解决工业生产中存在的领导多头、计划性差、盲目发展、管理落后、技术低下的局面，提升工业发展水平，苏州市委和市革委会根据提高专业化协作水平的原则，制定苏州市工业发展规划，推动工业生产的恢复和整顿。主要措施有：调整企业归属，把同类企业及为其直接服务的小型企业组织起来，按行业、产品构成体系，建立生产公司和总厂，合理分工，提高生产专业化程度；打破所有制、行业、城乡和地区界限，统筹行业之间、城乡之间及经济协作区8个县之间的生产协作；建立工艺协作中心，结合城市改造、建设规划和治理工业生产中出现的废水、废气和固体废弃物污染，调整城乡工业布局。

通过恢复、整顿和重新规划，苏州各类工业部门都取得了一定的成绩，轻工产品的发展尤为突出。结合国内外市场的需求，轻工产业从“产品要新、价格要低、竞争力要强”的方面下功夫，促进产品升级换代，积极试制新产品，大力增产短线急缺产品，从而出现了产量节节上升、销路越来越广的局面。轻

---

[1] 大庆式企业的6条标准具体包括：认真学习马列主义、毛泽东思想，坚持党的基本路线，坚持企业的社会主义方向；有一个坚决执行党的路线、方针和政策，密切联系群众，团结战斗，老、中、青三结合的党的领导核心；有一支能在三大革命运动中打硬仗、具有“三老四严”革命作风的职工队伍；坚持“两参一改三结合”的原则，有一套依靠群众、符合生产发展要求的科学的管理制度；在技术革新和技术革命方面不断有新的成果，全面完成国家计划，主要技术经济指标达到国内先进水平；坚持“五七”道路，工人以工为主，兼搞别样，在有条件的地方搞好农、林、牧、副、渔业生产，在搞好生产的同时，安排好职工生活。

[2] 红卫丝织厂，即振亚丝织厂。

[3] 苏州光学仪器厂，即国营二六七厂。

纺工业在生产效率得到提升的同时，产品质量也获得稳步提高，花样品种不断增多，24 种产品荣获国家、部或省级优质产品称号，29 种新产品在全省轻纺展销会上得奖。丝绸产品畅销世界 90 多个国家和地区，1978 年丝织品产量达 5 278 万米，占全国总产量的 10%，其中出口 2 676 万米，占全国丝织品出口总量的 14.29%，赚取外汇 4 496 万元。1977—1978 年，苏州电子工业产值以平均每年 43.26%的速度递增。1978 年年末，苏州电子工业共有职工约 1.1 万人（其中科技人员近 600 人），总产值达到 4.02 亿元，形成广播电视、通信设备、计算机、电子元件、电子器件、仪器仪表、微特电机、净化设备 8 个大类产品的格局。苏州电视机厂生产的孔雀牌 12 英寸黑白电视机的质量达到全国先进水平。许多传统产品诸如紫铜暖锅、张小泉剪刀、王大房菜刀等精巧别致的小五金生产都得到恢复和发展，而且由于普遍采用了新工艺，质量有了显著的提高。工艺美术产业发展初具规模，至 1978 年，生产单位增至 35 家，职工 9 000 余人，年产值 3 500 余万元，自有流动资金 2 700 余万元，产值和利润分别比 1966 年增长 1.54 倍和 2.2 倍，出口品种发展到 40 多种，苏绣、玉雕、檀香扇、缂丝等传统工艺品为出口创汇提供了有力的保证。[1]

二、农业生产稳步前进

中央在部署揭批江青反革命集团罪行、稳定全国局势的同时，着手整顿和恢复工农业生产，发出为建设社会主义现代化强国而奋斗的号召。为尽快恢复国民经济、加快国民经济的发展步伐，苏州地委、市委和市革委会特别重视农业的发展，继续将农业作为苏州国民经济发展的基础，进一步提升农业生产和农田水利基本建设水平。

1976 年 11 月 11 日，苏州地委召开县委书记会议，这是“文化大革命”结束后苏州地委召开的第一次农业会议。会议研究部署地区农业发展规划，要求各县加快普及大寨县的步伐，原定粮食亩产三年超“双纲”[2] 的任务在两年内完成，加快了农村经济的发展。

在全国第二次农业学大寨会议上，苏州地区的吴县、无锡、江阴、沙洲 4 县被评为大寨县。1977 年 2 月 24 日，地委召开农业学大寨会议，传达贯彻全

[1] 此处数值统计区域为现苏州市域范围。
[2] “双钢”，即粮食年亩产超过 1 600 斤。

国会议精神，制定了三年高标准建成大寨县的奋斗目标，即“三年建成大寨县，五年基本实现机械化，三年亩产超‘双纲’，五年亩产一吨粮，农工副业齐大上”，吴县龙桥大队等 8 个单位在会上介绍了先进经验。此后，县与县、社与社、队与队之间广泛开展生产竞赛，高标准、高质量地建设大寨县。

为加快农业发展速度，实现稻麦亩产超“双纲”，苏州地委和地区革委会充分调动广大干部、群众的生产积极性，发动群众广泛开展讨论，交流生产经验，在全区范围内大力开展农田水利基本建设、大积大造自然肥料、努力提高耕作水平、发展多种形式经营。各级党委进一步加强对农业工作的领导，按照建设大寨县的标准，严格要求，逐项落实标准。各行各业自觉把工作转移到以农业为基础的轨道上来，保证农业生产第一线有足够的劳动力，最大限度地将财力、物力投入到农业生产上，为加快农业发展提供必要的条件。农业机械化发展也方兴未艾，手扶拖拉机等农业机械的数量和使用率不断增加，有效地缓解了大面积种植双季稻和采用三熟制带来的劳动力紧张的情况。在多方共同努力下，尽管 1977 年苏州地区遭受了严重自然灾害，农业生产仍保持稻麦亩产 1 000 斤的水平，如数完成了粮食征购任务。

1978 年，苏州地区农业学大寨运动进一步掀起高潮。全区普遍开展多种形式的劳动竞赛，主要包括：常年固定的对口竞赛，其特点是从实际出发，以社队发展水平为依据，竞赛双方条件相似、基础相当，以利于更好发挥竞赛的推动和促进作用；地域与地域、单位与单位之间的流动红旗竞赛，其特点是紧密结合阶段性的生产任务，分时段地进行竞赛评比，以便于推动各个阶段任务的高效完成；以某个项目为竞赛内容，如水利、积肥、育秧、田间管理、养猪、养蚕等，举行单项竞赛，其特点是可以及时、有效地促进单项任务的顺利完成。随着社会主义劳动竞赛的开展，涌现出很多先进单位和个人，苏州地委和地区革委会因势利导，及时总结评比，树典型、立标兵，形成“比、学、赶、帮、超”的气氛，有力地推动了农业学大寨、普及大寨县运动的深入发展。

7 月 3 日，时任中共中央政治局委员、国务院副总理的纪登奎等带领参加全国农田基本建设会议的南方 13 个省、市（区）代表 420 人参观吴县、昆山、太仓等县的先进社队。次日，苏州地委在东方红剧院召开欢迎大会，时任苏州地委书记的刘锡庚代表苏州地委向与会人员介绍了全区建设吨粮田的经验体会和围绕农业办工业、办好工业促农业、走农副工综合发展道路的情况。其间，《人民日报》和中央人民广播电台发表长篇通讯，报道了苏州地区农业发展取得的成绩；《人民日报》还发表了《从苏州看南方》的社论，介绍苏州促进农业发展的先进经验。8月，农林部在吴县召开商品鱼基地建设会议，确定苏州地区为全国第一批商品鱼基地建设单位之一，从而有力推动了苏州地区渔业生产的发展。

与此同时，苏州市郊各级党组织认真贯彻落实中央关于农业问题的重要文件精神和党在农村的各项经济政策，按照市郊为城市服务的方针，调整郊区农业产业结构，扩建蔬菜基地，恢复名特品种的培育和生产，发展渔业、奶牛养殖业及各种家庭副业，加快农业生产机械化步伐，农业结构向城郊型农业转变，开始呈现农、林、牧、副、渔全面发展的态势。

这一时期，通过揭批江青反革命集团和拨乱反正，广大农村干部和群众冲破思想束缚，努力发展农业生产，林、牧、副、渔等各业兴旺，粮食、油料作物和棉花的产量都有了较大提高。1978年，苏州粮食总产量58.85亿斤，油料作物总产量1.83亿斤，为1949年以来的最高水平，棉花总产量达到3.63万吨。[1]

三、社队企业加快发展

粉碎“四人帮”后，一度被颠倒的历史重新被颠倒过来，发展社队工业不再害怕被当作“复辟资本主义”而受到批判，这从当时社队工业发展比较典型的江苏省有关领导人的讲话中可以明显地反映出来。1977年江苏省先后召开了全省“工业学大庆”和苏州地委、市委工业书记会议。当时的中共江苏省委主要负责人在讲话中明确提出要把发展农村地区的社队工业作为改变全省工业布局的重点工作，并指出“社队工业遍地开花，为加快农业机械化的步伐，壮大集体经济的力量，进而实现公社工业化，找到了路子”。要求到1980年，公社、大队两级工业经济纯收入占农村三级纯收入的30%，人均收入达到100元；到1985年分别增加到60%以上和150元。[2] 江苏省委于是年4月正式批转了由省计划委员会和工办、农办、财办起草的一个发展社队工业的文件，即《关于积极发展社队企业的意见》，这是江苏省乃至全国范围内第一个较为系统阐述社队企业的意义和政策的重要文件。经过修改、补充，1978年2月印发了《关于进一步发展社队工业几个问题的决定》，主要内容包括：对新办社队工业实行3年免税；省里拨款5 000万元作为发展社队工业的基金；地方财政和农

---

[1] 此处数值统计区域为现苏州市域范围。

[2] 转引自莫远人：《江苏乡镇工业发展史》，南京工学院出版社1987年版，第148-149页。

业贷款也适当安排一定数量的资金支持创办社队工业；在物资和生产任务上对社队工业进行统一规划与协作；把一部分增产的农副产品留在农村加工，以发展社队工业；推广无锡县的做法，处理好务工与务农的关系；等等。从政策上支持社队企业的发展，为苏州社队工业更快、更好地发展创造有利条件。

截至 1978 年年底，江苏省的社队工业总产值已达 63.4 亿元，占整个农村经济的 31%。从业人员 249 多万人，企业数达 55 万多个。就全国来说，社队工业的产值已占工业总产值的 9%。苏州地区社队工业总产值达 19 亿元，比 1977 年增长 20%；上交国家税收 13 467 万元，比 1977 年增长 34%；无锡县社队工业总产值突破了 4 亿元，全区超过 1 000 万元的公社从 1977 年的 35 个增加到 70 个，超过 100 万元的大队达 42 个；全区社队工业利润达 3 亿多元，亦工亦农转队工资 21.4 亿元，平均每个农业人口 34 元。[1] 有些县社队工业的发展速度更快。吴江县 1977 年全县共有社（镇）办工厂 274 个，队办工厂 1 407 个，队队几乎都有工厂，全年社（镇）、队工业产值达 9 329.68 万元，比 1976 年增长 61.05%；实现利润 1 503.5 万元，增加 92%；转队工资 803.14 万元，增长 30.68%。[2] 常熟县碧溪公社的社队企业总产值在 1977 年达到了 1 184 万元，占工农业总产值的 81%。[3]

第二节　改革开放启动初期的苏州经济

1978 年 12 月召开的中共十一届三中全会，彻底否定“两个凡是”的方针，停止使用“以阶级斗争为纲”的口号，形成以邓小平为核心的党中央领导集体，果断做出把全党工作着重点转移到社会主义现代化建设上来的战略决策，从而结束了粉碎“四人帮”后两年来党在徘徊中前进的局面，使党在思想、政治、经济、组织等领域的拨乱反正开始全面展开，揭开了改革开放的序幕，成为中国进入社会主义事业发展新时期的标志。

[1] 中共苏州市委农村工作部：《社会主义时期苏州党史资料·苏州农业学大寨大事记（1964—1979）》，第 16 页，中共苏州市委党史工作办公室藏。

[2] 中共吴江市委党史工作办公室：《中共吴江地方历史·第二卷（1949—1978）》，中共党史出版社 2011 年版，第 343 页。

[3] 中共常熟市委党史工作办公室：《中国共产党常熟历史·第二卷（1949—1978）》，中共党史出版社 2014 年版，第 310 页。

一、农村经济结构的初步调整

1979 年 9 月，苏州地区制定贯彻“八字方针”、调整国民经济的三年规划，总的目标任务围绕“三个大发展”（农业、副业和社队工业）、“两个降下来”（农业生产成本和人口）、“一个大提高”（社员分配水平）来展开，实行“农副工三业生产一起上，农副工和家庭副业四个轮子一起转，国家、集体、个人三者一起富”；三年中，每年农业以 4%、工业以 10%、副业以 20%的速度向前发展，社员平均分配水平由 1978 年的 134 元提高到 180 元。经过三年的调整，要加快农业的全面发展和农村的全面建设，把苏州地区建设成为商品率更高的农副产品基地和外贸出口基地，使全区农村和国民经济出现一个更加兴旺发达的新局面。为此，对农村经济结构进行了调整。

1. 压减双季稻恢复两熟制

素以精耕细作、鱼米之乡而著称的苏州地区，历来是我国农业生产水平较高的先进地区，尤其是以稻米为主的粮食生产地位非常重要。中华人民共和国成立后至 20 世纪 60 年代中期，苏州地区延续明清以来形成的两熟制为主的耕作制度。

1964 年吴县长桥公社龙桥大队率先试行双三制，即一年中种植一季麦子（或油菜或绿肥）加双季稻（一季早稻，又称“前季稻”；一季晚稻，又称“后季稻”），较单季稻增产显著，双季稻亩产达 1 000 斤以上。1966 年苏州专区总结推广龙桥大队三熟制高产经验，全地区许多地方开始扩种，获得大面积成功。1976 年是全区双季稻种植面积最多的一年，达 491 万亩（其中前季稻面积 400. 1 万亩），占水田面积的 85. 9%，其中无锡、吴县、吴江、江阴四县接近 100%。[1]

十多年来双三制在正常年份比稻麦两熟每亩可净增粮食 150 斤左右，这对提高总产有较大的作用。1976 年全区粮食总产 74 亿斤，比双三制推广前的 1965 年增产 19 亿多斤。随着粮食产量的增加，苏州地区农民对国家的贡献也持续增长。20 世纪 70 年代全区平均每年上缴商品粮 23. 3 亿斤，占粮食总产的

---

[1] 《国家农业委员会向国务院报送〈关于苏州地区发展双三制的考察报告〉》，1981 年 7 月 18 日，档号 H1-1-1981-115。

33.4%;[1] 1979年上升到27亿斤，比1971年多交8.7亿斤。[2]

但是，大规模快速发展双三制后，也带来了一些新的矛盾和问题，出现了一些负面影响。一是增产潜力退化。双季稻生长受温度、光照、气象等自然条件的影响较大。苏州地区要在一年230天左右无霜期内，种好两季稻，种熟三熟作物，保证前季稻不插6月秧、后季稻不插8月5日以后秧、三麦不种立冬麦，把作物布局安排好、茬口搭配好、品种选择好、劳力调配好，难度实属不小。全区大面积推广种植以来的情况表明，前季稻稳而不高，后季稻低而不稳，1967—1976年全区双季稻亩产4个年份增、6个年份降，由此造成全区水稻亩产1973年突破千斤以后一直徘徊不前。二是土质肥力下降。推广双三制后，土地每年浸水时间比单季稻长1个月，两季水稻中间没有时间晒垡，造成田块土壤板结，通透性变差，养分吸收和释放能力差；加上茬口布局过紧，大部分田地得不到轮作休闲，土质和肥力都逐年下降。三是经济效益不佳。种双季稻，一方面，由于多种了一季稻，种子、肥料、农药、机耕、灌水、人工等生产成本增幅较大；另一方面，为了适应双三制的种植季节要求，有些夏熟小麦改种大元麦，前后两季稻都不能种粳稻而只能种籼稻，而大元麦比小麦、籼稻比粳稻的价格低。两项因素叠加，经济收益就少了。据调查测算，两熟制每亩的物资消耗为64.27元，而三熟制每亩的物资消耗为82.85元，增加18.58元。1979年与1966年相比，全区粮食总产量增加22亿斤，农业总收入增加3.84亿元，农业支出增加2.69亿元，两者相抵只增1.15亿元，而其中国家提高农产品收购价格的加价因素就有1亿元。这笔大账表明，种双季稻粮食产量是增加不少，但农民的收益实际没有增加多少，与种单季稻相比不合算；如果与腾出田地种经济作物、腾出劳力搞多种经营相比，就更加不合算。四是劳动强度增大。种植双季稻，一年两熟变三熟，劳动量增加许多，劳动强度也大为增强。[3] 据吴江县震泽公社测算，平均每亩双季稻比单季稻要多用21.5个工。前季稻5月初做秧田、5月下旬移栽下水田实在太冷，大暑季节“双抢”（前季稻抢收、后季稻抢栽）酷暑难当，天天凌晨四点多钟出早工，晚上九十点钟才收工，农民形容说是“鸡叫做到鬼叫”，人人都喊吃不消。

于是，苏州地委在总结各方意见的基础上，于1979年对双三制提出了

---

[1] 《国家农业委员会向国务院报送〈关于苏州地区发展双三制的考察报告〉》，1981年7月18日，档号H1-1-1981-115

[2] 苏州地委办公室：《苏州地区一些情况的汇报》，1980年7月16日，档号H1-1-1980-87。

[3] 苏州地委办公室：《苏州地区一些情况的汇报》，1980年7月16日，档号H1-1-1980-87。

“基本稳定，适当调整”的原则，对双三制种植面积开始进行调整，且步子不断加大。1981 年全区双季早稻面积下调至 149.1 万亩，比 1976 年减少了 250 万亩，但良种的推广和化肥的使用，保证了粮食产量没有下降。1979—1981 年粮食平均总产量仍达到 68 亿斤，接近 20 世纪 70 年代的平均水平。1982 年的双季稻面积虽进一步减少，但单季稻面积和单产量大幅度增加，全区粮食总产量达 73.09 亿斤，比上年增加 28%；棉花和油菜籽也因播种面积有所增加和单产量提高而获丰收，棉花总产量 87.6 万担，比上年增加 19.3%，油料总产量 310 万担，比上年增加 31.5%，创历史最高水平。[1] 地市合并后，1984 年苏州双季早稻面积进而减少到 86.4 万亩。是年 8 月苏州市委、市政府做出调整农业种植布局的重大决策，不再下达计划种植面积，各地可自主安排决定，双季稻种植尊重群众意愿，不下达硬性指标。之后，全市双季稻种植面积进一步锐减，1989 年仅吴江保留 5.4 万亩，1991 年开始全区全面恢复麦（油）、稻两熟制。

2. 农业多种经营的恢复发展

苏州地区人多田少，有山有水，劳力资源和自然资源丰富，群众中又有从事工副业的传统习惯，发展多种经营的有利条件很多。中共十一届三中全会后，苏州地委总结以往经验教训，觉察到在全区农副工三业生产中，多种经营虽是个薄弱环节，却是最易恢复、大有潜力的发展新空间。由此，苏州地委、行署 1979 年提出“农副工三业生产一起上，农副工和家庭副业四个轮子一起转，国家、集体、个人三者一起富”的口号，并提出不要在挤占粮田上打主意，而要在充分利用每一亩水面、每一块山地、每一条江湖堤岸、每一寸十边隙地和每一个富余劳力上做文章，在“多”字上下功夫。是年 8 月，总结推广吴县渭塘公社西湖大队开展“七种、八养、九行当”的经验，主张靠山吃山、靠水吃水，西瓜要抱、芝麻要捡，积少成多、以多取胜。1980 年 4 月，苏州行署召开副业工作现场会，推出一批先进典型进行示范引路。全区很快形成了广开门路、因地制宜发展多种经营的良好局面，集体和社员两方面的副业收入三年翻了近一番，社员从集体和家庭副业所得的收入占了全部收入的将近一半。其中几个主要或特色多种经营项目，在这三四年中不仅全面恢复，而且得到了长足发展。

---

[1] 《于万杰同志在全区计划、经济工作会议上的发言稿》，1983 年 1 月 17 日，档号 H43-1-1983-43。

（1）养猪业创历史新高。

自1979年起调整发展养猪方针，实行“继续鼓励社员养猪，积极发展集体养猪”，对社员出售生猪实行斤猪斤粮奖励政策（按出售生猪重量每1斤配供1斤饲料粮）；政府重点扶持太湖猪的良种繁育体系建设，县乡配套建设生猪人工授精网络，加快推广生猪“三化”的经济杂交利用模式。1979年全区向国家出售生猪418万头；年末存栏量412.2万头，比上年增加50万头，首次实现了多年提出的突破400万头的指标。1980年出栏量比上年又增加4.73%，总量创全区历史新高。自1981年起进入调整下降期，1982年年末存栏量降至290.5万头。

（2）淡水养殖业稳步扩展。

苏州地区河湖密布，共有水面565万亩，淡水养殖业历来发达。中共十一届三中全会后，全区贯彻“内塘、湖泊、河道养殖一起抓，国家、集体、农户三者一起上，投入、政策、技术措施一起下”的方针，大力促进淡水养殖业加快发展。内塘养殖方面，利用所获农牧渔业部商品鱼基地建设专项资金，在吴县、吴江、昆山兴办289个商品鱼基地渔场，通过围垦塘田退耕还渔、低田改造和开挖，共建成连片池塘4.6万亩；总结推广吴县黄桥、东山高产养殖技术，1981年全区精养塘平均亩产超250公斤，比改革开放前平均高出25%～40%。湖泊与河道养殖方面，1980年推广吴江县八坼乡西联村开展小型湖泊精养成功经验，至1982年全区共放养85.7万亩，占可放养水面面积的63%，水产品总产量120万担。[1] 同时，特种水产品养殖也在探索中逐步发展起来，最先形成规模效应的当属人工培育珍珠。1978年全区珍珠总产量3.68吨，1979年猛增到22.5吨，1981年又增加到53.7吨，其中吴县占全区的近2/3。[2]

（3）蚕桑业恢复性增长。

苏州地区种桑养蚕、纺丝织绸源远流长，享有“丝绸之乡”的美誉。1979年苏州调高蚕茧收购价格40%，调动养蚕积极性。1980年后苏州各地开始大搞缫丝厂，仅吴江一地就相继开办17家之多，吴县也新开5家，原料茧紧俏，蚕桑业开始恢复性发展。1979年全区桑田面积恢复至16.6万亩，产茧16.88万担，亩均产茧100斤，超过历史最高年份。又经过3年的发展，至1982年全

---

[1] 苏州地委办公室：《有关苏州地区基本情况的一些统计资料》，1982年9月23日，档号H1-1-1982-155。

[2] 苏州市农业委员会：《苏州农业志》，苏州大学出版社2012年版，第355页；苏州地委办公室：《有关苏州地区基本情况的一些统计资料》，1982年9月23日，档号H1-1-1982-155。

区桑田面积、蚕茧总产量分别基本恢复到改革开放前 23 万亩、20 万担的历史最高水平。[1]

3. 社队工业出现发展高潮

1979 年 1 月，苏州地委、行署召开社队工业工作会议，强调指出“社队工业是人民公社集体经济不可分割的重要组成部分，是全面发展农业、全面建设农村的必由之路”，把发展社队工业的认识提到了一个崭新的高度。会议讨论通过了《关于社队工业若干问题的规定》，首次明确提出了社队工业“四服务”的发展方向，即为农业生产服务、为人民生活服务、为城市工业服务、为外贸出口服务，冲破了 20 世纪 70 年代提出的社队工业“三就地”（就地取材、就地加工、就地销售）发展方针的束缚，从而为促进社队工业的大发展拓展了更为广阔的天地；明确要求各级党委要真正把社队企业抓在自己手上，像抓农业一样抓好社队企业，保证农副工综合发展，还明确要求各县要从上到下强化社队企业一条线领导。

为推动社队企业的发展，全区各级和广大社队企业干部，充分发挥“草根工业”生命力顽强、“船小调头快”机制灵活的优势，大力排除所谓社队工业是“三挤一冲”（挤国营企业的原材料、能源、市场，冲击国家计划）、“挖社会主义墙脚”和“不正之风的风源”等种种非议与责难，始终抱着“不管东南西北风，咬定发展不放松”的坚定信念，积极探索开创社队工业发展新局面的新思路、新办法。

第一，找准市场，加大投入，兴办一批企业和项目。1979—1980 年，全区分别投入基本建设资金 1.7 亿多元和 3 亿元左右，分别占到社队企业当年利润的 47%和 65%之多[2]；1981—1983 年又累计投资 5.61 亿元，相当于社队企业集体累计积累额的 91.97%，新上了一大批市场前景良好的新企业和新项目，其中有些企业日后发展壮大成为全省乃至全国乡镇企业的佼佼者。如促进江阴县华士公社华西大队成为全省第一个“亿元村”的村办骨干企业钢板厂，日后发展壮大为江苏梁丰食品集团有限公司的沙洲县杨舍镇城西村乳制品厂，日后成为制造国际名牌波司登羽绒服企业江苏康博集团股份有限公司的常熟县白茆公社山泾村服装厂，日后壮大成江苏 AB 集团有限责任公司的昆山县正仪公社

[1] 《于万杰同志在全区计划、经济工作会议上的发言稿》，1983 年 1 月 17 日，档号 H43-1-1983-43。

[2] 《王余积同志在各县人民政府负责人会议结束时的讲话》，1980 年 12 月 29 日，档号 H24-3-1980-542。

针织品加工厂，20 世纪 90 年代初成为国家级乡镇企业集团和全国乡镇企业最大出口创汇企业的太仓县归庄公社香塘大队工艺鞋厂，后来成为全国著名溴化锂制冷机制造龙头企业江苏双良集团有限公司的江阴县利港公社陈墅大队钣金厂，仅用 3 年就成为全国三大玻璃生产企业之一和全国最大规模的乡镇企业平板玻璃生产企业的沙洲县锦丰玻璃厂等。[1]

第二，充分利用有利的区位优势，大张旗鼓地组织开展同城市大工业的横向联合，实现社队工业的跨越式发展。苏州地区早期建起的社队企业与周边的上海等城市工商业就有着千丝万缕的联系。1979—1981 年，苏州社队企业的横向联合形成一波高潮，全区共有 442 家企业实行了各种形式的联合。联合的对象，既有上海等地的大企业，又有本地县属企业，还有大专院校的科研单位；联合的内涵，既有零部件加工、工艺配套等扩散型联合，又有联产、联购、联销一条龙式的联合，还有组建公司、总厂等联合体的紧密型联合。横向联合的广泛开展，既解决了计划经济主导体制下部分社队企业生产任务不足的困境，又开辟了众多新的生产经营门路，还使许多企业的产品质量、技术层次、管理水平等跃上了一个新台阶。

第三，对已有企业开展全面整顿，以提高经营管理水平，实现健康发展。1979 年，各地在社队企业中进行全面整顿，重点解决企业管理、产品销售等薄弱环节，同时逐步推行“五定一奖”（定人员、定任务、定资金、定利润、定分配，按“五定”各项指标完成情况确定奖金）责任制，使社队企业的经营管理体制与机制逐步优化。1980 年 9 月苏州地区行署社队企业管理局建立后又陆续组织对社队企业的生产、财务、领导班子和技术进步等方面进行了全面整顿，收到了明显效果。

通过大力兴办、横向联合和整顿提高，苏州社队企业迎来改革开放以来的第一个发展高潮。1981 年，全区已有 11 800 多个社队企业，职工 95. 6 万多名，拥有 12. 5 亿元固定资产，生产着 3 323 种产品，年产值达 41. 74 亿元，比 1978 年增加 136. 5%，实现利润 5. 83 亿元；江阴的周庄、华士、要塞，无锡的前洲、玉祁、杨市及沙洲的妙桥、南沙、塘桥等 9 个公社的社队工业产值超5 000 万元。社队工业在全区经济社会发展中开始发挥着举足轻重的作用，社队工业

[1] 江苏省地方志编纂委员会：《江苏省志・乡镇工业志》，方志出版社 2000 年版，第 96、376-393 页；苏州市政协文史委员会：《异军突起——苏州乡镇企业史料》，古吴轩出版社 2012 年版，第 136-137 页。

产值占全区国民经济总收入的46.1%，由农村经济的“半壁江山”变为全区经济的“半壁江山”；占公社农副工三业总产值的70.38%，由“半壁江山”变为“三分天下有其二”；企业职工占农村总劳力的27.3%，比1978年年末又提高了约7%；向国家缴纳税金2.2亿元，占全区财政收入的1/3；向社、队提供资金9 800万元，用于农业基本建设和农村文教卫生、道路交通等集体福利事业和公共建设；全年转队工资4.34亿元、返回生产队参与社员分配利润1亿元，全区社员人均分配中来自社队工业的占50.87%。[1] 苏州地区社队工业1981年实现产值占全省社队工业总产值的33.45%，比1978年增加了7.5%[2]，开始确立在全省乃至全国社队工业发展中的领先地位。

上述措施的采取，使得农村经济的发展速度明显加快。尽管1978年以来的连续两年遇到较为严重的自然灾害，粮食较大幅度减产，但由于农副工综合经营、农、林、牧、副、渔全面发展，全区人民公社农副工总收入由1978年的31.24亿元上升到55.94亿元，增长79%。其中，林、牧、副、渔由4.14亿元上升为7亿元，增长69%；社队工业由16.14亿元上升到39.37亿元，增长1.44倍。农村经济的结构逐步优化。1981年与1978年比较，全区农村农副工总收入中各业所占比重，农业收入由占35.08%下降到17.11%，副业收入由占13.25%略降为12.54%，工业收入由占51.67%上升到70.35%。从劳动力结构变化来看，全区350.2万农村劳动力中，从事工业的已占29%，成为农村富余劳动力转移的主要渠道；从三级经济所占比重来看，公社一级由33.5%上升到44.14%，大队一级由23.95%上升到31.28%，生产队一级由42.55%下降为24.58%。社员收入有所增加。1981年社员从生产队集体分配到的人均收入175.5元，比1978年增加30%；社员家庭副业人均收入83.5元，比1978年增加82.2%；农村社员储蓄总额3.28亿元，比1978年增长2.3倍；农民建造房屋43.73万间、建筑面积1 043万平方米；社会商品零售总额达22.79亿元，比1978年增加61.75%。对国家的贡献增多。全区平均每年向国家交售粮食19.5亿斤，交售棉花73.07万担、油菜籽112万担、生猪396.5万头，分别比20世纪70年代平均每年增加8%、53.6%、60%；同时每年还提供价值数十亿元的社队工业

[1] 苏州地委办公室：《有关苏州地区基本情况的一些统计资料》，1982年9月23日，档号H1-1-1982-155；《苏州地区行署社队企业管理局在全区工业座谈会上的发言稿》，1982年6月17日，档号H54-1-1982-7。

[2] 江苏省地方志编纂委员会：《江苏省志·乡镇工业志》，方志出版社2000年版，第6-7页。

产品及林、牧、副、渔产品；上缴国家的财政收入每年递增10.3%。[1]

二、城市经济的调整与优化发展

1. 城市经济调整的计划与部署

经1979年5月、6月两次苏州市委工作会议讨论研究，市委认为，苏州市随着“文化大革命”结束后两年多来国民经济的迅速恢复和发展，以前一些被掩盖着的比例关系严重失调的情况更加明显地暴露出来了，主要反映在六个方面：其一，最突出的是燃料、动力和原材料供应紧张，缺口很大。其二，“骨头”和“肉”的比例关系严重失调。由于长期以来国家投资和地方财力用于非生产性方面的比例太小，造成城市建设、公共事业和居民住房等人民生活方面欠账太多。其三，从工业内部比例关系来说，主要存在三大问题。一是轻纺工业的发展速度缓慢。二是加工工业长线产品多，短线产品和新产品上得慢，在国内外市场的适应和竞争能力差。三是在行业内部存在这样那样的薄弱环节。比较明显的是丝绸纺织行业前后工序比例失调，后处理是个“短腿”。新兴的电子行业元器件质量差，整机软件不配套。其四，基本建设战线一年比一年拉得更长，建设规模超过了建设能力。其五，城市没有好好规划，工业布局混乱，大量工厂挤在城里，化工行业四面开花，工业“三废”没有得到及时的治理，造成环境污染十分严重。其六，劳动就业问题十分突出。

苏州市委提出经济调整总的指导思想是：从苏州市的实际情况出发，扬长避短，实事求是地考虑苏州的发展方向。工业上要大力发展苏州的传统特色，并向高、精、尖、轻、新的方向发展；要积极发展对外贸易，多找门路，增加品种，提高质量，增强竞争力，多创外汇；要搞好城市建设，改善人民生活，发展旅游事业。

据此，苏州市委初步确定全市三年调整中抓住三个重点，调整比例关系。一是调整工业内部的比例，加快轻纺工业的发展速度，大力发展钢铁、建材工业和轻型制造工业。二是进一步调整“骨头”和“肉”的比例关系，当务之急是多建居民住房和解决环境污染问题。三是下决心缩短基本建设战线，集中力量打歼灭战。初步排出停缓建项目34个，涉及投资额2 372万元、建筑面积

---

[1] 苏州地委办公室：《三中全会以来苏州地区农村经济形势》，1982年8月23日，档号H1-1-1982-149。

8.28多万平方米；要重点保的项目20个（9月进一步调整压缩为14个）。[1]

1980年2月召开的中共苏州市第五次代表大会将全市国民经济的调整工作列为主要议题，并根据大会确定的“把苏州建设成为经济繁荣、文化发达、环境优美的，拥有以轻纺为主体的现代化工业的园林风景旅游城市”这一新的总体发展目标，对经济的调整做了进一步的部署，明确调整时期全市的主要任务有六项：一是加快轻纺工业的发展速度，全面提高工业水平。调整时期全市工业总产值每年增长8%以上，其中轻纺工业增长16%以上。二是缩短基本建设战线，积极搞好城市建设，狠抓环境保护工作。搞好综合平衡，使建设的规模同人力物力和施工力量相适应，把重点放在城市建设、人民生活急需的设施及轻纺、外贸出口、市场短线产品中急需上马和配套的项目上来。三是大力发展对外贸易和旅游事业。调整时期全市外贸收购总额年平均增长20%以上，在发展出口产品的同时，采取多种灵活形式，积极开展对外加工装配、补偿贸易、合资经营和劳务出口，千方百计增加外汇收入，争取三五年内在出口创汇方面打开新的局面。四是加强财贸工作，促进工农业生产的发展和市场的繁荣。搞好商业设施的建设，合理调整和增设商业网点，建设有苏州特色的商业区。五是积极发展科学文教事业，大力培养建设人才。六是积极而慎重地进行经济管理体制改革，继续大力搞好企业整顿。[2]

苏州市第五次党代会后，全市的国民经济调整工作更加精准发力、扎实开展、深入推进。经过三四年的努力，全市经济尤其是工业经济在恢复中逐步发展，结构趋于合理和优化，整体水平有所提升。

2. 工业结构的调整与优化

苏州市的经济格局以工业为主，1978年工业产值在社会总产值中占91.68%。但除了少数几家丝绸、纺织行业的骨干企业和几家部属企业之外，从总体来看市区工业大多处于企业规模小、技术装备陈旧落后、产业和产品档次偏低的状态，在省内、国内基本上没有地位。中共十一届三中全会以后的头四年中，由于实行以调整为主的方针，发展速度不算快，市区工业总产值1982年为33.14亿元，只比1978年增长37.56%，总的来看属于恢复性增长；但这几年中工业产业结构、产品结构、技术构成的调整与优化的步伐较大，实现了

[1] 《贾世珍同志在市委工作会议结束时的讲话》，1979年6月2日，档号A1-4-1979-327；《市计委何仁同志在市委工作会议上的发言》，1979年5月22日，档号A1-2-1979-728。

[2] 中共苏州市委党史工作办公室、苏州市档案局（馆）：《中国共产党苏州市历次代表大会（会议）文献汇编（1949—2001）》，苏出准印JSE-001549号，2001年，第352-358页。

预定的计划和目标，为以后的加快发展打下了良好的基础。

（1）传统轻纺工业大幅回升。

按照苏州城市性质和扬长避短原则，市区在调整中采取优先发展轻纺工业的措施，人、财、物等各种生产要素向其倾斜，以实现轻纺工业增长速度比全部工业增长速度快出一倍左右、占全市工业的比重逐步恢复到“文化大革命”之前的水平。

在调整过程中，1980 年 8 月撤销苏州纺织工业局，分建市纺织工业公司和市丝绸工业公司；全市纺织丝绸工业抓住市场需求旺盛、计划逐步放开的有利机遇，通过技术改造、新产品开发、向前后道工序延伸产业链等途径获得了较快较好的发展，总体水平上了一个台阶。纺织行业全面实施“内（销）转外（销）、低（档）升高（档）、多品种、深加工”的转变，市纺织工业公司及各区敢于“负债经营”，四年间组织贷款和自筹投资超亿元，实施改造项目数十个，引进大批国内外先进、适用设备，新建企业 17 家，8 家由古城区迁至市郊进行改建扩建，并在城南形成相对集中的纺织工厂区。苏纶纺织厂 3 万余锭纺纱设备实行全程更新，苏州染织一厂装备 425 台宽幅织机建成省内首家色织布大整理车间，4 家毛纺厂全部进入纺工部“六五”技术改造规划，苏州化纤厂与上海金山石化研究院合作在国内首家开发生产国际上 20 世纪 70 年代后期才出现的新型改性纤维并获国家优秀新产品金龙奖，振亚丝织厂建成国内首条涤纶长丝生产线，江南丝厂在国内首家开发生产有色树脂切片。截至 1982 年年底，市区纺织工业装备水平略超国内通常水平，共形成了漂白、印花、紧式大整理等 7 条印染后整理专线，基本改变“织大于染”的状况，实现产品加工向深度发展。丝绸行业在调整中继续实施从 20 世纪 70 年代开始的第一轮技术改造，至 1980 年固定资产比技术改造前增长 2. 68 倍，其中一直是“短腿”的印染业增长 6. 26 倍；丝织品出口量由技术改造前的 2 035 万米增至 3 593 万米，占当年产量的比重由 44% 上升至 55%，其中真丝绸出口量由 780 万米增至 1 393 万米；工业总产值由 2. 06 亿元增至 4. 09 亿元。自 1981 年起抓住丝绸产销体制改革机遇，实施以增加合纤绸、阔幅机和提花机比重及提高印染水平与能力为主要目标的第二轮更大规模的技术改造，共完成投资 1. 22 亿元，改造项目 116 项，包括引进项目 27 项，新办了 8 家丝织厂、2 家印染厂。2 家缫丝厂设备更新后年产丝 450 吨左右，产品质量一直保持在平均 3A 级以上。4 家丝织厂先后引进喷水织机 334 台及与之配套的大卷装设备，全部淘汰了电力铁木机，发展为大型企业。丝织业共产各类丝织物 7 480 万米，比 1980 年净增

1 000 万米。绸缎炼染厂迁建新厂后发展成为省内最大的专业厂。苏州丝绸印花厂引进国外先进印花设备，印花能力由年产 500 万米提高至 1 500 万米，成为省内最大的丝绸印花专业工厂，高换汇的小额真丝印花绸产量居全国第二位，真丝印花双绉占全国双绉出口的 1/3，被国外誉为“中国绉”。自 1979 年国家开展质量评比以来至 1982 年，东吴丝织厂的真丝塔夫绸、振亚丝织厂的全人造丝修花缎、丝绸印花厂的真丝印花双绉 3 种产品先后获国家金质奖，振亚丝织厂的全人造丝伊人绡和迎春绡、新苏丝织厂的人造丝条子花绡获国家银质奖。

轻工业是市区工业结构调整中大力扶持、加快发展的另一个重点部类，着重抓好扩大短线产品产能、开发有市场前景的新产品这两大环节，取得了可喜成效。作为重头的日用机械和电器制造业，首先抓好市场热销的“老三大件”（手表、自行车、缝纫机）等的增产和技术改革。苏州手表厂形成年产手表 100 万只的生产能力，为 1977 年的近 6 倍，成为大型钟表制造企业。苏州自行车厂上方山新厂 1981 年开工后年产 10 万余辆，为 1978 年的近 5 倍，1982 年又增加两款新车，形成年产 32 万辆整车生产能力。苏州缝纫机厂 1981 年生产 18 万余台，为建厂初期的 2 倍多。同时抓好市场渐热的“新三大件”（电风扇、电冰箱、洗衣机）等家用电器产品的研制和投产，引导市场消费潮流。苏州电扇厂 1979 年产量突破 10 万台，在 1982 年全省电扇质量测试评比中，吊扇、落地扇双获第一，市场占有率大大提升，成为国内电扇业的骨干厂之一。苏州冰箱厂 1979 年试制成 80 立升[1]家用电冰箱，1982 年形成批量生产能力，被轻工业部列为生产家用电冰箱的全国五大骨干企业之一。苏州洗衣机厂 1980 年单独建厂，1981 年“白云泉”牌单缸洗衣机产量首闯万台关，翌年又开发Ⅲ型单缸洗衣机，受到市场欢迎。苏州电表厂转变为以生产空调器为主的企业。1980 年由长江五金厂组建家用电器一厂专业生产吸尘器，1982 年产 6 000 台左右。苏州照相机厂开发生产 135 型“虎丘”牌照相机市场热销，成为具有一定规模的专业厂。经过这几年的大力整合与开发，当时国内市场日趋受消费者欢迎的日用机械和家用电器类产品，苏州几乎都已形成较大的生产能力，并成为市场声誉较高的产品，为 20 世纪 80 年代中后期苏州家电产品“四大名旦”声名鹊起打下了良好的基础。造纸及纸制品业生产处于省内首位，华盛造纸厂所产 52 克凸版纸被评为全国一类优质产品，红叶造纸厂生产的高强瓦楞纸获国家银质

[1] 立升，即描述容积的单位，属于旧称。目前标准容量计量单位为“升”。

奖。苏州印刷厂 1978 年建办彩色印刷厂，20 世纪 80 年代相继引进国外排版、印刷、装订先进设备，成为全省印刷业骨干企业之一。塑料制品业先后研制开发出获轻工业部重大科技成果奖的交叉定向复合薄膜、钢带人造革、泡沫人造革、照相制版薄膜彩印、烈性塑料制品等在国内领先的产品和技术；苏州嘉美克钮扣厂生产的珠光有机玻璃纽扣获国家银质奖，销售量占全国 1/3，居全国之首。缝纫业在原有 6 家服装厂生产能力扩大的同时，4 年中又兴办了 7 家市、区属服装厂。苏州人造板厂的大规格纤维板和干法生产刨花板先后试制成功，迎合了家具业、装饰业发展的需要。日用五金产品的品种、花式之多在国内同业中少有，好多还打入了国际市场。食品工业，调整时期引进一批先进技术设备，完成了从手工劳动向机器生产的过渡，促进行业发展加快。苏州面粉厂、味精厂、助剂厂（糖精）、食品厂、罐头食品厂、糖果冷饮厂、东吴酒厂、水产冷藏厂 1982 年产量均比 1979 年增加 1 倍左右。糖果糕点蜜饯业各老字号恢复传统食品生产，18 种苏式蜜饯先后获国优、部优、省优称号。苏州茶厂主产“虎丘”牌一级茉莉花茶于 1982 年获国家银质奖，茉莉苏萌毫茶被评为全国 30 种名茶之一。

苏州的工艺美术素以历史悠久、技艺精湛、风格独特、门类齐全而著称，全国工艺美术产品 24 个大类中苏州占有 22 个，许多工艺品既有艺术价值又有实用功能。经济调整中，苏州市根据改革开放后人民对美化日用品的需求和开发国际市场的需要，也将日用工艺美术类产品列为发展的重点之一。苏州刺绣厂于 1978 年试制成功国际首台电子绣花机，1981 年装备有 12 套国内第一代带有 3 个机头的自动绣花机组，所产各类绣花产品热销国内外市场。苏州剧装戏具厂恢复传统剧装戏具生产，在全国同行中居首位。织毯业的各类毯子总产量占全省的 1/3，外销近 100%，美术地毯厂的产品获江苏省工艺美术百花奖。苏州檀香扇厂的檀香扇于 1981 年获中国工艺美术品百花奖银质奖，苏州扇厂两款折扇被评为全国同类产品第一名。乐器业的民族定音鼓、苏锣、钹、古典吉他等被评为部优产品。经过调整、提高和发展，市区工艺美术业在全国同行中再度占有举足轻重的地位。

（2）电子工业振兴发展。

具有一定基础的市区电子工业，自 1979 年起贯彻调整方针，坚持面向市场，改变产品结构，大力发展民用产品和外销产品；调整生产布局，以名优产品为龙头，建立和发展横向经济联合体；大力引进国际先进技术，进行技术改造，由此出现了全行业振兴发展的新局面。广播电视器具制造业中，苏州电视机厂于1982年产黑白电视机19.5万台，并研制成首批用国产显像管的35厘米彩色电视机，成为全国为数不多的几家彩电生产企业之一；江南无线电厂、无线电五厂试制的收录音机于1982年投产；广电部在苏州建立的磁记录设备厂（1985年更名为苏州录像机厂）于1982年基本建成，生产广播专用录音机，成为苏州市第8家部属企业。通信设备制造业中，江南无线电厂研制生产的微波信道机成为我国广播电视专用微波接力系统设备的主机；苏州有线电一厂开发生产1 000门以上纵横制自动电话交换机，为国家邮电总局的定点产品。电子计算机及技术应用设备制造业中，苏州电子计算机厂的DJS-130型小型计算机于1982年获部优称号，运行速度达160万次/秒的152型机为当时国产小型电子计算机的高档机种；市计算机开发应用研究所研制出银行利息机，为银行业广泛使用。电子元器件制造业，先后新办或组建了胜利无线电厂、电视机三厂、磁头厂等6家企业，生产半导体器材、光电器件、锗管、硅管、集成电路等15大类产品，其中苏州半导体总厂的技术、设备、产品在国内都属比较先进，其研制成的TTL小规模电路为我国火箭发射实验进行配套，成为中国人民解放军国防科学技术委员会（以下简称“国防科委”）和第四、第六机械工业部长期定点生产单位。

（3）重化工业调整优化。

重化工业着重抓好培育骨干企业、壮大优势产品、形成特色行业等举措，实现在调整中前进、在优化中发展。1976年机械工业占全市工业总产值的23.2%，仅次于纺织丝绸工业。1979—1982年共新办8家企业，企业总数达104家。实力较强的仪器仪表行业中，第三机械工业部长风机械总厂生产的航空仪表和航空电器器件等军品共120多种，为国内18种飞机配套，启动箱试验器于1980年获国家银质奖，测温传感器热电偶于1982年获国家金质奖，新开发的民品数控线切割机床于1984年获国家银质奖；核工业部国营二六七厂（又名苏州光学仪器厂）研制开发高速扫描摄像机、摄谱仪等国防尖端技术产品，5种高速分幅相机分获国家科技进步二、三等奖和国防科学技术工业委员会（以下简称“国防科工委”）三等奖；苏州试验仪器厂开发生产多种规格、用途的振动试验台，成功应用于洲际导弹、潜艇导弹、同步通信卫星发射等国家重大项目的试验，多次获国家、省、市科研成果奖，并收到中共中央、国务院、中央军委的贺电；仪表元件厂于1980年试制成功的计算机标准键盘达到国外20世纪70年代末水平，1982年形成年产接插件800万件、键盘2万台的生产能力；晶体元件厂在国内最早生产人造宝石（合成刚玉）和激光体材料，

1978年获全国科学大会重大科技成果奖，销售量占国内市场的50%，锥形刚玉轴承于1981年获国家银质奖，宝石圆管于1983年获国家经委优秀新产品金龙奖；第一光学仪器厂研制生产的2秒级经纬仪、数字式闪光测速仪属国内领先。电工电器制造业中，合金材料厂各类银电触头产量为国内同行之首；电机厂开发的特种稀土永磁低速电机获电子工业部科技成果一等奖；轻工电机厂和电讯电机厂研制开发多种家用电器和注塑机、工业缝纫机等工业设备的专用电机，分别成为轻工业部和第四机械工业部定点生产企业。设备制造业中，铸造机械厂研制的射芯机、第三光学仪器厂研制的线切割机床，于1984年同获国家银质奖；电梯厂在新厂区建起1万平方米超大车间和72米高的电梯试验塔，于1980年形成年产电梯165台的批量生产能力，成为20世纪80年代初全国八大电梯厂之一；净化设备厂开发形成气体纯化、空气净化、水纯化和环境保护设备四大类产品，净化工作台于1983年获国家银质奖，成为国内生产工业环境净化设备的重点骨干企业；起重机械厂试制成功采用计算机控制的无轨巷道堆垛机，成为机械工业部唯一定点厂家；轴承厂开发的滚针轴承系列产品，品种和数量均占全国的50%左右；第二机械工业部国营五二六厂（1980年12月起对外称中国原子能工业公司苏州阀门厂）开发生产核工业、石油化学工业的专用阀门，超低碳不锈钢阀获国家银质奖；制冷设备厂在国内率先开发研制出新型氨压缩机和系列空调冷水机组；医疗器械厂开发生产的眼科医疗器械YZ-5A型裂隙灯显微镜于1980年获国家银质奖、1985年获国家金质奖，眼科显微手术器械包和眼科手术器械于1981年获国家银质奖；农业药械厂主产品担架机动喷雾机被评为农机部优质产品；开关厂先后研制开发10多种新品，建有江苏省内唯一的高压电器测试中心，成为机械工业部重点企业，也是当时江苏省内最大的电气专业制造厂之一；动力机器厂生产的165F-Ⅲ型汽油机于1981年获国家银质奖；林业部苏州林业机械厂逐步向木材综合利用和木材深度加工机械发展，于1982年先后研制出人造纤维板、刨花板、胶合板生产设备和人造板表面装饰成套设备，SJ2-3架空索道绞盘机于1983年获国家银质奖；冶金工业部苏州冶金机械厂承担并完成部“六五”重点攻关项目——井下车通用底盘，开发为进口大型车配套使用的部件，成为部的冶金、采矿专用设备的生产基地。

经过上述一系列的有序调整，苏州市区工业中轻重工业的比例向着预定的目标逐步演进。由于轻纺工业总产值1981年比1978年增长75.94%，比全部工业总产值增速快了1倍，轻纺工业占比由1978年的50.72%提升至1981年的64.89%。[1] 1982年轻纺工业因化纤等部分产品限产、降价而发展趋缓，重化工业开始全面回升，轻重工业比重总体上保持在一个比较合理的水平上。据1982年全国222个城市统计，苏州市工业总产值名列26位。[2]

（4）三次产业构成趋向合理。

在1979年开始的经济调整中，苏州市在抓好工业内部结构调整优化的同时，着力做好郊区农业转向城郊型农业和加快第三产业的发展这两篇大文章。

第一，农业开始向城郊型转型。主要表现在两个方面：一方面，种植业中粮油作物比重下降而经济作物比重上升。1978年前，郊区7.36万亩耕地中，粮油种植面积超过6万亩，蔬菜、瓜果、茶花等经济作物种植面积不足万亩，其中旱生菜地仅剩5 000~6 000亩、瓜果面积3 600多亩，按城市居民人均的菜地面积不足2厘地。自1979年起，郊区大力压缩主要用于自给的粮油种植面积，每年减少的几千亩到上万亩主要调整为增加经济作物种植面积，按城市居民人均不少于4厘地的要求，逐年恢复老菜区、开辟新菜区，不断扩大蔬菜种植面积，至1985年全区蔬菜面积稳定在2.2万亩（其中旱生1.5万亩、水生0.7万亩），总产量6 260万公斤，比1978年前增长一半左右；全区69个村（大队）、769个生产队中，拥有纯菜村17个、粮菜兼种村14个、专种蔬菜生产队210个；重点推广了多项栽培新技术，增产少则50%，多则1倍左右。另一方面，农业中种植业比重下降而养殖业比重上升。林、牧、副、渔业在农业中所占比重自1985年起超过种植业，占比达53.4%。1985年奶牛增至966头，年产奶从100万公斤左右增至300余万公斤，日供应消毒牛奶8.34万瓶；1985年奶牛专业户增至284户，养乳牛623头，年产奶123万公斤。家禽饲养业，1980年建成一家年产肉鸡2万羽、产蛋2万公斤的大型机械化养鸡场，1985年全区达48.98万羽，比1977年增加近4倍，年产禽蛋53.5万公斤。生猪饲养业，1979年后集体猪场逐渐被撤销，重点转向农户生猪饲养，至1985年全区有年养30头以上大户193户，年出售生猪7.38万头。畜牧业的产值在农业产值中的比重提高到28.2%。渔业发展上，1978年全区共有水产养殖面积2.73万亩，鲜鱼总产量1 311吨。之后几年中虽然面积基本没有增加，但由于养殖

---

[1] 方明同志在苏州市第八届人民代表大会第二次会议上所做的《政府工作报告》，1982年4月15日，档号C1-1-1982-201。

[2] 《苏州市计划委员会戴坤生同志在全市经济和社会发展规划会议上的发言》，1983年6月7日，档号C1-1-1983-247。

技术水平的提高，至 1985 年鲜鱼总产量已达 3 717 吨。渔业的产值在农业产值中的比重提高到 17.7%。

第二，第三产业加快复苏。苏州市区老商业街重振雄风。第一商业中心观前街区，松鹤楼、黄天源、采芝斋、稻香村、陆稿荐、生春阳、月中桂、小吕宋、乾泰祥、戎镒昌等百年老字号自 1979 年起先后恢复原号，并恢复传统特色商品和特色经营项目；人民商场、一百商场、广州食品商店等大商场纷纷扩建改造；太监弄美食街规划建设，1982 年得月楼菜馆、松鹤楼新楼落成开业；苏州市工商管理部门于 1979 年在玄妙观开办日用小商品贸易市场，自 1982 年 6 月起观前街被改造成步行街，观前地区成为集体、个体商业开发热地，整个观前商区日趋繁荣兴旺。商业副中心石路街区、石路商场等国营集体商业网点先后扩建翻建一新，金门路形成新的商业街，石路小商品综合贸易市场、渡僧桥贸易市场等先后兴起，人气渐旺。人民路随着 1979 年拓宽工程竣工，工业品商场、食品商场、友谊商店、外贸商场、新苏州商场、艺苑商厦、文物商店、东吴商行等一个个大型、现代商场相继在沿线建起或换上新容，人民路加快形成“商场路”，其南端以扩建改造后的南门商业大楼和西二路新辟的农贸市场、综合贸易市场为核心，正在成为继观前街区、石路街区之后的市区第三个商业区。十全街“文化旅游特色街”、景德路“家具街”商铺聚集成市。苏州市工商、粮食、供销等部门在古城内外先后开放、兴办了 44 个集贸市场，1982 年总成交量达 3 660 万公斤，市民菜篮子已有近一半来自农贸市场。1982 年年末，市区各类商业（含饮食服务业）网点达 2 726 个，比 1978 年增加了 1 655 个；社会商品零售额 5.49 亿元，比 1978 年增加 98.27%；在 1 488 个商业零售（不含饮食服务业）网点中，国营 418 个、集体所有制 724 个、有证个体户 346 个；在饮食和生活服务业中，个体网点比 1979 年增加了 1 300 多个，形成了多种所有制共同发展、相互竞争的可喜局面。旅游业逐步兴起，开始成为苏州的特色产业。1979 年国家有关部门把苏州列为全国 5 个重点风景游览城市之一，苏州市开始把旅游作为经济产业来开发，采取一系列有效措施，取得明显起色。一是有计划、有重点地抓好园林、风景区的建设，开发新的游览项目。运用国家支持的专项经费和自筹资金，分期分批对尚未开放的园林名胜和人文古迹展开整修，北寺塔、耦园、忠王府、玄妙观三清殿、鹤园、灵岩山寺院殿堂、曲园、艺圃等修缮后相继对外开放，市属景区开放游览点于 1982 年增至近 20 处；1979 年建成开放的现代公园东园，举办首届寒山寺除夕听钟声活动，自 1980 年起开辟“古运河水上游”“姑苏园林一日游”项目；对海外旅游者开放参观单位也由1978年前的刺绣研究所等10余家增加到30余家，形成了工农业旅游的新“卖点”，带动了旅游商品的销售。二是加大硬件建设力度，提升旅游接待能力。1978年前苏州的旅行社仅中国国际旅行社苏州支社和苏州市中国旅行社2家，可接待海外客人的宾馆酒店仅苏州饭店、南园宾馆、南林饭店、乐乡饭店4家，床位500张左右，接待国内客人的旅社仅23家，铺位5 500个，加上企事业单位开办的招待所，苏州市区的日最大接待能力只有1.8万个铺位，而1979年后旅游旺季中每日来苏要求留宿的旅客约2.3万人。为缓解这方面的突出矛盾，全市上下掀起一波扩建、兴办宾馆旅社的热潮。苏州市投资在苏州饭店新建9层客房楼，中国旅行总社投资兴建从澳大利亚引进的组装式简易宾馆——姑苏饭店，2家总共增添海外客人床位528张；葑门饭店、阊门饭店、西美巷招待所相继改造扩建，使这3个政府招待所成为涉外酒店；苏州市商业系统改造老旅社，又先后兴建苏城饭店、新华饭店、园外楼宾馆等中高档宾馆饭店；社会各界兴办的申江酒家、华侨饭店、花卉饭店等相继建成开业，至1983年社会办旅店已达83户、床位1.8万张，从而使得全市铺位总数增至2.39万张，基本适应了游客的住宿需求。为了方便游客出行，建办苏州市客车服务公司（后改名为苏州市汽车出租公司）和苏州市旅游汽车服务公司，拥有各类车辆150余辆，面向社会开展营运服务；苏州市三轮车服务公司（1983年后隶属于苏州市风光旅游服务公司）更新了100余辆人力三轮车，成为“老外”在苏州市内观光游览喜爱的一种出行工具。为了适应旅游购物的需要，各旅游景点、涉外宾馆饭店和参观开放单位纷纷设立卖品部，1981年来苏游览的海外客人消费构成中购物已占49.7%。三是加强旅游业软件建设，提升服务质量和水平。先后恢复和创办了中国国际旅行社苏州支社、苏州市中国旅行社、苏州市总工会旅游部、苏州市青年联合会旅游部、吴县东山中国旅行社5家经营国际旅游业务的机构和苏州市园林旅游公司、苏州旅行社等5家经营国内旅游业务的机构，组织本地市民外出旅游业务自1981年起也相继展开，开辟多条国内旅游专线，提高了市民外出旅游的兴趣和便捷程度。政府的旅游管理部门也在完善之中，1982年建立苏州市旅行游览事业管理局（与苏州市人民政府外事办公室合署办公），负责全市的国际旅游业务、国内旅游归口管理及旅游发展规划。旅游专业人才的培养工作积极推进，1980年苏州市二十九中高中部改办成苏州市旅游职业中学，开设烹饪、宾馆服务等专业，为各旅游经营单位定向培养输送宾馆服务员、烹饪技工和宾馆管理人才。经过三四年的努力推进，苏州市区的旅游业发展有了良好的开端。1982年共接待海外游客

11.3 万多人[1]，比 1978 年翻了两番多；1983 年共接待国内游客 1 603 万人次，比 1978 年增长 1.14 倍；1982 年苏州市旅游公司所属单位营业额 1 541 万元，全市旅游外汇收入 674 万美元，相当于当年江苏省分配给苏州（包括市和地区在内）外汇留成数的 82.4%。交通运输业顺势推进，展现出方兴未艾的态势。公路运输业呈现出大发展的态势。1978 年后，地、市交通部门加大公路建设力度，先后新建 5 条干、支线公路，接通了 2 条县与县之间的断头公路，干线路面全面拓宽并基本实现黑色化，全市公路通车里程超过 1 000 千米，基本形成干支相连、县乡相通、四通八达的公路运输网。货运方面，苏州市汽车运输公司先后添置了一批大型、专用车，营运汽车总数达 300 辆、2 000 吨位左右，提高了运输机械化程度，并先后开辟跨省市中长途运输、零担车队、集装箱运输业务，1983 年完成货运量 205 万吨、货运周转量 5 014 万吨/千米，分别比 1976 年增长 39% 和 91%；非交通部门的货运业至 1985 年共有 200 余辆汽车，完成货物周转量相当于苏州市运输公司的一半左右。客运方面，1982 年与 1976 年比较，苏州地区汽车运输公司苏州站的总运营线路由 71 条增至 129 条，总运行里程由 1 905 千米增至 3 332 千米，班次由 638 对增至 1 800 对，运行客车由 253 辆增至 580 辆，客运量由 2 236 万人增至 4 954 万人。自 1980 年起非交通部门客运服务业猛增，成为一支专业客运的补充力量。苏州水上交通自古便利。改革开放后，苏州市交通局实施大运河航道治理工程和胥江航道拓宽工程，提高通航能力；苏州市航运公司全面开展船只和码头装卸设备更新，大力提高运输生产能力，1982 年拥有轮机船 89 艘，货驳船总吨位由 2 263 吨猛增至 1.43 万吨，货物周转量达 25 820 万吨/千米，比 1978 年增加 19%。内河客运业受公路客运迅速扩大的影响，城乡乘船旅客明显下降，1982 年负责苏州地区（包括苏州市在内）客运经营的地区轮船运输公司客运量为 636 万人，比 1978 年减少 109 万人。铁路运输业，沪宁铁路复线全部建成后，苏州站白洋湾货场改建工程紧锣密鼓地进行，苏州火车站新客站 1982 年交付使用，经上海铁路局批准升为一等站；1983 年与 1978 年相比，苏州站日到、发客运列车由 16 对增加到近 30 对，年旅客发送量由 284.46 万人次增至 463.71 万人次，年货物发送量由 87.28 万吨增至 114.5 万吨，货物到达量由 465.79 万吨增至 577.63 万吨。

---

[1] 方明市长在苏州市人民代表大会常务委员会八届十三次会议上所做的《苏州市人民政府工作报告》，1983 年 2 月，档号 C1-11983-249。

经过这一时期的积极调整和有序发展，苏州市区的经济总量逐步壮大，1982 年实现工农业总产值 30.04 亿元、国民生产总值 13.23 亿元，与 1978 年相比分别增加 41.34%和 41.23%。产业结构也朝着规划预想的目标逐步演变。调整结束的 1985 年与 1976 年相比，三次产业的比重已调整为 1.6 : 74.4 : 24.0，其中第一产业、第二产业占比分别下降 1.2%和 4.3%，而第三产业占比则上升 5.5%。从三次产业中社会劳动力的构成变化来看，第一产业劳动力由 4.48 万人降至 1.6 万人，占比由 14.5%下降为 3.42%；第二产业劳动力由 18.87 万人增至 32.6 万人，占比由 61%上升为 69.73%；第三产业劳动力由 7.6 万人增至 12.55 万人，占比由 24.5%上升为 26.85%。

三、城乡经济体制改革的起步

1. 农村家庭联产承包责任制逐步推行

苏州地区农村家庭联产承包责任制的普遍实行，比省内、国内大多数地区大体晚了半年到一年；从责任制形式演变过程来看，主要经历了由不联产到联产，由联产到组到联产到劳，再到家庭承包、包干分配的几个阶段。

1978 年 12 月至 1980 年 8 月，是组织实行多种形式生产责任制阶段。中共十一届三中全会促进了人们的思想逐步解放。受七都吴溇大队自发实行分组联产责任制初获成功的启示，1978 年年底吴江县委在全县选择 6 个生产队进行分组联产计酬试点，成为苏州地区第一个正式组织试点生产责任制的县。至 1979 年 2 月，吴江全县 5 000 余个生产队中共有 1 100 个实行了分组联产，坚持到年终结算兑现的有 183 个生产队。[1] 1979 年 5 月，苏州地委在阳澄淀泖地区商品粮基地建设座谈会上首次提出，要以建立责任制、落实“按劳分配”政策为重点，大力改善农业经营管理，下决心在两三年内抓出较大成效来。从此，苏州农村也同全国各地一样，积极酝酿探索各种行之有效的责任制形式。这一阶段，从地区到大队各级的基本态度是：在坚持因地制宜和群众自愿的原则下，尊重生产队自主权，各种形式都允许试验，不做统一规定。刚开始阶段，比较普遍的形式是“小段包工、定额计酬”。其基本的办法是：将农作物生产管理中某段劳作交给社员或作业组承包，按质按量完成的可得到相应的工分，由此改变以往“干多干少一个样”的做法。但这种方式仍只联系劳动量，与最终的

[1] 允上、海龙、云赞等：《当年苏州“弄潮儿”深情话小平》，《苏州日报》，2004 年 8 月 19 日。

农作物产量并不挂钩。1979 年 9 月中共十一届四中全会通过的《中共中央关于加快农业发展的若干问题的决定》提出，农业的生产责任制，可以在生产队统一核算和按工分分配的前提下，实行按定额计工分、按劳动时间评工记分和包工到作业组、联系产量计算劳动报酬及实行超产奖励等形式。此后，苏州地区不联产的小段包工做法逐渐被遗弃，较为普遍地采用了包工到组、联系产量计算工分报酬的办法，具体形式则是因地制宜、多种多样，主要为“农副工三业分开，农业大组（或分组）联产承包”。少数地方还在尝试着“包工、联产到劳”的做法。个别地方试探着改变农村“三级所有、队为基础”的生产关系，实行起“农副业分组综合承包”，基层干部、群众称之为“明分组暗分队（生产队）”。还有极少数生产队干脆搞起了“包产到户”，以农户为单位承包生产队的粮棉油等大田作物种植，年终按完成定产指标情况计算各户所得报酬。

1980 年 9 月至 1982 年秋是稳定专业承包、联产计酬责任制阶段。由于农业生产责任制还是个新生事物，各地的形式和做法又多种多样，有些因工作方法简单化或制度设计不够科学规范而推行效果不尽理想，引发了干部、群众间的矛盾，尤其是围绕着各种责任制形式的孰优孰劣、包干到户姓“社”姓“资”等敏感问题，从各级干部到社员群众“议论很多，思想上有些动荡”。[1] 1980 年 9—11 月，苏州地委组织全面回顾总结一年多来全区探索试行多种形式农业生产责任制的情况和经验，对下一步责任制的推进提出指导性意见，明确提出：“包产到户的形式，不适合我区农业生产力的发展水平，群众也没有这种要求，所以不宜采用”[2]，并要求各地“对极少数大田作物已经包产到户的，要在做好思想教育工作的基础上，积极引导他们改过来”[3]。

就在这时，中共中央印发《关于进一步加强和完善农业生产责任制的几个问题》的通知（中发〔1980〕75），首次肯定了生产队领导下实行的“包产到户”的社会主义性质，苏州地区要求改变责任制形式的呼声多了起来。吴江震泽公社新民大队 1 队、金家坝公社锦旗大队 4 队等一些地方在 1980 年年底又私下对大田作物搞起了联产到劳或到户。1981 年 2 月，吴县县委在藏书、淞南、金山等 7 个公社进行家庭联产承包责任制试点，生产队将土地承包到户，进行分户作业，联系粮油产量计酬，包干分配。到 9 月底全县有 264 个生产队实行

---

[1] 《罗运来同志在县委书记会议结束时的讲话》，1980 年 9 月 5 日，档号 H1-1-1980-82。

[2] 《中共苏州地区委员会印发全区农村工作会议纪要的通知》，1980 年 11 月 23 日，档号 H1-2-1980-657。

[3] 《罗运来同志在县委书记会议结束时的讲话》，1980 年 9 月 5 日，档号 H1-1-1980-82。

了联产到劳，占生产队总数的3.1%。[1] 但由于江苏省委、省政府对“包产到户”仍持谨慎态度，地区各级领导也强调苏州情况特殊，不属于中央75号文件所讲的“三靠”（吃粮靠返销、生产靠贷款、生活靠救济）地区，因而，经过一段时间的比较、筛选，目光渐渐集中到了“专业分组、联产承包”上。苏州地委在1981年2月下旬《批转地委农工部关于加强和完善农业生产责任制座谈会纪要》中提出：要逐步向“统一经营、三业分开、专业承包、联产计酬”方向发展，提倡在大田粮食作物上搞大组联产计酬责任制，不搞分组联产，不搞分田单干，不搞大田包产到户。同年8月，苏州地委农工部制定了《苏州地区农村人民公社实行专业承包联产计酬责任制试行条例》，对所倡导的这种责任制提出了规范性意见。截至1981年年底，全区5.3万个生产队中实行农业联产责任制的生产队发展到3.79万个，其中实行联产到劳的生产队逐步增至1.42万个，但占大头的形式还是大组联产。[2]

但这些“指导”和“规范”的出台，并没能阻止“包产到户”责任制在苏州地区的实施，相反，一些地方在暗自推行。1980年秋，昆山陆杨公社党委根据部分生产队农业长期上不去的实际情况，决定在�江大队第二生产队和换新大队第四生产队用“五定一奖赔”的办法，对油菜生产推行名为“联产到劳”实为“包产到户”的承包责任制试点，结果全公社60.7%的生产队紧跟仿效，翌年全公社油菜籽产量比上年猛增76.6%，是年年底全公社油菜、三麦实行“包产到户”的生产队分别扩大到93.6%和45.9%。1981年夏该公社的换新、超英、跃进、东江、横江等大队的干部毅然突破水稻生产不能搞联产到劳的禁区，在12个生产队试行搞水稻联产到劳责任制，公社党委为他们撑起了“保护伞”。1981年10月，昆山周庄公社复兴大队率先实行以农户为承包单位的联产承包责任制，以生产队为单位，按在队人口每人分口粮田0.7亩，其余为责任田，按劳力均分，将田块落实到户，生产队的耕牛、农船、农具等按田亩多少分摊到户、折价归私，同时确定每户应完成的上缴国家粮食、农业税和大队“两金一费”任务。

1982年1月中共中央批转《全国农村工作会议纪要》（中发〔1982〕1号），充分肯定包产到户、包干到户的社会主义性质，指出：目前实行的各种

[1] 中共苏州市吴中区委宣传部：《往事回眸——吴县（市）历史资料（1919—2001）》（内部资料），2002年，第204-205页。

[2] 中共苏州市委农村工作办公室：《苏州建国以来农村历次运动史料简综》（内部资料），2006年，第102页。

责任制，包括小段包工定额计酬，专业承包联产计酬，联产到劳，包产到户、到组，包干到户、到组，等等，都是社会主义集体经济的生产责任制。2月中旬苏州地委在吴江县召开现场会，学习贯彻中央1号文件精神，但研究的主要议题是如何稳定苏州地区占主导形式的“三业分开、专业承包、联产计酬”责任制，改进和完善实施中存在的种种问题。会后，苏州地委组织6个工作组、2.6万名干部分两批帮助5.3万个生产队完善联产计酬到组责任制，到上半年全区生产队的实行比例由1980年年底的71%上升到81%。[1] 1982年夏熟全区获大丰收后，针对“有少数社队夏收夏种分了一批田，双抢大忙中又分了一批田，秋收秋种还在分”的情形，苏州地委提出：“对当前有些地方盲目要求改变生产责任制形式的偏向，我们要站出来讲话，多做思想教育工作。”“要向干部社员讲清楚……中央对农业生产责任制强调总结、完善、稳定的方针，从苏州地区的实际情况来看，生产责任制的大变动时期已经过去，现在应该保持相对稳定，逐步加以改进完善……我们应该继续按照今年春天吴江会议上讲的‘不在形式上多争论，要在完善上下功夫’。现行的各种形式的责任制，即使有些队确实需要调整，也要等到生产周期终了，经过干部社员认真讨论，在秋收前有组织、有领导、有准备地进行调整。”[2] 由于苏州地委态度明确，并做了限制，这一阶段“大包干”责任制在全区范围内未能推行开来。至是年8月中旬，全区实行专业承包、联产计酬责任制的生产队共占82%，其中大组联产40%左右，分组联产10%左右，联产到劳31%左右，真正实行包产到户、包干到户的不足1%。[3]

1982年秋冬至1983年秋冬是家庭联产承包责任制普遍推行阶段。以三业分开、专业承包、联产计酬为主要形式的农业生产责任制在全区虽然相对稳定了近两年时间，但广大干部、群众的思想并未凝固，在深刻领会1982年中央1号文件和中共十二大精神（中共十二大对以包干到户为主要形式的农业生产责任制给予了充分肯定，强调必须长期坚持下去并逐步加以完善），认真总结前几年探索实践的经验教训，剖析和比较现有各种生产责任制利弊得失的理性思辨中，全区干部、群众的思想认识渐趋统一，责任制的形式逐步集中，苏州农民同全国农民一样，终于找到了农业生产责任制的最佳实现形式——统分结

---

[1] 王荣、韩俊、徐建明：《苏州农村改革30年》，上海远东出版社2007年版，第3页。

[2] 《戴心思同志在县委书记碰头会上的讲话》，1982年7月6日，档号H1-1-1982-143。

[3] 苏州地委办公室：《三中全会以来苏州地区农村经济形势》，1982年8月23日，档号H1-1-1982-149。

合、包干分配，即外地一般称之为“包产到户、包干到户”的这种责任制。其内涵和要义是，在土地等主要生产资料公有制基础上，生产队将集体土地、农、林、牧、副、渔生产项目承包到户，由农民自主生产经营，落实好国家、集体、个人三者之间的关系，并用合同形式固定下来，年终按合同结算兑现，农民形象地将其概括为“保证国家的，留够集体的，剩下全是自己的”。

苏州地区率先大规模组织推行家庭联产承包责任制的是常熟和太仓。1982年9月上旬常熟县委提出积极发展家庭联产承包责任制的要求，通过干部培训和典型示范，由点到面，分批推进，短短一个月时间里，实行家庭联产承包责任制的生产队由原来的220个发展到2 059个，占总队数的26.5%。太仓县各级领导亲自动手，全面宣传发动，选队试点，面上推进，到9月中旬全县3 963个生产队中，丈量土地、划分责任田的占8.5%。在先行地区的带动影响下，这年秋收秋种结束后，全区出现“上上下下谈承包，村村队队忙划田”的一片繁忙景象，势如破竹，一气呵成。[1] 截至1982年年末，全区54 262个生产队中有49 370个生产队实行了家庭联产承包责任制，约占总数的91%，其中昆山、沙洲、江阴县实行比例达95%以上；已划田队数占实行包干分配队数的84.2%，其中无锡县达到100%，沙洲、江阴、太仓县达到90%以上；继续实行联产到劳、联产到组、小段包干的生产队，分别只占总队数的3.5%、2%、3.5%。[2] 至此，经历了“过分强调经济发达地区的特殊性，把该分的不敢分下去，影响了农民自主经营的积极性”这一段曲折，比外地稍稍来迟的家庭联产承包责任制在苏州农村终于站住了脚跟。

和全国其他许多地区一样，家庭联产承包责任制在全区普遍推行时，由于工作经验不足、推进时间过快，在承包土地划分和承包合同签订这两个重要环节上存在较多问题，有的合同没有签订，有的“三田”（劳划责任田、人划口粮田、猪划饲料田）没有划分好，有的土地划分得过于零散，有的人口、劳力错划、漏划等。尤其在划分承包土地这一基础性工作上，不少地方指导滞后，加上农民中的平均划田思想又占了上风，多数生产队采取了好田差田、近田远田、高田低田大家都分一点的办法，结果使不少农户的承包田划分得比较零散。如沙洲县泗港公社善港大队一队一户社员承包的1.96亩耕地共划了18个

---

[1] 中共苏州市委农村工作办公室：《苏州建国以来农村历次运动史料简综》（内部资料），2006年，第105-107页。

[2] 苏州地委办公室：《各县农业生产责任制情况汇总表》，1983年1月27日，档号H1-1-1983-149。

地方，太仓县牌楼公社夹石大队三队有块1.2亩的差田由全队106人平分。[1]针对上述问题，1983年年初全市（这年3月起苏州实行地市合并、市管县新体制）回过头来对家庭联产承包责任制进行了“补课”，制定、修改承包合同，补办签订手续，明确发包集体组织与承包农户的责、权、利；开展整顿社队财务工作，妥善处理了错、悬、呆账，解决集体财务中普遍存在的乱、散、低问题。8月份开始，各地按照苏州市委统一部署，本着“大稳定、小调整”的原则，由点到面进行调整零散承包地，调整面占生产队总数的32%、承包农户总数的23.7%，共调整土地49.2万亩；苏州市委还宣布，调整后的承包大田和水面一般5~10年不变，经济林木可20年不变，还可以颁发土地承包权证，以鼓励农民从长计议，对责任田投劳投资。1983年秋冬，苏州地区的农村家庭联产承包责任制得到逐步完善，在土地集体所有的条件下，广大农民取得了土地承包经营权，实现了“耕者有其田”，成为苏州农村改革的一个重要里程碑。

2. 城市经济体制改革初步展开

中共十一届三中全会后，城市经济管理体制改革也开始试点。苏州地、市按照中央、江苏省的统一部署和要求，在多个领域、多个层次逐步展开各项改革试点工作，着重点是：改变计划经济“一统天下”的局面，通过搞活政策、搞活企业、搞活流通、搞活分配来实现搞活经济，解放和发展社会生产力。

（1）组织扩大企业自主权试点。

为了改变计划经济体制下企业只是政府附属物、普遍“吃国家的大锅饭”的局面，逐步确立企业的经济发展主体地位，中央决定逐步扩大企业自主权。1979年7月国务院连续颁发5个扩大企业自主权的文件后，江苏扩大企业自主权试点方案于9月下旬被国家经委和财政部批准实施，苏州市14家、苏州地区6家全民所有制工业企业进入全省首批试点单位之列。自主权的范围包括产、供、销、人、财、物，并实行利润留成制度，企业所得的分成充作生产基金、职工集体福利基金和奖励基金，由企业自主安排使用。1980年8月，苏州市的纺工全行业、钟表公司各企业及溶剂厂、江南无线电厂等共31户企业被列入江苏省第二批扩大自主权试点，苏州地区的纺工全行业和其他行业中部分企业共计33家工交企业也在其列。为了鼓励企业从长计议，试点企业的基数利润留成比例比第一批时提高了很多，进一步调动了企业发展生产、提高效益

[1] 中共苏州市委农村工作办公室：《苏州建国以来农村历次运动史料简综》（内部资料），2006年，第107-110页。

的积极性。试点单位中主要试行6个方面的权力，即生产计划权、产品销售权、出口产品权、挖（潜）革（新）改（造）的自主权、人事劳动（调配）权、职工奖惩权，给企业提供了较大的自主决策权力和空间。工交企业试点初获成功后，1980年8月江苏省政府批准全省财贸系统首批扩权试点单位，苏州市有人民商场、石路商场、苏州蜜饯厂等5家被列入，年底前又有11家国营商店被列为试点。

在此前后，苏州还探索推行企业职工分配制度改革。苏州市自1978年起在部分企业试行计件工资和奖励工资制度，1979年全面推开，有97.7%的职工获得相当于平均标准工资1.64个月的超定额奖励和考核计分等级奖励。苏州地区至1979年5月已有620个单位、11.85万职工实行了奖励制度，发放的奖金额占同期企业增加利润的22%，截至1981年8月底共有31个单位分别实行了7种形式的工资奖金分配制度。[1] 职工分配制度改革使职工的收入和劳动成果直接挂上了钩，改变了职工10多年人人只拿一份“死工资”，干多干少、干好干坏一个样的不利局面，调动了广大职工投身“四化”建设的积极性。

（2）组建企业性专业公司和联合体。

1978年后，苏州市根据中共中央《关于加快工业发展若干问题的决定（草案）》（以下简称《工业三十条》）和江苏省委部署，在省内率先开展改革工业管埋、组建专业公司的工作。苏州市机械工业局率先将原行政管理性质的拖拉机设备“会战”办公室改建为企业性质的铸造机械工业公司，成为国内同行中首家地方性专业公司。苏州市第二轻工业局于1979年组建了企业性的皮革服装、家具2个公司，第二年又组建了五金、塑料、家用电器3个工业公司。苏州市第一轻工业局为改变局直接管理15个行业大类、上百家中小企业“管不了，也管不好”的局面，1979年尝试组建缝纫机总厂和自行车总厂，各辖5个分厂，实行有统有分式管理，较好地发挥了行业专业管理的优势。

与此同时，市里也开始探索局一级工业行政管理体制的变革。1979年建立苏州市医药工业公司，而后又根据国家对医药管理体制进行重大改革的精神改建为生产、流通统一管理的苏州市医药公司；筹建苏州市建筑材料工业公司，管辖企业13家。1980年撤销苏州市纺织工业局，分建苏州市纺织工业公司和

---

[1] 苏州地区行政公署：《批转行署劳动局关于全区工矿企业实行奖励情况和今后意见的报告》，1980年11月18日，档号H24-2-1980-328；苏州地区行政公署办公室：《情况简报》第89期，1981年10月10日，档号H24-2-1981-393。

苏州市丝绸工业公司，又将苏州市工艺美术局改建为苏州市工艺美术工业公司。这5个局级建制的工业公司，虽仍以行业行政管理职能为主，但也都尝试充实了一些诸如作为投融资主体、项目开发主体、原材料采购和产品销售实体等企业化经营管理职能，为改革政府的经济管理体制进行了有益的探索。

苏州地区许多工交企业以自愿互利为原则，实行跨地区、跨部门、跨所有制的联营联办，至1980年10月有各种形式的联合企业251个、参加的单位1 280个，其中组织以产品为中心的专业化协作生产有36种产品、353个单位，为探索按经济规律办事、发展横向经济联合迈出了实质性步子。[1]

3. 探索流通和金融领域的改革

中共十一届三中全会后，商业体制开始改革，原有“站、批、零”（二级站、三级批发部、归口零售商店）自成一体、封闭运行、高度集中的经营管理体制逐步被打破，工业品购销渠道由统购包销一种形式发展至计划收购、订购、选购、代批代销、工商联销等多种形式。苏州市商业局下属的四大专营公司积极与市内外生产厂、经营公司建立业务联系，扩大经营范围，拓展批发业务。1982年国家取消了供销社与国营商业间原来的分工，实行城乡开通，苏州市及吴县供销社纷纷进城办商场、开商店，国营商业也组织工业品下乡，举办巡回展销等活动，下农村供应。

1978年后，物资流通逐步冲破“生产资料不是商品”的束缚，国家大幅度减少直接管理的物资品种（1978年为689种，1985年减至28种），探索突破行政区划和行业经营的界限，按商品生产规律组织物资流通，建立多渠道、少环节、开放式的新型物资流通体制。苏州市组建负责对外协作采购的苏州市物资贸易公司，许多生产工厂也开始打破“工不经商”的旧规，纷纷开展物资协作，1979—1982年组织到的计划外五大物资占总消费量的比重分别为：煤炭63. 88%、钢材74. 46%、生铁72. 7%、水泥67. 97%、木材59. 07%。苏州地区物资协作的力度也不断加大，1981年拟组织的计划外三大物资占总消费量的比重分别为：煤炭60%以上、木材50%以上、棉纱40%以上。[2]

金融业改革迈开步子，主要是改变人民银行政企不分的局面，逐步建立经营性的专业银行，根据经济社会发展需要拓展金融业务。1979年恢复重建建设

---

〔1〕 苏州地区行政公署：《关于印发全区工业工作座谈会纪要的通知》，1980年11月18日，档号H24-2-1980-334。

〔2〕《梁如仁同志在全区物资供销会议结束时的讲话》，1980年9月30日，档号H24-3-1980-542。

银行苏州市支行，1980年中国银行苏州支行、地区农业银行投入运营。1979年后银行打破贷款“只对公不对私”的禁锢，对持有营业执照、合法经营的个体工商户给予小额短期贷款。1980年人民银行苏州支行开始恢复信托业务，存贷款利率均可在银行规定的利率范围内浮动，迈出了金融市场化改革的步伐。1980年重建中国人民保险公司苏州市支公司，恢复国内保险业务。

4. 发展集体所有制和个体经济

中共十一届三中全会后，中央多次指出：要允许全民所有制和集体所有制长期共存，互为作用，竞相发展，共同提高。苏州市委提出：我市“集体所有制在国民经济中占有很大比重，我们在思想上要重视它，在经济改革上要调整、改变一些不合理的现象，扶持和发展集体经济”[1]。苏州市政府（市革委会）为鼓励、扶持集体企业，制定了包括收益分配、贷款、用工等一系列政策优扶措施。当时为解决大批集中返城知青的就业安置问题，由全民和大集体企业出资金、设备和技术，在郊区办了一批知青厂，至1980年共办56家，安置知青逾万人，后被确定为集体所有制企业；还采取全民办集体、全民带集体、全民与集体联营、鼓励街道开办小集体企业等多种形式，促进集体企业的发展。苏州电扇总厂、苏州冰箱厂等集体企业发展成为规模较大、国内知名度较高的市区骨干企业。1985年与1976年相比，市区集体所有制工业企业增加了185家，达464家，占全部工业企业数的70.2%；实现工业产值增加2.56倍，达21.98亿元，占市区工业总产值的比重由32.4%提高到44.2%。

1979年4月，国务院在批转国家工商管理总局的一份报告中首次提出恢复和发展个体经济。同年8月，苏州市工商局恢复对个体工商户登记发证，返城知青周国忠等76人领到了改革开放后的首批个体营业执照，截至年底市区共核发568户（包括重新核发的老户）。1980年10月，市革委会在国内率先出台了多条放宽个体工商户经营的政策意见，明确个体工商户可以吸收学徒2人，可以“请帮手”，也可以合伙经营。至1982年，市区个体工商户发展至1 410户、1 457人，实有资金19.8万元，营业额256.8万元。

四、对外开放局面的初步形成

中共十一届三中全会打开了我国对外开放的大门，苏州地、市各级各部门

[1] 《方明同志在全市党员领导干部大会上的讲话》，1979年9月3日，档号A1-1-1979-182。

在不断学习、认识新鲜事物的同时，本着不等不靠、敢想敢试、百谈不厌、锲而不舍的态度，积极探索，大胆尝试，在实行对外开放上扎扎实实地起好步、开好头，并创造出了多项省内第一。

1. 扩大对外贸易

苏州地、市各级各部门抓住国家鼓励发展对外贸易的有利时机，发挥外贸商品出口已有较好基础的优势（1975 年苏州地、市外贸收购额占全省的 16.8%、全国的 1.38%），从多方面入手，大力开拓国际市场，促进对外贸易进一步加快发展，使之成为经济结构调整优化的着力点和经济发展的新增长点。一方面，着力健全对外经贸机构。自 1978 年起苏州市对外贸易公司将地区各县的外贸商品收购业务移交给正式恢复运行的苏州地区对外贸易公司，各县的对外贸易公司也相继恢复，市、地区和 8 县的对外贸易公司（均与对外贸易局政企合一）负责本地区对外贸易工作的组织、指导、协调和外贸商品收购业务。1980 年苏州市成立进出口管理办公室，成为统一管理市区对外经济贸易工作的机构。1981 年江苏省外贸丝绸、工艺品两家分公司的苏州绸缎出口部、抽纱出口部先后成立，分别代省执行对外履约业务，为拓展这两类商品的外贸业务提供了便利。另一方面，苏州地、市外贸部门组织推进 20 多个单项出口农副产品生产基地建设，搞好 12 个国家丝绸出口专厂专车间建设，探索开办 30 多家工贸合营企业，大力发展以进养出业务，使得苏州的外贸出口在 4 年间上了一个台阶。1982 年，苏州市区形成年出口额 300 万元以上的骨干商品 33 个，比 1978 年前增加了 14 个，其中年出口额 1 000 万元以上的商品有绸缎、绸服装、丝绸复制品、厂丝、蚕茧、棉花、纯棉纱、人造棉纱、棉织品用纱、毛针织品、布涤服装、手绣品、机绣品、淡水养殖珍珠、蘑菇罐头、兔毛 16 个；苏州地、市合计完成外贸收购额 8.65 亿元，比 1978 年增长 1.06 倍。[1]

2. 尝试利用外资

实行对外开放后，苏州的对外经济贸易部门和一些企业学习广东经验，结合开展“三来一补”（境外来料、来件、来样加工和中小型补偿贸易），利用外资和引进国外先进技术与设备。1978 年 10 月，港商向苏州服装一厂提供 2 条衬衫生产流水线，成为全市和全省第一个以补偿贸易方式利用外资的项目。同年 11 月，江南无线电厂、电讯电机厂、电子手表厂 3 家工厂与港商签订来料加工装配电子手表合同，两年内除用工缴费抵偿 5.57 万美元港方提供的设

[1] 陆允昌、高志斌：《苏州对外经济五十年（1949—1999）》，人民出版社 2001 年版，第 15 页。

备款外，还净收入工缴费 2.34 万美元。1979 年国务院做出鼓励地方和企业开展“三来一补”部署后，苏州迅速掀起了热潮。到 1983 年 3 月苏州地、市合并前，共与外方签订“三来一补”合同 35 份，有 30 家企业承接此项业务，先后引进设备 1 183 台（件），除用工缴费抵偿 258.9 万美元设备价款外，净得加工费收入 151.9 万美元。[1]

苏州直接利用外资、开办中外合资企业的探索起步于 1981 年 4 月，经江苏省批准，江苏省轻工业品进出口分公司、苏州地区无锡县轻工公司、无锡市家具总厂、菲律宾维德集团有限公司、香港维德行合资，在无锡县西漳公社域内建立中国江海木业有限公司，主要生产当时国内市场紧缺的板式家具和建筑装饰所需的大规格胶合板，投资总额 389 万美元，注册资本 298 万美元，其中中方占 60%。该项目成为全省第一个中外合资经营项目，而且日后的经营非常成功。[2] 1982 年 12 月，常熟县手表厂、中国轻工业品进出口公司江苏分公司、香港华铊公司签订合资经营中国天文钟表有限公司的合同，并经对外经济贸易部（以下简称“外经贸部”，现称“商务部”）批准，成为省内第二家中外合资经营企业。尽管开业后不久因多种原因而自行解散，但它为今后开办合资企业积累了经验。

3. 开启对外工程承包和劳务输出

1978 年春，美国纽约大都会艺术博物馆提请我国为该馆建造一座中式古典园林，国家城市建设总局将任务交给苏州市政府，承担该项目的苏州市园林管理处仿照网师园中的“殿春簃”建造，取名“明轩”，1980 年 5 月竣工开园，成为江苏省及苏州的第一个对外承包工程，也是苏州古典园林第一次走出国门，可谓对外文化交流和经济技术合作的一大突破。苏州第一个对外劳务输出项目始于 1981 年 2 月，常熟县砖瓦厂受江苏省建材工业公司委托，派出 26 名工人去伊拉克迪瓦尼砖瓦厂工作，为期 2 年。1984 年该厂又派 14 名工人赴伊拉克执行新一轮劳务输出合同项目。

第三节　推进改革开放中的苏州经济

从 1982 年 9 月中共十二大到 1992 年春邓小平南方谈话的近 10 年中，苏州

[1] 陆允昌、高志斌：《苏州对外经济五十年（1949—1999）》，人民出版社 2001 年版，第 17 页。

[2] 贾轸、唐文起：《江苏通史・中华人民共和国卷（1978—2000）》，凤凰出版社 2012 年版，第 82 页。

各级党委、政府广泛动员和依靠全市干部、群众，坚持贯彻中共十一届三中全会以来的路线、方针、政策，紧紧围绕中共十二大制定的到20世纪末实现工农业总产值（中共十三大起改成国民生产总值）“翻两番”的奋斗目标和中共十三大制定的我国经济发展“三步走”的战略部署，注重从本地实际出发，紧紧抓住苏州特有的“四个历史性机遇”，即1983年2月邓小平视察苏州，充分肯定苏州改革发展的初步探索实践，给广大干部、群众以极大的鼓舞和强劲的动力；自1983年3月起苏州实行地、市合并及市管县新体制，为苏州开始迈入“市县统筹、城乡一体、工农协调”发展的历史新阶段创设了极为有利的条件；1985年中央确定苏州为沿海经济开放区，助推苏州走上开放型经济发展的快车道；经受住了经济治理整顿、国内外政治风波、遭遇地震和特大洪涝灾害等一次次严峻考验，坚持以发展为主线，以改革开放为动力，以推进工业化、城镇化和经济国际化为主要抓手，大胆探索，积极进取，推动改革开放和现代化建设不断取得新突破、开创新局面、登上新台阶，实现了经济的跨越发展、社会的全面进步、城乡面貌的巨大改变，并提前12年实现了中央规划的“翻两番”战略目标，开始走在全国大中城市的发展前列。

一、农村经济体制改革的深化与乡镇企业的异军突起

中共十二大后，按照中央的统一部署，苏州农村又组织实施了以实行政社分设、改革农产品统派购制度、调整农村产业结构、发展农业适度规模经营、建立和完善统分结合的双层经营体制等为主要内容的第二步改革，逐步建立和完善了适应新时期要求的农村上层建筑和经济管理新体制，迈开了农村经济向专业化、商品化、现代化的转变步伐。其中，人民公社生产经营管理体制的取消具有决定性的意义。

人民公社“政社合一”的经营管理体制，在实践中日益暴露出其根本性的缺陷，主要有：政权组织和经济组织不分，过多地运用行政手段领导生产，不尊重农村经济基本核算单位（包括农村的生产大队和生产队）的经营自主权，“一平二调”（搞平均主义和无偿调用大队、生产队的人财物力）的情况时有发生，不利于发挥经济组织的主动性和积极性；“政社合一”和党政不分结合在一起，形成权力过分集中，农村基层政权架构不健全，职能作用得不到很好发挥，还使党、政、社的干部分工不明确，职责不清，既不利于干部的专业化，又不利于调动他们的积极性。随着家庭联产承包责任制和农村各项政策的

推行，农村加快了向较大规模的商品生产和现代农业转化的进程；随着社会主义民主和法制建设的推进，迫切需要重新构建农村的基础政权组织体系和集体经济经营管理架构，因而实行政社分设已成为农村经济社会发展的必然趋势。1982 年 5 月全国人民代表大会常务委员会公布《中华人民共和国宪法修改草案》，交付全国各族人民讨论；同年 12 月通过的新宪法做出了一系列的新规定，其中之一就是“改变农村人民公社的政社合一的体制，设立乡政权”。1983 年中央一号文件提出了“改革人民公社体制”“实行政社分设”的农村改革任务。

1982 年 9 月，苏州地委决定先在太仓县娄东公社进行政社分设试点工作。经过一个阶段的筹备，1983 年 3 月太仓县娄东乡人民政府成立。同年 5 月苏州市委决定在全市范围内分批展开实施，争取在秋收前结束；6 月苏州市人民代表大会常务委员会做出《关于苏州市农村人民公社实行政社分设的决议》，全市的实施工作正式展开；到 10 月中旬中共中央、国务院发出《关于实行政社分开，建立乡政府的通知》发布之时，全市除太湖公社因情况比较特殊（渔业公社）外，其余已全部完成乡、村两级的体制改革，比中央要求的 1984 年年底以前大体完成的时间提前了 1 年多。

根据中央关于实行政社分开的总体指导思想和苏州的实际情况，对机构设置，经过反复调查研究，听取各方面意见，多次权衡分析，苏州在全市采用了以下模式：公社一级，以原来人民公社的管辖范围建立乡，实行党、政、企分开，建立乡党委、乡政府；把原来“政社合一”的人民公社改为劳动人民集体所有的经济组织，保留人民公社的名称，把原来的“公社管理委员会”改为“公社经济联合委员会”（以下简称“经联会”），作为全公社的经济联合体，由各经济组织的代表组成；在经联会下设立经营管理办公室、农业生产服务公司、多种经营服务公司和工业公司（以下简称“一室三公司”）。有的公社根据生产发展的需要，还相应设立建筑、劳务服务、花木等专业公司。村一级，以大队为单位建村，分别建立村党支部、村民委员会、村经济合作社，村民委员会为群众性自治组织，村经济合作社为各个生产队的经济联合组织；经济合作社下一般设会计服务站、农业服务站、多种经营服务站等，为承包经营的农户提供多方面的服务。以原生产队建立村民小组，由生产队长兼任村民小组组长。同时，在昆山千灯将原千灯公社与千灯镇合并，在吴江黎里将原黎里公社与黎里镇合并，进行苏州首批镇管村的试点。在对农村经济体制进行二次改革的过程中，于 1985 年取消了实行了 30 多年之久的对主要农副产品进行统购统销的制度。

随着我国经济管理体制逐步走上规范化、法制化的轨道，为了理顺全市乡镇企业的管理体制，促进公社经济联合体逐步向经济实体转变，苏州市委、市政府于1990年11月正式颁文并组织实施：撤销乡（镇）的人民公社经济联合委员会，成立乡（镇）农工商总公司。吴县木渎镇、光福镇、斜塘乡于当年年底首批实施，翌年上半年全市各乡（镇）全面推行。乡（镇）农工商总公司的性质、宗旨和基本任务，都与原来的乡（镇）经联会基本一致，但在农工商总公司及其下设的专业公司、办事机构的名称中已不再冠以“人民公社”。至此，延续了30多年的人民公社在苏州才正式取消。

农村改革后的一个重要结果就是乡镇企业的快速发展壮大。1987年6月，邓小平会见外宾时说道：“农村改革中，我们完全没有预料到的最大的收获，就是乡镇企业发展起来了，突然冒出搞多种行业，搞商品经济，搞各种小型企业，异军突起。这不是我们中央的功绩。乡镇企业每年都是百分之二十几的增长率，持续了几年，一直到现在还是这样……这是我个人没有预料到的，许多同志也没有预料到，是突然冒出这样一个效果。”[1] 20世纪80年代苏州的工业化进程，由乡镇工业首先吹响进军号，并以乡镇工业的异军突起为显著标志和主要推动力。

苏州乡镇企业的大发展经历了多措并举、继续大力兴办（1983—1984年），发展转向、提升竞争能力（1985—1988年），主动调整、稳中有进（1989—1991年）等阶段。从20世纪90年代中后期起，按照建立现代企业制度的要求，乡镇企业纷纷进行改制。

1983年2月，邓小平来到苏州实地考察苏州经济和社会发展情况，探寻经济发达地区如何到20世纪末再实现翻两番的路径，充分肯定苏州靠走市场经济之路、大力发展社队工业带动经济社会发展实现新飞跃的成功实践。1984年3月，中共中央、国务院转发农牧渔业部和部党组《关于开创社队企业新局面的报告》的通知（中发〔1984〕4号），首次全面肯定乡镇企业（这个文件确定将“社队企业”改为“乡镇企业”）是农业生产的重要支柱，是广大农民群众走向共同富裕的重要途径，是国家财政收入新的重要来源，已经成为国民经济的一支重要力量；并做出“开创乡镇企业发展新局面”的重大决策，要求各

[1] 邓小平：《邓小平文选（第三卷）》，人民出版社1993年版，第238页。

级党委和政府对乡镇企业积极引导，给予必要的扶持，促进其健康发展。[1] 从而为乡镇工业在全国异军突起创造了有利的条件。苏州市委、市政府迅速做出抓抢机遇、乘势而上的决策部署，进一步加强对乡镇工业发展的组织领导和工作指导；全市农村各级充分发挥乡镇工业已经全面恢复、崭露头角的先发优势，以更大的力度、更实的措施，全面推动乡镇工业加速发展。由此苏州乡镇工业很快形成了改革开放以来第二个发展高潮，实现异军突起，并大力推动20世纪80年代全市城乡工业化浪潮滚滚向前。这一时期的发展大致可分为以下三个不同着力点的阶段。

1983—1984年是乡镇企业的多措并举、大力兴办阶段。这两年，以实现量的扩张为主，利用地、市合并的有利条件，发动和组织乡村寻找项目、兴办企业、扩大生产、壮大规模，同时开始探索改革创新乡镇企业的经营管理机制。

全面组织以城带乡式发展。地、市合并当年动员和组织市属工业与乡镇工业举办联合项目213个，联合协作生产产品92种。第二年又发动在苏州的11个省部属单位与78家乡、村办企业进行联合，达成协作项目57个；组织市直单位和市属企业为乡镇企业筹资借款1.2亿元，帮助创办和扩建社队企业2 200家，吸纳职工10万人。[2] 通过以城带乡、城乡协作，苏州的丝绸、服装、家用电器等优势产品逐步形成了龙头在城、龙尾在乡的一条龙生产，出现了一批以城市工业为骨干、乡镇企业为主体的企业群体。

重点扶持薄弱乡发展。市里排出1983年工业产值不过1 000万元或利润不满100万元的乡43个，其中29个一般困难乡明确由各县工业主管部门负责组织帮扶，14个重点薄弱乡由市经委组织30余家市级局、公司、研究所、直属企业和大专院校分工包干、对口扶持。仅过一年就有27个薄弱乡“摘帽”，5个乡的工业产值实现了翻一番，由此促进全市各地乡镇工业的平衡发展。[3]

培育乡镇企业新生长点。1982年1月《人民日报》刊发《沙洲县生产队办起了小加工业》的报道后，被基层干部和农民称赞为“小鸡吃米，粒粒下

---

[1] 中共中央书记处研究室、中共中央文献研究室：《坚持改革、开放、搞活——十一届三中全会以来有关重要文献摘编》，人民出版社1987年版，第194-195页。

[2] 苏州市经济贸易委员会、苏州市乡镇企业管理局、中共苏州市委党史工作办公室：《苏州乡镇工业》，中共党史出版社2008年版，第5页。

[3] 苏州市经济贸易委员会、苏州市乡镇企业管理局、中共苏州市委党史工作办公室：《苏州乡镇工业》，中共党史出版社2008年版，第84-86页。

肚”的队（村）办企业开始受到全市上下普遍重视，各级各部门把它作为这一波发展中的一个重要新生长点加以大力推进，并很快形成“星火燎原”之势。1983 年年底，沙洲县有 2 157 个生产队办起了加工工业，占全县生产队总数的 38.5%。[1] 1984 年，中央 4 号文件明确界定乡镇企业包括乡办企业、村办企业、社员联户办合作企业、个体企业，即“四个轮子”后，苏州农村的联户合作企业和家庭工业开始快速兴起，是年年底已有家庭工厂和联户工业企业 5 000 多个，成为苏州乡镇工业的一支新生力量，并使苏州乡镇工业开始形成多层次发展的新格局。[2]

大力做好招贤纳士工作。为了解决办厂人才不足的“先天不足”，各乡镇企业想方设法从城市企事业单位引进一批在职的、聘用一批退休的专业技术人员和经营人才，更多的则是借用“礼拜天工程师”，实现“不求所有，但求所用”，从而涌现出许多“引进（聘用）一个人才办好一个企业”的成功典型。1983 年，沙洲县 115 个乡镇企业共从外地聘用 521 名技术人员，其中有 46 名工程师。截至 1984 年 4 月底，常熟市 540 多家乡镇企业共聘用了 900 多名技术人员。由此为乡镇工业的加快发展提供了人才支撑。

改革创新企业经营机制。自 1983 年起，苏州乡镇企业开始探索所有权与经营权适当分开，推行多种形式的经营承包责任制，以创新已延续 10 多年的企业经营管理制度，消除“集体所有，集体经营”体制的一些弊病，防止走上“二国营”的老路，保持乡镇企业的活力和生机。是年年底，全市 97%的社队办企业实行了经营承包责任制，其中 97%实行的是以厂长为首的经营者集体承包，另有 3%的企业实行了经营者个人承包。1984 年，组织推行无锡县堰桥乡“一包三改”经验（实行以厂长为主的承包责任制，改干部任命制为选聘制，改工人录用制为合同制，改固定工资制为浮动工资制），由此增强了企业机制活力，提升了经营管理水平。

1983—1984 年，苏州乡镇工业开始驶上发展的快车道。1983 年，全市乡镇工业产值占全省乡镇工业产值的 22.19%，居全国地级以上城市首位。1984 年，全市乡、村两级集体共兴办大小项目 3 077 个，总投资 5.2 亿元，当年投产见效的项目超过 2 000 个；是年年末实有企业 10 499 家，职工

---

[1] 苏州市政协文史委员会：《异军突起——苏州乡镇企业史料》，古吴轩出版社 2012 年版，第 112、127-128 页。

[2] 《林瑞章同志在全市农村经济工作会议上的讲话》，1985 年 1 月 30 日，档号 A1-1-1985-452。

90.68万人，完成工业产值56.09亿元，比1982年分别增长32.8%、40.9%和88.7%。[1]

1985—1988年是发展转向、提升竞争能力阶段。1985年后国营和城镇集体企业全面贯彻中共十二届三中全会《关于经济体制改革的决定》，活力逐步增强，发展全面加速，我国经济逐步由卖方市场转变为买方市场，这对已经形成较大生产能力的苏州乡镇工业而言是一个严峻的挑战。为此，苏州乡镇企业在发展战略上围绕“五个转向”开始了重大转变，即从注重产值增长转向注重提高经济效益，从外延扩大为主转向内涵挖潜为主，从粗放经营为主转向集约经营为主，从负债经营为主转向以自我积累为主，从内向型为主转向内外结合型发展，把工作着重点转到提高企业整体素质和市场竞争能力上来。

在提高企业整体素质上，1985年苏州市委、江苏省委先后肯定和推广沙洲县委提出的“三上一高”（上质量、上技术、上管理，提高经济效益）的战略思想，引导乡镇企业推进技术进步，强化质量管理，实施名牌战略，实现结构优化升级。当年全市乡镇企业获部级优产品6种、省级优产品15种，成为全省乡镇企业中获部、省级优质产品最多的市，另有62种产品获苏州市优良产品称号。1986年苏州市乡镇工业局组织企业苦练内功，夯实管理基础工作。1987年国家有关部门首次评选优秀乡镇企业家，吴江北厍达胜皮鞋总厂厂长肖水根获评10个全国当代最佳农民企业家之一，张家港市沙洲纺织印染公司董事长谭惠亚被评为当代优秀农民企业家；国家有关部门首次考评命名11家大中型乡镇企业，苏州的沙洲客车厂、特种汽车改造厂、锦丰玻璃厂3家企业率先入选，第二年全市又有17家企业跻身全国大中型乡镇企业行列。1988年苏州市委、市政府决定每两年评选表彰一次先进乡镇企业和优秀企业家，激励争先创优，同时在全市范围内开展乡镇企业管理、技术人员大规模培训工作，当年轮训企业厂长、经理近万人次，参加初级技术岗位培训人数达4.4万人次，通过委托代培等形式培训大专生8 600多人、中专中技生6.2万人，全面提高人员素质。[2] 到1988年年底，全市乡镇企业共引进国外先进设备和技术143项，有95种产品按国际标准生产，有9个企业进入省级先进企业行列，有600多种产品分别获得国家、部、省、市级优质产品称号，其中2个获国家银质

---

[1] 苏州市经济贸易委员会、苏州市乡镇企业管理局、中共苏州市委党史工作办公室：《苏州乡镇工业》，中共党史出版社2008年版，第5-6、30-34、272-274页。

[2] 苏州市经济贸易委员会、苏州市乡镇企业管理局、中共苏州市委党史工作办公室：《苏州乡镇工业》，中共党史出版社2008年版，第5-6、37-40页。

奖；全市已有年产值在5 000万元以上的上规模、上水平乡村企业968家，有2家企业年产值突破了亿元。[1]

在外向开拓提升发展上，1985年苏州被列为沿海经济开放区后，苏州市委、市政府制定了重点发展“出口导向型经济”的目标和战略，并要求乡镇企业发挥机制灵活的优势，充当发展外向型经济的先行军和生力军。为此，1986年苏州市委在“三上一高”的基础上又增加了创优、创汇，即“三上两创一提高”；1987年苏州市委、市政府印发《关于乡镇工业发展外向型经济上水平增效益的意见》，引导全市乡镇企业实行利用外资、外贸出口、外经合作的“三外”齐上，在发展外向型经济中开拓新的、更大的经济增长点，并在参与国际市场竞争中全面提升苏州乡镇工业的素质与水平。全市大批乡镇企业积极响应，主动调整，大胆开拓，开始走上从“五湖四海”到“五洲四洋”的外向发展新路。许多原来跑惯“田岸”的乡村干部，开始穿着西装革履跑起了“口岸”，经常出入大宾馆与外商洽谈，破除了发展外向型经济中的神秘观念，学会了与“洋人”打交道。1985年全市乡镇企业中仅有215家出口生产企业，出口品种171个，出口供货额1.4亿元，占全市外贸出口总额的比重仅为16.15%。1988年出口企业增至923家，出口额猛升至21.6亿元，占全市外贸收购总额的63.74%，出口企业一跃成为出口创汇的主力军。是年外经贸部、农业部、国家经委命名了第一批206个贸工农联合出口商品生产基地，苏州吴江绣服厂等15家企业榜上有名；第一次评选表彰乡镇企业出口创汇先进企业，碧溪毛纺厂等10家企业获创汇大户“飞龙奖”，吴县工艺草制品厂等3家企业获出口优质产品“金龙奖”，张家港市医用乳胶厂等2家企业获出口新产品开发“青龙奖”，苏州市获奖数占全国9.5%。这一阶段乡村利用外资工作也摸索起步。1985年8月，昆山玉山镇成功吸引外商合资兴办了昆山赛露达有限公司，成为全市第一家由乡镇和外商合资兴办的企业。1987年10月，常熟赵市镇瞿巷村开办常熟三联皮件有限公司，成为苏州市乃至江苏省第一家由村与外商合资兴办的企业。截至1987年年底，全市批准开办的28家中外合资企业中由乡镇、村兴办的有10家，1988年全市兴办的96家外商投资企业中有77家是乡镇企业兴办的。通过引进外资，苏州乡镇企业引进了国外先进设备、技术

---

[1] 苏州市政协文史委员会:《异军突起——苏州乡镇企业史料》，古吴轩出版社2012年版，第13页。

和管理，有效加快了自身的发展壮大。[1]

在深化企业经营机制改革上，1986 年苏州市委、市政府总结推广吴江县铜罗乡首创的“生产要素承包，资产滚动增值”承包责任制，以生产要素（包括资产、资金、劳力三要素）为发包的主要依据，以经济效益为承包的中心目标，使得乡镇企业的承包责任制趋于规范和科学合理。这种经营承包制度在得到江苏省委的肯定后在全省乡镇企业中推广。1987 年开始在企业经营承包者队伍中引入竞争机制，面向企业和社会招标选聘承包者，实行择优录用、能人治厂。[2]

由于采取了上述一系列正确的决策部署和改革发展的新举措，苏州市乡镇工业出现了一波 4 年翻两番的发展高潮，整体素质也明显提高。1988 年全市乡镇企业职工人数增至 129 万多人，达到历史最高点，占农村总劳力的近 50%；乡镇工业总产值为 238.6 亿元，是 1984 年的 4.25 倍，占农村经济总量的 80%以上，占全市工业总产值的 55.4%，成为苏州农村经济的重要支撑，占据全市工业经济的“半壁江山”；自 1984 年全市涌现首批 3 个工业“亿元乡”（沙洲县乐余、塘桥、妙桥乡）后，至 1988 年工业产值超亿元的乡镇已达 111 个之多；全市乡镇工业产值占全省的 24.3%。[3] 由此，苏州乡镇工业开始牢固确立在江苏省、全国的领先发展优势，并成为苏州经济社会发展中令人瞩目的一大特色和亮点。

1989—1991 年是主动调整、稳中有进阶段。自 1989 年起全国实行“治理整顿”，宏观经济紧缩。苏州乡镇工业在前一段飞跃发展过程中积累起来的基础建设投资过量、负债经营过度、能源和原材料价格上涨因素难以消化、市场销售疲软等问题也逐步显露。1989 年全市乡镇企业增幅成为 1983 年以来最小的一年，比上年骤降约 10%，实现利润出现负增长，降幅达 38.63%；有近 20%的企业面临生存困难；全市 166 个乡镇中经济运行比较好的不足 30%，非常困难的有 10 个乡镇。

面对严峻的形势，苏州乡镇工业在治理整顿中主动开展全面调整，努力实现“稳中有进”。苏州市委 1990 年提出：乡镇工业发展总的指导思想是“三面

---

[1] 陆允昌、高志斌：《苏州对外经济五十年（1949—1999）》，人民出版社 2001 年版，第 67-68、96-97 页，第 141-144 页。

[2] 苏州市经济贸易委员会、苏州市乡镇企业管理局、中共苏州市委党史工作办公室：《苏州乡镇工业》，中共党史出版社 2008 年版，第 37-38 页。

[3] 江苏省地方志编纂委员会：《江苏省志·乡镇工业志》，方志出版社 2000 年版，第 7 页。

向两提高”，即面向现实、面向市场、面向未来，提高组织程度、提高整体素质；着重抓好四项战略措施：一是加快调整步伐，二是扩大对外开放，三是走正提高路子，四是增强流通能力。不久，苏州市委、市政府连发了《关于健全和完善全市乡镇企业管理体制的若干意见》《关于促进乡镇企业稳定发展的若干政策意见》等5个关于乡镇工业的文件，制定实施了一系列重大举措。主要有以下几点：在乡镇一级成立农工商总公司，全面管理乡镇经济工作，对乡镇办企业行使财产所有权，总公司下建立工业公司、外经贸公司，作为行使管理乡镇企业职能的办事机构和主管乡镇外向型经济发展的职能部门；针对乡镇企业分配上“两头实、中间空”（上缴乡村实、职工报酬实、企业留利空）及“包盈不包亏”“以包代管”等现象，推行全员风险基金抵押承包、普遍推行职工入股、在有条件的企业中推行增量股份制、组织企业存量股份制试点等一系列完善承包经营责任制和搞活企业经营机制的举措。

在治理整顿的3年中，苏州乡镇工业的企业数虽减少了近1 500家，发展增幅有所减慢，但经济的结构得到了较大的优化，突出的是外向型经济主要指标的增幅高于乡镇企业经济总量指标的增幅。1990年实现全市每个乡镇均有产品出口，有100个乡镇外贸出口额超1 000万元；出口创汇企业增至1 121家，占全省出口企业数的24.8%，其中53家企业外贸出口额超1 000万元。1991年全市乡镇工业完成工业总产值441.4亿元，只比1988年增长85%，而外贸交货额（60.9亿元）增长近2倍，占全市出口交货额的一半，占全省乡镇企业出口交货值的36.5%。利用外资加大步伐，乡村两级3年累计批准外商投资企业517家，占全市累计兴办外商投资企业总数的2/3左右；1991年年底累计实有“三资”企业579家、累计合同外资额2.55亿美元，分别占全省总数的51.9%、45.4%。同时，企业经济效益也有所好转，实现利润比1989年增长56%。上规模、上水平企业加快成长。1990年，农业部评审公布31项部级科技进步成果，苏州乡镇企业有3项获奖；评选公布全国乡镇企业首批76家国家二级企业，张家港市电子计算机厂、常熟江南仪表厂榜上有名；张家港市杨舍镇荣获首届中国乡镇之星称号。1991年，全市乡镇工业产值超亿元乡镇增加至158个，其中超5亿元的有12个，吴江盛泽镇实现年工业总产值15.7亿元，荣获华夏第一镇称号；有12个村工业产值超亿元，村办工业发达的张家港城西村、太仓群星村、常熟福圩村、张家港城南村、吴县渭西村5个村跨入全国农村社会总产值前50强村行列；共有968家乡镇企业工业产值超1 000万元，其中亿元厂21家；6家跻身农业部首次公布的全国乡镇企业系统先进企业。[1]根据农业部统计数据显示，1991年全国乡镇工业产值超50亿元的县（市）有15个，其中苏州除太仓外的5个县（市）都入列；乡镇企业总产值超过10亿元的乡镇有8个，苏州的盛泽镇、杨舍镇入列；产值前十位的企业中，苏州有吴江印染总厂（前身为盛泽印染厂）、吴江工艺织造厂2家入列。

乡镇工业的发展，在促进当代苏州农村地区乃至整个地域经济社会的整体进步等方面，都发挥了历史性的重要作用。

首先，乡镇工业对苏州农村变革发挥了巨大作用。

第一，突破农村传统经济格局。苏州乡镇工业的发展，使世代居住于农村、耕作于农田的大量劳力开始实行“离土不离乡，进厂不进城”式的就地转移，占农村总劳动力的比重达一半左右；过去以农业为主的农村经济，至20世纪80年代末工业在农村社会总产值中已占到60%以上、农业降到不足10%。只用了短短十几年时间，便突破了千百年来“农村—农业，城市—工业”的传统分工格局，走出了一条依靠发展乡镇工业实现农村工业化、城镇化的新路子。1992年国家统计局依据1991年统计指标首次评定、公布全国农村综合实力百强县（市），常熟市、吴县市、张家港市跻身前十名，苏州成为全国进入前十强最多的地级市；居前十名的县（市）国民生产总值大致接近中等城市的水平。

第二，促进农业现代化建设。乡镇企业孕育于农村，利用农业的原始积累逐步发展壮大，反过来又自觉地承担起了反哺农业的义务，以工补农，以工建农，使农业稳定发展和提高。1978—1985年苏州乡镇企业共提供5亿余元建农资金，相当于国家同期对农业投入的5倍多；自1985年起苏州建立农业合作发展基金制度，乡镇企业按职工每人每月10元标准提取“建农基金”，每年1亿余元用于农业基础设施建设，从而使得苏州在农村快速工业化的进程中，农业非但没有萎缩，还大大加快了农业现代化建设的步伐，传统农业正朝着机械化、集约化、现代化方向发展。

第三，推动农村社会事业发展。乡、村集体组织凭借发展乡镇工业积累的资金，大力发展农村教育、文化、卫生、体育等各项社会事业，实现了农村经

---

[1] 苏州市经济贸易委员会、苏州市乡镇企业管理局、中共苏州市委党史工作办公室：《苏州乡镇工业》，中共党史出版社2008年版，第7-8页，第40-45页；江苏省地方志编纂委员会：《江苏省志·乡镇工业志》，方志出版社2000年版，第36、92、168-169、174页；苏州市经济委员会：《走向辉煌——阔步前进的苏州工业经济》，古吴轩出版社1994年版，第366-367页。

济社会协调发展，农村的社会文明程度明显提高。如在发展农村教育事业方面，苏州自1985年起按乡镇企业销售额的5‰~10‰征收农村教育事业费附加，全市农村在义务教育达标期间共征收到教育费附加5亿余元，相当于同期达标建设投入资金总数的90%，全市农村2 000余所中小学于1992年年底前全部达到江苏省实施义务教育办学条件标准，走在江苏省、全国的前列。

第四，推动小城镇的蓬勃兴起。具体表现在三个方面：一是为小城镇的建设和改造创造了必要的物质条件。搞小城镇建设，依靠国家拨款是不现实的，单靠农业积累更是极其困难，只有乡镇工业发展起来之后才提供了这个条件。1978年后苏州市每年要从乡镇工业利润中拿出1 000多万元用于小城镇建设，促进了新型小城镇的加快成型和不断扩展。二是扩大了小城镇在城乡交流中的活动范围和商品交换的内容。三是改变了人口流向，至1984年全市在小城镇上的乡镇企业就吸收了41.15万名农村剩余劳动力，还安排了3万多名市镇居民在乡镇企业就业。一方面，起到了控制小城镇人口继续向大中城市流走的“节制闸”作用；另一方面，也起到了吸收农村剩余劳动力的“蓄水池”作用，加速了农业人口向非农业人口转化、农村人口向城镇人口转化的历史进程，探索出了一条符合我国国情的、逐步缩小三大差别的具体途径。其中颇具典型价值的是常熟碧溪因乡镇企业的大发展而出现的城镇化建设道路，被誉为“碧溪之路”。[1]

第五，实现农民脱贫致富。乡镇工业的发展使苏州农民找到一条迅速脱贫致富、持续增收的有效道路。20世纪80年代后期起乡镇企业推行股份制，使广大乡镇企业职工都有了股份分红收入。随着乡镇工业快速发展、小城镇建设迈出大步伐，苏州农村还有50万人左右从事农村第三产业，工资性和经营性收入也非常可观。由此促进苏州农民收入水平不断提高，收入构成日趋优化，与城市居民的收入差距不断缩小。1991年全市农民人均纯收入1 731元，是1978年的7.66倍，为全省农民人均纯收入的1.88倍；与城市居民人均可支配收入之比为1.4∶1（以农民收入为1计算），就江苏省、全国来看，属于城乡居民收入差距较小的地区。[2]

---

[1] 参见常熟市老区开发促进会：《常熟市革命老区发展史》，江苏人民出版社2019年版，第163-168页。

[2] 黄正栋：《数字见证苏州改革开放30年巨变》，苏出准印（2008）字JSE-1002233号，第114-115页；贾轸、唐文起：《江苏通史·中华人民共和国卷（1978—2000）》，凤凰出版社2012年版，第231页。

第六，促使传统农民向现代农民的转变。乡镇工业的发展使占农村总劳动力一半左右并几乎占青壮劳动力全部的这些务工农民，彻底改变了“面朝黄土背朝天”、“日出而作、日落而息”和自给自足的生产生活方式，迅速转变为掌握一定专业技能、操控先进技术设备、具有较高组织纪律性、适应现代工业文明的一代新型产业工人。他们既保持了农民吃苦耐劳、勤俭朴实的传统美德，又逐渐形成了许多新的思想观念和文明素养，如市场意识、竞争意识、创新意识、团队精神、科学精神等。更值得指出的是，苏州乡镇工业还培养造就出了一大批优秀农民企业家，如吴江永鼎集团董事长顾云奎、吴江印染总厂厂长徐关祥、沙钢集团董事长沈文荣、科林集团（前身为吴江除尘设备厂）董事长宋七棣等。这些都促成了苏州地区广大农民最先完成从农民到居民、从农民到工人的历史性蜕变，并对苏州农村的方方面面产生了广泛、深刻且不可逆转的影响。

其次，对苏州经济社会发展做出重要贡献。

第一，苏州经济快速崛起的重要支柱。据统计资料显示，快速发展的苏州乡镇工业在全市经济总量中的贡献份额逐渐加大，并推动苏州经济每隔几年就上了一个大的台阶，于20世纪80年代实现了“第一次腾飞”。1983年全市乡镇工业产值占全市工业总产值的40.1%，可谓“三分天下有其一”。1984年乡镇工业总产值达56.09亿元，占全市工业总产值的45.1%，使苏州跨入全国工业总产值超过100亿元的10个城市之列。1986年全市乡镇工业总产值达123.37亿元，占全市工业总产值的53.1%，可谓占据“半壁江山”，并把苏州工业总产值推上了200亿元的新台阶，名列全国大中城市第四位。1990年乡镇工业上缴税收占全市财政收入的1/3；国家统计局公布苏州进入全国25个国民生产总值超百亿元城市行列（名列第七位），并进入全国36个人均国内生产总值超800美元的城市之列，达到小康水平。1991年乡镇工业产值占全市工业总产值的66.9%，可谓“三分天下有其二”，苏州稳步进入全国大中城市的发展前列。

第二，经济实现“由农转工”的主要推动者。由于乡镇工业的异军突起，苏州从20世纪80年代中后期开始确立作为全国重要的新兴工业城市和全国第四大工业城市（名列前三位的是上海、北京、天津3个中央直辖市）的领先地位。

第三，市场经济的勇敢开拓者。乡镇工业曾被费孝通先生誉为“草根工业”，完全不同于国有企业和城镇集体企业，产、供、销都是受市场调节的，实行完全的市场经济模式，这在当时计划经济体制下无疑是一种创举。正是这种“夹缝经济”环境，迫使苏州乡镇企业练就了一种顽强生存的能力和积极适应的本领，培育形成了“四千四万”精神，还要顶着种种社会非议，甚至是巨大的政治压力。1984 年中央为乡镇企业正名、我国实行发展社会主义商品经济重大改革后，广大乡镇企业家大胆开拓创新，成为市场经济浪潮中勇敢搏击的弄潮儿，在市场竞争中不断赢得先机。乡镇工业的不断发展壮大，使长期习惯于计划经济体制的国有、城镇集体企业，面临着来自乡镇企业的激烈竞争和严峻挑战，激发苏州的国营、集体企业学习，弘扬乡镇企业勇于开拓创新的精神，较早地探索改革创新，走市场化发展之路。

第四，为各级培育输送了一大批领导干部。苏州众多的乡镇企业家和管理者，较早地受到社会主义市场经济的洗礼，勇于开拓、善于探索，从理论和实践的结合上掌握了一系列发展社会主义商品经济和建设社会主义新农村的经验和办法，其中一些优秀者被选拔到乡、县、市乃至省级领导岗位，从而将乡镇企业和经济发展的经验带到了更大的领域中去发挥更多的作用。

20 世纪 80 年代苏州乡镇工业异军突起，引起社会各方面的高度关注。1983 年 2 月，邓小平在苏州考察，对苏州农村改革开放以来各个方面的新面貌、新气象留下了深刻印象，回京后在同中央几位领导同志谈话时和翌年 10 月的中央顾问委员会第三次全体会议上，都谈到苏州主要靠发展社队工业实现了工农业总产值人均接近 800 美元，在这样的水平上，下面这些问题都解决了：一是人民的吃穿用问题解决了，基本生活有了保障。二是住房问题解决了，人均达到 20 平方米，因为土地不足，向空中发展，小城镇和农村盖两三层楼房的已经不少。三是就业问题解决了，城镇基本上没有待业劳动者了。四是人不再外流了，农村的人总想往大城市跑的情况已经改变。五是中小学教育普及了，教育、文化、体育和其他公共福利事业有能力自己安排了。六是人们的精神面貌变化了，犯罪行为大大减少。他称赞“这几条就了不起呀”，并满怀信心地说，“看来，四个现代化希望很大”，“现在看翻两番肯定能够实现”。[1] 通过这次考察，邓小平对中国小康战略宏伟构想产生了一个新的重要思想，他从苏州等发达地区的发展趋势推断出，到 20 世纪末，应该并且可以在人均工农业总产值 800 美元基础上再提高一步，达到人均国民生产总值 800 美元。1984 年 3 月邓小平会见日本首相中曾根康弘时提出：翻两番，国民生产

---

[1] 邓小平：《邓小平文选（第三卷）》，人民出版社 1993 年版，第 24-25、88-89 页。

总值人均达到800美元，就是到20世纪末在中国建立一个小康社会。这个小康社会，叫作中国式的现代化。[1] 1987年召开的中共十三大正式确定了我国经济发展“三步走”的战略部署。

最后，乡镇企业的另一个重要贡献，即将经济发展中的“路径依赖”与探索新路有机地结合了起来。历史上，苏南地区因人多地少、气候适宜、人民勤劳，早就出现了耕织（纺）结合、城乡手工业十分发达的情况。农业集体化后，个体经济不再被容许，加上受“以粮为纲”“城市工业、农村农业”政策的刚性约束，单一的农业生产不仅无法实现农村社会的经济富裕，甚至连富余劳动力都很难得到合理安排和充分使用，隐蔽失业现象相当严重。由社队工业到乡镇企业的发展，既不与当时的政策规定形成正面冲突，又较好地找到一条乡村振兴发展的新道路，充分体现了苏州人民的聪明和智慧。正是靠着这种聪明和智慧，苏州地区在历史发展中所创造的一个又一个人间奇迹，就能得到充分和合理的解释。苏州人对自然和社会环境既适应又能加以合理改造和创造性利用的能力与精神，是极其弥足珍贵的。

二、城市经济体制改革和工业经济的快速发展

1984年10月，中共十二届三中全会通过了《中共中央关于经济体制改革的决定》，提出要加快以城市为重点的整个经济体制改革的步伐，明确经济体制改革的中心环节是增强企业活力，本质内容和基本要求是确立国家和企业、企业和职工这两个方面的正确关系。苏州各地各部门按照中央确定的方针和部署，从企业外部和内部两个方面同时入手进行改革，使全市企业的活力有所增强，逐步成为自主经营、自负盈亏的社会主义商品生产者和经营者。

1. 多措并举逐步理顺国家与企业的关系

在推行企业经营承包责任制方面，1983年1月，经营状况长期不好的苏州缂丝厂，由厂党支部书记和1名副厂长以向市工艺公司立“军令状”的形式首开企业承包经营先河。至1984年10月，市区70%、县（市）76%的工业企业及商业、供销系统的全部企业，与主管部门签订了多种形式的承包经营责任制。适应企业承包经营的需要，自1986年起推行企业工资总额与经济效益挂钩浮动的工资制度改革试点，至1988年已在全市95%以上的企业中推开，具

[1] 邓小平：《邓小平文选（第三卷）》，人民出版社1993年版，第54页。

体形式增加到10种，挂钩形式更加符合实际，效果更为明显。是年9月12日《人民日报》报道了苏州这一改革举措和成效。

在进一步扩大企业自主权方面，1984年下半年中，苏州各级主管部门贯彻“层层放权、权放一格”的原则，把按规定企业应该得到的十个方面权力基本下放到了企业。众多企业本着自愿互利的原则，运用市场机制，形成了城乡技术协作、产品脱壳、设备转让、定点加工、合资经营等多种联合形式，而不再是行政式的“拉郎配”；企业30万元以下的技术改造项目自行决定，不再层层审批。截至1987年年底全市企业已全面推行厂长（经理）负责制，1988年苏州市政府做出《保障企业领导人依法行使职权的若干规定》，保障了厂长（经理）负责制的顺利实施。

在发展壮大企业生产经营联合体方面，一些企业遵循市场经济规律，按照自愿互利的原则，突破地区、部门、行业和所有制的藩篱，以产品、技术、资金等为纽带，结成了形式多样的生产经营联合体，创新了企业组织形式。优先发展起来的是半紧密型的联营企业，1983年苏州第一家城乡经济联合体——苏州净化设备公司成立，到1986年年底全市共有联营企业1 150家，其中全民与全民联营的65家，集体与集体联营的550家，全民与集体联营的508家，集体与个体联营的27家。1988年全市股份制企业集团增至28家，其中市区17家。截至1990年年底全市经批准建立的企业集团已达44家，成员企业722家，定点协作配套单位2 500多家。

在转换企业经营机制方面，1986年年底苏州市政府组织推行“改、转、租”的办法，放开搞活小型商业企业，市区101家国营小型商业企业改为国家所有、集体经营，51家国营小型商业企业实行由原门店负责人或员工租赁经营。翌年各县也普遍推行。随着企业经营自主权的扩大，一些有扩张需求和经营能力的企业开始跳出囿于本企业经营的框框，运用市场机制，通过承包、租赁经营其他企业和兼并劣势企业的办法，谋求企业更大、更好的发展。1986年，苏州市轻工业局所属企业中先后有24个企业采用承包、租赁、代管、兼并的方式自愿进行了11对组合，优势企业总计吸收或利用了劣势企业固定资产3 000多万元、厂房等建筑面积10万多平方米、劳动力3 000余人，其中苏州香雪海电器公司兼并洗衣机厂、苏州钟表研究所兼并日用玻璃厂，成为全市首批兼并式企业。进入20世纪90年代后，全市全民、大集体企业“现在搞得比较活的不到20%，相当一部分处在‘半死不活’状态，有些则在生存线上挣扎，资不抵债，严重亏损，濒临破产”。为了在搞活企业上能“杀出一条血路”，1991年，苏州市委、市政府决定进行企业放开经营、转变经营机制试点，11家企业（其中大中型企业8家）列入首批试点；总的要求是围绕搞好、搞活企业，着重学习借鉴乡镇企业、“三资”企业的适用经验，从进一步改善企业外部环境和转换企业内部经营机制结合上进行综合治理，从根本上解决体制和机制问题，形成营销、投资、积累、资金运筹、用人、劳动、分配、定价、外向开拓、民主管理等方面的新机制，从而把全市企业转变经营机制的改革推向一个新阶段。

2. 推进内部改革，构建职工与企业的新型关系

20世纪80年代中期，全市企业按照苏州市委、市政府提出的“以外包促内包，以内包保外包，从内外包结合上全面深化企业配套改革”的要求，普遍实行多种形式的内部经济责任制，把企业对上承包的各项指标分解落实，更好地体现按劳分配、奖勤罚懒的原则。1986年深入推进企业内部职工分配制度的改革，把原来只涉及奖金一块推进到涉及基本工资一块，逐步拉开职工之间的分配档次。翌年全市推行多种形式职工浮动工资制的分别占企业总数的97.5%和职工总数的94.6%，原来的固定工资加奖金的分配模式已被打破。

1987年，苏州市委、市政府部署在企业内部实行“三位一体”的改革，即实行“满负荷工作法”、推行划小核算单位、建立厂内银行，在企业内部引进竞争机制，促进企业加强经济核算，改善经营管理，增强企业内部素质。

3. 企业增量股份制由点到面推行

1984年苏州市儿童用品厂首开吸收职工集资入股先河，1987年太仓县在集体商业企业中推行职工集资入股，为企业的股份合作制改革进行了有益探索。1988年苏州市委、市政府做出在企业全面推行增量股份制的决策，吸收职工入股，所获资金用于企业扩大生产经营和新上技改项目、开发新产品，由此新增的产出效益按股向职工分红。是年年底全市企业职工认股额已达6.96亿元，市属工业企业有90%推行股份制，使职工变成企业的股东，主人翁意识和生产积极性得到提高。

4. 其他配套改革有序推行

按照中央的统一部署，围绕建立起具有中国特色的、充满生机和活力的社会主义经济体制的基本任务和搞活企业这一中心环节，苏州市有计划、有步骤、有秩序地进行了计划、流通、价格、财政、税收、金融、科技体制和劳动工资、社会保障、职工住房制度等方面的配套改革，同时大力鼓励发展多种所有制经济，逐步建立起有计划的商品经济新体制的基本框架和“国家调节市

场，市场引导企业”的经济运行新机制，成为促进苏州20世纪80年代经济快速崛起的重要动力源泉。为加强对城市经济体制综合配套改革的统筹协调和专业指导，苏州市政府于1985年6月成立了苏州市体制改革办公室（以下简称“苏州市体政办”，1991年更名为“苏州市经济体制改革委员会”），苏州市委于1986年3月设立了苏州市委城市工作部，与苏州市体改办合署办公，1988年3月，苏州市委、市政府建立苏州市改革协调领导小组。

在推进政府经济管理职能的改革方面，苏州市各级政府部门尤其是经济综合和专业管理部门，本着“自我革命”的精神，遵循精简、统一、效能的原则，积极进行经济管理职能的改革，努力清除长期计划经济体制下形成的高度集中的积弊，改变过去那种主要依靠行政手段管理经济和企业、推动经济运行的老办法，学会掌握和运用现代科学管理方法。具体进行了以下4个方面的改革。

第一，进行计划体制改革。自1985年起苏州市政府不再向县、郊区下达农业生产的指令性计划，工业生产中的统配和部管产品实行指令性计划和指导性计划并行，其余放开。该年计划产品83种，比上年减少27种，其中指令性计划40只，占市区工业总产值的27.1%。“七五”时期朝着以市场调节为主、计划调节为辅的方向深入推进。至1990年全市工业生产国家计划任务下降到4%，固定资产投资国家计划部分下降到9%，物资计划供应量下降到5%，外贸收购计划产品下降到23.5%，以市场调节为主的运行机制基本形成。

第二，开展土地管理制度改革。1986年3月苏州市政府土地管理办公室成立，1987年改建为苏州市土地管理局，各县（市）的土地管理机构也相继成立，全市土地管理工作开始由行政管理为主转向行政、法律和经济措施相结合的综合管理阶段。1989年4月昆山开发区首块工业用地有偿出让后，全市国有土地使用制度改革开始逐步推行，截至1991年年底县（市）共有偿出让国有土地9幅、面积33.6万平方米。1990年苏州按照国务院要求，开始实施建立基本农田保护区的规划编制和相关工作，1991年全市共划定基本农田一级保护区（永久性保护区）436万亩、二级保护区（长期农业发展和非农业建设发展用地区）30万亩、三级保护区（非农业建设用地规划预留区）15.5万亩。通过划定工作，从宏观上加强了土地利用的计划管理和规范化管理。

第三，着手财政体制改革。适应企业实行“利改税”需要，1984年5月税收征管业务工作从财政中分离，重建苏州市税务局。1986年全市乡（镇）全部建立了乡（镇）一级财政，使乡（镇）政府有了一定的财权。自1988年起江苏省对苏州市实行“收入递增包干”的财政新体制，市将其分解、落实到各县（市）、区，还向 3 个城区下放部分财权，首次建立起区级财政。

第四，推行建设工程招投标改革。针对政府投资工程建设项目一直以行政手段下达给本地下属建设单位施工，缺乏竞争、没有活力且极易滋生腐败的情况，自 1984 年起实行市区公共建筑和住宅小区建设项目招标投标试点工作，自 1986 年起在市政工程建设领域推行。这项改革显示出良好的经济效益和社会效益，很快在建设工程领域普遍推行开来，也促进了建筑市场的逐步形成和日趋规范、活跃。

城市经济体制改革的深化，促进了工业经济的快速发展，主要体现在以下 4 个方面。

首先，“四大名旦”领衔市区新兴产业逐步崛起。20 世纪 80 年代苏州市区工业按照苏州市第六次党代会提出的“开拓一批很有发展前途的，市场适销对路、竞争力强的新兴行业和新产品”，“以高技术的新产业领航，在微电子、激光、生物工程、新材料等方面选择一批具体目标，组织协作攻关，大力开拓一批新兴产业，并使之逐步成为新的主导产业”的战略部署，采取加强新技术的研究开发和应用、搞好现有企业的行业和产品结构调整、投资兴办新企业等举措，大力加强新兴产业和高技术含量新产品的培育和发展，共培育形成 22 种产量位居全国前十名的名、优、特新产品，一些还填补了国内甚至是国际的空白。从 20 世纪 80 年代中后期起，苏州崛起了国内家电业的“四大名旦”——“长城”电扇、“香雪海”冰箱、“孔雀”电视机、“春花”吸尘器。

“四大名旦”为全市工业经济的发展壮大做出了相当重要的贡献。自 20 世纪 80 年代后期起，家电工业成为苏州地方工业的支柱行业，以“四大名旦”为龙头，带起了全市 500 多家企业，4 个联合体每年的产值和利税都占到市区工业的 1/4 左右，同时在企业经营管理制度创新、科技进步、内联外合、外向开拓等方面也发挥了带头示范作用，成为苏州工业经济领域改革、开放、发展的“排头兵”。进入 20 世纪 90 年代以后，国内外家电行业竞争越趋激烈，外地同类产品生产群起而上，“四大名旦”或改制或与外资合营，逐步淡出人们的视线。除家电业“四大名旦”外，20 世纪 80 年代，苏州市区在精密机械、汽车零部件、环保设备、输变电设备、通信及电子信息、医药、精细化工等领域还培育形成了一批战略性新产业和新产品。

其次，苏州市区传统产业在改造优化中提升发展。在丝绸工业方面，20 世纪 80 年代，苏州市丝绸工业系统围绕真丝绸行业提档升级和化纤仿真丝绸行业开拓发展这两条主线，共投入技术改革资金5.06亿元，实际用汇6 441万美元，竣工项目316个；共拥有引进的先进无梭织机1 368台，无梭织机占总机台的比重为27.34%，超过国际25%和国内4%的平均水平；拥有先进印染设备比1980年增加了7倍，比重也超过50%；新增产值9.65亿元，新增创汇2.15亿美元。“六五”后3年，丝绸印花厂真丝印花双绉获国家金质奖，光明丝织厂克利缎、金玉缎，振亚丝织厂、新苏丝织厂人造丝条子花绡，第一丝厂的白厂丝先后获国家银质奖。“七五”期间，新苏丝织厂的真丝顺纡乔其纱、丝绸印花厂的真丝印花层云缎和印花缎获国家金质奖。1991年苏州市区丝绸业实现工业总产值由1980年的4.09亿元增加到16.6亿元，丝织品总产量由6 488万米增加到1.13亿米，其中真丝绸由1985年的2 377万米增加到3 143万米，炼印染绸由1979年的6 360万米增加到8 196万米；丝织品外贸收购量2 414万米，其中真丝绸1 555万米；绸缎年总产量、创汇额双双列居全国同行第一位。[1]

纺织工业方面，经过“六五”后3年的大发展，1985年棉纺织业拥有纱锭达15.3万枚，比1979年增加67.6%，织机4 414台，其中提花色织布机2 115台，年产棉纱13.6万件、布8 303万米，其中出口3 798万米，苏纶纺织厂的10支无光人造棉纱、人造棉布获国家银质奖；棉布印染业年加工量增至4 121万米，其中漂、染、印等加工产品合计3 088万米；毛纺织业的精毛纺由3 200锭发展为1.17万锭，粗纺设备由6台套发展为16台套，毛织机由70台增加到188台；合成纤维业已具有年产短丝1万吨、长丝4 000吨和涤纶切片2 500吨的能力，年总产值达1.61亿元；针织复制和线带业形成年产值接近和超过1 000万元的企业5家，苏州针织总厂的涤花绡于1984年获国家金质奖、60支精梳汗衫于1985年获国家银质奖，苏州线厂60支涤纶线团于1984年获国家银质奖。1985年纺织工业总产值、出口产品收购值、利税总额分别占苏州市区工业的15%、23.6%、11.1%。1986年纺织工业部确定苏州市为“七五”期间全国12个重点纺织品深加工出口基地之一[2]，苏州市区实施了10多项重大技改项目，成功开发出改性中长毛型纤维、苎麻花色织物、牛仔布、仿毛型华达呢、仿真丝绸和仿羊绒针织面料等一大批新产品新品种，苏纶纺织厂的纯

---

[1] 彭敷周、吴剑荣：《丝绸系统坚持不懈抓技改推进技术进步》，《苏州日报》，1992年7月18日。

[2] 中共苏州市委党史工作办公室：《苏州改革开放三十年大事记（1978—2008）》，中共党史出版社2008年版，第65页。

棉普梳纱获国家银质奖；1991年外贸出口收购值猛增至4.06亿元，占苏州市区本口岸出口收购总值的25.1%，占江苏省纺织品出口收购总值的18.7%，深加工产品出口比重由40%左右提高到70%以上。1991年苏州市区纺织业主要产品产量为：纱1.96万吨、布7 539万米、呢绒391万米、合成纤维1.65万吨、服装1 388万件；实现工业总产值12.31亿元，比1985年增长47.6%。

轻工业方面，“六五”后3年，完成科研“四新”项目3 446个，相继引进111台国外先进设备，使轻工业生产具有较高的机械化水平，产品质量稳步提高，30个企业的46种产品获国优、部优、省优称号55种，红叶造纸厂高强瓦楞纸于1983年获国家银质奖。1985年实现工业总产值11.56亿元，占苏州市区工业总产值的21%。“七五”时期，以优势企业和骨干产品为龙头，大力实施资源整合，先后组建了10个总厂、2家企业集团和5家工贸合营企业，继续推进技术改造，加强“四新”产品开发生产，拓展国内外市场，推动企业上规模、上水平。1988年产值1 000万元以上的企业扩增至32家，外贸收购值达2.3亿元，实现3年翻两番。1990年苏州眼镜一厂的变色光学眼镜片获国家银质奖。1991年全系统实现工业总产值22.68亿元，占苏州市区工业总产值的16.1%，保持苏州市区各行业第一位；外贸收购值2.08亿元，占苏州市区的11.1%；5家企业跻身大型企业行列，17家企业进入中型企业行列，比1985年分别增加3家和10家。

工艺美术业方面，“六五”后3年，苏州刺绣厂产值3年翻了两番，苏州金属工艺厂被列为全国9大黄金饰品定点生产单位之一，苏州民乐厂红木精制二胡获国家银质奖。1985年实现产值2.46亿元、外贸收购总额1.39亿元，名列全省之冠。“七五”时期，组建苏州刺绣工艺美术品集团公司，大力开发日用工艺品、旅游纪念品生产销售，3家机绣服装企业获江苏省首批发放的出口服装许可证；1988年，和服腰带、丝绸服装、浴衣睡衣、童装、机绣品5种产品出口值达1 000万元以上，刺绣厂、绣品厂获轻工业部出口创汇金龙奖；1989年、1990年苏州红木雕刻厂的红木制品小件、苏州绣品厂的机绣绗缝制品、“金凤”牌机绣制品获国家银质奖。1991年苏州市区工艺系统共完成产值4.61亿元、外贸收购额2.22亿元。

机械工业方面，“六五”后3年中，研制投产了大型两工位自动热芯盒射芯机、差动压自动造型机、排卧式快装锅炉、大型反应釜、锚杆液压旋转钻机、Y系列节能电机等10多种更新换代产品；合金材料厂引进4条电触头流水线，年产量为国内同行业之首；试验仪器厂引进电动振动台先进技术，产品质量提高到20世纪80年代国际先进水平；仪表元件厂研制成第二代微处理机动态轨道衡并获国家科技进步三等奖，完成键盘、接插件国家重点技术改造项目；晶体元件厂生产的合成刚玉（人造宝石）系列产品销售量占国内市场的50%，锥形、球形刚玉轴承先后获国家银质奖；砂轮厂被列为全国磨具磨料行业重点骨干企业，烧结刚玉砂轮获国家银质奖；冶金机械厂承担开发生产宝钢工程所需的23种规格的输送机托辊的任务，为1985年宝钢一期工程投产做出了贡献。1985年苏州市区机械工业总产值7.32亿元、利税总额1.82亿元，分别占苏州市区工业总量的13.3%、19.15%，仅次于轻工业；共有14家企业的31种产品出口，比1979年增加19个品种。1986—1991年，完成包括国家、部、省级在内的技术改革项目100多项，其中引进项目50余项，开发生产新产品500余个，冲压套圈滚针轴承、T2型经纬仪、高压清洗机、集成电路漏电器、惯性振动落砂机、银氧化镉电触头、135自动曝光照相机、微机控制轨道衡、螺旋换热器、A系列链条等一批产品填补了国内或省内空白，双面宽带砂光机、空气冲击造型机、GOL1系列动力装置达到国外同类产品水平，农业药械厂开发生产的担架式机动喷雾机于1987年获国家银质奖。1991年苏州市区机械工业实现产值10.39亿元；外贸出口产品收购值超亿元，比1985年增长20多倍。

冶金工业方面，“七五”期间苏州钢铁总厂先后建成7个部、省、市重点技改和新建项目，累计完成投资总额1.7亿元，固定资产原值增长到2.07亿元，上缴利税9 157万元。自1988年起连年进入中国500家最大工业企业行列。苏州铜材厂与港商合资，引进具有国际先进水平的铜棒联合拉拨机生产线和高精度铜板带生产线，成为江苏省内最大的有色金属加工企业，1992年跻身中国最大500家外商投资企业行列。1990年苏州市区冶金工业实现总产值2.3亿元，产生铁29.38万吨、钢37.84万吨、钢材38.23万吨、铜材2.23万吨，分别比1985年增长77.5%、458.1%、141.2%、23.2%，铜材、生铁、钢的年产量分别列居全省第一、第二和第三位。

建材工业方面，“六五”期间，白水泥年产量从4.1万吨增加到6.57万吨，光华水泥厂成为全国最大的白水泥生产企业，硅酸盐水泥年产量从11.87万吨增加到19.12万吨。“七五”期间，水泥生产企业对旋窑线进行技术改造，开发生产市场紧俏的525号道路硅酸盐水泥。1991年市属建材企业完成工业总产值1.51亿元，比1986年增长1.09倍。此外，县属工业逐渐形成特色，区属和校办工业在配套补缺中快速兴起。

最后，骨干企业在做大做强中提升竞争实力。具体表现在：一是一批企业经营管理达标升级。20 世纪 80 年代中后期苏州工业企业开展达标升级活动，1990 年东吴丝织厂被国务院批准为全国首批国家一级企业，1991 年苏州电扇总厂、苏州电冰箱厂（1988 年更名为苏州香雪海电器公司）、望亭发电厂 3 家企业跻身国家第二批一级企业之列。至 1991 年全市共有 75 家企业获得国家二级企业称号，195 家企业获江苏省先进企业称号，245 家企业获苏州市先进企业称号。二是一批企业生产经营上规模、上水平。到 1991 年，全市 5 004 家乡办以上独立核算工业企业共拥有固定资产原值 175. 2 亿元，平均每家企业拥有 350 万元，比 1984 年增长了 3. 27 倍；大中型工业企业增至 241 家。自 1988 年起国家统计局等单位按当年企业销售额排序确定“中国 500 家最大工业企业”，至 1991 年苏州共有 7 家企业先后跻身其中。1991 年入列的 5 家是：苏州电视机厂以 7. 3 亿元名列 175 位，苏州电扇总厂以 4. 3 亿元名列 333 位，苏州化工厂以 3. 7 亿元名列 387 位，苏州钢铁厂以 3. 5 亿元名列 408 位，张家港沙钢集团公司名列 410 位；其中苏州电视机厂、苏州电扇总厂、苏州钢铁厂 3 家系连续 4 年入列，苏州电冰箱厂曾于 1988 年、1989 年连续两年入列，苏纶纺织厂曾于 1990 年入列。三是一批产品居国内领先水平。从 1979 年国家有关部门开始评定国家优质产品起，到 1991 年最后一次评定为止，苏州先后有 27 种产品荣获国家优质产品金质奖，81 种产品荣获银质奖。1991 年全市共创部、省级优质产品 374 种，优质产品产值率达 18. 41%。1990 年苏州市区有 53 种产品的产销量名列全国前三名，“长城”电扇、“春花”吸尘器、轴承厂滚珠轴承、净化设备厂净化厂房、一光厂 J2 经纬仪、助剂厂糖精、苏化厂甲胺磷、胶囊公司空心胶囊、高岭土公司精选瓷土 9 种产品的产销量列居全国第一位。6 个县（市）也都有一批大中型企业的产品在全国或江苏省处于领先地位。

三、对外开放的扩大

中共十二大召开以后，全市各级各部门认真贯彻中央关于扩大对外开放的战略部署，做出一系列重要决策和部署，并精心组织实施，推动对外开放的领域不断拓展，开放型经济全面加快发展。

按照中央关于长江三角洲发展以外向型经济为主的决策方案，苏州迅速形成包含 4 个层次的全方位对外开放体系：苏州市区和被列为按贸—工—农安排生产、发展出口重点县的所辖 6 县（市），为第一层次；各县（市）城关镇区及张家港港区一并列入经济开放区，为第二层次；中央授权江苏省批准的157个对外开放重点工业卫星镇（1985年12月至1988年1月江苏省政府分4批批准），为第三层次；以上三个层次属于沿海经济开放区中“点”的范畴，第四个层次则属于“面”的范畴，即苏州市所辖区域内的广大农村。

1985年2月，苏州市委、市政府研究制定了《苏州市对外开放实施方案》（以下简称《方案》）。次年1月，江苏省政府批复原则同意该《方案》。该《方案》提出：苏州的对外经济开放，要从自己的实际情况出发，发挥本地自然、劳力、旅游资源比较丰富的优势，发挥本地工业基础较好、产品有一定竞争力的优势，利用靠江近海、交通方便、拥有港口等优越条件，扬长避短，确定一条具有自己特色的路子，努力实现贸—工—农、出口创汇—引进技术—扩大出口、外引—消化—向内转移这三个良性循环，振兴苏州经济，为社会主义现代化建设多做贡献。要努力把苏州建设成为重要的外贸出口商品生产基地、区域性的内外贸易商埠、掌握现代科学技术和现代管理知识的经济区、具有一流水平的重点风景旅游区；要努力提高出口创汇水平，使外贸出口的增长速度逐步超过国民生产总值的增长速度；要争取提前实现翻两番的目标，人均国民生产总值至2000年达到1 800美元，成为文明富裕的地区。《方案》还首次提出苏州经济要逐步实现以内向为主向外向为主的战略转变，即要从现在的以内向为主、内外结合、以外补内，转变为以外向为主、内外结合、以外促内。中共十三大做出加快长江三角洲进一步对外开放和制定实施沿海地区外向型经济发展战略的重大部署后，苏州市及时贯彻中央的战略方针，有序组织实施。1988年4月苏州市政府成立苏州市对外开放办公室，5月苏州市政府颁布实施《关于鼓励出口商品生产、扩大创汇的试行办法》《关于鼓励开展对外来料加工装配业务的试行办法》。1990年3月，邓小平在总结我国第一阶段对外开放的经验教训后，提出浦东开发开放的战略决策。

面对这一机遇，苏州市委于8月提出要抓住全国20世纪90年代重点开发上海浦东的机遇，利用苏州腹地广阔、交通便捷、加工工业和外向型经济基础较好、土地和劳动力资源丰富的特有优势和作为经济开放区的各项政策优势，积极扩大对外开放，在接轨上海、配套上海、服务上海中，谋求新的更快、更大的发展。随后，苏州市委、市政府又制定了“依托上海、接轨浦东、迎接辐射、发展苏州”的战略方针；9月，召开对外开放咨询研讨会，研究探讨如何呼应浦东开发、提升苏州外向型经济发展水平；10月，做出加快开发建设苏州新区[1]、在苏州新区建设高新技术产业开发区的重大战略部署，开始构建对外开放的新载体。在不断扩大对外开放力度的过程中，苏州市委、市政府主要做了以下几个方面的工作。

1. 利用外资开办“三资”企业

（1）采取多种形式间接利用外资。

1983年3月，外经贸部确定苏州市和大连市为全国利用外资联系点。4月，市政府首次对全市利用外资工作做出部署，成立苏州市利用外资引进技术领导小组，建立计划委员会、经济委员会、进出口办公室联席会议制度，苏州市外贸局内专设外资科，各县市和市各主管局（公司）也确定一个职能部门，形成了利用外资的工作推进与管理系统。由于缺乏直接利用外资的经验和渠道，1983—1987年全市利用外资仍以“三来一补”的间接形式为主。一种是国际租赁业务，即由国际租赁公司垫付资金购买国外设备供国内企业使用，企业将产品出口换取的外汇分期偿付设备租金。苏州市半导体总厂首家开展此项业务，5年间全市共72项，金额3 384万美元。另一种是利用国外政府或国际金融组织的优惠性贷款，采购进口设备和原材料。1983年苏州丝绸印花厂首批获准贷款95万美元，5年间全市共获贷款28项，金额5 447万美元。再一种是易货贸易，即国内企业使用国外厂商提供的设备生产，以出口货款抵偿设备款。1983—1985年罗马尼亚1家企业先后采用此方式提供给苏州东吴酒厂、糖果冷饮厂等4家企业啤酒、汽水灌装生产线各1条。通过这些途径，1985年苏州共获得、使用各类外汇资金9 131万美元，共引进项目320项，进口各类设备1 240台（套）、生产线及装配线49条。1987年后开办中外合资企业成为利用外资的主要形式，各种间接利用外资的形式在苏州逐步淡出。

（2）探索开办外资企业的途径。

自20世纪80年代中期起，苏州市委、市政府开始提出要把直接利用外资作为重点来抓。1984年年初江苏省政府向苏州下放300万美元以下的利用外资项目自行审批权，苏州市政府向各县（市）下放100万美元以下项目的审批权，给全市利用外资工作以很大的推动。是年6月，由昆山县轻工业品公司、中国银行信托投资公司和日本苏旺你株式会社三方合资兴办的中国苏旺你有限公司获外经贸部批准，成为地、市合并后苏州第一家，同时也是江苏省内第一

[1] 2002年9月，苏州市行政区划调整，将苏州新区和虎丘区调整为苏州高新区（虎丘区）。

家县级开办中外合资企业。该企业建于昆山新辟的玉山新区（1985 年改设昆山工业开发区，现称“昆山经济技术开发区”）内，总投资 150 万美元，装备 5 条日方投资的生产流水线，年产中高档牛皮手套 300 万双全部出口国外，投产后两年净创汇 60 多万美元。[1] 同年年底，由苏州铜材厂与港商等三方合资兴办的苏州铜材有限公司获准设立，成为苏州市区首家中外合资企业，同时也是全市首个老企业嫁接型合资项目，总投资 950 万美元，从国外引进具有 20 世纪 80 年代国际先进水平的铜棒、铜板带生产线，可生产国内外市场紧缺的多类产品。1985 年 8 月由昆山城南乡与日商合资设立的昆山赛露达有限公司，成为苏州第一家乡镇办中外合资企业。9 月，由张家港外轮代理公司等与港商合资开办的江谊船舶服务公司设立，是为苏州首个非生产性合资企业。11 月，由苏州市医药公司等与美商合资经营的苏州胶囊有限公司建立，项目总投资 1 800 万美元，成为苏州首家注册资本超 1 000 万美元的中外合资企业。[2] 同月由港商全额投资、与苏州市旅游公司合作经营的竹辉饭店和由苏州市经济技术发展总公司与港商合作投资经营的雅都饭店同时获批，成为苏州首批与外商合作经营的宾馆饭店项目。1986 年 1 月由东桥乡吴县锦纶涤长丝厂等合资组建的苏州华泰有限公司获批成立，它不仅是吴县首家合资企业，也是苏州首家台商投资企业。之后两年间，梅李华美毛衫织造有限公司、横塘苏茂无纺品有限公司、太仓环球皮革制造有限公司分别成为常熟、郊区、太仓的首家中外合资企业，常熟赵市乡瞿巷村开办的常熟三联皮件有限公司成为苏州乃至江苏省第一家村办中外合资企业。截至 1987 年年底，苏州市共批准开办中外合资（合营）企业 28 家，合同利用外资 6 739 万美元，分别占江苏省的 14. 5%和 25. 9%。[3]

（3）大力开办“三资”企业。

自 1988 年起，苏州大力实施沿海地区经济发展战略，紧紧抓住治理整顿中中央对外向型经济“网开一面”的政策机遇，开始掀起兴办外商投资企业的热潮。当年，苏州市委、市政府召开一系列会议，动员和部署大力开展利用外资工作；苏州市政府颁发《关于加快利用外资步伐的若干意见》，确定将新取

---

[1] 张树成：《昆山发展纪实》，江苏人民出版社 1996 年版，第 18 页；中共昆山市委党史研究室：《新昆山五十一年（1949. 5—2000. 12）》，苏出准印 JSE-0000338 号，2003 年，第 793 页。

[2] 苏州市经济委员会：《走向辉煌——阔步前进的苏州工业经济》，古吴轩出版社 1994 年版，第 265 页。

[3] 贾轸、唐文起：《江苏通史 · 中华人民共和国卷（1978—2000）》，凤凰出版社 2012 年版，第 83 页。

得的1 500万美元以下外商投资项目审批权下放给各县（市），各区和市属各工业主管局（公司）对总投资500万美元以下项目可行使立项权，还首次在香港举行招商引资活动。1989年苏州市委、市政府对发展外商投资企业提出指导性意见，要求以符合投资方向的生产性项目为主、以利用外资改造老企业为主、以出口创汇为主要目标，坚持高起点和采用先进技术；同时强调必须克服“重审批、轻开工投产”及用管理国内企业的办法来管理“三资”企业的现象，要按照国际惯例进行管理和提供服务。1990年10月苏州市委、市政府做出开发建设苏州高新区的重大战略决策，构筑市区招商引资的新载体；是年年底苏州市外商投资管理委员会成立，并开始实行“一个窗口”对外、“一条龙”服务。这些务实又有力的举措，促进外商投资企业在苏州城乡大地如雨后春笋般迅猛发展。1988年苏州市新批外商投资企业97家，1991年猛增到412家，4年共计新批“三资”企业767家，合同外资共计5.69亿美元，占江苏省同期兴办外商投资企业总数的37%、合同外资总额的36.4%，均居江苏省各市第一位。[1]

这一阶段，苏州兴办的外商投资企业在一些领域又有所突破。1988年6月，吴江县创办首家外商投资企业——莘塔的西麦克玩具艺品有限公司，从而实现全市各县（市）创办外资企业的“满堂红”。同年8月，日本苏旺你株式会社因对与昆山的合资企业运行情况和昆山的投资环境表示十分满意，又投资兴办了苏州乃至江苏省第一家外商独资企业——国际苏旺你手套有限公司。[2]同年12月，由苏州电梯厂与瑞士迅达控股公司合资创建苏州迅达电梯有限公司，项目总投资1.78亿美元，其中外方投资占63%，成为苏州首个超亿美元的中外合资企业。1991年6月，吴县与港商合作的苏州美惠房产有限公司签约，翌年1月“苏美中心”大厦奠基，是为江苏省内首家外商投资房地产开发企业。

1984—1991年，苏州利用外资、开办外资企业呈现出以下特点：一是企业形式以中外合资为主。累计795家外商投资企业（合同外资总额63 619万美元）中，中外合资企业728家，中外合作企业27家，外商独资企业40家。二是投资领域以生产性工业项目为主。工业项目企业批准数和合同外资数分别占全市总额的96.3%和89%；农业项目仅4家，合同外资286万美元；第三产业

---

[1] 贾轸、唐文起：《江苏通史·中华人民共和国卷（1978—2000）》，凤凰出版社2012年版，第134页。

[2] 中共昆山市委党史研究室：《新昆山五十一年（1949.5—2000.12）》，苏出准印JSE-0000338号，2003年，第793页。

类企业 10 家，合同外资 3 480 万美元。[1] 三是合资类别以老企业嫁接改造为主。这类企业约占 80%，加快了企业结构、产品结构调整和技术改造的步伐。四是投资国别、地区以香港为主。香港投资企业、合同外资占总数的 58. 9%和 65. 2%，台资企业 108 家、7 744 万美元，美资企业 75 家、4 953 万美元，日资企业 60 家、6 083 万美元。五是本地合资方以乡镇企业为主。苏州市有 121 个乡（镇）办起了 569 家外商投资企业，占全市总量的 71. 6%；至 1992 年 3 月全市 166 个乡（镇）全都办起外商投资企业。六是项目规模总体偏小。项目平均合同外资额虽略高于全省平均水平（1988—1991 年全省外商投资企业平均合同外资规模为 75. 6 万美元），但也只有 80 万美元。七是经过摸索和实践，逐步克服起步阶段盲目性，开始由“碰撞式”转变为“选择式”，注重选择合作伙伴和项目，以提高成功率；各级各部门亲商、富商的意识也得到了逐步提高，对外商投资企业的服务不断完善，促进已成立的企业及早开工建设、竣工投产，已投产的企业能够正常运行、不断提高产出效益。1991 年年底苏州市已开业投产的“三资”企业达 325 家，实现销售额 18. 5 亿美元，自营出口创汇 1. 43 亿美元；苏州市利润超 100 万元、创汇超 100 万美元的“双百”外商投资企业有 27 家。许多客商还主动提出增资、扩产，1991 年增资的“三资”企业达 43 家，新增合同外资 2 659 万美元，出现了“以外引外”的新景象。在外经贸部、国家统计局等单位联合公布的“1991 年中国规模最大的 500 家外商投资工业企业”中，苏州有昆山协孚皮革、常熟函润千斤顶、常熟通润机电、昆山斯维特蜂产品、苏州迅达电梯、张家港贝贝制鞋、苏州胶囊、常熟英沪紧固件 8 家企业名列其中。

2. 改革外贸体制

20 世纪 80 年代，苏州实施扩大对外开放、加快发展外向型经济，把“多出口多创汇”列为主要目标任务。1991 年与 1983 年相比，苏州市外贸出口商品收购值由 7. 17 亿元猛增到 80. 61 亿元，出口额占全市工农业总产值的比重由 6. 4%提升到 11. 22%，出口额占地区生产总值的比重（经济外向度）由 13. 64%提升到 34. 29%，几乎提前 10 年实现了江苏省制定的苏锡常开放区总体发展规划所提出的到 2000 年比重达到 30%的目标。[2] 20 世纪 80 年代苏州外

[1] 此处外商投资领域产业分类统计按到 1990 年止的数据统计。

[2] 黄正栋：《数字见证苏州改革开放 30 年巨变》，苏出准印（2008）字 JSE-1002233 号，第 102、104 页。

贸出口发展，主要经历了从间接出口到自营出口这两大阶段，既创造、积累了许多成功的经验，又出现了几次重大的曲折和失误，留下了极为深刻的教训。

20 世纪 80 年代苏州地区的外贸出口发展可分为两大阶段。一是 1983—1987 年为千方百计扩大间接出口阶段。苏州自有外贸出口业务以来直至 20 世纪 80 年代初，所有外贸公司和出口商品生产企业均没有外贸经营权，只能靠省级外贸公司和外省市的外贸经营机构组织出口，属于间接出口性质。由于对外谈判、签约、履约等业务活动不参与、不知情，人们把这一时期的苏州外贸喻为“盲人外贸”“聋人外贸”。面对这种不利的局面，为了让更多的工农业产品走向国际市场，苏州市政府、外贸公司和广大出口产品生产企业都千方百计争取多出口多创汇。苏州市政府自 1982 年起鼓励并推动企业发展和扩大跨地区、跨行业的横向经济联合，从中获得出口产品加工制造业务；1985 年颁布《关于鼓励扩大出口多创外汇的暂行规定》，对生产出口商品所需的原辅材料、动力燃料、信贷资金等优先予以安排，税收和企业留利上实行政策倾斜，并在市、县两级建立外贸发展基金，从各方面保证生产经营外贸产品的企业实际收益不低于或略高于生产内销产品的企业。外贸部门和各地加大出口商品生产基地建设力度。农产品上，各地循着按“贸工农”组织商品生产、把苏州建设成为重要的出口商品生产基地的思路和目标，加快实现粮食由商品粮向畜产品水产品转化、经济作物向出口产品转化、农副产品向加工食品转化，重点开发建设瘦肉型猪、水产、禽类、水生作物、食用菌、优质果品、高档花卉盆景等 12 个农产品出口商品生产基地，1985 年经初加工的出口商品外贸收购值达 2. 2 亿元，比 1982 年增长 60%左右，占全市外贸收购总额的 23%。1988 年苏州 15 家乡镇企业被国家有关部门命名为全国首批贸工农联合出口产品生产基地企业，批准数占全国总批准数的 7. 3%、全省的 34. 1%。工业产品上，丝绸行业以全市 7 家出口专厂为重点，1984 年绸缎出口量居苏、沪、杭三大基地之首，其中创汇高的真丝绸出口占全国1/3，1985 年丝绸产品的外贸收购额占全市总量的 26. 9%；棉纺织行业，1986 年苏州被纺织工业部列为“七五”期间全国重点纺织品深加工出口基地，1987 年出口产品深加工比重达 70. 1%，1989—1991 年共有 50 家企业获得国家轻纺产品出口生产发展基金扶持；机电行业，1987 年张家港市医疗器械厂和大新集团公司两家企业被批准为全国首批机电产品出口基地企业，翌年苏州电冰箱厂和张家港医疗器械厂又被批准为全国首批机械产品出口基地。全市外贸部门积极利用外贸收购计划“双轨制”留出的发展空间，主动出击，多渠道、多口岸组织出口。1987 年共向 70 多家外口岸公司提供商品近200个，金额6.14亿元，占全市外贸收购总额的比重增至24.7%。1986年苏州外贸收购创下3个纪录：收购总额首次跃居全省第一位，外贸收购额的增幅首次超过工农业总产值的增幅，6县（市）全部跨入外贸收购亿元县行列。

自1988年起为实行切块自营阶段。1984年9月国家实施外贸体制改革，苏州要求外贸自主经营权的时机逐步成熟。1985年10月苏州市政府组建苏州市对外经济技术贸易公司，后经争取由外经贸部授予进出口经营权。1986年苏州向江苏省提出，以“一放三不变”（下放出口经营权，计划、财务、管理体制不变）的方式，赋予苏州市级外贸支公司对外出口经营权。这一建议被江苏省采纳并向上争取，1987年外经贸部先后批准苏州市纺织、丝绸、工艺、轻工4家进出口支公司出口经营权。尽管江苏省规定这4家支公司拥有有限的外贸经营权，自营出口品种要由省公司指定、出口成本要由省公司核定、超计划出口要报省公司批准、经营地区限于中国港澳地区及少数几个东南亚国家和地区，但毕竟实现了从单纯组织收购出口货源到可以直接对外签约成交的重大转变。1988年年初国务院部署实施以外贸承包经营责任制为重点的新一轮外贸体制改革。江苏省决定，把省向国家承包的出口创汇、上缴外汇和经济效益各项外贸指标数切块到市，由各省辖市政府向省政府承包，可自主选择“切块自营”或“切块联营”（承包后与省外贸公司联营，仍然维持由省公司负责对外经营的局面）的不同经营方式。实行“切块自营”，市一级政府承担的风险较大，如果完不成出口收汇指标，就要由市财政补足上缴，但由此可以获得地方的外贸自主经营权。在两种经营方式的艰难选择中，苏州市委、市政府根据自身条件和经济发展的需要，经过缜密考虑，认为苏州的外贸经营基础较好，出口产品生产稳定且有较强的市场竞争力，选择自营后可以“摆脱过去受制于外贸‘一条鞭子、一把刀子’的束缚”，获得更好、更大的发展空间，于是果断地选择了“切块自营”，并做好了“付出学费”、承担风险的充分思想准备。同年3月，江苏省政府同意苏州实行“切块自营”，由此苏州市的10家外贸公司全部获得了进出口自主经营权。接着，苏州市委、市政府按照“中央和省给市什么政策，市里就给县（市、区）什么政策，省给市多少亏损补贴，市里就下达多少亏损补贴”的原则，把5项承包指标切块下达到了各县（市、区）和市区各系统，外贸切块承包经营在全市得以全面实施。与此同时，为了使有条件的生产企业直接参与国际市场的竞争，苏州市政府积极支持有出口能力的生产企业向上争取进出口经营权。1988年，苏州电视机厂、苏纶厂、苏州香雪海电器公司、苏州电扇总厂、苏州手表总厂、苏州针织总厂、苏州第四制药厂、苏州刺绣研究所8家生产企业（所）首批获得进出口经营权。1990年，苏州享有自营出口权的企业猛增至189家，完成自营出口总额1.41亿美元，其中外贸公司6 929万美元、自营生产出口企业1 557万美元、外资企业5 628万美元。自1991年起，国务院决定将原来由各级政府向国家承包外贸指标全部改为由批准享有对外经营权的企业自负盈亏、平等竞争，取消出口亏损补贴。对此，苏州各自营出口单位及时转换机制，搞活经营，开拓市场，当年全市自营出口额达3.1亿美元，比1990年翻了一番多，出口的品种有千余种，出口国家和地区扩展至65个，其中出口欧美的比重由1987年的15.1%提高到24%。

20世纪80年代苏州外贸出口长足发展，但由于受当时历史条件的限制，对于外向型经济这个新生事物有一个学习、认识的过程，获取国内外市场信息的渠道不多、信息滞后，发展外贸生产存在着较大的盲目性和从众性，国内的经济体制尚处在转轨进程中，开展市场竞争仍较多处于无法可依、无章可循的无序状态，加上各地、各企业求胜心切，因此，苏州大力发展外贸出口的过程并非一帆风顺，其间也出现了几次重大的失误和曲折，为此付出过“学费”，如毛兔业的大起大落、乳胶手套生产线的一哄而上、无序竞争引发“蚕茧大战”等，但也从中积累了宝贵的经验和教训。

此外，苏州市还积极尝试“走出去”开展对外经济合作。1989年1月苏州市委、市政府首次提出“三外（外贸、外资、外经）齐上”方针，积极探索境外投资和技术合作、开展对外工程和劳务承包、组织援外生产、实施境外援助项目、发展与外国多种形式的友好交流等有效途径，为“苏州走向世界，世界了解苏州”拓宽渠道，搭建平台。1985年11月，居全国同行业产量首位的常熟虞山镇所属的常熟市丙纶厂和中科院化学研究所下属公司、浙江海宁化纤厂为中方单位，与泰国亿峰（集团）公司正式签署在泰国曼谷工业园内合资兴办“丝特（集团）有限公司”合同书，总投资292万美元，中方投资119万美元，其中常熟丙纶厂以设备、技术投资。该项目于1987年获中国、泰国两国批准，成为苏州首家境外投资企业和江苏省首家由乡镇企业到国外开办的合资企业。至1990年，全市又有苏州仪表元件厂、苏州电扇厂、苏州电视机厂、上海艺术品雕刻厂常熟徐市分厂等6家企业分别与国内企业合作一起“走出去”，到6个国家与外商合资兴办了6家企业。这些项目虽然规模都不大、档次也不高，但通过“走出去”闯出了企业发展的一片新天地。如苏州电视机厂在泰国兴办的合资企业总投资虽然才91.8万美元，出资比例只有35%，但解决了欧美国家对中国实行的出口配额限制问题，还能向泰国周边国家辐射产品，为企业带来更大的国际市场空间。

继纽约“明轩”项目后，20 世纪 80 年代苏州又在澳大利亚、加拿大、日本、新加坡 4 个国家承包承建了中国古典园林建筑项目，即吴县城建局古建工程队的澳大利亚墨尔本唐人街广场牌楼、苏州市古典园林建筑公司的加拿大温哥华“逸园”、苏州市吴门园林艺术服务部的日本崎凑公园、吴县古建公司的新加坡“唐城”一期工程。1984 年，由苏州市建工局承包为科威特建造 8.36 万平方米住宅工程，标志着苏州承接的对外承包工程向其他工程领域拓展。“七五”期间苏州先后执行对外承包工程和劳务合作项目 19 项，合同总额 4 937 万美元；对外承包工程开始由零星的分包发展到成建制外派人员的工程项目总承包，由单纯从事建筑工程的体力劳动转向技术输出、技术服务相结合，由过去单一的建筑业发展到工业和渔业等领域。如苏州市纺织工业局承包的苏丹青尼罗河纺织厂建设和设备提供、安装项目，苏州市建材工业公司承包的伊拉克阿他明水泥厂和中央机修厂建设项目，江苏省海洋渔业公司承包的伊朗深海捕鱼项目，苏州服装一厂承接的美国塞班岛制衣项目，等等。

“七五”期间，苏州的纯技术对外输出也开始起步。1986 年，由苏州市太湖猪育种中心选育提纯的太湖梅山种猪首次出口日本，日本政府将其列为贵重遗传资源收集保护项目。1989 年，太湖梅山种猪首次出口美国，结束了中国从美国单向进口种畜的历史。同年，郊区东吴化学工业公司的白炭黑生产技术有偿转让给印度尼西亚的 1 家公司，转让金额为 15 万美元。

1983—1990 年，苏州不少领域的干部职工还先后奔赴世界 208 个国家和地区（各年中有重复计算因素）的 117 家企事业单位，执行完成合同 1 098 份，为发展我国外交事业和对外经济技术援助工作做出了一定的贡献；与此同时，也积极接受国际对华援助项目的组织实施。至 1990 年，苏州市 7 家单位共组织实施了 11 项国际援助项目，其中最大的项目为苏州市牛奶公司接受的欧洲共同体提供的“发展牛奶业”，援助额达 145.2 万美元。

四、第三产业的兴盛

1984 年苏州市第六次党代会对加强财贸工作、促进市场繁荣、发展交通运输和邮电通信业、建设园林风景旅游城市等提出了任务和要求。1985 年苏州市委六届二次全体会议首次提出“放手发展第三产业”，并做了全面部署。1989 年苏州市第七次党代会提出进一步培育和健全社会主义市场体系的任务和要求。1991 年苏州市委、市政府首次召开全市市场建设培育工作会议和全市旅游工作会议，对这两项工作进行全面部署。在这一系列重大决策和部署的指引和推动下，全市各级各部门抓住有利机遇，把加快发展第三产业摆上重要议事日程，促进第三产业在全市经济中的比重显著上升。1983—1991 年全市第三产业增加值由 7.96 亿元上升至 52.11 亿元，增长 5.55 倍，快于工业增长速度，占全市地区生产总值的比重由 1982 年的 16.72%上升至 22.17%；全市第三产业从业人员，1982 年年末为 39.08 万人，1991 年年末上升至 65.6 万人，占全社会从业人员的比重由 11.81%上升至 19%。1987 年全市第三产业增加值首次超过第一产业，全市经济结构序列由“二、一、三”演进为“二、三、一”，这是苏州经济发展史上的又一个里程碑。[1]

1. 商贸服务业全面转旺

1985 年苏州市社会消费品零售总额达 43.13 亿元（当年价），占江苏省的 14%，首年位列全省 11 市第一名。1991 年苏州市社会消费品零售总额达 83.94 亿元（不变价），比 1982 年增长 4.46 倍。[2] 这为城乡商易服务业的繁荣创造了有利条件，带来了巨大的发展空间。

（1）城市商贸服务业的蓬勃发展。

1983—1985 年，苏州市区各老商贸区的范围均有所扩展，骨干经营场所普遍有较大扩容，经营环境有不小改善，中小经营服务网点大量充实其中，专业商店、专业街逐步形成，苏帮菜肴、传统小吃、婚纱摄影、女式烫发等恢复发展。1985 年与 1982 年相比，苏州市区共有商业零售网点 3 857 个，增长 1.59 倍，其中国营 490 个、集体 958 个、个体（有证）2 409 个，分别增加 72 个、234 个和 2 063 个，共有从业人员 21 438 人，增加 5 524 人；1985 年与 1979 年相比，苏州市区饮食服务网点共有 2 597 个、人员 14 865 人，分别增长 192.5% 和 80.3%。“七五”前 3 年，观前商业区 130 多家商店几乎全部改造、装修一新；石路地区 20 多个门店翻建扩建；新增了拙政园与狮子林间、西园与留园间主要为游客服务的商业网点群；各新建居民新村配套建设的社区商业中心和吴县新县城团结桥以南商街等一批区域性商贸区初步形成，古城区主要干道商铺连绵。商业零售业中，衣着类消费比重上升，黄金首饰消费异军突起，新兴

[1] 黄正栋：《数字见证苏州改革开放 30 年巨变》，苏出准印（2008）字 JSE-1002233 号，第 128-144 页。

[2] 黄正栋：《数字见证苏州改革开放 30 年巨变》，苏出准印（2008）字 JSE-1002233 号，第 202 页。

日用品盛销不衰。饮食服务业中，新建萃华园菜馆、五芳斋面馆，陆长兴、美味斋等特色个体面馆开始涌现，甲级以上浴室开始辟设小室盆浴和休憩雅室，白牡丹美发厅首开化妆美容服务项目。1988 年 5 月，苏州市委、市政府组织实施城区改革，调整市、区两级职能分工，除名、优、特及大型零售商店留市管理外，苏州市商业局将占局原属网点总数 93%的 478 个零售商业和饮服业网点划归区管，苏州市供销社将占市区网点总数 49. 4%的 43 家零售店划归区管。调整后，苏州市商业、供销部门着力抓好留市管理的骨干网点建设改造和经营管理，使其进一步做大、做强、做优；各区建立商业局和若干专业公司，大力实施零售商业网点改造，有力促进了市、区两级商贸服务业的提升和发展。至 1991 年苏州市区新开业的大中型商场有 24 家，其两大商贸中心的状况有了较大发展变化。在观前商贸中心，人民商场进行二次扩建改造，年销售额突破亿元大关，跻身全国百家最大规模、最佳效益零售商店行列；第一百货商店原地重建，新建工业品商场（后改为购物中心、美罗商城）、食品商场、风光商场（后改为虹桥友谊商城）、新苏州商厦、远东商场、上海商场、祥达商厦等开业，察院场建造苏州市区首个地下环道和地下商场；北局苏州书场改建成文化广场、大光明影院改建成影城，旧学前、因果巷拓宽改造形成新商业街。在石路商业区，石路商场 1989 年原址翻建，成为苏州市区首家配置自动扶梯的百货商场，石路国际、亚细亚、威尼斯、精品商厦等一批大型百货商场先后开建，同时改扩建了一批特色商贸服务网点。商业部颁布 1990 年度全国酒店、饭店“50 强”，苏州的园外楼饭店和松鹤楼菜馆名列其中。1991 年苏州市区实现社会商品零售总额 26. 63 亿元（当年价），比 1985 年增长 1. 57 倍，占全市的比重上升至 27. 68%。

（2）农村消费市场持续升温。

1983 年苏州市农村商业网点共 6 499 个，其中属县（市）商业部门办、乡（镇）和村办、社会各部门办和个体办的网点数达 3 748 个，超出供销部门，改变了中华人民共和国成立后 30 多年来农村商业供销社“一家独尊”的局面。“六五”后 3 年，苏州农民消费呈现爆发性增长态势，生活类商品需求全面增加，家用电器开始进入农户家庭，对化肥、农药、小型农业生产工具的需求也稳定增长，农村商贸服务业进入发展最快的阶段。1985 年 6 县（市）共计实现社会商品零售总额 32. 76 亿元，其中供销社系统生活资料零售额 6. 92 亿元、生产资料零售额 2. 99 亿元、县属商业实现商品零售总额 4. 43 亿元。“七五”时期，农村消费需求、消费结构与城市居民的差距进一步缩小，吃、穿、用各类商品全面旺销且等级提高，高档家电产品开始进入农户家庭；农村“建房热”持续升温，且标准不断提高，全面进入楼房化阶段，钢材、木材、水泥、砖瓦等建筑材料远不能满足需要，新房内部装修材料销量大幅上升；农村生产资料市场不断扩大。1991 年 6 县（市）零售商业、饮食服务业网点共达 63 518 个，占全市网点总数的 85.44%，其中零售商业 45 038 个、饮食业 8 470 个、服务业 10 010 个，平均每万人拥有网点数 132.55 个，超过苏州市区每万人拥有网点数 127.22 个的水平；实现社会商品零售总额 69.55 亿元，比 1985 年增长 1.12 倍，其中乡以下农村为 40.99 亿元。

2. 专业市场崭露头角

1983 年后一些乡镇政府因势利导，依托骨干产业和特色产品，在已有自发形成的简易市场基础上，创办立足当地、辐射四周、集中交易、以批发为主的专业市场，如昆山玉山水产市场、太仓鹿河针织品市场、新湖水产市场、吴县东桥和吴江铜锣的苗猪专业市场等，产生了良好的市场效应，引起各地的重视和效仿。截至 1986 年年底苏州市已有各类专业市场 88 个，其中工业品专业市场 24 个、农副产品专业市场 47 个、建材市场 9 个；各类专业市场的年成交额达 6.5 亿元，占全市社会商品零售总额的 16%。至 1991 年全市有各类市场 481 个，年成交额 39.62 亿元，相当于全市社会商品零售总额（当年价）的 41.2%；骨干专业市场日益壮大，年成交额 5 000 万元以上的专业市场有 20 个，亿元以上的有 10 个。其中最为成功的骨干专业市场有吴县渭塘珍珠交易市场、常熟招商场、吴江东方丝绸市场、苏州物资贸易中心 4 个。

3. “大旅游”开发建设展开布局

20 世纪 80 年代国家确定苏州为历史文化名城和全国重点风景旅游城市后，各级各部门把发展旅游业摆到重要地位，推动苏州旅游业实现了从“友好接待型”到“经济经营型”再到培育具有一定规模的“新兴经济产业”的逐步转轨，跨入发展的新时期，初步形成了市县乡多级联动、国际旅游与国内旅游并举、古城旅游与郊县旅游交互促进的“大旅游”格局。1991 年苏州市接待入境旅游人次 26.32 万人，旅游创汇 2 101 万美元，分别比 1982 年增长 1.5 倍和 1.4 倍；国内旅游收入 3 亿元。[1]

4. 交通运输业加速发展

“七五”时期苏州交通加快城乡交通基础设施建设和运输能力提升步伐，5

---

[1]《苏州市旅游志》编委会：《苏州市旅游志》，广陵书社 2009 年版，第 34、530 页。

年共完成固定资产投资近 4 亿元，滞后状况得到初步改善，形成“铁、公、水、空”的初级综合运输体系。

5. 新兴服务业逐步兴起

20 世纪 80 年代苏州的邮电通信、金融保险、技术中介、律师公证等新兴服务业开始孕育发展、从小到大，基本适应了经济社会发展变革的需要，并成为全市第三产业的新兴力量。

改革开放的重大决策彻底扭转了中国经济社会的发展方式和前行路径，促使苏州在 20 世纪 80 年代实现快速崛起。

第四章 向社会主义市场经济转轨中的苏州经济

1992年年初，当代中国改革开放和社会主义现代化建设总设计师邓小平视察南方并发表系列重要谈话，同年10月召开的中共十四大提出了建立社会主义市场经济体制的目标任务，为新一轮改革开放和经济发展提供了强大动力。苏州的经济发展在已经取得的成就基础上，再次发力，长期保持较高速度的发展态势，综合经济实力稳居全国同类城市的前列。

第一节 经济发展方式的进一步转变

在邓小平南方谈话和中共十四大关于建立社会主义市场经济体制的重大决策的指引下，包括苏州在内的全国各地进一步深化以逐步建立和不断完善社会主义市场经济体制为目标的改革，转变经济发展方式，苏州的经济发展不断跃上新的台阶。

一、经济体制改革的深化

1992年10月召开的中共十四大确定我国经济体制改革的目标是建立社会主义市场经济体制，1993年11月中共十四届三中全会又做出了《关于加快建立社会主义市场经济体制若干问题的决定》，勾画了社会主义市场经济体制的基本框架。苏州各级党委和政府按照中央部署，结合本地实际，以制度创新和充分发挥市场作用为主要取向，在转换企业经营机制和建立现代企业制度、培育市场体系、推进综合配套改革、转变政府职能和改善宏观调控、深化农村经济体制改革等几大领域，掀起新一轮改革的浪潮，在世纪之交基本实现了从传统的计划经济体制向社会主义市场经济体制的根本转变。

1. 农村经营管理体制得到创新与完善

20世纪90年代，苏州各级党委、政府按照中央一系列农村工作文件的精神和部署，率先在农村经济经营管理领域进行改革，为促进农业稳定发展、农村经济持续繁荣、农民增收致富和安居乐业创造制度条件。

第一，推进农村集体资产营运管理体制改革。为了经营管理好集体资产和众多的集体所有制企事业单位，苏州在20世纪90年代初全面建立专门行使乡（镇）办企业财产所有权的乡（镇）农工商总公司。1998年苏州市委、市政府制发《关于农村集体资产营运管理体制改革的意见》，在江苏省乃至全国率先部署建立农村集体资产营运和监督管理体系，随后又在江苏省率先建立了农村集体资产产权登记管理、年检、保值增值考核等项配套制度。2000年6月，苏州市政府颁布《苏州市农村集体资产管理办法》，并建立起农村集体资产行政执法管理队伍，将苏州农村集体资产的管理纳入法制化管理的轨道。据统计，1999年年底苏州乡（镇）、村两级共有集体净资产（不含资源性资产）为261.72亿元，其中经营性净资产为190.01亿元。[1]

第二，进一步完善和规范农村家庭联产承包责任制。1992年，苏州市委、市政府部署在农村家庭联产承包中推行和完善双向承包合同，以进一步明确和规范发包集体与承包农户之间的权利与义务。1994年，苏州市委、市政府提出实行“双四包”，即经营承包方要包种植面积、包落实措施、包实现总产、包各项上缴任务；政府和合作经济组织包“三挂钩”政策兑现、包产中基本服务、包农副产品收购资金及时兑现、包生产指导和协调。1997年中共中央办公厅、国务院办公厅《关于进一步稳定和完善农村土地承包关系的通知》下发后，苏州用半年时间集中开展了延长农村土地承包期和发放土地经营权证书工作。这次土地续包，按照中央的统一规定，明确农民家庭的土地承包期从1998年开始向后延长30年不变；在坚持“大稳定、小调整”原则的基础上，明确对因国家征用和集体建设等公占地多或近几年未做土地调整而人口变动较大，造成承包关系严重不均、矛盾突出的，可根据农民意愿，按有关规定进行适当调整，调整方案须报乡（镇）人民政府审核批准后方可实施；明确农户对已实行规模经营而让出的土地仍享有承包的权利，村与农户之间必须补签土地流转协议或合同，明确土地使用权转让期限、经济补偿办法及标准、双方的权利和义务等。至同年11月底，苏州市涉及土地调整的农户为12.16万户，调整的土

[1] 王晓宏：《农村集体资产管理有法可依》，《苏州日报》，2000年7月3日。

地面积为17.5万亩，分别占全市总数的11.6%和5.1%，其余农户和耕地均未做调整，直接在原有承包基础上延长了土地承包期；苏州市有99.59万户农户领到了由县级市（区）人民政府签发的土地承包经营权证书；共签订近40万份土地流转协议，确认流转土地76.2万亩，农民获得土地流转补偿费1 323.59万元，从而从根本上解决了随意侵占农民土地、剥夺农民利益等土地承包中出现的问题。[1]“二轮承包”后，苏州市委在1999年和2000年分别下发了《关于土地流转管理的意见》和《补充意见》，对加强土地流转的规范管理提出了具体的操作办法和工作要求。自2002年起苏州全面贯彻实施《中华人民共和国农村土地承包法》。从此，农村家庭联产承包责任制和土地流转进入了法制化管理的新阶段，以家庭联产承包责任制为主的统分结合的双层经营体制作为农村的一项基本经济制度在苏州长期稳定下来。

第三，规范涉农收费制度和减轻农民负担。1993年以来，苏州按照中央的要求和部署，对涉及农民负担的各种上缴、收费、出劳、集资项目进行多次认真清理整顿、自查自纠，改进和规范农民负担监督管理工作，逐步推行农民负担预算制度，对村提留和乡（镇）统筹使用资金实行总量控制、定项限额，严禁搭车收费，并依托集体经济的雄厚实力，不断减少原来由农民出钱、出工的项目，农民负担逐年下降。全市农民人均合同（农民土地承包经营合同）内负担占上年农民人均纯收入的比重，1991年为3.87%，1995年降到1.29%，人均负担额39.84元；中央和江苏省规定取消或暂缓执行的68项涉农收费、集资及基金项目已基本落实，对宣布取消的43个达标升级项目进行全面清理，由农民和乡镇企业出钱、出工、出物资助的各类达标活动有所遏制。[2] 1999年全市农民人均负担进一步下降，占上年人均纯收入的1.1%，大大低于国家规定的最高限额。同时开始改变长期以来乡村提留统筹都是按田、按人或按劳进行平均分摊的做法，稳步推行“公平负担”的改革政策，至1999年苏州市已有46.3%的村推行，昆山、张家港、常熟已全部推行。

2. 乡镇企业的转制改革

按照建立现代企业制度的要求，着重改变乡镇企业的管理体制和运行方式，建立起符合社会主义市场经济体制要求的新体制、新机制。“八五”时期主要是推进转制改革，具体进行了4种形式的改制转制。一是实行多种形式的

---

[1] 苏农工：《全市农村土地续包发证基本结束》，《苏州日报》，1998年12月1日。

[2] 王晓宏：《我市农民的“包袱”越来越轻》，《苏州日报》，1996年7月27日。

股份合作制。共有 1 800 多家企业分别实行了增量折股型、存量转换型、公私合股型、个体合伙型的股份合作制，其中还组建了 133 家规范化的股份有限责任公司。二是由原经营者实行风险抵押承包。推行企业 1 700 多家，收取抵押金超亿元。三是对集体退出的企业进行租赁和拍卖。其中实行租赁经营的 4 000 多家，拍卖近 1 000 家。四是以集体控股的骨干企业为龙头组织企业集团。共组建企业集团 300 多个，其中省级集团占一半（153 家），1995 年有 56 家被农业部认定为全国乡镇企业集团。经过两年的大力转制，全市乡镇企业的所有制结构和集体所有制实现形式开始发生重大变化，使乡镇工业在各种挑战和多重困难中仍然保持了一定的发展。1995 年与 1993 年相比，苏州市乡镇工业企业减少 2 664 家，职工人数减少 15 余万人，而工业产值却增长 51. 4%。“九五”时期重点进行了产权制度改革。1995 年 10 月，苏州市委、市政府制定《关于深化乡镇企业改革的意见》，要求各地着重推进产权制度改革，探索集体经济的最佳实现形式，扶持民营经济加快发展，全面构建苏州乡镇工业的新机制新体制。1996 年 8 月，苏州市委、市政府从市和县两级机关中抽调 400 多名干部，分赴全市 162 个乡（镇），为期半年，调研并指导乡镇企业改革工作。按照“分类指导、积极稳妥、先易后难、从小到大、逐步推进”的原则，对不同企业采用不同的企业组织形式和所有制形式来推进改革。各级各部门严格把好资产评估、产权界定、招标竞争、证照变更、审查验收 5 个关键环节，实行透明、规范操作。到当年年底全市 14 368 家镇、村办企业中，涉及产权制度改革的 2 608 家，其中组建股份有限公司 7 家、股份合作制企业 855 家、租股结合企业 258 家、被兼并企业 239 家、被拍卖转让企业 729 家；转换企业经营机制的企业 10 376 家；实行改制或转制的两大类企业占全市乡镇企业总数的 80% 左右。[1] 自 1997 年起，苏州市各地以中共十五大精神为指针，进一步加大以股份制和股份合作制为主要形式的乡镇企业产权制度改革，同时部署实施大中型乡镇企业的产权制度改革，截至 1998 年年底全市有 11 301 家乡镇企业进行了各种形式的产权制度改革，改制企业的资产总额为 435. 4 亿元，分别占乡村内资企业总数的 81. 6%、资产总额的 64. 6%；大中型企业的产权制度改革取得重大突破，实施改制的企业有 188 家、资产总额 138. 9 亿元，分别占企业总数的 53%、资产总数的 42. 5%。同时重点抓好集体资产拍卖转让金、租赁抵押

[1] 苏州市经济贸易委员会、苏州市乡镇企业管理局、中共苏州市委党史工作办公室：《苏州乡镇工业》，中共党史出版社 2008 年版，第 12-13 页。

金、有偿使用费等各项资金的清理回收工作，资金回收到账率达 77.3%；抓好企业变更登记等后续工作，1999 年上半年工商部门对所有改制企业按新组建企业的性质重新变更工商登记；抓好推进法人治理结构的规范运作，改制后由集体控股的 985 家企业已全面建立“三会”（董事会、监事会、股东大会）制度，集体参股但不控股的 4 305 家企业也大多由集体经济组织向企业派驻了董事和监事。1999 年苏州市主攻大中型乡镇企业的产权制度改革，到年底共有 338 家企业实施了改制，涉及资产 231 亿元，占比分别上升至 83%和 66.8%，其中改制为股份有限责任公司和有限责任公司 129 家、股份合作制企业 108 家、租卖企业 58 家、破产企业 10 家、兼并企业 3 家。2000 年 6 月，苏州市委、市政府做出国有（集体）资本从一般性竞争领域和中小企业全面退出的决策，在全市乡镇企业中部署开展以“一转、二变、三提高、四促进”为主要内容的“二次改革”，即股份合作制企业向公司制转变；租股结合、租赁经营企业，变租为股，变租为售；提高企业股权的集中程度，提高经营者、经营层的持股比例，提高非集体股份比重；促进政企分开，促进集体资产保值增值，促进企业法人治理结构完善，促进社会保障体系的建立。重点是将近 1 000 家集体控股或参股比重较大的股份合作制企业进一步改制为股份有限公司或有限责任公司，将租赁型企业全部改制为股份制企业或直接进行出售。截至同年年底，历时近 5 年的乡镇企业产权制度改革工作基本结束，先后共有 15 171 家企业实施了产权制度改革，未改制企业仅剩 307 家。2001 年又进行扫尾工作，对 100 余家进行了改制。苏州乡镇工业发展新体制、新格局基本形成。经过全面改制，苏州乡镇企业形成了投资主体多元化、集体资产实现形式多样化、企业组织形式多层化的崭新格局。从所有制结构看，从乡（镇）、村两级集体企业一枝独秀，演变成镇村集体企业、“三资”企业、个体私营企业鼎足而立。2000 年年底全市乡镇企业 440 亿元实收资本中，乡（镇）、村两级集体资本金占比已下降至 22%，个人和社会法人占 38.4%，外商占 39.6%；当年实现的经济总量中，镇村集体控股及参股企业占 35%，“三资”企业占 29%，个体私营企业占 36%。从集体资产收益结构来看，改制后全市乡（镇）、村两级所拥有的 173 亿元集体净资产，52%作为集体股权投入企业，取得投资分红收益，34%以资产租赁形式从企业获得出租收入，其余 14%则作为工业以外的其他领域直接经营、投资入股、出租而取得收益，从而创新了集体经济的发展方式，丰富了集体经济的内涵。从政企关系来看，政府以行政推动为主转变为以政策调节为主，从直接投资、直接参与企业经营决策转变到营造环境、依法监督、强化服务上来，建立起了一种全新的政企关系。这些都表明，苏州乡镇工业的体制机制已经实现了历史性的变革，“乡镇企业”这一概念的内涵也发生了根本的变化，即由以往的“乡村集体办企业”转变为“办在乡村的企业”。经过改制，乡镇企业新的投资主体、责任主体内在发展动力强劲，推动了苏州乡镇工业再上新台阶、再创新辉煌。2000 年，苏州市乡镇工业实现总产值 1 919 亿元、工业增加值 419 亿元、利税总额 115 亿元，分别占全市工业总量的53%、53%和 43. 3%；苏州市乡镇企业户数超 2 万家，达 23 929 家，其中个体、私营企业发展到 17 891 家；乡镇企业职工人数再度突破百万，达 104. 29 万人。这标志着苏州乡镇企业改革改制效益开始显现。[1]

3. 国有集体企业改革步步推进

20 世纪 90 年代，苏州市各级紧紧围绕搞活企业这一中心环节，坚持一手抓发展一手抓改革、以改革促发展的方针，从政府、主管局（公司）、企业三个层面同时着手，经过组织试点、全面推行、开展攻坚等不同阶段，不断推进和逐步深化市、县两级国有集体企业的改革，促进国有集体企业增强活力、摆脱困境、创新体制、完善机制，不断开创新局面。

第一，企业改革的多样化探索和不断深化。1992 年 6 月，国务院制发《全民所有制工业企业转换经营机制条例》（以下简称《条例》），9 月，中共中央、国务院就贯彻执行《条例》发出通知；10 月召开的中共十四大提出，要转换国有企业特别是大中型企业的经营机制，把企业推向市场，增强它们的活力，提高它们的素质。由此吹响了国有企业改革的进军号。是年 9 月苏州市决定全市所有国有、大集体工业企业和市区国营、合作商业企业推行放开经营，政府对企业只管“三个一”，即一个领导班子、一个承包合同、一个工效挂钩；同时决定国有集体工业企业的规范化股份制改制试点扩大到 32 家，对 100 多家小型商业企业进行经营权有偿转让试点。1993 年，围绕转换企业经营机制，全市积极推行“六条船”改革措施，即将国有集体企业改制为股份制企业、嫁接型“三资”企业、模拟“三资”企业、承包租赁企业、公有民营企业、双层经营企业，并以股份制改造为重点。1994 年，企业多种形式改制继续推进。苏州市规范化股份制企业新批 331 家，累计 405 家（市区 173 家），股份总额达 45 亿元（市区 24. 28 亿元）；股份合作制企业累计 1 219 家，股本总额达 36 亿元。

---

[1] 苏州市经济贸易委员会、苏州市乡镇企业管理局、中共苏州市委党史工作办公室：《苏州乡镇工业》，中共党史出版社 2008 年版，第 61 页。

对“微、小、亏”企业实行“包、租、转、卖”等多种方式转换经营机制，全市累计共有民营企业745家、租赁企业3 337家、风险抵押承包企业1 502家、拍卖企业298家、破产企业12家。1995年，苏州市委、市政府组织重点推进以建立现代企业制度为目标的国有、集体企业改革，要求通过3~5年的努力，在全市基本建立现代企业制度，构筑“产权明晰、权责明确、政企分开、管理科学、资产流动合理”的新的运行机制。江苏苏钢集团有限公司（以下简称“苏钢”）等14家省级改革试点单位和江苏长城电器集团股份有限公司、苏州人民商场股份有限公司等18家市级改革试点单位按照要求实行了规范的公司制改革；其余800家县属以上企业结合推行和完善股份制、股份合作制、承包制等改革，进一步转换经营机制，实现企业制度创新。1996年11月起，按照中央关于“抓大放小”的部署，加快中小企业的改革步伐，截至翌年年底全市80%的中小企业进行了改组、兼并、租赁、出售等多种形式的改制、转制，有40家企业实施破产。1997年9月，中共十五大将调整和完善所有制结构列为经济体制改革的重大任务，明确提出：要着眼于搞好整个国有经济，抓好大的，放活小的，对国有企业实施战略性改组。苏州市委、市政府及时做出把国有、集体企业改革全面推向深层次的产权制度改革的重大部署。1998年6月和8月，苏州市政府先后制定了《苏州市国有大中型企业三年改革与脱困工作意见》《关于加快我市中小企业改制的若干意见》，市各控股（集团）公司和各县（市）对国有、集体企业的产权制度改革逐步展开。至1999年9月，苏州市145家国有大中型企业中整体改制面达38.6%，国有和城镇集体中小企业改制面达51%。1999年9月，中共十五届四中全会做出《中共中央关于国有企业改革和发展若干重大问题的决定》（以下简称《决定》），提出：推进国有企业改革和发展是一项重要而紧迫的任务，要从战略上调整国有经济布局，推进国有企业改组。苏州市委、市政府根据中央《决定》的精神，决定加大国有、集体企业产权制度改革的力度。截至2000年年底，苏州市140多家国有及国有控股大中型工业企业整体改制面实现了江苏省政府确定的80%的目标，达83%；县属以上463家工业企业实施产权制度改革的有393家；市属工业有17家企业在原有基础上进行了整体改制，还有20家企业的国有集体资本全部退出；市属15个非工业系统的358家独立核算企业涉及产权制度改革的占49.4%，粮食、蔬菜、供销系统的企业改制面超过90%。

第二，推进资本运作和企业上市。截至2000年年底，苏州共有8家上市公司（“苏三山”于1998年9月起股票被停牌），公司总股本18.2亿元，总市值

285 亿元，共向社会公众募集资金 20.3 亿元。

第三，推行国有（集体）资产委托经营管理。到 1997 年苏州市已初步建立由苏州市国资委、控股（集团）公司、生产经营企业三个层次组成的国有（集体）资产经营管理新体制，走在了江苏省乃至全国的前列，1997 年 8 月被国家经济体制改革委员会确认为国有资本营运体制改革试点城市。截至 1997 年年底，苏州市区 22 家控股（集团）公司授权（委托）经营的总资产达 270 亿元，占市属企业总资产的 72.5%。授权后的各资产控股（集团）公司重点做好了“盘活存量”和“资产重组”等工作，截至 1997 年年底累计盘活存量、优化重组资产 24 亿元；同时切实转变管理职能，逐步减少对子企业具体生产经营活动的干预，努力形成投资中心、利润中心、成本中心的管理格局。1998 年以后，市属国有（集体）资产授权（委托）经营工作进一步规范和完善，部分集团公司资产重组、增量投入成效显著。截至 2000 年年底，23 家市级资产授权公司（新增苏州恒河投资开发管理公司 1 家）的资产总额 262.42 亿元，净资产 75.22 亿元，实现利润 2.46 亿元；各市（县）、区共对 55 家重点企业进行了国有（集体）资产授权经营，授权总资产 143 亿元、净资产 45.6 亿元，授权经营面达 44%。2001 年 6 月，苏州市委、市政府发出《关于加快发展我市私营个体经济的实施意见》，为私营个体经济的发展进一步扫清障碍。截至 2002 年年底，私营企业发展到 5.92 万家，从业人员达 70.97 万人，分别比上年增长 39%、45.6%；个体工商户 18.88 万户，从业者达 29.09 万人，分别比上年增长 11.8%、7.9%。[1]

4. 综合配套改革全面展开

综合配套改革的内容相当多，主要涉及社会保障制度改革、城镇住房制度改革、土地有偿使用制度改革、城区管理制度改革、所有制结构的调整完善五个方面。

第一，在建立与完善社会保障体系方面，包括以下具体内容：一是职工社会养老保险制度不断完善。自 1996 年起实行社会统筹和个人账户相结合的新制度，为每位职工建立基本养老保险个人账户。自 1997 年起实行离退休职工养老金社会化发放，由苏州市社保经办机构直接委托银行发放，不再经由原单位发放。至 1999 年，除国家机关、社会团体、全额拨款事业单位工作人员外，职工养老保险统筹基本实现全覆盖。二是社会统筹医疗保险制度初步建立。

[1] 苏州年鉴编纂委员会：《苏州年鉴（2003）》，苏州大学出版社 2003 年版，第 32 页。

1992年9月，苏州市经济体制改革委员会、苏州市总工会和中国太平洋保险公司联合出台实施全民、集体所有制职工大病住院医疗保险办法，缓解了参保单位职工大病治疗方面的突出矛盾。1996年苏州被列为全国医疗保障制度扩大试点城市，翌年4月苏州市社会医疗保险制度开始试运行，实行社会统筹基金和个人账户分开运行、分别管理的操作办法。2000年11月，苏州形成基本医疗保险、大额医疗费用社会共济和补充医疗保险三位一体的医疗保障体系。三是工伤保险制度全面建立。1994年，常熟市在苏州率先实施工伤保险制度。1997年《苏州市职工工伤保险暂行办法》出台，苏州市区单位按社保缴费基数的1%缴纳工伤保险费，建立工伤保险基金。自2001年起苏州市全面实施工伤保险制度。四是失业保险制度不断完善。1992年，苏州市职工待业保险范围从国有、集体企事业单位和外资企业扩大到私营企业，待业保险基金仍由参保单位缴纳。鉴于企业调整改革、失业人员逐步增多，自1998年起实行个人缴费（1%）制度，失业保险待遇与职工累计缴费年限和金额挂钩，并设定最低和最高标准。五是生育保险实行社会统筹。1989年开始实施的女职工生育保险费用由男、女双方单位各自负担一半的办法到1994年发生变化，苏州市制定了生育保险社会统筹的新办法，在常熟市开始试行，1997年在苏州市推行，市区、各县建立生育保险基金。在农民医疗保障方面，1994年吴县率先实施以县统筹的农村大病风险医疗制度，随后在苏州市得到推广；1995年苏州市政府颁发《苏州市农村合作医疗管理办法》，促进全市农村合作医疗的稳定推行，对农民的保障补偿水平也有了较大提高；2000年苏州市农村以村为单位的合作医疗覆盖面达95%以上，大病风险型合作医疗人口覆盖率达80%以上，年兑现保障费用达5 000多万元。

第二，在推进城镇职工住房制度改革方面，1992年7月在苏州市区率先启动住房制度改革，优先推行的是职工住房公积金制度，职工个人和单位各缴存工资总额的5%，之后逐步提高到各10%，职工购房时可按缴存额提取住房公积金；1993年4月起开展住房公积金个人住房贷款业务。1995年7月，苏州市区深化住房制度改革方案出台实施，市区公有住房（包括房管部门直管公房和单位自管公房）均可向职工优惠出售，每个职工家庭可购买1套（处）自住房，并可分期付款，职工购买的住房5年后可依法进入房地产市场交易。1998年12月，苏州市区进一步深化住房制度改革方案出台实施，核心是停止实物分配、实行货币分房，1998年12月1日之前参加工作的无房户和住房未达标户，有条件的单位在其购买新住房时给予一次性购房补贴和工龄补贴；之后参加工作的新职工，在单位按规定为其缴纳住房公积金的同时，实行住房补贴纳入工资的制度，补贴比例为本人工资的13%。到2000年年末苏州市区住房公积金缴存率达98%，累计归集住房公积金17.51亿元，余额11.98亿元，累计发放公积金贷款2.16万户、8.73亿元；累计出售公有住房12.15万套、建筑面积742.58万平方米，占可售房的90%；房改房上市交易累计4 552套，出售后重新购买的住房3 254套，平均每套增加建筑面积35平方米，增加投资11万元，拉动了住房消费。

第三，在推行土地有偿使用制度改革方面，苏州各级各部门贯彻落实《中华人民共和国土地管理法》，国有土地的有偿出让1992年出现了四个突破：一是从县市向市区推进；二是从单纯工业用地批租向商业、旅游、住宅开发用地突破；三是出让地位置从开发区扩大到其他城镇建设区；四是受让者由境外企业公司向国内开发商甚至个人投资者开放。当年全市共出让城镇国有土地使用权211幅，总面积达2 573万平方米，其中市区15幅，出让面积近30万平方米；出让面积中，工业项目用地占50%，商业、旅游业用地占20%，住宅开发项目用地占30%。更为重要的是，这些改革措施使得苏州的开发建设模式实现了由过去的“筑巢引凤”向“引凤筑巢”的历史性转变，全市各开发区的资金来源绝大部分来自土地出让收入，苏州旧城改造的资金也一改捉襟见肘的困难处境。1994年3月苏州市政府颁布实施《苏州市国有土地使用权出让和转让暂行办法》，推动出让制度法规化。农村集体所有土地的有偿使用，自1990年起苏州试行农村非农业建设用地有偿使用，农民建房用地使用收费上，规定标准为三口之家一户250平方米，土地使用费每年约15元，超过标准的最高收费为每平方米每年8元；使用费的使用和管理实行“村有乡管”的方法。针对乡镇企业改制中企业使用的土地连同厂房等一起出售、转让、租赁等流转的普遍情况，1996年9月苏州市制定《苏州市农村集体存量建设用地使用权流转管理暂行办法》，规定对农村集体存量建设用地第一次流转时流转方必须向政府缴纳流转收益的30%，再次流转时须向政府缴纳土地流转增值费；土地流转收益实行市、县、乡政府三级分成，增值费实行县、乡两级分成，专项存储，主要用于土地资源的保护和开发。

第四，在深化城区经济建设和管理体制改革方面，1992年8月，苏州市委、市政府部署加快城区经济发展和城市建设的步伐，提出：自1993年起用3年时间，城区三业（工业、商业、劳务业）总值在1992年基础上翻一番，达50亿~55亿元，国民生产总值达7亿~8亿元，每个街道的年利润超过100万元，其中1/3的街道超过300万元，1/4的街道三业总值超过1亿元；城区建设也要跨出新的一步，城市面貌要有大的改观。1995年年初，苏州市委、市政府进一步要求各城区继续以经济建设为中心，大力加强社区服务工作，由此促进城区经济的发展和各方面工作取得明显成效。1995年，平江、沧浪、金阊3个古城区（2012年合并设立姑苏区）的工业、商业、劳务业的三业总值达82.3亿元，超过3年奋斗目标的50%以上；财政收入8 503万元，比1992年增长51.5%。1996年3月，苏州市委、市政府制发《苏州市市、区实行两级政府、两级管理的总体方案》，明确了市、区两级政府各自的职责，强化城区政府在加强城市管理、参与城市建设、发展城区经济、搞好社区服务、加强基层政权建设五个方面的功能，尤其是对城区在加强城市管理、参与城市建设等方面的职能进行了较大幅度的调整和充实。各城区全面贯彻落实这一改革方案，着重逐步调整经济发展的结构和思路：一是由以区、街道直接投资经营企业为主，转变为以吸引外来投资和民间投资为主；二是由以发展工业为主，转变为以发展为城市生产、生活服务的第三产业为主。截至1997年年底，工业企业数由1995年的237家减少为179家，工业产值由7.12亿元减少为5.46亿元；而第三产业呈现出加速发展态势，到1998年第三产业增加值已占到3个城区国内生产总值的80%以上，第三产业入库税收已占到财政收入的90%以上。各城区制定扶持优惠政策，促进内资、个体私营经济发展，1998年个体私营企业和外地来苏投资企业上缴税收已占到城区财政收入的45%，逐步实现了由区街投资拉动型经济向“税源经济”的转变。1999年3个城区共实现财政收入2.8亿元，为1995年的3.3倍。随着城区经济实力日益壮大，1997年苏州市委、市政府部署增强城区的社区服务功能，制定了到2000年的发展规划和扶持政策，并开展社区服务达标活动，城区形成了区、街道、居委会的三级社区服务网络，加快发展了老年公寓、专业市场、商业网点、中介服务公司、物业管理公司等一批社区服务基地和载体，社区服务的产业化程度有所提升。

第五，在发展非公经济、促进所有制结构调整方面，深化改革使“九五”时期私营个体经济呈现出蓬勃发展的良好态势，表现出四个显著特点：一是产业数量明显增加，产业构成和经营方式均随之发生变化。从产业数量来看，截至1993年年底苏州市个体工商户发展至101 053家、私营企业达1 133家、注册资金5.3亿元，分别比1991年增加13 789家、865家和2.54亿元；从产业构成来看，第二产业占13.1%，第三产业占79.2%。截至1995年年底苏州市私营企业进一步达4 143家，户均注册资金从1991年的9.7万元扩大至37万元，在生产经营上开始向规模型、集团型、外向型方向发展。二是规模层次不断提高。私企投资和产出规模迅速扩大，两年苏州市私营个体完成投资额116.31亿元，占全社会投资总额的5.2%；2000年苏州市私企户均注册资本达71.2万元，又比“八五”末提高92.4%，已有注册资本超千万元的私企32户；共有年销售收入500万元以上规模型私营工业企业477家，占全市规模以上工业企业总数的15.3%；1999年私营个体经济实现社会商品零售额141.4亿元，占全市总量的44.8%。私企的品牌经营意识也不断增强。1999年苏州民营企业首创“波司登”和“好孩子”两个“中国驰名商标”；截至2000年年末苏州市私营企业累计注册商标2 149件，占全市总数的1/7。三是涉足行业领域不断拓宽。在制造业私企继续加速发展的同时，从事园艺花卉、畜禽养殖、电脑网络、科技开发、旅游服务、餐饮娱乐等第一产业和新兴服务领域的企业不断增多；截至2000年年底苏州市已有500余家私营企业进入电子商务网络、信息咨询、生物工程等现代科技企业行列，700多家被各级认定为科技型企业，其中45家获省级以上高新技术企业证书。四是参与国际合作和竞争意识增强。截至1999年年底苏州市已有117家私营企业与外商合资创办企业，私营企业认缴资本6 372万美元、利用外资8 263万美元；1999年10月经外经贸部批准，昆山建达制衣服装公司在柬埔寨创办远东纺织品有限公司，是苏州私营企业创办的第一家海外生产性企业；截至2000年年底苏州市先后有11家私营企业获得了自营进出口权。五是私营个体经济的社会效益日益显著。截至2000年年底苏州市私营企业从业人员34.66万人，个体经营从业人员23.21万人，两者合计占全市非农产业从业人员总数的23.3%，已经成为劳动者就业和职工下岗再就业的重要渠道；同时私营个体经济上缴的税收日益增多，对地方和国家的贡献不断加大。截至2000年年底苏州市共有私营企业3.1万户，注册资金175.14亿元，首次跃居江苏省第一位；有个体经营户14.87万户，注册资金32.38亿元。

20世纪90年代，在外商投资企业大举发展、国有集体企业转制改制大举推进、私营经济大举迈步三重因素的共同作用下，苏州经济的所有制结构发生历史性的变革。1992年后外资企业的资本在全部资本构成中的比重迅速提高，1998年后民营资本在全部资本构成中逐渐提升，中华人民共和国成立后几十年中形成的国有集体经济“一统天下、一家独大”的局面被彻底打破。截至2001年年末，苏州市企业法人单位的全部资本构成中，国有企业资本占16.6%、集体企业资本占11.5%、公司法人资本占10.8%、个体私营企业资本占15.1%、外资企业资本占46.3%，各类非公有制企业资本的比例合计超过六成，在工业、商业等一般竞争性领域非公有制经济所占比重还要更高些。

二、率先实现基本现代化任务的提出

1992年10月召开的中共十四大，按照邓小平南方谈话提出的战略新构想，就我国20世纪90年代提前实现翻两番做出了新部署，明确要求沿海地区要比全国提前30多年率先基本实现现代化。根据中央和省委的部署，1992年12月召开的苏州市委七届九次全体（扩大）会议首次正式提出了到20世纪末“把苏州建成基本现代化的地区”的目标。这意味着，苏州要比中共十四大提出的沿海地区到2012年左右率先基本实现现代化的目标还要提前12年时间，体现了苏州勇于承担江苏省、全国发展大局的责任和争当发展排头兵的决心。

据此，苏州市在原“八五”计划的基础上，进一步研究和梳理了20世纪90年代工作思路和发展目标，突出呼应上海浦东开发开放这一主线，形成了《苏州市实施方案》（以下简称《方案》），确定20世纪90年代苏州经济发展的战略目标是：把苏州建设成为以高新技术为导向，以外向型经济为龙头，以电子信息、机电一体、医药化工、轻纺丝绸现代工业为主体，以高产、优质、高效农业为基础，以发达的第三产业为支柱的国际化的区域经济中心和旅游度假胜地，形成多层次、网络状、开放型、具有江南水乡特色的现代化城市群体。《方案》首次提出要在全市实施“四沿”发展战略，优化生产力布局，即沿苏沪交通线为中轴的高新技术产业带，重点建设苏州新区，由点向线扩展，由线向面扩散，积极培育和加快发展高科技产业，用高新技术改造和优化传统产业，成为引进、吸收、消化国际先进技术的核心地区；沿江基础工业、商贸出口综合产业带，在太仓浏河—七丫口地段紧邻上海宝钢的有利区位建设港口，布置大型基础原材料工业，开辟大型开发区，同时加快张家港保税区建设，抓紧建设张家港港口二期工程，开发建设常熟浒浦港，充分利用岸线资源丰富的优势，以港兴城，布局运输量大、耗水量多的重型工业，尽快形成石化、电力、钢铁等重化工业为主的产业群；沿沪外向型经济出口加工产业带，大规模吸收利用外资，大力开办“三资”企业，发展高档次、高效益、高创汇的外销产品为主的加工工业，重点办好昆山经济技术开发区及其他开发区，坚持自费开发，由小到大，带动附近乡镇工业小区的开发；沿湖风景旅游度假区，重点把太湖度假区建成富有现代气息的“东方游乐天堂”，成为苏州旅游事业发展的新的生长点。

自 1992 年起苏州经济呈现“跳跃式”的超常规发展局面，仅用 2 年时间就实现了国民生产总值翻一番，提前 2 年完成了原定 1995 年全市国民生产总值达 450 亿元的目标。1994 年 10 月召开的中共苏州市第八次代表大会全面总结过去 5 年全市进行现代化建设的具体实践和基本经验，确定到 20 世纪末苏州基本实现现代化在经济社会发展的主要目标和任务是：率先建立社会主义市场经济的新的管理体制和新的运行机制，经济运行和经济管理基本同国际接轨；工业、农业基本实现现代化，城乡居民有较丰富的物质生活；经济保持较快速度发展，国民生产总值达到 1 500 亿元以上，人均 2. 5 万元左右；经济素质实现整体优化，第一、二、三产业在更高层次上协调发展，科技进步对经济发展的贡献份额在现有基础上再提高 5%～10%；经济外向化程度进一步提高，进出口贸易额占全市国民生产总值的比重达 40%以上；基础设施和市政公用设施基本配套，基本适应经济、社会发展和人民生活需要。

1995 年年底，苏州市委八届四次全会议讨论通过了《中共苏州市委关于制定苏州市国民经济和社会发展“九五”计划暨基本现代化总体规划的建议》（以下简称《建议》），市政府根据《建议》组织制定了《苏州市国民经济和社会发展“九五”计划暨基本现代化总体规划纲要》（以下简称《规划纲要》），次年经苏州市人民代表大会审议批准。《规划纲要》关于苏州市到 2000 年实现基本现代化的总体目标的表述，在苏州市第八次党代会报告的基础上又增加了要把苏州建设成为“三个中心”的概念，即成为区域性的加工制造业中心、商品物资集散中心和旅游度假中心。《规划纲要》还参考国内外研究机构关于现代化的研究成果，首次拟制了苏州市实现基本现代化规划指标体系，包括经济综合实力、经济综合效益、生活质量、人口素质、环境质量 5 个方面在内的 26 项具体指标，使基本现代化成为兼顾经济总量与质量、总量与人均、经济和社会发展水平、环境与人民生活质量、城市与农村的可量化、可考核的科学系统，成为人民可切身感受和体验的具象化成果，也成为各级各部门为之努力奋斗的具体目标任务。《规划纲要》还将 2000 年苏州市实现国内生产总值的指标，由苏州市第八次党代会提出的 1 500 亿元调整为 1 800 亿元，人均国内生产总值也由 2. 5 万元调高到 3 万元。

至此，苏州基本现代化的目标和任务基本确定。

三、开发区建设热潮的兴起

苏州地区的经济开发区建设是从20世纪80年代中期开始的，从20世纪90年代初起则在全市范围内掀起了开发区建设的热潮。

1. 昆山开发区建设

改革开放之初的几年，昆山因田多劳少、每年要向国家上缴2亿公斤商品粮，因而一度错失乡镇工业第一波大发展的机遇，经济发展尤其是工业发展明显地落到了苏州所辖6县（市）的后面，被称为“小六子”。1984年年初，昆山县委组织全县干部大讨论后做出大力发展工业的决定，此时上海城市工业开始向外释放能量，正在寻找新的出路，于是昆山县干部提出到上海找“靠山”。不久，昆山通过与上海的横向联合，14个500万元以上、有较高技术含量和市场竞争力的项目达成了合作意向。由于当时县城玉山镇镇区面积为4.2平方千米，居住了5万多人，已经很拥挤，原有工厂已经影响了居民生活，不可能再建新工厂。最初曾设想将上海来的企业引导到乡镇去，但条件不成熟。经过反复酝酿、论证，作为著名的阳澄湖大闸蟹主产地的昆山决定“第一个吃螃蟹”，于1984年7月经县委决策、8月由县人民代表大会常务委员会审议通过，决定在玉山镇的东南侧开辟一个工业新区（当初名为玉山新区）。这比国务院批准建立的全国第一个（除特区之外）开发区——大连经济技术开发区的时间还要早一个多月。翌年1月，昆山工业新区建设正式开工，由此成为全省第一个启动的以招商引资、发展现代工业和外向型经济为目标的开发区，比江苏省内国家批准的南通、连云港两个开发区要早半年多。

昆山工业新区建设之初，没有国家给的名分，更没有国家给的资金和政策优惠，属于县级自费开发区。昆山借鉴沿海城市开发区的经验教训，从当地实际出发，发扬自力更生、艰苦奋斗、勇于创新、锐意进取的精神，走出了一条投资少、速度快、效益好、自费开发的成功之路。在开发方针上，坚持“富规划，穷开发”，着眼长远，面向现代化，整个开发区一次性总体规划好，力求设计新、功能全、配套全、标准高；开发中，勤俭节约，艰苦创业，少花钱、多办事，先搞1平方千米启动区，土地按项目需要随用随征，不搞超前征收，不闲置抛荒。在开发模式上，采取“依托老城、开发新区”的策略，注重利用好老城区的各种资源和优势，推动工业新区开发建设。在开发步骤上，实行“滚动发展，逐步延伸”，在服从总体规划的前提下，按照“三先三后”（先生产后生活，先外后内，先上马后完善）的顺序，突出重点，逐步推进，开发一片，成功一片。1986 年 10 月昆山工业新区规划面积由 3.75 平方千米扩大到 6.18 平方千米。在开发目标上，实行“三个为主，一个致力，四个一起上”，就是资金以引进为主，项目以工业为主，产品以出口为主，致力于发展高新技术，内联企业、中外合资企业、外商独资企业同时并举，一起发展。初创阶段昆山工业新区还明确提出：“外商投资我服务，外商发财我发展”，“硬件不足软件补，政策不足服务补”，讲究办事节奏快、工作效率高、服务态度好，做到“三个一”，即一站式管理、一条龙服务、重要项目一个人跟踪服务到底。为此，昆山工业新区首创了联合办公制度，对项目审批、土地征用、工程建设、水电供应、职工招聘、工商登记、银行开户等实行一条龙服务，深受投资者的欢迎，也成功地吸引了许多项目。

经过 3 年的开发建设，到 1987 年昆山工业新区共投入资金 1 200 万元用于基础设施建设，基本达到“五通一平”要求，平均每平方千米开发成本 322 万元，不到“国批”开发区的 1/10；从 1985 年 2 月区内第一家中外合资企业苏旺你公司竣工投产，到 10 月区内第一家内联企业上海电视机厂昆山分厂投产，再到第一家军工企业 897 厂与昆山联营的万平电子实业公司落户，区内先后建起了 17 家企业，其中中外合资企业 4 家；1987 年完成工业总产值 3.1 亿元，外贸出口 834 万美元，实现利税 1 528 万元，财政收入 350 万元。[1]

1988 年 6 月，昆山工业新区更名为昆山经济技术开发区，开发建设的力度进一步加大，并又有一些创新和突破，第一家外商独资企业、第一家欧美投资企业、第一家台资企业在半年内相继进区，六丰机械、沪士电子等一批合同外资 1 000 万美元以上的大项目也相继进区，并成为上海产品的扩散地、“三线”军工企业的聚集地。几年时间里，贵阳风华冰箱厂、四川红岩汽车厂、陕西汉江机床厂、贵阳虹山轴承厂、江西景华电子器件厂等“三线”企业先后落户，有的还在区内与外商合资合作，成为吸纳外资的重要载体。1988 年 8 月，江苏省政府批准昆山经济技术开发区率先进行土地使用制度改革和以地招商试点。翌年 4 月，昆山县与中外合资申大公司正式签约出让开发区内的 1 公顷国有土地的使用权，期限 50 年，用途为工业用地，每平方米出让价 100 元，开创了全国县级城市工业用地有偿出让的先例。此举不仅缓解了昆山经济技术开发区建

---

[1] 顾厚德：《“昆山之路”的由来》，昆山市政协学习与文史委员会：《昆山文史》第 20 辑，2008 年，第 16 页。

设资金不足的困难，而且因其政策透明、制度规范，对投资者产生了巨大的吸引力。1991 年 5 月国务院批转《昆山市土地管理情况调查报告》，要求全国各地研究推广昆山市有偿出让国有土地、搞好土地资源开发利用和保护管理方面的经验。

昆山经济技术开发区的建设成效日益显著，1989 年昆山经济技术开发区工业产值名列全国开发区第三位，1990 年昆山市人均国民收入名列全省第一位。到 1992 年年底，昆山经济技术开发区累计投入建设资金 2.5 亿元，形成了“七通一平”的基础设施和一应俱全的配套服务设施；累计建办中外企业 133 家，其中外商投资企业 106 家，合同利用外资金额 3.53 亿美元；区内企业累计完成工业产值 53 亿元，实现利税 2.8 亿元，出口创汇 2.3 亿美元。[1]

昆山自费开发区的崛起引起各方的高度关注。1988 年 7 月 22 日，《人民日报》在头版刊登《自费开发——记昆山经济技术开发区》的长篇通讯，并发表《“昆山之路”三评》的评论员文章，赞扬昆山经济技术开发区发扬自力更生、艰苦奋斗精神，不要国家一分钱，靠内部挖潜，靠量力而行，靠精打细算，靠因陋就简，走出了一条“富规划，穷开发”的“昆山之路”。“昆山之路”由此而来，内涵不断丰富，主要包括：艰苦创业、敢为人先，先人一步、快人一拍，勇于创新、争先创优，敢争第一、勇闯唯一。[2]

1991 年 1 月，江苏省政府发出《关于加快昆山开发区建设问题的通知》，确定昆山经济技术开发区为省重点开发区。1992 年 6 月，国务院负责人在长江三角洲及长江沿江地区经济发展战略规划座谈会上肯定了昆山自费建设开发区的做法，指出：各地按照昆山的办法“选择一些地方，进行自费开发，建立自己的开放城市或是经济开发区，发展到一定程度以后，国家进行验收，然后再戴帽”[3]。同年 8 月，国务院批准将昆山经济技术开发区列入国家开发区序列，开创了一个县级自费开发区进入国家级序列的先河，是苏州第一个获批的国家级开发区。

获“国批”后，昆山经济技术开发区在开发建设上出现了四个显著变化。

---

[1] 孟焕民：《崛起的热土——来自苏州各级开发区的报告》，上海科学普及出版社 1994 年版，第 68 页。

[2] 昆山市老区开发促进会：《昆山市革命老区发展史》，江苏人民出版社 2019 年版，第 117-119 页。

[3] 孟焕民、陈楚九：《第二次突破——苏州开发区建设实证研究》，人民出版社 2002 年版，第 23-24 页。

一是在建设方针上，既加大有偿出让国有土地使用权的力度，又鼓励外商进区建办独资企业和外方出资比例高的中外合资企业。二是在行业结构上，重点发展以引进外资为主、高新技术为主、出口创汇为主的机械、电子和高附加值的轻纺行业。三是在项目引进上，大力发展具有产业导向性和市场生命力的新兴工业和“三产”项目，坚决淘汰层次低、耗能大、污染重的项目。四是在规划布局上，突破自身区域的局限，把触角伸到全市，与 20 个乡（镇）经济小区融为一个互相衔接、内外呼应的统一体。

四个变化促进开发建设全面提速升级。截至 1993 年年底，昆山经济技术开发区投资 2 亿元用于基础设施建设，在新拓展的 14 平方千米区域内实现了“四通一平”，并建立了海关、商检等分支机构，创造了大规模招商引资的基本条件；区内新办外商投资企业 96 家，新增合同外资 4.13 亿美元，分别接近、超过了前 8 年的总和；区内投资额在 1 000 万美元以上的外资企业已有 27 家，其中 12 家超过 3 000 万美元，平均每家投资规模由 150 万美元扩大到 465 万美元，10 多个国际著名大企业、跨国公司纷纷进驻开发区；辐射到乡镇配套小区的项目有 50 多项，总投资为 1.5 亿美元；1993 年昆山经济技术开发区实现工业产值 30.1 亿元，利税 1.3 亿元，出口创汇 1.5 亿美元。[1] 1994 年、1995 年又每年投入基础设施建设资金 2 亿余元，使昆山经济技术开发区的经济和各项建设产生良好的连锁效应，成功吸引中国台湾地区捷安特和仁宝、日本禧玛诺、德国赫斯特、法国阿尔卡特、丹麦丹尼斯克、日本精工等 28 家世界跨国大企业进区投资兴办企业。据国务院特区办公室对全国 32 个国家级经济技术开发区 1995 年经济指标统计，昆山经济技术开发区累计引进外资、协议外资、实际利用外资、项目平均投资规模分别名列第六、第四、第五和第五位；实现工业生产总值、自营出口总额、国民生产总值分别名列第七、第六和第十位，进入全国开发区的领先行列。

自 1996 年起区内“三资”企业进入产出期，经济增长呈现出强劲势头，“三资”企业在全区经济总量中的占比大幅提高。1997 年 10 月，外经贸部和国家统计局首次发布全国产品销售额最大的 500 家外商投资企业，苏州共有 18 家上榜，昆山经济技术开发区的富士康、中讯电子、禧玛诺、捷安特 4 家名列其中。1998 年起实施“立足台资，面向欧美”的招商引资新策略，当年批办台

---

[1] 孟焕民：《崛起的热土——来自苏州各级开发区的报告》，上海科学普及出版社 1994 年版，第 69-71 页。

资企业 24 家、合同外资 2.24 亿美元，分别占新批项目和合同外资总额的 50.9%和 37%。是年，昆山经济技术开发区在全国 52 个国家级经济技术开发区中，国民生产总值为第五位，出口额为第三位，协议外资为第六位，外资实际到位为第四位。同时，为进一步完善投资环境，着手进行功能开发，谋划构建陆路口岸、出口加工区和留学人员创业园三大功能载体。1998 年，苏州市政府批准设立昆山经济技术开发区陆路二类口岸，使昆山经济技术开发区拥有了口岸功能，货物进出口不必再转关上海。1999 年昆山留学人员创业园建成投入使用，来自多个国家的留学人员在园内创办了 15 家企业，被人事部命名为全国首批"留学人员归国实验基地"。1997 年，昆山经济技术开发区向国家有关部门建议，借鉴台湾地区的经验在开发区内建立出口加工区，实行与保税区相类似的"境内关外"管理体制，以适应电子信息企业原材料、产品、技术装备"大进大出、快进快出"的需要。1998 年 4 月，在昆山经济技术开发区划出一块地方启动建设出口加工园，当年有 4 个项目进园。经积极向上争取，2000 年 4 月昆山经济技术开发区与苏州工业园区一起被国务院批准列入全国第一批 15 个出口加工区试点，10 月昆山出口加工区在全国 15 个区中率先封关运作，首期封关面积为 1.86 平方千米。昆山出口加工区的成功建立，赢得了开发区发展的极大的政策空间，优化了开发区的投资软环境，截至 2000 年年底进区企业总数达 16 家，投资总额 8.1 亿美元，总投资近 1 亿美元的广志电子生产出江苏省第一台液晶显示屏笔记本计算机，为昆山成为全国最大的笔记本计算机生产基地打响了第一炮。

截至 2000 年年底，昆山经济技术开发区累计投入基础设施建设资金 23.6 亿元，先后向外商出让土地 262 幅、868.4 万平方米，出让合同金额 13 亿元，到位 9.3 亿元；累计开工投产"三资"企业 328 家，引进合同外资 48 亿美元，实际利用外资 25 亿美元，其中世界 500 强企业 15 家（2000 年 6 月底数）；美国艾利等 10 多家外企研发机构先后进区；共批办台资企业 850 家，南亚塑胶、鸿海电子、仁宝电脑、统一食品等 13 家台湾百强企业和捷安特自行车、樱花卫厨等 19 家台湾知名上市公司投资昆山经济技术开发区，合同台资和实际到账台资占江苏全省的 1/4、全国的 1/10，成为继福建厦门、广东东莞之后第三大台商投资密集地区；电子信息类（IT、IC 产业）高科技项目集聚度不断提高，投资额在1 000 万美元以上的项目有 30 个，台湾前 8 家笔记本计算机制造厂商中已有 5 家落户昆山经济技术开发区，建成投产后年产量达 1 000 万台；昆山经济技术开发区实现国内生产总值82 亿元、工业销售收入 261 亿元、利税

23 亿元、出口创汇 15.8 亿美元、财政收入 8.9 亿元，分别占昆山全市的 40.83%、29.37%、64.79%、41.98%、44.21%，成为昆山经济的重要支柱和最大增长极。[1] 这一年外经贸部发布国家开发区投资环境综合评估情况通报，昆山经济技术开发区位列全国第五名，引起全国开发区系统的瞩目。

2. *旅游业发展进入新阶段的标志——苏州太湖国家旅游度假区*

1991 年 12 月，吴县县委将开发建设太湖旅游区列为重点议题，设想在太湖之滨开发建设一座集度假、游乐、休闲、美食于一体的滨湖旅游城和一条观光旅游带。1992 年春，国家有关部门意欲制订引进外资开发旅游业的新方略，吴县县委、县政府敏锐地感到这是个极好的机遇，立即着手制订建立太湖旅游度假区的方案，3 月底报到国家旅游局（今文化和旅游部），积极争取列入国家级的开发试点。5 月，国务院领导视察吴县太湖，充分肯定了对太湖旅游开发的初步规划和打算，并指出：今后我国第三产业的主要支柱将是发展旅游业，像太湖就应该很好地利用起来，在发展旅游业上做点文章，把人吸引来旅游。是年 10 月，国务院批准全国首批建设 8 个国家级旅游度假区，对其实行与国家经济技术开发区、高新技术开发区相似的各项优惠政策。江苏太湖国家旅游度假区名列其中，由苏州胥口度假中心和无锡马山度假中心两部分组成。苏州胥口度假中心，东起胥口镇，西靠渔洋山，南临太湖滨，北依香山、穹窿山，连接太湖中长沙、叶山、西山诸岛，规划面积 11.2 平方千米，控制面积 26 平方千米。1993 年 6 月，国务院发文同意将“江苏太湖国家旅游度假区苏州胥口度假中心”更名为“苏州太湖国家旅游度假区”，将“江苏太湖国家旅游度假区无锡马度山度假中心”更名为“无锡太湖国家旅游度假区”。

苏州太湖国家旅游度假区的批准设立和开发建设，使苏州的旅游业开始跳出古城狭小的空间和有限的资源，标志着苏州旅游业发展进入一个新阶段。自批准建区以后的一年多时间里，苏州太湖国家旅游度假区遵循“统一规划，分区启动，滚动发展，逐步建设”的原则，基础设施建设全面铺开，招商引资卓有成效，各类项目先后启动。全长 15.8 千米、自木渎镇西至苏州太湖国家旅游度假区渔洋山麓的旅游专线公路建成通车；苏州太湖国家旅游度假区第一个大型旅游项目——太湖明珠水上乐园开业，半年接待游客 20 万人次；墅里花园高档住宅、太湖山庄别墅、太湖中心（苏州太湖国家旅游度假区行政管理中

---

[1] 孟焕民、陈楚九：《第二次突破——苏州开发区建设实证研究》，人民出版社 2002 年版，第 40、43、83、89 页。

心办公楼）、度假酒店、水乡俱乐部、香橘别墅、卓运大厦、邮电大楼、海关大楼等项目相继开工；共批准出让土地 4 500 余亩，签订合作合资项目 52 个，总投资 5 亿多美元，开办“三资”企业 22 家，合同利用外资近 3 亿美元。1994 年，全国首家县办机场——苏州光福机场（属空军）吴县联航航班“北京—苏州”首航成功，不仅结束了苏州无民航的历史，而且使得苏州太湖国家旅游度假区有了十分便捷的航空港；由 3 座特大桥组成，全长 4 348 米，被称为中国内湖第一长桥的太湖大桥建成通车；苏州太湖国家旅游度假区实现销售额（包括营业收入）9 800 万元。1995 年建成开放了蒯鲁班公园、桥岛公园、芦苇憩园、方程式赛车场、豪华游轮太湖山水环岛游等一批新景点和游乐项目。

1996 年 7 月起调整完善苏州太湖国家旅游度假区总体规划和开发建设思路。先是进一步完善投资环境，至 2000 年累计投入基础设施建设资金 4. 04 亿元，完成 7 平方千米开发面积；再是逐步走上了借力开发、“引凤筑巢”之路，吸引中外客商进区开发，共同参与项目建设和经营。水上乐园转让给中青旅经营，吸引江苏省内外大企业开发建设太湖之星休闲度假中心、长沙岛宝岛花园酒店、叶山岛状元楼宾馆、鹰冠庄园、香山花园、海关总署外事培训中心等一大批旅游项目和设施，还吸引外商投资兴办了水星海事游艇俱乐部、渔洋公园滑道和观光缆车、贵都度假村湖畔别墅、叶山岛度假村等。2000 年苏州太湖国家旅游度假区接待海内外游客 51 万人次，在海内外的知名度和影响力与日俱增。

3. 全国首家内河港型保税区——张家港保税区

1990 年中共中央、国务院做出“以上海浦东开放为龙头，进一步开发长江沿岸城市”的决策后，张家港市委、市政府及时做出了争取在张家港建设保税区的大胆设想和战略决策。1991 年 7 月，张家港市政府正式向上提交建立保税区的申请。1992 年 5 月，《中共中央关于加快改革，扩大开放，力争经济更好更快地上一个新台阶的意见》（中发〔1992〕4 号）中原则同意设立张家港保税区。10 月，国务院发出《关于设立张家港保税区的批复》（以下简称《批复》）。保税区区址设在港区镇东侧的长江岸边，规划面积 4. 1 平方千米，起步面积 2 平方千米。《批复》提出，张家港保税区要充分发挥港口优势，积极为加工出口和拓展转口贸易服务，开展为贸易服务的加工、整理、包装、储存、运输、商品展示等业务，促进长江流域外向型经济的发展。张家港保税区由此正式设立，并成为全国首批批准设立的 15 个保税区中唯一不是设在沿海港口，而是设在长江内河港口的保税区。12 月，张家港保税区 4. 1 平方千米隔离区封关运行。

张家港保税区设立后至 2000 年，共投入 7. 9 亿元用于“五通一平”及配套设施建设，先后建起最高为 30 层楼的 12 幢商务办公楼、1. 6 万平方米的标准厂房、2 万平方米的轻钢结构标准型仓库。截至 2000 年年底张家港保税区共引进各类项目 2 172 个，总投资 21. 55 亿美元，合同利用外资 13. 53 亿美元；初步形成三大加工产业群体，即以东海粮油、统清食品为龙头的粮油食品加工产业群体，以雪佛龙、南港等企业为龙头的化工加工产业群体，以光王、顺德为龙头的电子加工产业群体。张家港保税区的三大主要功能业务大幅增长。国际贸易方面，1994 年张家港保税区进出口货物总额为 6 205 万美元，2000 年达 5. 35 亿美元；保税仓储方面，1993 年全区共进出货物 150 余批次，保税仓储总值 2 855 万美元，2000 年增至 2. 81 亿美元；出口加工方面，1995 年全区实现工业产值 4. 17 亿元，2000 年完成工业总产值 34. 27 亿元、销售收入 37. 77 亿元。财政税收方面，1997 年上缴国家税收 9 656 万元，完成财政收入 6 106 万元；2000 年上缴国家税收 3. 5 亿元、海关税收 2. 21 亿元，完成财政收入 3. 16 亿元，实现国内生产总值 14. 3 亿元。张家港保税区的开发建设，成为张家港经济发展的重要增长点。2000 年张家港保税区占该市经济的比重不断增加，工业总产值占 3. 2%，进出口总额占 28. 2%，合同利用外资占 29. 1%，财政收入占 15. 4%。

4. *开拓市区经济发展新格局的苏州新区*

邓小平南方谈话发表后，中央做出了“九十年代集中力量把高新技术产业开发区建设好”的战略决策，并准备在 1991 年已建 27 个的基础上再增建一批国家高新技术产业开发区。1992 年 5 月，苏州市政府向上级申请在初步成型的苏州新区设立国家高新技术产业开发区。经国家有关部门对全国各申请地考察调研后，是年 11 月 9 日国务院批复同意在苏州等 25 个城市增建第二批国家高新技术产业开发区，同月 18 日国务院授权国家科学技术委员会（以下简称“国家科委”，现称“科学技术部”）发文正式批准苏州新区为国家高新技术产业开发区，面积为 6. 8 平方千米。

苏州新区获批建立国家级开发区后，1993 年 3 月苏州市委决定：苏州新区按照国家高新技术产业开发区、经济聚集区、苏州现代化新城区“三位一体”的总体构想，实行“统一规划，分步实施，统筹兼顾，滚动发展”的方针；确定苏州新区中长期规划面积为 60 平方千米，在已开发的 6. 8 平方千米（国家批准的高新技术产业开发区的范围）基础上，先行向西北拓展 9 平方千米左右。4 月，苏州市委、市政府召开苏州新区工作会议，提出苏州新区力争“十年再造一个新苏州”，即经过 10 年时间的开发建设使苏州新区的国内生产总值、工业总产值、出口总额、财政收入等主要经济指标达到或超过 1992 年苏州市区的总量；走在各县（市）的前面，力争在江苏省乃至全国成为先进。1994 年 7 月，经江苏省政府批准，苏州新区的区域面积扩至 52.06 平方千米，首期开发面积扩至 25 平方千米。

获批国家级开发区后，苏州新区加大投资力度，全面推进各项基础设施建设，逐步完善城市功能和投资环境。至 1996 年，累计建成道路 29 条、大小桥梁 69 座，主干道里程 77 千米，25 平方千米范围内实现道路环通，纵贯苏州新区的长江路拓宽工程竣工，何山大桥成为横跨大运河、连通古城区的第二通道；建成狮山、新升、姑苏、何山花园等 6 个住宅小区，其中锦华苑为首个涉外居住区；规划中的 30 余幢高层建筑全面开工，已建成和基本建成的有 10 余幢，金狮大厦、华东食品城、百汇购物中心等一批商贸设施建成投入运营；由苏州新区经济发展集团公司与外商联合投资 6 亿元兴建的苏州乐园一期工程“水上世界”建成开业。1997—2000 年，苏州新区的城市功能日臻完善，先后建成投用了燃气厂、热电厂、自来水厂、污水处理工程二期、苏州汽车客运西站和中学、小学、幼儿园 12 所；建设完成了农行大厦、金盈大厦、国际商城、新城花园酒店、乐园度假酒店等一大批重点和标志性工程项目；建成玉山、索山、竹园、妇儿中心公园等 10 余处开放式公园绿地，公园绿化面积达 26 万平方米；累计建成商品房近 100 万平方米（1999 年年底数），苏州新区的户籍人口由 1992 年的 3 662 户、11 020 人发展至 2000 年的 69 639 人（其中辖区内的原居民约 5 万人），在苏州新区居住半年以上的常住人口有 60 322 人，其中还有 3 000 多名（1998 年年底数）外籍人士在此安了新家，形成了实际居住人口 13 万人的一个苏州新区。

1993 年中国台湾明基计算机、中国香港晨兴纸业、英国迈达食品、日本电波等首批境外投资项目和国际著名跨国公司相继进入苏州新区。1994 年、1995 年，日本松下、索尼、福田、富士通、爱普生、富士、住友、精工，美国高达，瑞士迅达、罗技，新加坡永泰，德国西门子、百林、百得补，英国考陶尔兹等世界著名大公司进区投资兴业，其中爱普生一期投资 1.5 亿美元，为苏州当时规模最大的外商投资项目。1996 年、1997 年，日本伊奈洁具和中国台湾地区荣成纸业、国巨电子、中化制药等 80 余个外资项目进区，罗技集团将设在爱尔兰、美国及中国台湾、上海地区的鼠标器生产全部转移到苏州罗技电子有限公司，占全球产量55%的鼠标器源源不断地从苏州新区销往世界各地，年产值超过9亿元，出口创汇达1.2亿美元。摩托罗拉公司选择在苏州新区建立中国第二生产基地，主要生产通信系列产品、汽车电子、等离子大屏幕显示器等当时世界先进产品。外经贸部和国家统计局首次联合发布全国产品销售额最大的500家外商投资企业（按1996年销售额排序），苏州新区的飞利浦、富士通跻身其中。1998年共引进外资项目44个，这些项目继续向已有较强优势的电子信息、精密机械、新材料等高新技术产业集聚，其中罗礼电脑、力捷电脑等电子通信类项目就有20个。1999年共引进台资、外资项目61个，其中台商、外商增资项目23个，台资项目占总投资的近一半，欧洲项目约占总投资的1/3，投资规模3 000万美元以上的大项目10个；国内生产的第一台21英寸显示器在苏州新区明基科技园亮相，明基的彩色显示器、计算机键盘、光驱、扫描仪年产量分别超过400万台、500万个、500万套、400万台，产品90%外销欧美，成为中国品牌第一大显示器厂，进入全国最大、世界前5大电脑周边产品制造商行列；明基、飞利浦、罗技、爱普生、力捷、富士、电波7家台资和外资企业跻身外经贸部公布的全国进出口额最大500家企业，其中4家还进入全国出口额最大200家企业行列。2000年新引进台资和外资项目91个，其中3 000万美元以上的大项目20个、电子信息类项目50个，分别占当年投资总额的65%、86%；飞利浦、摩托罗拉、富士通、包尔文、罗礼、明基计算机的研发中心等相继进区，使企业的研发成果不断推出，苏州新区的创新能力不断增强；沪苏直通苏州新区海关监管点正式通关，苏州新区陆路二类口岸开通运行，中华人民共和国海关总署批准苏州新区设立出口监管仓库，进一步优化了苏州新区的外商投资环境。至2000年年底，区内外商、台商投资企业累计达453个，总投资45亿美元，进区的世界500强企业39家（1999年年底数），投资上亿美元的超大型项目有10余个；当年全区进出口总额达42.8亿美元，其中出口额达22.8亿美元。

苏州新区在发展壮大高新技术产业方面，除引进境外客商投资兴办高新技术企业及其研发机构这一主要推动力外，还有第三光学仪器厂、电表厂、电视机厂、化纤厂、第四制药厂、有线电一厂、华盛造纸厂等45家（1998年年底数）市区老企业进区与外商合资兴办高新技术企业，生产高新技术产品；50余家（1998年年底数）市区老企业进区实施技术改造项目，实现由传统产品向高新技术产品产业的升级。同时，还大力引进国外高科技人才和国内研发机构，研制高新技术产品，并在区内孵化创办企业，实现规模化生产。至1995年8月已与东南大学、苏州大学、上海赛科电子材料工程研究所、苏州非金属矿山设计院及北京的一些院所共同实施高新科技成果转化项目。1999年10月，中国科学院两个直属研究所同时进区创办科技型企业：作为中国机器人技术国家工程中心的沈阳自动化研究所与苏州自动化仪器仪表研究所合资创办了沈苏自动化技术开发有限公司，作为中国光学、精密机械学、电子学、计算机应用综合研究开发主要基地的长春光学精密机械与物理研究所同苏州市机械控股集团等合资创办了苏州长光科技发展有限公司，实现了国家级科研院所与本土企业的联合，促进科技成果向生产力转化。苏州新区于1994年创办苏州高新技术创业服务中心，1996年由联合国开发计划署确认为国际企业孵化器，为全国首批8家国际企业孵化器之一；1998年创办中国苏州留学人员创业园；1999年苏州新区博士后科研工作站经国家人事部批准正式成立，成为全国第四家且首家设在省辖市开发区的博士后科研工作站；2000年开发设立软件园，一经创立就有30多家企业入驻，有人员近500人。上述4个科研服务机构与研发载体形成了强大的"磁场"，吸引了大批创新创业高层次人才，培育了大批高新技术企业。苏州创业服务中心建运6年多时间里，先后进入的3 000多人中有各类高级人才2 000多人，其中教授、博士和留学人员占20%；进驻企业累计达300多家，其中包括107家留学人员企业和30多家院所企业，累计"毕业"企业80余家；被认定为省高新技术企业的50家，共开发高科技项目450余个，其中在国内领先或可申报国家重点的高科技项目40多个；由于工作成效显著，1997年被国家科委认定为"国家高新技术创业服务中心"，1998年荣获科技部"火炬先进创业服务中心管理奖"，1998年、1999年连续两年获评江苏省科技企业孵化器第一名。2000年，苏州新区的苏州留学人员创业园与昆山留学人员创业园双双入列由国家科技部、人事部、教育部联合认定的19家国家级示范基地行列。至2000年，苏州新区累计拥有各类专业技术人才1.3万名。

苏州新区的高新技术企业和产业不断发展壮大，并逐步形成自己的产业特色。1996年全区高新企业总数达38家，电子信息产业迅速崛起成为第一大高新技术产业，占全区工业总产出的52%。1997年区内初步形成的高科技主导产业比重已占各产业的80%以上。1998年苏州新区新获批江苏省高新技术企业46家，总数达95家，占苏州全市的45%；电子产业占全区全年外商投资额的30%；摩托罗拉在苏州新区开设的半导体设计中心成为我国首家国家级IC设计中心。2000年，苏州新区又有50个外资电子信息类项目进入，总投资近6亿美元，占当年投资总额的86%，是年6月江苏省政府授予苏州新区“江苏省电子信息产业基地”。截至2000年年底，区内共有经认定的高新技术企业181家、高新技术产品118种，高新技术企业的年销售额已占全区工业销售总额的80%以上。

苏州新区在全国52个高新技术产业开发区中，虽然起步较晚，却以起点高、发展快而令人刮目相看。据国家科委1997年对全国52个高新技术开发区1996年度主要经济指标的统计，苏州新区的技工贸总收入和工业总产值均列第二位，达到140亿元和110亿元，出口创汇名列第三位，达4.6亿美元；高新技术项目投资额占全部工业性项目总投资的76%，领先于全国绝大多数高新技术开发区。1997年9月，苏州、北京、合肥、西安的4个高新技术开发区经国务院批准，作为中国高新技术开发区的杰出代表入选为中国首批向亚太经合组织（Asia Pacific Economic Cooperation，APEC）18个成员特别开放的科技工业园区。

1992年苏州新区初创时，全区年国内生产总值仅0.26亿元，工业总产值3.22亿元，财政收入0.22亿元。1998年全区国内生产总值增至92亿元，超过1992年苏州市区71亿元的实绩；外贸商品出口额8.69亿美元，为1992年市区3.22亿美元的2倍多。1999年全区实现工业销售产值243亿元，超过市区1992年182亿元的实绩；财政收入12.72亿元，超过市区1992年8.38亿元的实绩。至此，苏州新区提前3~4年实现了苏州市委、市政府提出的“十年再造一个新苏州”的目标。2000年苏州新区实现国内生产总值140亿元、工业销售产值346亿元、外贸商品出口额22.4亿美元、财政收入19.33亿元，分别占市区总量的21%、39.9%、42.6%、26.6%，为市区经济发展提供了强有力的支撑。[1]

5. 苏州工业园区崭露头角

20世纪90年代苏州开发区建设和发展中最为浓重的一笔，就是苏州工业园区的开发建设和迅速崛起。它不仅成为苏州20世纪90年代经济社会发展尤其是开放型经济发展中最大的亮点和增长极，而且开创了中国、新加坡两国政府合作开发建设工业园区的新模式，成为中国和外国政府之间经济合作的最大项目和成功典范。苏州工业园区在开发建设和借鉴新加坡经验的过程中，培育

---

[1] 黄正栋：《数字见证苏州改革开放30年巨变》，苏出准印（2008）字JSE-1002233号，第128、185、189、204页。

形成了“园区经验”。

苏州工业园区是在中国和新加坡两国领导人的大力支持下，经过反复酝酿、调研论证和精心筹备，决策实施的一项重大战略举措。1978 年 10—11 月，在中国改革开放的大幕即将开启之时，邓小平接连访问了日本、泰国、马来西亚和新加坡。当年新加坡依托自己作为世界海路运输重要中心的有利条件，通过大力引进外国的资金、技术、人才，在一片荒地和沼泽上进行大规模成片开发，建成了一个占地 5 平方千米、基础设施完备的裕廊工业园，推动全国经济高速增长的做法引起了邓小平的浓厚兴趣和高度关注。1979 年 10 月，他在全国各省、市、自治区第一书记座谈会上说到了新加坡靠引进外国资金发展本国经济、实现迅速崛起的奥秘。1985 年 9 月，中国政府首次聘请外国专家担任我国沿海开发区经济顾问，其中就有当年陪同邓小平考察裕廊工业园、人称“新加坡经济之父”、曾任新加坡第一副总理的吴庆瑞博士。1988 年邓小平会见来访的李光耀时说：中国改革缺乏经验，但本领是可以学会的，其中包括向新加坡学习。1992 年年初邓小平视察南方时说：“广东二十年赶上亚洲‘四小龙’，不仅经济要上去，社会秩序、社会风气也要搞好，两个文明建设都要超过他们，这才是有中国特色的社会主义。新加坡的社会秩序算是好的，他们管得严，我们应当借鉴他们的经验，而且比他们管得更好。”[1]

邓小平南方谈话发表后，在时任新加坡资政的李光耀的倡导下，新加坡政府决定采取行动来呼应。从 1992 年 9 月开始，李光耀资政、吴作栋总理、王鼎昌副总理等主要领导人分别率领大型商务考察团频频来华，带着落实邓小平关于借鉴新加坡经验讲话精神的“一揽子计划”，即在中国帮助开发建设一个工业园区，并把新加坡经济和公共管理经验运用到工业园区的设想，逐个考察中国沿海、沿江开发区，意在寻找一个可与中国进行“软件移植”的深层次经济合作的试验场。中国的党政最高领导人分别多次会见他们，反复商谈工业园区项目。10 月初，李光耀资政和王鼎昌副总理在江苏省政府负责人的陪同下到苏州、无锡两市访问，听取了有关情况介绍。苏州这座具有 2 500 多年历史的古老城市改革开放以来经济和社会发展各个方面取得的成就，给新方领导人留下了深刻的印象。结束访华离境时，由王鼎昌副总理出面向记者透露：有意在苏州物色一块土地，用新加坡的经验来发展。1993 年 5 月，苏州市政府与新加坡劳工基金（国际）公司签署《合作开发苏州工业园区的原则协议》。协议提

[1] 邓小平：《邓小平文选（第三卷）》，人民出版社 1993 年版，第 378-379 页。

出：苏州工业园区规划发展总面积为 70 平方千米，计划总投资将达 200 亿美元，首期开发 8 平方千米；苏州工业园区的发展目标是：从中国的国情出发，借鉴新加坡的经验和发展裕廊工业园镇的成功做法，逐步建设一个以高新技术为导向、外向型经济为主体、基础设施先进完备，二产发达、三产繁荣、环境优美、交通便捷、生活方便、社会文明，具有一流水准的国际化工业园区。[1]

合作方案确定后，经双方反复商量，最终选择在市区以东金鸡湖畔的地块作为苏州工业园区的发展用地，主要考虑到它与苏州古城区相连，而且围绕金鸡湖，很有发展的纵深感，又靠近上海，向东延伸可有 70 平方千米的发展回旋余地，可以为长期发展提供理想空间。选址确定后，双方规划专家参考新加坡的城市规划经验，结合苏州的地理位置、自然环境、经济基础、发展趋势等因素，设计出苏州工业园区 20 年的发展构想，包括功能定位、区域特色、产业结构、人员构成、开发建设进度等。

选址和规划确定后，在两国领导人的直接推动下，双方有关部门随即展开一系列紧张、有序的筹备工作。1993 年 6 月，新加坡成立了由 14 个财团参加的苏州工业园区开发财团（以下简称“新方财团”）。8 月，苏州市政府与新方财团签署关于苏州工业园区发展的原则协议，即主要商务条件的协议，主要内容涉及土地使用费、首期启动开发投资等。10 月，由江苏省政府和国务院特区办公室率团访新，江苏省政府与新加坡贸工部签署《新加坡政府机构向苏州市提供经济和公共管理软件备忘录》，苏州市政府与新加坡苏州工业园区开发有限公司签署《苏州工业园区商务协议书》。之后，国务院特区办公室会同 14 个部门对江苏省呈报国务院的苏州工业园区项目建议书及软件方面若干问题的请示报告进行了研究和论证。11 月，在美国西雅图亚太经合组织会议期间，江泽民在会见新加坡总理吴作栋时对外宣布：中国十分重视同新加坡的合作和新加坡建设自己国家的经验。苏州工业园区项目开创了两国合作的新模式。是月 23 日，苏州市委组建苏州新加坡工业园区筹备委员会（以下简称“园区筹委会”），下设软件综合及农村办公室、联合发展总公司（不久改称经济发展股份有限公司，由苏州财政证券公司等 10 家单位共同注资 2 500 万美元组建）。12 月 31 日，园区筹委会正式挂牌办公。1994 年 2 月，国务院发出《关于开发建设苏州工业园区有关问题的批复》，要求按照建立社会主义市场经济体制的要

---

[1] 孟焕民：《崛起的热土——来自苏州各级开发区的报告》，上海科学普及出版社 1994 年版，第 57 页。

求，将苏州工业园区建设成为与国际经济相适应的高水准的工业园区；经过积极探索和努力，进一步推动中国、新加坡的经济合作和两国关系的发展；确定苏州工业园区实行沿海开放城市经济技术开发区的各项政策，致力于发展以高新技术为先导、现代工业为主体、第三产业和公益事业配套的现代化经济；同意苏州市的开发公司与新加坡开发财团组建合资公司，从事苏州工业园区内的土地开发经营；苏州可依照现行法律确定的较大的市的权限和程序制定地方性法规、规章，在苏州工业园区实施；苏州工业园区管理委员会作为苏州市人民政府的派出机构，自主行使苏州工业园区的行政管理职能，按照“精简、统一、效能”的原则，设立精干的管理机构，不要求区内机构与上级机构对口设置。1994 年 2 月 26 日，中国、新加坡两国政府签署《关于合作开发建设苏州工业园区的协议》（以下简称《协议》）。同日，苏州市政府与新方签署了有关借鉴新加坡经验及中国、新加坡财团合作的商务总协议书。到 1994 年 3 月，苏州工业园区开发建设的各项筹备工作基本就绪。

苏州工业园区项目是改革开放以来我国成片开发规模最大的项目，其合作方式在国内还没有先例。其最基本的特点有三：一是由中国、新加坡两国政府高层决策确定，以两国政府的合作支持作为背景。二是由苏州方面与新加坡方面实行优势互补，合作双赢。三是硬件、软件一起上，国际资本大规模集中投资开发与借鉴新加坡经济和公共管理经验紧密结合。

具体主要体现在三个方面：一是在领导组织架构上，为此项目建立中国、新加坡两国政府的联合协调理事会，两国政府各委派一名副总理担任主席，负责协调苏州工业园区借鉴运用新加坡经济和公共行政管理经验中的重大问题；理事会每年召开一次，在中国、新加坡两国轮流举行。经国务院批准，中方理事会由时任国务院副总理的李岚清担任主席，国务院一名副秘书长，国家计委、经贸委、财政部、外经贸部、中国人民银行、国务院特区办公室各一名负责人及江苏省一名副省长、苏州市市长担任理事。中国、新加坡两国联合协调理事会下设苏州市和裕廊镇管理局双边工作委员会，设两位主席，由苏州市市长和新加坡裕廊镇管理局主席分别担任，双方定期联系，根据需要适时召开会议，就借鉴运用新加坡经济和公共行政管理经验的工作进行协商，并分别向理事会中的中国、新加坡两国副总理报告工作。双边工作委员会下设中新联络机构，双方各自建立一个办公室，负责具体工作，通过定期召开会议等形式进行交流协商。苏州方面的联络机构为苏州工业园区软件综合办公室（1994 年 7 月更名为苏州工业园区借鉴新加坡经验办公室）。二是在开发形式上，确定 70 平方千米的中新合作开发区范围内的开发建设为商业性项目，实行企业化运作，由中方财团和新方财团合资组建的中新苏州工业园区开发有限公司，统一负责土地开发经营。1994 年 5 月，合营公司获准成立，首期确定投资总额为 1 亿美元，注册资本 5 000 万美元；双方合资的比例，新方占 65%，中方占 35%。三是在管理形式上，国务院原则同意，在苏州工业园区内，在坚持维护我国国家主权的前提下，自主地、有选择地借鉴和吸收新加坡发展经济和公共管理方面对我国适用的经验。

1993 年 5 月到 1994 年 2 月，新加坡实业界与苏州达成的各种合作项目已有 50 多项，意向或协议投资总额达 30 亿美元。其中包括总投资 3 亿美元的林增控股公司建设金鸡湖康乐园项目，远东集团改造玄妙观地区、建设粤海广场项目，胜宝旺公司在太仓浏家港的发电厂项目，汇联集团和裕廊环境工程公司开发常熟浒浦港项目，百腾集团开发太湖旅游度假区项目，等等。

建设项目初步确定后，随即开始了高起点、高效率的启动开发。1994 年 2 月，国务院的批复下发后，苏州工业园区首期开发建设的各项实质性启动工作随即全面展开。首期开发区 8 平方千米，西到苏州市区东环路以东 400~600 米处（规划中的苏嘉杭高速公路沿线），东到金鸡湖西岸，北至娄江，南至葑门塘、黄天荡和独墅湖北侧。土地功能分布，以干将路为中轴线延伸至金鸡湖，开发为由西向东的带状商务中心，将规划建造密集的行政和商务办公楼、购物中心、饭店宾馆、娱乐休闲中心及中央公园；中轴南北两侧为居住区，规划建设 5 个居住小区，每个生活小区还将包括商业邻里中心、中小学校、小型公园绿地、体育康乐等公共设施；居住区外侧依次分布轻型工业、高科技工业、一般工业区。

为确保苏州工业园区开发如期启动，苏州市政府于 3 月初制订了园区“六通到边”实施方案，即尽快把道路、供电、供水、供气、邮电、污水处理 6 项基础设施提供到苏州工业园区首期开发区边缘。苏州市有关部门以超常规的速度迅速投入这一工程之中，至 4 月 20 日，从东环路进入苏州工业园区的 4 条主干道中的第一条苏斜路（后改为金鸡湖路、中新大道）600 米段的半幅快车道建成通车，雨水、污水管道铺设工程同时完成，沿线 19 家企事业单位首批开始动迁。5 月 4 日，启动区中 10 公顷示范区开始填土，拉开了苏州工业园区开发建设的序幕。

5 月 12 日，苏州工业园区首期开发启动典礼在金鸡湖畔隆重举行。截至 1995 年年底，苏州工业园区开发建设格局全面形成，启动区的开发建设基本完成。一是管理机构和制度逐步建立完善。苏州工业园区管理委员会（以下简称“园区管委会”）为副地市级建制，享受省辖市经济管理权限；中华人民共和国海关总署批准设立苏州工业园区海关筹备处；可自行审批中外合资、中外合作和外商独资项目；参照对经济特区和上海浦东新区的规定执行，在进口物资关税方面享受优惠的政策。二是“六通到边”工程全面完成。该工程包括600米的金鸡湖路西段、22万伏输配电扩建工程、日供水3万吨、日处理污水5 000吨、日供煤气3万吨、1万门程控电话开通能力，确保了苏州工业园区启动开发建设的需要。三是动迁安置工作顺利展开。截至1994年年底已动迁农户466户、乡镇企业21家；同时开始对具有劳动能力的列为征土工进行统一安置，其余列为保养人员按月领取征土保险金。次年2月，419户动迁农民搬进苏州工业园区投资建设的首批安置小区，娄葑乡8个村86个村民小组撤销建制，被征地农民8 607人转为城镇户口，是年年底又有3 396人由农业户口转为城镇户口。[1] 四是合作区内各项建设快速推进。截至1995年年底启动区基础设施建设全面完成“九通一平”（增加供热和有线电视两项），而且借鉴新加坡经验，在开发过程中全面实施“先地下、后地上”的开发程序；地势低洼的阳澄淀泖地区，按规划实施填土方案；3平方千米启动区内建成12条道路、9座桥梁，完成4条河道的整治、8万平方米的绿化，埋设各类地下管线90千米，全长52.8千米的苏沪机场路苏州段超二级公路建成通车，苏州至虹桥机场的时间缩短至1小时；区内首个标准厂房——新苏工业坊和首幢商务办公楼——馨都广场主楼先后开工；首块68万平方米工业用地正式出让。[2] 五是招商引资工作成效明显。1994年9月，苏州医疗用品厂和美国BD公司合资兴办的苏州碧迪医疗器械有限公司签约，是为苏州工业园区第一个工业合资项目。是年年底已签约进区的外商投资企业26家，计划投资总额达11亿美元，合同利用外资1.84亿美元，实际到账外资0.7亿美元。1995年招商引资取得突破性进展，至年底区内共有15家外商投资企业开工建设，该年5月力斯顿助听器项目在租用的1号标准厂房内正式投产，成为苏州工业园区首家投产的外资企业。[3]

---

[1] 《苏州通史》编纂委员会、姚福年:《苏州通史·中华人民共和国卷（1978—2000）》，苏州大学出版社2019年版，第271页。

[2] 苏州工业园区地方志编纂委员会:《苏州工业园区志（1994—2005）》，江苏人民出版社2012年版，第594页。

[3] 《苏州通史》编纂委员会、姚福年:《苏州通史·中华人民共和国卷（1978—2000）》，苏州大学出版社2019年版，第271-272页。

六是借鉴新加坡经验工作逐步展开。园区管委会把招录的工作人员分期分批送往新加坡，接受了城市规划、建筑设计、环境保护、土地开发、交通管理、经贸发展、劳动管理等方面的专业管理培训，截至1995年年底共派出104人，占管委会工作人员的65%。受训人员运用所学到的管理知识和经验，编制了规划建设、环境保护等7项苏州工业园区管理办法，其中2项已获准实施，使借鉴成果实现了法制化。1995年8月，中新双方举办借鉴新加坡经验研讨会，围绕经济增长的亲商环境、持续增长的有序发展等专题共同研讨制定园区的竞争战略。为投资者提供便利的一站式服务，在企业设立、规划建设、人力资源3个环节上开始实行。

在一区建设紧锣密鼓推进的同时，苏州工业园区与新方专家一起着手编制金鸡湖以东二、三区建设详细规划。1995年10月，江苏省政府批准《苏州工业园区二、三区总体规划》。苏州工业园区的基础设施建设随之高强度投入，投资环境日臻完善；住宅和配套设施建设全面展开，城市格局基本形成；招商引资持续升温，支柱产业逐步形成；加大利用内资的工作力度，出台专门的优惠政策，吸引一大批国内同行业骨干企业进区办厂；工业规模迅速扩张，2000年工业销售产值达307亿元，工业产品出口额15亿美元，实现工业增加值79.99亿元，占全区国内生产总值的61.3%；工业结构趋向高新化和产业聚集化，高新技术产业占工业总产值比重超70%，并逐步形成了在国内外具有较强竞争力的五大高新技术产业群和支柱型产业，占全部工业的比重达80%左右；周边乡（镇）开发同步推进，发展水平快速提升。

苏州工业园区不仅在全市国家级、省级经济开发区中起步最晚，而且比起中国经济特区和沿海开放城市的国家级开发区起步整整晚了10年之多，但由于中国、新加坡两国政府的全力推动和支持，加上高水准规划、高强度投入、高起点开发建设，从而弥合了这十年的时空之差，实现了后来居上。到1998年9月苏州工业园区累计合同利用外资42.53亿美元，在全国48个国家级开发区中名列第四位。[1] 2000年苏州工业园区实现地区生产总值130.48亿元，高于1992年时苏州市区总量，财政总收入16.5亿元，相当于1993年时苏州市区总量，进出口总额35.3亿美元，高于1997年时苏州市区总量；与1994年相比，地区生产总值增长近11倍，财政收入增长6.67倍；在苏州全市所占比重，

[1] 李泓冰、杨晴初：《借得东风张巨帆——看苏州工业园区如何借鉴新加坡经验》，《人民日报》，1998年10月22日。

地区生产总值占 8.47%，工业增加值占 9.19%，财政收入占 10.44%，进出口总额占 17.59%；在苏州市区所占比重，地区生产总值占 24.25%，工业增加值占 28.64%，财政收入占 22.69%，进出口总额占 33.27%；在全市 15 个国家级、省级开发区中所占比重，累计开发面积占 6.75%，累计合同外资、实际利用外资均占 33%，年实现国内生产总值占 29.63%，年财政收入占 28.16%。[1] 2002 年，国内生产总值进一步增长至 252 亿元，财政收入增至 32.6 亿元，进出口总额增至 57.4 亿元，超过或接近 2000 年的一倍，占全市的比重进一步提升。

苏州工业园区建区伊始，借鉴新加坡发展经济和公共管理的有益经验，把握"亲商"服务这一经验之核心，开启苏州开发区"亲商"风气之先。通过学习与借鉴、磨合与实践，苏州工业园区不仅让"亲商"理念深深地植根于人们的思想意识，而且推行了"尊商、引商、留商、便商、安商、富商"的一系列具体举措，并上升到制度层面，逐步建立健全了一整套"全过程、全方位、全天候"的亲商服务的有效制度，成为"园区经验"最初的主要内涵。[2] 2001 年 6 月 8 日新华社稿件《思想的花朵最美丽》中写道："昆山之路""张家港精神"[3] "在经济国际化过程中形成的'重礼''亲商'的观念"，丰富了苏州人的精神宝库，首次将苏州工业园区倡导和实践的"亲商理念"，与苏州干部、群众在改革开放大潮中培育形成并已在全国广为传扬的"昆山之路"和"张家港精神"相提并论，概括总结为苏州 20 世纪 90 年代成功崛起的三大主要发展经验和精神财富。2004 年年初苏州市委书记在接受《新华日报》记者访谈时说，苏州持续、快速而健康发展的内在力量，"在实践中可以归结到自己的'三大法宝'，即张家港精神、昆山之路和亲商理念"。这是首次将这三者概括提炼为苏州制胜的"三大法宝"。同年，苏州市委首次将"三大法宝"载入了苏州市委全会的文件之中，成为苏州区域经济社会建设不断创造佳绩的重要精神动力。

除了上述国家级经济技术开发区外，苏州地区还先后建成了一批省级开发

---

[1] 《苏州通史》编纂委员会、姚福年：《苏州通史·中华人民共和国卷（1978—2000）》，苏州大学出版社 2019 年版，第 278-279 页。

[2] 王荣：《苏州精神——"三大法宝"的价值与升华》，苏州大学出版社 2008 年版，第 130 页。

[3] 所谓"张家港精神"，是指张家港人在改革开放和社会主义现代化建设中所创造的以"团结拼搏、负重奋进、自加压力、敢于争先"为核心内容的精神。参见张家港市老区开发促进会：《张家港市革命老区发展史》，江苏人民出版社 2019 年版，第 157-158 页。

区，主要有常熟经济开发区、张家港经济开发区、太仓经济开发区、太仓浏家港港口开发区、吴县经济开发区、吴江经济开发区、苏州浒墅关经济技术开发区、昆山旅游度假区、吴江汾湖旅游度假区、常熟外向型农业综合开发区等。此外，各县（市）也相继兴建了一批工业开发区和乡镇工业小区，成为推动各地工业经济发展的重要力量。

四、对外开放力度的加大

苏州在20世纪90年代扩大开放的时代大浪潮中，依托20世纪80年代初步开拓外向型经济打下的良好基础和初步实现工业化奠定的发展优势，突出开放型经济（又称“外向型经济”）的战略地位，围绕加大开放力度、扩大开放领域、提升开放水平、实现经济国际化这一总课题、总目标，及时做出决策和部署，形成了开创多层次、全方位对外开放的格局。

1992年，苏州市委、市政府先后召开了10余次有关会议，制定下发了5个有关文件，组织各级各部门全面扩大对外开放，进一步实行大开放、大开发，促进外贸、外资、外经工作再上一个新台阶；先后向各县（市）、区、局（公司）下放经济管理权限，包括外资项目和开办海外企业的审批权；市政府设立驻上海联络处，及时了解掌握浦东开发开放的最新动向，并为各地各单位在上海开展招商引资牵线搭桥、提供服务。1993年苏州市委、市政府又召开了近10次重要会议，2月召开的全市经济工作会议上首次提出“要坚持以外向型经济为‘龙头’，加快苏州经济国际化”，12月苏州市委提出“要坚持不懈地实施以建立社会主义市场经济体制为目标和以形成全方位、大开发格局为核心的改革开放战略”。1995年2月，苏州市委、市政府提出“坚定不移实施开放带动战略，走出有苏州特色的开放路子”，标志着开放型经济在全市的地位进一步提升。

自1997年下半年起东南亚金融危机逐渐波及国内，对于苏州这样经济外向度很高的地方来说，所受到的冲击就更大，外商投资项目由1992年、1993年的每年2 000余个跌至1998年的520个；已签和在建项目的进展也受到不同程度的影响，不少项目延缓外资到位和推迟开工；出口竞争加剧，出口商品价格的比较优势逐步失去，竞争处于不利地位，收汇风险进一步增加，影响了出口企业的经济效益。

面对开放型经济发展面临的新情况、新问题，尤其是来势凶猛的东南亚金融危机，苏州市委、市政府及各级各部门始终坚持“开放带动战略”不动摇，采取一系列切实有效的措施，化危为机。一是做出开发区“二次创业”的重大部署，提出开发区建设要从初期的主要依靠政策优惠转到主要依靠机制、技术和功能优化、管理创新上来，以进一步推进开发区建设。二是针对苏州工业利用外资发展比较快而第一、三产业发展比较慢的实际情况，按照国家产业结构调整要求重新制定《苏州市外商投资产业指导目录》，进一步引导外资重点投入高新技术产业、农业、基础产业、基础设施和高水平的第三产业项目，实行全方位利用外资。三是组织内外资企业配套协作，排出一批重点配套项目和产品，多次举办配套协作产品展示洽谈会，使在苏投资的众多外资企业就地找到理想的配套协作加工生产基地，扩大产销量，节约加工时间和成本，同时使得苏州众多的中小企业在与外资大项目、大企业、大产品进行合作中，拓展企业生存发展的空间，共同提升国内外市场竞争力。四是进一步优化投资软环境，苏州市人民代表大会常务委员会先后制定《苏州市外商投资企业管理条例》《苏州市经济开发区管理条例》，以地方立法形式规范和强化对外商投资企业和开发区的管理，走上法制化轨道，成立各级外商投资服务中心（属行政性无偿服务机构），提供政策咨询、项目审批、工程建设、生产经营、企业投诉、纠纷调解、法律咨询等方面的服务，增强招商引资的竞争力。具体工作表现在以下几个方面。

1. 利用外资量质并举

在外资利用的数量上，1992—1994 年出现了高速增长。3 年中，苏州市共批准外商投资企业 6 674 家，合同外资 136.1 亿美元，批办企业数和合同外资数为前 8 年（1984—1991 年）总数的 7.4 倍和 20.4 倍。[1] 呈现出四个特点：一是呈现出全方位、多层次一起上的局面。从国家级、省级开发区到乡镇经济小区，从部属、市县属大中型企业到区属企业、乡镇企业、校办企业，都步入了利用外资的快车道，“三资”企业全面开花。二是项目规模不断扩大。全市平均单项合同外资从 1991 年的 84 万美元提高到 1994 年的 363 万美元，三年累计新批 1 000 万美元以上大项目 500 多个，合同外资额超过 100 亿美元，占总额的 80%以上。三是发达国家国外大公司投资增多。1994 年美国、日本及欧洲发达国家的投资比重占 65%，超过了以往一直占大头的中国香港和台湾地区。截至 1994 年年底已有世界 500 强企业中的 48 家企业来苏州投资。四是投资领

[1] 陆允昌、高志斌：《苏州对外经济五十年（1949—1999）》，人民出版社 2001 年版，第 27 页。

域不断拓展，结构日趋优化。外商投资从原先的以纺织、服装、轻工等简单加工工业为主，逐步向机械、电子、精细化工、生物医药等技术含量高的行业发展，并向石化、冶金、农业等基础产业及港口、公路、电力等基础设施领域拓展。第三产业利用外资日趋增多，并从房地产业拓展至 20 多个行业，1992 年苏州市区创办了江苏省首家中外合资零售企业——美罗时装城，3 年共兴办第三产业外商投资企业近 1 200 家，合同外资近 50 亿美元。[1]

1995—2000 年对引进外资工作进行调整提高。自 1995 年起，由于国内外环境的变化，特别是受亚洲金融危机的影响，苏州批办外商投资企业数至 1998 年连年下降，合同外资额至 1999 年连年下降。面对新情况，苏州着重搞好国家级和省级开发区的开发建设，为外商投资提供了良好载体，提高了在国内的招商引资竞争力，从而迅速摆脱了国际突发事件的困扰，利用外资在恢复中得到新的发展。这 6 年中，苏州市平均每年新增合同外资 45 亿美元，与第二波高潮 3 年平均值持平；实际到账外资 32 亿美元，高于第二波高潮 3 年平均值。2000 年年底苏州市实有外商投资企业 7 572 家，并呈现出以下特点：一是独资和增资项目增多。6 年累计兴办外商独资企业 2 458 个，合同外资 189. 75 亿美元，分别占同期全市总量的 56. 9%和 70. 4%；累计共有 1 321 家外商投资企业先后增资，增资总额 78. 3 亿美元，占同期全市合同外资的 29. 3%。二是发达国家和跨国公司投资增多。6 年间欧美国家在苏投资兴办企业 540 家，合同外资 45. 2 亿美元；又有 29 家世界 500 强企业先后来苏州投资，截至 2000 年年底累计达 77 家，共在苏州举办了 155 个项目，合同外资 39. 25 亿美元。[2] 三是外商投资结构进一步优化。6 年中新批项目平均投资额达 624 万美元，比 1994 年又增加了 261 万美元之多。高新技术项目比重加大。截至 2000 年年底，苏州市 230 多家高新技术企业中外商投资企业占 45%；外商投资电子信息产业的合同外资额达 17. 3 亿美元，年出口 1 000 万美元以上的大企业就有 42 家，为之配套的本地中小企业有 400 余家，构成了一个庞大的电子信息产业群，使苏州成为国内最大的电子信息产业基地之一。外商在非工业领域的投资有新开拓。1995 年吴县浦庄乡与新加坡客商合资兴办了苏州首个休闲观光农业项目“中国未来农林大世界”，1996 年成立的上海巴黎国际银行苏州办事处成为苏州市首

[1] 苏州市对外贸易经济合作局：《苏州对外经济二十六年发展历程（1980 年—2005 年）》（内部资料），第 41-42、157、181、183、186 页。

[2] 孟焕民、陈楚九：《第二次突破——苏州开发区建设实证研究》，人民出版社 2002 年版，第 41 页。

家获准进入的外国金融机构，1997 年成立的日本住友银行苏州分行成为苏州市首家正式开展存贷款金融业务的外资银行。1999 年第三产业占苏州市合同外资总额的比重上升到 10.2%。四是外商投资向开发区集聚。截至 2000 年年底，苏州市 15 个国家级和省级开发区累计进区外商投资企业 2 321 家，平均单个项目的投资额近 1 000 万美元，规模比全市平均值大出 50%左右；世界 500 强企业在苏州投资的项目近 80%落户开发区，共有 90 家世界 500 强企业在开发区投资了 95 个项目。开发区的开放型经济主要指标在苏州市一直保持很高的比重，并年年有所上升。2000 年与 1995 年比较，外商投资企业数由占 36%上升到 48.3%，实际利用外资额由占 53%上升到 59.6%，进出口总额由占 31.6%上升到 81%。五是台商投资密集区加快形成。“九五”时期苏州各主要开发区抓住台资纷纷向大陆转移、重点转向长江三角洲的机遇，大力吸引台商投资，利用台资出现了快速增长态势，协议投资额和实际到账额连年成倍增加。2000 年年末苏州市累计兴办台资企业 2 000 多家，合同利用台资 102 亿美元，到账台资 54 亿美元，分别占全市总额的 28%、26%和 27%，在来苏州投资的 100 多个国家和地区中占据首位；占江苏省引进台资总数的 2/3，并超过福建厦门和广东东莞而成为大陆台商投资密度最高的地区。台商投资产业集中度越来越高，已有包括明基、华硕、仁宝、国巨等 300 多家电子资讯业企业来苏州投资。台商投资的区域集聚度也日益提高，昆山开发区、苏州新区、吴江开发区成为台商集中投资区，三区的台资企业数超过苏州市一半，协议台资额占全市的近 2/3。六是开业投产“三资”企业运行情况大多良好。在外经贸部等部门按销售额排序公布的“中国最大的 500 家外商投资企业”中，1996 年、1997—1998 年、1999—2000 年苏州分别有 18 家、16 家、31 家企业上榜。2000 年苏州市开业投产“三资”企业 4 761 家，实现主营业务收入达1 098.5 亿元，占全市工业总产值的 30%左右；实现净利润 44.98 亿元；苏州市工业系统产品销售收入最多、实现利税最多、固定资产最大的各 50 家企业中，外商投资企业分别占到 31 家、33 家、28 家之多；4 000 多家外资企业自营出口 82.72 亿美元，占全市出口总额的 78.9%；完成涉外税收 54.8 亿元，约占全市财政收入的 35%；就业人数近 50 万，约占全市第二、三产业从业人员总数的 20%。

2. 对外贸易全面拓展

20 世纪 90 年代，苏州仍把拓展对外贸易尤其是发展出口加工业放在十分突出的位置狠抓不放，全市出口总额由 1991 年的 3.1 亿美元增加到 2000 年的 104.81 亿美元，增长 33.8 倍，出口值占当年全市工农业总产值的比重达

23.8%，占全省出口总额的40.7%，在全国大中城市中名列第四位。[1] 1992—2000年苏州市对外贸易的发展变化主要可分为两个阶段。1992—1995年为自营出口初创发展阶段。在1992年全国性的外贸企业清理整顿和重新核准中，苏州市政府将原来享有进出口经营权的10家市外贸进出口公司按“合并名称、不撤公司”的原则组建为3家公司，原有公司分属这3家公司，享有二级法人地位，从而保证了市级外贸公司队伍不散、力量不减，并能用足用好自营经营权。1995年苏州市各外贸公司共完成自营出口额2.89亿美元，比1991年增长了近1倍。同时，各县（市）外贸公司在1992年向上争取到了自营进出口权后，仅用3年时间自营出口额就达5.13亿美元，占1995年全市外贸公司自营出口额的64.5%，其中张家港市外贸公司自营出口额达1.78亿美元，成为江苏省乃至全国县级市外贸公司的排头兵。苏州市5个国家级开发区也积极申报成立对外贸易公司。随着开业投产的外商投资企业日益增多，自1992年起外商投资企业出口额超过外贸公司和内资企业出口总和，成为全市出口队伍中的主力军。1995年苏州市外贸自营出口总额23.35亿美元，比1991年增长6.53倍；出口的国家（地区）121个，比1991年增加56个，其中年超1 000万美元的国家（地区）由3个发展到23个，出口欧美市场的份额由1991年的占24%提高到1995年的占28.1%。1996—2000年为调整改革促进发展阶段。苏州克服亚洲金融危机带来的负面影响，实现全市外贸出口的不降反升，2000年全市自营出口总额突破100亿美元大关，开始进入全国外贸出口强市行列。这一阶段的外贸经营有以下特点：一是外贸公司步入改革轨道，发展活力增强。至2000年，市、县两级外贸公司完成改制，共有26家公司拥有进出口经营权，总注册资本15 037万元，其中国有股占52.4%、社会法人股占13.2%、企业经营者和职工入股占34.4%，经营者个人出资最多的100万元，出资比例最高的达75%，调动了企业经营者和业务骨干的积极性。二是出口主体不断增多，内资和个私企业开始直接开展对外贸易。自2000年起国家放宽外贸经营权的审批，逐步由许可制改为登记制，当年全市近200家内资企业完成自营出口额6.44亿美元，名列全省第一位。三是着力调整优化商品结构，机电产品出口能力增强。1999年，苏州被外经贸部、科技部确定为全国15个“科技兴贸”试

---

[1] 黄正栋：《数字见证苏州改革开放30年巨变》，苏出准印（2008）字JSE-1002233号，第105、111页；江苏省统计局、国家统计局江苏调查总队：《巨大的变化　辉煌的成就——江苏改革开放30年》，中国统计出版社2008年版，第224页。

点城市之一。2000 年，苏州市机电产品出口额 62. 34 亿美元，占全市出口总额的 59. 5%，其中电子信息类产品及电气设备、零件出口额达 45. 1 亿美元，丝绸纺织原料及制成品出口比重下降为 21. 5%。四是出口大企业不断涌现。1999 年苏州市出口超 1 000 万美元的公司、企业达 114 家，其中外贸公司和自营生产企业 26 家、外商投资企业 88 家，其出口量占全市当年出口总额的 70%；在外经贸部公布的 1999 年、2000 年“中国出口额最大的 200 家企业”中，苏州均有 11 家名列其中，表明苏州的外贸出口已具有相当的规模优势和整体竞争实力。

3. 对外经济技术合作开新局

自 1993 年苏州国际经济技术合作公司首获授权至 1999 年，外经贸部先后批准苏州 15 个单位的对外经营权，其中 6 家享有对外劳务合作经营权，6 家享有对外承包工程经营权，3 家享有对外园林设计和古建工程承包经营权。1999 年中央提出“走出去”发展战略，苏州外经工作进一步形成以对外承包工程与劳务合作、开展境外投资与加工贸易为主体的格局。一是对外承包工程与劳务合作快速发展。自 1992 年起苏州的对外工程承包和劳务合作开始快速发展。2000 年全市外派的劳务人数猛增到 6 426 个，新签合同额 1. 22 亿美元，实际完成营业额 1. 21 亿美元。这一时期，苏州工程技术和劳务人员的足迹遍布世界近 100 个国家和地区，虽然主要集中在第三世界国家，但也涉及美国、英国、法国、德国、俄罗斯、日本等发达国家；劳务输出主要集中在纺织、服装、制鞋等劳动密集型行业的一线操作岗位，还涉及电子、机械、海洋捕捞、服务业等，也有以技术指导为主的项目；承包的工程中不乏一些当地的标志性建筑，如纳米比亚高等法院大楼、乌干达民航局办公楼、赞比亚卡翁达学校、澳门莲花大桥、新加坡大戏院工程等；较有特色和优势的项目是苏州古典庭院和建筑营造项目，且大多为项目的全程化、一揽子承包，把苏州园林和古典建筑营造技艺推向了世界。如苏州古典园林建筑公司在美国佛罗里达建造的“锦绣中华”工程，建筑面积达 6. 3 万平方米，创汇 1 120 万美元，是当时中国在境外承担的最大旅游开发项目；苏州国际经济技术合作公司在美国波特兰市承包建成了“兰苏园”，被誉为“镶嵌在世界著名环保城的一颗东方绿宝石”。二是境外投资经历调整实现恢复性发展。截至 2000 年年底，苏州共在 37 个国家和地区实际开办了 74 家境外投资企业。

多措并举使苏州开放型经济呈现出全方位、多层次、超常规发展局面，形成继 20 世纪 80 年代中后期以来的第二个发展高潮。2000 年与 1991 年相比，苏州市进出口贸易总额由 3.8 亿美元增至 200.7 亿美元，其中出口总额由 3.1 亿美元增至 104.81 亿美元；对外承包工程及劳务合作合同额由 1 643 万美元增至 1.22 亿美元，实际完成营业额由 1 661 万美元增至 1.21 亿美元；累计到境外投资兴办的企业由 7 家增至 74 家；批准举办外商投资项目数由 442 个增至 1 259 个，合同利用外资额由 3.91 亿美元增至 46.78 亿美元，实际利用外资额由 1.19 亿美元增至 28.83 亿美元。2000 年苏州市累计实有外商投资企业 7 572 家，其中世界 500 强企业 77 家，开业投产企业 4 761 家，其中年工业销售收入 500 万元以上的外商投资企业 982 家；累计合同外资 355.64 亿美元，实际利用外资 203.22 亿美元；当年外商投资企业实现主营业务收入 1 098.5 亿元（其中主要为工业产品销售收入），完成涉外税收 54.8 亿元，实现利润 44.98 亿元，就业人数近 50 万人。[1]

苏州的开放型经济发展成就在江苏省、全国逐步取得领先优势，实际利用外资自 1991 年起始终保持全省第一的位次，进出口总额和出口总额自 1996 年起名列全省第一位。2000 年苏州当年合同利用外资额占全省的 44%，累计额占全省的 41.5%；当年实际利用外资占全省的 43.7%，累计额占全省的 45.8%；当年进出口总额、出口总额分别占全省的 44% 和 40.7%，占比分别比 1991 年提高近 37% 和 31%，成为全省外向型经济发展的排头兵。[2] 苏州的外向型经济主要发展指标在全国大中城市（包括中央直辖市、国家计划单列市、省会城市、主要地级市）中也不断争先进位，2000 年苏州进出口总额、累计合同利用外资额、实际利用外资额在全国大中城市中分列第四、第二、第四位。[3]

随着开放带动效应日益凸显，外向型经济在苏州市经济中开始具有举足轻重的地位和作用。2000 年，苏州市年销售收入 500 万元以上的规模型工业企业中外商投资企业已超过 31%，外商投资企业占全市规模以上工业总产值的 49.4%，成为苏州工业的主体；苏州市经济对外贸出口的依存度（外贸出口额与地区生产总值的比值）已超过 56%，财政收入 40% 来自涉外税收，全社会固定资产投资 50% 来自外商投资，城镇从业人员 40% 以上在外商投资企业工作。

---

[1] 黄正栋：《数字见证苏州改革开放 30 年巨变》，苏出准印（2008）字 JSE-1002233 号，第 203-207 页。其中 2000 年苏州市累计合同外资额和实际利用外资额运用苏州市档案局、《苏州年鉴》编辑部编写的《苏州年鉴（2001）》（古吴轩出版社 2001 年版）第 219-220 页中所列数据，与《数字见证苏州改革开放 30 年巨变》第 34 页中所列数据不一致，存疑。

[2] 江苏省统计局、国家统计局江苏调查总队：《巨大的变化　辉煌的成就——江苏改革开放 30 年》，中国统计出版社 2008 年版，第 282-284 页。

[3] 文标、张波：《我市开放型经济实现历史性跨越》，《苏州日报》，2001 年 1 月 16 日。

这些表明，外向型经济已成为苏州经济的重要新增长点和主要形态，苏州经济在20世纪80年代实现“农转工”的第一次历史性跨越的基础上，在20世纪90年代又实现了“内转外”的第二次历史性大跨越，即从主要依靠自身的资金积累扩大再生产，主要面向国内市场组织生产，生产所需的原材料、技术装备、管理技术等要素主要来自国内，转向充分利用国际和国内两种资源、两个市场，实现生产要素在国内外自由流动，使苏州的生产服务体系参与、融合到国际产业链的分工体系之中，苏州经济与国际经济的互补性不断增强，实现了生产要素、市场发展、管理模式、产业发展的国际化，赢得了广阔的发展空间，加快了从传统经济向现代经济的转型，提高了产业技术能级，成为走在全国前列、经济国际化程度较高的外向型经济强市。

开放型经济的迅猛发展，还有力支撑和推动苏州经济综合实力不断跃上新台阶。苏州市地区生产总值1993年超过500亿元，达526亿元，2年翻了一番多，名列上海、北京、广州、天津之后，居全国第五位；1996年突破千亿元大关，3年间又接近实现翻番。20世纪90年代10年中苏州市GDP年均增长16.8%、财政收入年均增长19.8%，分别高于20世纪80年代平均增幅4%和10.6%。1992年工业总产值超过1 000亿元，自1993年起仅次于上海名列全国第二位，1996年超过2 000亿元，1999年超过3 000亿元。2000年苏州市实现地区生产总值1 540.68亿元、工业增加值790.83亿元、工业总产值3 621亿元、财政收入158亿元，分别比1991年增长5.55倍、4.88倍、4.49倍、7.01倍，人均国内生产总值26 692元，按当时汇率折算超过3 200美元，达到世界同期上中等收入国家水平的下限；这一年，占全国土地面积不足0.1%、人口不足0.5%的苏州，创造出了占全国1.6%的国内生产总值、2%的工业增加值、4.2%的进出口总额和出口总额、7.1%的实际利用外资额、1.18%的财政收入，人均地区生产总值为全国平均水平的3.4倍、城镇居民人均可支配收入为全国平均水平的1.48倍、农民人均纯收入为全国平均水平的2.42倍，为全国经济发展做出了较大的贡献。[1]

[1] 2000年苏州经济数据来自江苏省统计局、国家统计局江苏调查总队编《巨大的变化　辉煌的成就——江苏改革开放30年》（中国统计出版社2008年版）第236-292页。全国数据来自国家统计局《2000年国民经济和社会发展统计公报》，刊于2001年3月1日《人民日报》。

第二节 经济总量的跃升和结构的优化

20 世纪 90 年代，苏州各级各部门抓住机遇，乘势而上，推动第一、二、三产业全面、快速、协调发展，全市经济总量又上了一个大台阶，经济结构日趋合理优化，经济综合竞争能力进一步提升，稳固确立了全国经济大市的地位，逐步成为国内先进制造业重要基地、全球新兴科技城市、国际著名旅游城市。

一、国内先进制造业基地的初步形成

苏州的工业经济总量 1990 年虽然已达 500 多亿元的规模，跻身全国大中城市的第四位，但按国家有关部门 1992 年重新制定的标准划定的大型企业仅 27 家，中型企业也只有 250 家，只占独立核算工业企业总数的 1. 71%，在全市乡级以上工业企业中也仅占 4. 8%，而且相当大一部分仍属于传统企业和传统产品。以苏州市区近 900 家企业为例，1991 年拥有的高新技术产品仅 155 种，年产值 10 亿元，只占苏州市区工业总产值的 11. 2%。进入 20 世纪 90 年代，苏州工业生产能力过剩、资源配置浪费、效益低下的矛盾日趋突出，继续靠低水平重复、以量取胜已经难以与日趋搞活的国有大企业和不断进入的外商投资企业同台竞争。

面对新挑战，苏州市委、市政府按照中央提出的实现发生方式“两个根本性转变”的要求，坚持从苏州的实际出发，紧紧抓住工业结构调整优化这根主线，先后部署实施了苏州市区工业“新兴工程”、县（市）工业“振兴工程”及区域性工业布局调整优化工程、扶优扶强工程、名牌培育工程、淘汰压缩落后产能等重大工程，从而有效推动 20 世纪 90 年代苏州工业经济呈现持续、高速增长的态势。

“八五”期间苏州对工业经济进行了初步调整，实现了快速发展。

首先，从 1991 年下半年开始，对苏州市区工业实施“新兴工程”，旨在通过抓好一批重大工业项目的实施，带动苏州市区工业结构大规模、高起点调整优化，战略性新兴支柱产业加快培育成长。至 1997 年 6 月底累计竣工投产 142 项，竣工项目总投资 117 亿元，新增固定资产总额 92 亿元，相当于中华人民共

和国成立40年来苏州市区工业全部固定资产原值的2倍。[1]

其次，县属工业“振兴工程”的实施。1992—1994年张家港市的市属工业共投入36亿元，把主攻目标定位在粮油加工、重化工、钢铁3个支柱产业上。1995年实现工业产值猛增到120亿元，1993年沙钢集团在国家统计局公布的“中国500家最大工业企业”中的位次提高到161位。1995年的总资产达34亿元、销售收入23.6亿元、完成利税1.2亿元，在全国大中型工业企业竞争力百强中列居第十位，成为全国首个跻身十强的县属企业。[2] 常熟市的键合金丝、丙纶超细旦丝、千斤顶、小口径无缝钢管、紧固标准件、冰箱压缩机、冰柜等一批产品在全国居于领先地位；1995年市属工业实现工业总产值近100亿元，比1991年接近翻两番。太仓市做大做强纺织、铜材、机电等支柱型行业。昆山市至1994年共组织实施了8期、总计128个“振兴工程”项目，竣工93个，完成总投资28.39亿元。江苏三山集团着重研发生产获纺织工业部新产品“金牛奖”、国家科技进步三等奖、国家级新产品、纺织工业部“八五”攻关项目的多类差别化纤维新产品，1993年9月“苏三山”股票在深圳挂牌上市，成为苏州第一家上市企业，也是全国县属企业中首家上市公司。1992—1995年吴县共实施“振兴工程”项目327个，总投资87.37亿元，1994年151家县属工业企业共实现工业总产值67.7亿元，比1991年增长2.18倍，形成了家电、丝绸、医药、化工、冶金等几个优势产业。1993年、1994年吴江市竣工投产“兴吴工程”（吴江的“振兴工程”）重点技改项目66个，新增固定资产约6亿元，完成投资20多亿元，使市属工业的规模和水平都上了一个大档次，80家市属工业企业中有6家列入国家大型企业，占到苏州全市总数的22%，还有10家列入中型企业；1994年产值超亿元的企业有14家，产值超5 000万元的企业有10家；1995年完成工业总产值超过60亿元，比1991年增长1.4倍。

再次，乡镇工业“抓机遇，上台阶”进入发展鼎盛期。一是大投入大产出，实现超常规发展。1995年乡镇工业总产值2 135亿元，占江苏省乡镇工业

[1] 《抓住机遇，全面推进苏州工业结构调整——苏州市人民政府在全省工业结构调整工作交流会上的交流发言材料》，1997年7月23日，档号C10-9-1997-59。

[2] 沈石声：《“沙钢”90吨竖炉炼钢连铸热调试一举成功》，《苏州日报》，1995年10月4日；《“沙钢”在全市率先被列为省重点大型企业集团》，《苏州日报》，1996年7月26日。

总产值的26.35%，利税总额82.96亿元。[1] 二是大力向外开拓，经济国际化程度显著提高。1992年、1993年，苏州市乡（镇）批办“三资”企业3 700多家，合同利用外资43亿美元，累计创办4 593家，累计合同利用外资60多亿美元。1994年、1995年，乡（镇）又新批办“三资”企业1 293家，新增合同外资37.7亿美元，累计开办“三资”企业5 750家，占全市开办外商投资企业总数的68.7%，累计合同利用外资接近100亿美元，占了全市总额的一半；1995年完成外贸交货额538亿元，占乡镇企业销售收入的43%。至1995年，苏州市共组建起乡镇企业集团328家，其中有153家跻身省级企业集团行列，56家跻身农业部命名的全国乡镇企业集团；有350个村、厂的工业产值超亿元，其中超10亿元的有6个，超20亿元的有3个；涌现出14个利税超亿元的镇和100多个超1 000万元的村、厂，成为苏州乡镇工业续写新辉煌的重要载体。

“九五”期间，苏州继续调整工业发展举措并取得明显成效。1996年2月，苏州市委、市政府提出了“九五”期间重组苏州工业整体优势的总体思路，要求着重围绕“一个目标”（形成经济国际化、技术高新化、产业规模化、经营集约化、装备现代化、布局最优化、运行高效化的现代工业体系，到20世纪末实现工业基本现代化），搞好“三个结合”（与开发区建设相结合，加快生产力布局的调整；与发展社会主义市场经济相结合，加快组织结构、资产结构的调整；与发展开放型经济相结合，加快产业结构和产品结构调整），抓好“四个方面的优势重组工作”（加快调整工业布局，重组产业优势；加快企业组织结构调整，重组规模优势；加快技术进步，重组科技优势；加快培育和造就企业家群体，重组人才优势）。全市各级和各工业部门按照上述要求和部署，采取了一系列扎实有效的举措，促进全市工业经济运行质量的提高和产业转型升级。

第一，培育壮大六大新兴主导产业，努力实现产业升级。六大新兴主导产业为电子信息、精密机械与机电一体化、新型家用电器产业、石油化工与精细化工、生物医药、基础原材料与新型材料产业。到2000年苏州市六大新兴主导产业实现销售收入854亿元，占全市规模以上工业销售收入比重的40.3%，其中苏州市区比重高达58%，比1995年年末的29%整整翻一番，表明其在全

---

[1] 贾轸、唐文起：《江苏通史·中华人民共和国卷（1978—2000）》，凤凰出版社2012年版，第225页。

市工业中的主导地位开始确立。

第二，加大扶优扶强力度，努力实现规模升级。1996 年，苏州市涌现出了沙钢、孔雀电子、永鼎电缆、鹰翔印染、苏钢、牡丹汽车 6 家销售收入超 10 亿元的规模型企业；苏州市区 20 家重点企业平均销售额超过 5 亿元，有 60 种产品年销售收入超亿元，64 种产品的国内市场占有率进入前三位，其中 9 个产品名列全国榜首。[1] 1997 年苏州市有 6 家企业列入江苏省支柱产业重点企业，销售收入超 10 亿元的企业增至 10 家。至 1998 年，苏州市共组建企业集团近 300 家，永鼎、孔雀电器、机械控股、吴江丝绸集团跻身全省工业产值前 10 名的企业集团之列。至 2000 年，苏州市计划实施的 100 种年净增销售收入 3 000 万以上的新增长点产品、28 种规模优势产品、100 种年销售收入 1 000 万元以上的新产品、17 个重点技改竣工项目全部产出，净增销售收入 250 亿元，占全市净增销售额的 47.8%；沙钢集团、孔雀集团（苏州飞利浦消费电子有限公司）的年销售规模超过 60 亿元，吴江丝绸、苏化等 5 家企业进入国家 520 家重点企业行列。

第三，大力实施技术创新工程，努力实现技术升级。经过苏州市上下的共同努力，苏州工业的技术升级取得显著成果。一是高新技术企业大量涌现。至 2000 年年底苏州市认定的市级以上高新技术企业已发展到 390 家之多，其中国家重点高新技术企业 15 家、省级 331 家，约占江苏省的 28%，位列全省第一名；苏州市共建有企业研发中心 36 家，其中省级 10 家，另有 15 家在苏投资的外资企业设立了设备先进、技术领先的研发机构。二是产、学、研结合取得重大进展。5 年中，苏州市 70%以上的骨干企业与国内外科研机构和高等院校建立了合作关系，形成了 200 多个产、学、研联合体；院市（中国科学院和苏州）合作取得明显效果，中国科学院 51 个分院、院所、公司与苏州 80 多家企业建立了合作关系，正式合作项目 78 个，已完成项目 23 项，双方投入项目资金 2.55 亿元，实现销售收入 8.5 亿元。三是科技创新成果丰硕。2000 年，苏州市省级高新技术产品累计达 575 种，产值达 574 亿元，占全市工业总产值的 25%，比 1995 年增加 12%；高新技术企业产品出口值达 37 亿美元，占全市出口总额的 34%，占全省同类产品出口总额的 60.4%，占全国的 8.7%，位居全国第三名，出口产品中电子信息类产品占 73%、生物技术类产品占 15.8%，高

---

[1] 中共苏州市委办公室：《我市加快工业结构调整的调查》，《苏州日报》，1997 年 7 月 17 日；文标：《我市现代工业体系初步形成》，《苏州日报》，1997 年 8 月 23 日。

新技术类产品对美国和日本及欧盟的出口已占全市高新技术产品出口额的73.2%；科技进步对苏州市工业经济增长的贡献份额达到53.73%，比1995年提高5.73%。[1]

第四，积极实施名牌战略，努力实现产品升级。自1992年起国家有关部门停止评定产品质量金、银质奖，改为评定中国驰名商标、江苏省著名商标、江苏省名牌产品。到2000年，全市累计共有中国驰名商标5件、江苏省著名商标44件、江苏省名牌产品85种，3项均居全省各市首位；苏州市名牌产品年销售达365亿元、实现利税达30亿元，占全市规模以上工业企业销售收入和利税总额的16.3%，出口创汇6.6亿美元。[2]

第五，压缩过剩产能，淘汰落后产业。自1993年起市区纺织系统首先关闭、撤销了10家织布生产企业，1995年10月起的一年多内市区第一至第四毛纺厂先后停产。截至1998年年底，苏州市区、常熟、太仓等地共完成10万锭的压锭目标，核销呆坏账准备金3.73亿元，生产经营了103年之久的苏纶厂宣告破产。1997年，冶金行业中的昆山钢铁厂、吴县铝加工厂、吴江新江钢铁厂因产能落后实施全面停产。1998年国务院批准将苏州丝绸业破产兼并项目列入国家重要结构调整项目计划，新苏丝织厂、江南丝厂成为首批实施政策性破产的企业。在"实施总量控制和压缩淘汰落后生产能力"时，3年间苏州市区棉纺织业的纱锭数从1990年最高峰时的15.75万锭压减至5.13万锭，织机台数从1985年最多时的1 609台压减至798台；苏州市区缫丝业中的苏州第一丝厂也正式停产，保留少量生产设备仅供旅游参观；小轧钢企业关闭26家；水泥业共关闭淘汰了9条小水泥生产线、19.9万吨能力，2000年继续淘汰了11条小水泥生产线、48.4万吨能力，完成了全部压缩工作[3]；压缩传统砖窑业加大力度，常熟市生产黏土实心砖的企业从最高峰时的126家压减至58家，总产量比最高峰时下降70%，2001年计划再关闭30家，余下的企业全面改制多孔砖。[4]

通过以上工作，苏州工业的产值明显提升，总产值由1991年的659.88亿元猛增到2000年的3 620.74亿元，增长约4.49倍，年平均增长速度达24.8%，远远高于江苏省、全国的发展速度，在全国地级以上城市中的位次自

---

[1] 张波：《苏州高新产品出口全国第三》，《苏州日报》，2001年3月10日。

[2] 陶冠群：《我市工业名牌列全省第一》，《苏州日报》，2001年1月13日。

[3] 宓晓文：《苏州工业凸现产品技术优势》，《苏州日报》，2001年2月7日。

[4] 叶红：《常熟压缩传统砖窑业》，《苏州日报》，2001年3月14日。

1992年起超过北京、天津，晋升至仅次于上海的全国第二位。在工业总量拾级而上的同时，工业的结构也发生了重大变化。2000年苏州市规模以上工业中，重工业产值首次超过轻工业，重工业所占比重由1990年的33%、1995年的40.3%上升至45.13%，改写了苏州工业向来以轻纺工业为主的历史；经济增长方式开始走上从粗放型向集约型转变的轨道，逐步形成一个以高新技术产业为龙头、规模型企业为领头、名牌优势产品为拳头，传统产业和新兴产业、支柱产业和战略产业协调发展，并在国内外具有比较优势和实力地位的新型工业结构和现代工业体系，逐步成为我国先进制造业的重要基地。

根据国际经济学家钱纳里等人提出的关于工业化发展阶段的划分和测算方法，2000年苏州人均GDP达到26 692元（按户籍人口计算），折合为3 255美元（按当时官方汇率1∶8.2计算），第一、二、三产业结构比为5.9∶56.5∶37.6（按各业增加值占GDP的比重计算），就业结构比为21∶49.8∶29.2，制造业占GDP的比重达51.3%。[1] 这些指标均表明，苏州的经济和社会发展已进入20世纪末国际工业化中期水平。

二、农业现代化的加速推进

1993年中共中央、国务院出台《关于当前农业和农村经济发展的若干政策措施》，1998年党的十五届三中全会审议通过了《中共中央关于农业和农村工作若干重大问题的决定》，苏州市的农业生产开始向现代化加速推进。

1. 农业产业结构调整全面展开和主导产业的日趋合理

1992年9月国务院做出《关于发展高产优质高效农业的决定》，提出：20世纪90年代我国农业的发展应当在继续重视产品数量的基础上，转入高产优质并重、提高效益的新阶段。苏州市委、市政府结合当年秋播部署大力发展“两高一优”农业，推进农业产业结构进一步调整优化，提出“稳定稻棉，调减麦油，搞活布局，提高效益”的原则，以“搞活夏熟，稳定秋熟”为主要内容，迈开了种植业结构调整的新一步。当年秋播中苏州市调减了三麦（主要是小麦）32万亩、油菜17余万亩，用于发展高效经济作物，利用冬春这一茬口发展粮棉与经济作物（主要为蔬菜瓜果）套夹种30万亩，调增了常年性桑、

---

[1] 黄正栋：《数字见证苏州改革开放30年巨变》，苏出准印（2008）字JSE-1002233号，第22、46、104-105、121、133页。

果、渔（内塘）面积 9.98 万亩。翌年春播夏种时又调减水稻种植面积 30.75 万亩、棉花 5.8 万亩。自 1993 年 4 月起江苏省放开粮食购销价格和经营，在这一重大改革背景下，1994—1997 年苏州市农业结构调整处于“迈小步、不停步”阶段。因工业发展和建设征地，苏州市耕地面积减少了 55 万亩，主要是相应减少了 16 万亩三麦、18 万亩棉花、7.5 万亩桑田，水稻、油菜种植面积保持基本稳定，蔬菜种植面积增加 10 万多亩，池塘养殖面积也有较大发展。由于产业结构的调整、“两高一优”农业的发展，加上国家较大幅度提高农产品收购价格，这几年农业的产出效益有较大提高，全市农业总产值净增 18.93 亿元，第一产业增加值净增 38 亿元，增幅分别达到 43.8%和 75.8%；1997 年苏州市农民人均纯收入 5 219 元，比 1993 年增长 1.04 倍，成为改革开放以来增收最快的阶段。[1]

为解决增产不增效、丰收不增收的农业结构性矛盾，从 1997 年秋播开始，苏州市各级各部门按照“稳定基础、培育支柱、发展特色”的总体思路，深入推进农业产业结构战略性调整，粮棉油种植面积进一步缩减，力度超过了 20 世纪 80 年代初中期、20 世纪 90 年代初中期这前两轮，同时大力发展水产、畜牧、蔬菜、花果园艺业，加快发展外向、生态、特色、设施、都市等“五型农业”，提高农业整体效益。2000 年苏州市水稻、三麦、油菜、棉花四大农作物种植面积分别为 265.2 万亩、153.9 万亩、91.2 万亩、17 万亩，与 1997 年相比，分别减少了 91.35 万亩、81 万亩、2.4 万亩、5.5 万亩；压缩粮棉油种植调整出来的耕地，主要是增加了 60 多万亩蔬菜和 30 万亩左右的池塘养殖，适应了市场对农产品的需求，也提高了农田产出效益。据农业部门测算，调整出来的面积比种粮每亩收入高出 1 000 元以上，可使全市耕地每亩增加 60 元的效益。蔬菜一跃成为苏州市第一大经济作物，种植面积进一步扩展到 151.7 万亩（复种面积），总产量 194.9 万吨，比 1997 年整整增加 100 万吨；水产成为经济总量最大的优势产业，水产品年总产量 31.84 万吨、渔业产值 44.84 亿元，为 1991 年的 1.69 倍和 4.36 倍，池塘水产养殖面积达 61.48 万亩，其中虾、蟹、甲鱼、鳜鱼、珍珠等特种水产品养殖面积达 42.3 万亩；畜禽业成为发展速度最快的新兴产业，1999 年苏州市为饲养畜禽而开辟的种草面积达到 3.6 万

[1] 黄正栋：《数字见证苏州改革开放 30 年巨变》，苏出准印（2008）字 JSE-1002233 号，第 104、116、163 页；沈石声：《苏州市农业连年丰收纪事》，《苏州日报》，1996 年 12 月 23 日。

多亩，年供养鹅120多万羽、养羊28万多头，[1] 2000年苏州市牧业年产值23.13亿元，比1991年增长1倍，年出栏生猪198.5万头，为20世纪90年代最高量，牛奶年产量43 742吨，为1991年的2.38倍，家禽年出栏量2 398.1万只，为1991年的3.95倍；另有林果9.12万亩、年总产量5.92万吨，花卉苗木10.65万亩，桑园8.9万亩。苏州地区还对虎丘、长青乡一带的茶花业，浒墅关、通安、望亭一带的席草种植业和家庭织席业，太仓一些乡镇的薄荷种植业进行了调整、压缩。

至2000年，经过三轮较大的产业结构调整，苏州市粮食作物与经济作物种植比例由20世纪90年代初的80∶20调整到54∶46，农业总产值中种植业与养殖业的比例由62.9∶37.1调整到50.2∶49.8，苏州市农业基本形成了粮食、油菜、蔬菜、水产、棉花、蚕桑、经济林果、花卉苗木和畜禽九大主导产业，经济作物比重不断增长，主要农副产品产量大幅增加，生产呈现多品种、高质量、高效益的发展态势，土地的综合产出效益不断提高，1999年农产品商品率提高到78.4%，市场经济条件下的现代农业框架初步建立。

2. 农业规模经营的快速发展和土地流转制度的逐步推行

20世纪90年代苏州农村劳力呈现出加快"分工分业"的趋势，促使农业适度规模经营也被提上了重要日程，以"两田分离"（家庭联产承包中的责任田和农户口粮田经营上实现分离）为主要特征的土地流转也逐步推行起来。各地积极引导，大力扶持，促进农业生产经营实现专业化、规模化，成为农村实行家庭联产承包责任制后土地生产经营方式的又一场大变革。

第一，耕地规模经营加快推进。到1992年年底苏州市耕地规模经营单位发展到1 593个，其中家庭农场1 282个、村及村农业服务站办农场279个、厂办农场14个、合作农场14个，共经营粮田10.17万亩，平均每个农场耕种面积63.8亩；苏州市共有28个村对全部责任田、5个村对全部粮田实行规模经营。1993—1997年全市农村土地适度规模经营发展中呈现出以下特点：一是速度加快，每年新增规模经营10多万亩，累计面积增加到83.38万亩，占全市粮田面积的22.2%。二是规模扩大，劳均承包粮田15亩以上的规模经营单位达1万个，平均每个规模经营单位承包耕地数扩大到80亩左右。三是"两田分离"成为趋势，土地规模经营面积占全市粮田责任田面积的45%，土地规模经营单位承担了全市55%的粮食定购任务，全市有30多个乡（镇）、500多个村已基

[1] 王晓宏：《我市畜禽生产出现三大变化》，《苏州日报》，2000年5月31日。

本实现“两田分离”。四是集体农场逐步成为主要形式，新增的规模经营单位大多为集体农场，尤其是集组织优势、技术优势和服务优势于一身的村农业服务站办农场发展迅速，家庭农场，尤其是外来农民承包者经营单位逐步减少。五是承包经营机制日趋完善。各地针对规模经营发展过程中出现的新情况新问题。一方面，在土地流转中全面引入招标承包、有偿承包机制，规范承包合同，使土地的集体所有权、农民的土地承包受益权得到价值体现，并通过招标制促进承包者素质提高，挑选懂技术、会管理的人承包；另一方面，对外来承包户从严控制，强化管理，普遍推行风险抵押承包，有效克服了外来承包户带来的负面效应。1998 年开展土地续包和发证工作后，苏州市土地规模经营面积没有出现大的波动。1999 年苏州市委、市政府制发《关于加强农村集体承包土地流转管理的办法》，为进一步推进农业适度规模经营提供了政策保障和管理规范。

第二，多种经营的规模经营蓬勃兴起。1992 年，苏州农村集体经济组织和一些企业加入投资开发多种经营种养项目，形成了一批有特色、上水平的种养综合型基地，是年年底全市已建有乡（镇）级多种经营种养基地 734 个、村级基地 2 000 多个。自 1993 年起苏州市各级政府大力实施“菜篮子”工程建设，加大投入和扶持力度，促进全市多种经营中的规模化生产经营年年迈新步。1995 年苏州市形成了 100 亩以上规模的特种水产养殖基地 96 个，规模化育蚌面积达到最高峰的 5. 27 万亩。自 1997 年起，苏州市多种经营进一步朝着专业化、规模化、特色化方向发展，是年年底涌现出纯收入超万元的专业户 10 多万户、超百万元的专业村 700 多个、超千万元的专业镇 70 多个，建成较大规模的生猪生产基地3 000 个、蔬菜基地 1 000 多个、水产基地 560 个，规模经营基地上市的生猪、蔬菜、水产已分别占全市上市总量的 75%、60% 和 70%。“一镇一业、一村一品”的区域化特色也更加明显。至 2000 年，苏州市共有存栏规模千头以上养猪场 231 个（其中万头以上 17 个），年出栏 50 头以上肉猪的养猪专业户发展到3 970 户，万羽禽场 159 个，千羽禽场 960 个；形成万亩以上种养规模的水产镇 24 个、蔬菜镇 31 个，5 000 亩以上花果苗木镇 4 个；多种经营种养业人均年收入超 3 000 元的专业镇 25 个、5 000 元以上的专业村 200 个，并涌现出收入 10 万元以上的专业户 350 户、100 万元以上的专业户 30 多户。

第三，外向型农业的起步发展和农业产业功能的拓展。“八五”时期苏州各地以当地农产品加工出口、名优新特农产品引进开发、农业产业功能延伸拓展为主要开掘方向的外向型农业项目发展迅速，并从种植业向养殖业拓展。至 1995 年 8 月，苏州市已开办农业“三资”企业 62 家，合同利用外资 1. 3 亿美元；引进开发种养新品 30 多种，直接出口的农产品及其加工制成品拓展到 12 个大类 150 多个品种，销往 100 多个国家和地区，出口值平均每年递增 80%以上，占全市自营出口产品总额的一半以上。[1]“九五”期间苏州农业利用外资的项目数和绝对量都有了较大的发展，并成功引进了一批大型项目，在农业功能拓展方面取得了一些开创性的重大成果。截至 2000 年年底，苏州市共开办农业外资企业 206 个，其中种养业与农产品加工业项目各一半左右，开业投产企业 130 多个；累计合同利用外资 11.74 亿美元，实际利用外资 5.72 亿美元；这些企业 2000 年主营收入 55.48 亿元，上缴国家税金 1.66 亿元，实现利润 3.5 亿元，农产品出口额 4 953 万美元；苏州市有 150 种农副产品及其加工制品跻身国际市场，出口创汇 2.56 亿美元，占全市出口贸易总额的 3%左右。[2]

第四，农业产业化经营步伐的加快和市场机制的形成。20 世纪 90 年代初，苏州市委、市政府要求各地各部门多种形式地发展产加销一条龙、贸工农一体化经营。如 1993 年组建的张家港梁丰集团，组织周边广大农民种植各种青饲料，建立了上万亩规模的种植基地，农民每亩可增收 800 元；1996 年发展成上千头规模的机械化奶牛场和生产系列化、深加工奶制品的大型企业，年产值达 7.5 亿元、税利 5 000 万元，其产品被选为国宾礼品，集团成为首批国家级乡镇企业集团。截至 1996 年年底，苏州市已有此类龙头企业 47 家，加工经营产品 150 多种，年产值 60 多亿元。1997 年中央 1 号文件部署大力开拓发展农业产业化经营。苏州市委、市政府迅即提出《关于加快推进农业产业化的意见》，要求农村各级充分认识推进农业产业化经营是改革开放以来继实行家庭联产承包、调整农业产业结构后农村第三次重大改革，它用市场经济条件下产业化、工业化的思路来发展农业，将分散的家庭经营与社会化大市场相联结，把农业生产引向集约化、规模化、商品化的轨道，促进农业发展、农民增收、农村稳定和繁荣。苏州市各级各部门在推进农业的产业化经营，创新出“公司+农户”“基地+农户”“专业大户带农户”“经纪人+农户”“专业市场带动农户”5 种发展模式。

第五，农业科技示范园区和农业机械化助推现代农业加快发展。在农业科技示范园区建设方面，截至 1997 年年底，江苏省、苏州市科委共向全市 10 个

---

[1] 沈炳荣：《我市农业外向型经济成绩显著》，《苏州日报》，1995 年 9 月 23 日。

[2] 吴秋华、张国：《苏州“外”字号农业增多》，《苏州日报》，2001 年 5 月 31 日；苏州市农业委员会：《苏州农业志》，苏州大学出版社 2012 年版，第 110、113 页。

园区下达了35个科研及推广项目，省内外6所高校和院所相关人员进园实施了一大批农业科技项目，促进了科技成果向现实生产力的转化，还为周围农民提供了看得见、摸得着的样板，产生了较强的辐射力，推动了农业规模化、产业化发展和经济效益的提高。在农业机械化推进方面，“八五”期间苏州市农机总投入3.9亿元，加速推广应用适用农机具，农业综合机械化水平达67.5%。“九五”开始苏州各级各部门建立农业机械化发展基金，对购买大型农机的农户和农业经营企业由县（市）、乡（镇）、村三级实行补贴政策，在江苏省乃至全国率先引进高性能联合收割机和高速插秧机等世界先进的农业机械，农业综合机械化水平达75%，这标志着苏州农业生产方式实现了历史性的变革。2000年，苏州市农业机械总动力279.49万千瓦，比1991年增加25.5%；拥有大中型拖拉机5 713台、大中型轮式拖拉机配套农具15 118台、联合收割机5 966台、割晒机1 617台、农用汽车5 640辆，分别比1991年增长1.5倍、1.6倍、5.4倍、6.6倍、17.7倍。[1]

苏州的农业现代化水平因此得到迅速提高。2000年，苏州市第一产业从业人员65.9万人，占全社会从业人员的20.99%，占乡村实有劳动力总数的30.83%，比1991年分别下降8.27%和8.74%；实有耕地面积453万亩，比1991年又减少85.48万亩；农、林、牧、渔业总产值169.3亿元（当年价），比1991年增长1.88倍；耕地亩均产出2 178元（1990年不变价），比1991年增长1.07倍；第一产业增加值90.96亿元，比1991年增长1.54倍，第一产业增加值占地区生产总值的比重为5.9%，比1991年下降9.3%；农民人均纯收入5 462元，比1991年增长2.16倍，其中来自种植业的1 225元，来自多种经营和家庭副业的1 699元，两者合计占总收入的一半多。[2]

三、第三产业的快速发展

20世纪90年代，苏州市第三产业呈现出规模迅速壮大、领域不断拓宽、比重逐步提升、开放度日益扩大和数量与质量同步增长、城市和农村全面繁荣、传统行业与新兴行业交互促进的良好发展态势，成为全市经济的一个重要

---

[1] 苏州市农业委员会:《苏州农业志》，苏州大学出版社2012年版，第116、755、761、777-778页。

[2] 黄正栋:《数字见证苏州改革开放30年巨变》，苏出准印（2008）字JSE-1002233号，第104-105、128、129、140-141、150-151、153、157、162、230页；苏州市农业委员会:《苏州农业志》，苏州大学出版社2012年版，第102页。

增长点，为苏州经济的腾飞和跨越式发展做出了重要贡献。

1. 加快发展的规划部署与提高发展成效

1993年7月，苏州市委、市政府根据中央《关于加快发展第三产业的决定》，结合苏州实际情况，制发了《关于加快发展第三产业的若干意见》。该意见提出，第三产业增加值年均递增20%，1995年达到125亿元，占国民生产总值的27%，2000年达到275亿元，占国民生产总值的1/3左右；全市第三产业的劳动者占社会劳动者总数的比重，1995年达到25%左右，2000年达到30%左右。1994年苏州市委、市政府制发《苏州市第三产业发展规划纲要》，明确全市“三产”发展的重点是：对国民经济具有全局性、先导性影响的基础行业；能满足工农业生产发展和人民生活水平提高需要，投资少、收效快、效益好、就业容量大的传统、支柱行业；同加快科技进步相关的新兴智力型行业。苏州市有关部门随即制定《关于加快发展第三产业的若干政策措施》，为加快发展提供了有力的政策支持和工作保障。1996年年初，苏州市委、市政府组织制定了《苏州市国民经济和社会发展“九五”计划暨基本现代化总体规划纲要》，提出要把苏州建设成为区域性的加工制造业中心、商品物资集散中心和旅游度假中心，使全市上下进一步明确了苏州“三产”发展的重点方向和目标。

由此带来了20世纪90年代苏州市第三产业的大发展，突出表现在五个方面。一是发展猛力加速。“八五”时期苏州市第三产业增加值以年平均26.6%的速度增长，“九五”时期仍保持年均增长13.9%的较快速度，继续高于同期全市第一、二产业的增长速度。二是总量迅速扩大。1995年苏州市实现第三产业增加值279.33亿元，比1991年增长4.36倍；2000年又扩大至579.62亿元，实现了五年翻一番多。两个五年计划的完成实绩都比1993年苏州市委、市政府提出的奋斗目标值增加了一倍多。三是占比逐年提高。苏州市第三产业占地区生产总值的比重跳出了长期在20%左右徘徊的局面，1995年比重提升至30.99%，2000年进一步提升至37.62%，均比1993年苏州市委、市政府规划的目标值高出4%左右；苏州市第三产业从业人员由1991年时的65.6万人增加到1995年的80.39万人、2000年的91.72万人，占全社会从业人员的比重也由1991年时的19.9%上升至1995年的24.77%、2000年的29.22%。四是多种经济成分共同参与发展的局面初步形成。1991—1994年，苏州市第三产业批准兴办外商投资企业1 212家、合同外资51.86亿美元，占全市同期总量的17.1%和37.2%。1995年后基础设施、旅游、文化娱乐领域外商合资或独资项目明显增多，外资金融机构实现突破，至1999年五年间共兴办外商投资第三产业项目482项，合同外资24.23亿美元。[1] 国有、集体、民资和外资、外地资金一起上，使苏州市第三产业的发展步伐大大加快，发展活力和后劲更加强劲。据1998年的统计，苏州市实现的社会消费品零售总额中，国有经济占23.65%，集体经济占34.8%，私营个体经济占25.38%，外商投资经济占1.5%，股份制、联营等经济占14.78%；与1995年相比，国有和集体经济比重下降16.17%，私营个体经济比重上升了12.06%，外商等其他经济比重上升4.46%。五是第三产业一些领域的发展走在江苏省乃至全国同类城市的前列。在传统商业零售业、餐饮业、旅游业等继续名列全省前茅的同时，20世纪90年代苏州的专业批发市场建设处于全国领先地位，期货交易市场在全国崭露头角，新颖特色旅游品牌在长三角地区乃至全国打响。

2. 传统商贸服务业提档升级

第一，一大批较现代化的大型商场拔地而起。在观前商圈，苏州人民商场于1993年改扩建南部营业大楼，1996年翻建北部老大楼，商场总面积增至3.5万平方米，年销售额达4.38亿元；苏州市第一百货商店重建后于1992年重新营业，1995年兼并萃华园菜馆后营业面积增至1.3万平方米；苏州市工业品商场于1993年创办苏州首个中外合资的商业零售企业——美罗时装城，1995年在南侧兴建的大楼落成投运，与老楼合为连体大型商场——苏州购物中心，1998年销售额达5.6亿元，居全市零售商业第一位；由社会力量和外来投资为主建办的苏州商城、华联商厦、长发商厦等大型商业网点于1995—1997年先后开张；副食品经营业也有一批规模化、特色化的门店面世，百年老店采芝斋自1997年起主营苏式传统食品，稻香村食品商店回迁观前街后主营特色糖果糕点，苏州食品商场自1998年起设立苏州土特产一条街、小吃美食广场等。在石路商圈，1994—1996年亚细亚商厦、威尼斯商厦、石路国际商城、八面风商厦等大型商贸大楼先后开张。在南门商圈，苏州商业大厦投资兴建的泰华商城开张，营业面积达2.5万平方米；自1998年起转为以品牌专厅、专柜经营为主，其中属苏州地区首家或独家引进的国内外著名品牌70余个。至1998年，苏州市共有规模以上商业零售企业157家，拥有营业面积69.32万平方米；市属商业贸易系统拥有年销售额超亿元的企业13家。[2]

---

[1] 陆允昌、高志斌：《苏州对外经济五十年（1949—1999）》，人民出版社2001年版，第103、107页。

[2] 国民、兰兰：《改革激活国有商业》，《苏州日报》，1999年10月25日。

第二，餐饮服务业走上品牌化、特色化、规模化发展之路。1999年苏州市餐饮业实现营业收入28.28亿元，占社会消费品零售总额的9%；与1991年相比，营业额增长5.25倍，占社会消费品零售总额的比重提高4.3%。20世纪90年代的发展中具有四大亮点。一是一批老字号品牌焕发青春。1993年第三届全国烹饪技术比赛中，由松鹤楼、新聚丰、大三元菜馆5名选手组成的苏州队荣获团体金牌，松鹤楼菜馆的5个菜品获得金牌。1996年全国餐饮业在改革开放后首次被评定最高级别的特一级烹调师共126名，松鹤楼菜馆的屈群根等6人入列。1997年松鹤楼菜馆的卤鸭、新聚丰菜馆的枣泥拉糕被中国烹饪协会审定为全国首批“中华名小吃”，2000年苏州又有15个品种上榜。1997年松鹤楼菜馆拥有特一、特二级烹调师14名，被国内贸易部评定为首批“国家特级酒家”，经扩建可容纳1 000人同时用餐，2001年与得月楼菜馆、常熟山景园菜馆等5家一起被中国烹饪协会授予“中华餐饮名店”。得月楼菜馆先后兼并京华酒楼、大三元酒家，餐位增至170桌。黄天源成立公司后建速冻食品厂，使传统苏式糕点打入全国近百家商厦超市，还出口外销多国。昆山百年老店奥灶面馆于1998年由国资出资赎回经营权并注册了“奥灶馆”商标，恢复原有传统工艺，受到食客青睐。木渎乾生元主产的松子枣泥麻饼自1999年起按旅游休闲食品定位进行创新开发，上市后打入北京、上海的机场和车站，还出口美国等国家。二是一批特色新门店、新菜品受人青睐。著名作家兼美食家陆文夫于1995年在十全街策划创办的“老苏州茶酒楼”、设有“姑苏一桌菜——四六四”等特色宴席的旧学前大鸿运酒店、善于营造就餐文化氛围的嘉余坊同济酒楼及北门饭店的肠肺汤、通天府酒楼的鲍翅海鲜菜品、天竺酒楼的大众实惠宴、胥城大厦的江南四名宴、吴宫喜来登的高档自助餐、凯莱大酒店的船菜宴等，各具特色，圈定了各自的客户。同时，苏州市多地农村利用各自的资源，开发具有独特风味的餐饮新亮点，如吴县太湖乡的船餐美食一条街、昆山巴城镇以阳澄湖大闸蟹为主要品牌的船坊、吴县藏书镇的白汤羊肉和“全羊宴”一条街、太仓双凤的红烧羊肉和“肥羊大面”一条街、张家港大新等地的“长江三鲜”美食宴等，都赢得大批食客。三是一批餐饮“巨无霸”门店竞相亮相。自1998年起苏州市区一些餐饮业主开始跃跃欲试打造“餐饮大卖场”，不到一年，新皇宫、贵宾楼、市会议中心丰乐宫、阿雷大酒店、福记好世界、新嘉余楼、南开大酒店等不约而同、竞相开张，均可容纳1 000余人同时就餐，最多的可容纳3 000人就餐，新嘉余楼还创下了“华东地区私营餐饮业之最”。四是“外来兵团”抢滩苏州，角逐市场。自20世纪90年代起苏州餐饮业苏帮菜点长期一统天下的局面开始被打破，全国各地乃至国外的特色餐饮逐步进入苏州，极大地丰富了餐饮市场。继 1993 年美国肯德基快餐店落户观前街后，马来西亚芳香鸡、美国麦当劳、意大利必胜客、美国星巴克等外国快餐品牌接踵而至；外地各帮名菜系也进军苏城，如潮帮的韩香酒楼，粤帮的大三元、广东润记，浙杭帮的咸亨酒楼、张生记、小绍兴酒家，以及西北风情的北疆饭店，等等；兰州拉面、云南过桥米线、老妈米线、无锡小笼、常州大娘水饺、绍兴鸡粥、嘉兴粽子、阿潘骨头汤、南京鸭血粉丝汤、重庆要德火锅、台湾永和豆浆、福建沙县小吃、四川好人民间小吃等外地特色名点也落户苏州各地，并大量开设连锁门店。

第三，商贸新业态和新营销方式层出不穷。20 世纪 90 年代国际通行的现代商贸流通、营销服务技术为我国大量引入和日益广泛采用，苏州业界人士大胆尝新，促使各种现代商贸业态得到快速发展，极大地改变了传统的经营方式、管理手段和居民消费方式。一是连锁经营日趋兴盛。20 世纪 90 年代初苏州第一百货商店率先迈出步子，至 1994 年全市商业系统发展连锁经营门店 97 家，其中市属商业 60 家，实现销售 5 亿元，占市属商业零售总额的 1/3 以上；连锁网店中跨县（市）的约占 30%，最远的开到了黑龙江、海南、广东等省。饮食行业也大力开展连锁经营，得月楼菜馆、黄天源糕团、长发西饼、好利来蛋糕、绿杨馄饨、朱鸿兴、观振兴、近水台、陆振兴、陆长兴、同德兴、陆稿荐、一品香、马泳斋卤菜等的连锁经营都呈现出良好的发展态势。至 20 世纪末，苏州商贸的连锁业态业种发展到商场、便利店、餐饮、旅馆、服务维修、医药等 30 多个类别，连锁网点从市区向县乡全面拓展。二是超市卖场一举兴起。1995 年，苏州新区创办江苏省首家超市性质的自选式便利店公司——百汇便利连锁店公司，苏州糖烟酒总公司与东莞合资开办的苏州首家以“超市”命名的美佳超市至年底共在市区开设连锁门店 7 家。随后几年中，华润、华联、联华、美宜佳、可的、喜士多等中小型连锁便利超市陆续发展起来。1999 年，东环路三星路（后更名现代大道）口开出百润发大卖场（2006 年更名为大润发平价购物广场），营业面积 1.5 万平方米，经营商品 2 万余种，为苏州首家大型货仓式卖场超市，当年销售额超 2 亿元，第二年达 3.72 亿元；超市所在的购物广场设室内商业街，引进各类品牌专卖店、餐饮店及娱乐场所，形成区域性商贸中心。2000 年，百润发东环店、华润超市、北京华联苏州店名列苏州市区商贸零售业“十强”企业。2001 年，苏州市区连锁超市门店总数已达 230 余个，营业面积达 1 000 平方米以上的连锁超市有 11 家，其中 1 万平方米以上的有3家。三是专营专卖和网售邮购等经营方式成为新趋势。1993年，苏州市第一家国际著名品牌的“佐丹奴”专卖店在市区开张，之后两年中，金利来、花花公子、稻草人、鳄鱼、梦得娇、人头马、苹果、捷安特等著名品牌商品专卖店先后在市区开业。大中型商贸企业普遍突出了品牌经营，以取得品牌商品经销权为特点的总经销、总代理已被广泛施用，新型的工商关系和营销网络正逐步形成，至1998年苏州市贸易局直属企业年销售额超300万元以上的品牌有180余个，占总销售额的40%左右。1991年主营快餐盒饭外卖的天天快餐公司开办，紧接着新亚、红枫、三友、新狮王、立达、时尚等快餐公司一家接一家开办，生意都较为红火。随着家庭计算机的逐步普及和互联网业务的开通，信用消费、网上购物、邮购等新颖的经营方式逐步推行。1999年5月，江苏省首家网上商店——苏州一百网上商店电话银行付款正式开通，实现购物、转账一次完成，标志着电子商务走进了市民家庭，这一崭新的消费方式对传统商业经营方式带来了强烈冲击。四是市级商贸中心日益完善和区域性商贸中心培育成型。20世纪90年代，市、区两级政府结合旧街坊改造和商业网点建设，对城市商贸中心区和主要商业街进行统一规划，实施大规模的整治改造工程，对网点结构进行调整、充实、完善，老网点全面改造更新，新网点成倍增加，商贸区的面貌焕然一新，购物、休闲环境得到大幅改善提升。观前商贸中心，经20世纪80年代末90年代初一轮大改造大建设，日均客流量达8万人次；自1999年起苏州市政府组织实施的观前地区整治更新工程分期告竣，整个观前商贸中心变得更加靓丽、繁荣，日均客流量猛增至15万人，古城商业核心板块的地位更加显著。石路商贸区，自1993年起的3年内共投资3亿余元，在0.4平方千米的商区内兴建10幢现代化商业大楼，社会各界也参与建造了10余幢商贸服务大楼，20层以上的有协和大厦、华昌大楼、华银大厦、名人广场、新世纪大酒店等，并改扩建了一批老商贸服务网点；自1996年起，由苏州市城建开发总公司等单位联合开发总建筑面积达2.4万平方米的“金门商城”；1999年，金阊区亚细亚集团重建的600米长南浩街北段商业街区竣工投用，使石路商业区的商铺总面积增至30万平方米；2000年，石路商贸区又实施优化整合改造工程，重点开发建设小天使广场，成为苏州市区颇具特色的商业休闲步行广场。苏州市区两个新的区域性商业中心逐步形成。一为南门商贸中心。20世纪90年代中期进行大规模改造扩建，人民路两侧翻建商业楼，除泰华商城外，还建起三友商厦、瑞富广场、香雪海饭店、杭城大酒店，开办室内农贸市场、水果批发市场、南门小商品市场、大乐福超市、文化市场、电子市场、茶叶市场、文庙古玩市场等，整个南门商圈面积扩展至约 2 平方千米。二为苏州新区狮山路商贸中心。自 1994 年起，新区商城、新城花园酒店、淮海路商业一条街、天狮皇座大酒店、狮山购物中心、百汇连锁超市、锦华苑商业中心、苏州乐园度假酒店、国新大酒店、锦江之星苏州乐园店、福记好世界餐娱店、阿雷大酒店等相继开业，遂成为苏州西部新城区的商贸中心。20 世纪 90 年代，苏州市各区在古城内着重规划发展特色商业街，培育形成了东中市五金街、乌鹊桥路电脑街、胥江路汽配街、景德路婚纱影楼街、皮市街花鸟及收藏街等一批聚商成市的特色商业街。五是县、乡商贸服务业发展亮点纷呈。20 世纪 90 年代，苏州市所辖各县（市）的商贸业也有长足发展，2000 年的社会消费品零售总额均比 1991 年翻两番，县（市）实现的社会商品零售总额占到全市的 64.5%；各县城的商业设施与城市不相上下，区域性商贸中心基本形成；乡（镇）的商贸服务网点日趋完善，基本满足了农民物质和文化消费的需求。县、乡商贸业发展中形成了一些亮点和特色，如 1994 年张家港市杨舍城区依托沙洲中路建成全市和全国县级市中首条商业步行街，常熟市虞山城区以海虞路为轴线建设新城区商贸中心，常熟市供销社创办的常客隆超市迅速在农村集镇和部分中心村开办连锁门店，太仓市城厢城区打造的府南中心商贸区形成了一个具有现代化气息的繁华商业中心，昆山市商业、供销部门与苏州、上海商业大企业合作，建办了万源商城、碧波大厦、长发大厦、昆山商厦等大型商贸经营设施和遍布乡（镇）的上海华联、上海捷强等超市、连锁网店，吴县新城区开发建设成为苏州城南一大区域性商贸中心，吴江市商业局建办的大发电器市场成为华东地区最大的专业电器市场。

得益于改革开放带来的民众收入的持续增长、商业销售模式的变革和消费环境的改良，苏州地区的消费市场快速膨胀。1995 年苏州市社会消费品零售总额达 242.31 亿元，比 1990 年增长 2.36 倍，年平均增长 28.13%，为中华人民共和国成立以来增长最快的时期；每千人拥有的商业网点数由 1990 年的 10.37 个增至 15.71 个，每千人拥有的商业从业人员数由 1990 年的 41.91 人增至 46.65 人。2000 年苏州市实现社会消费品零售总额 348.17 亿元，比 1995 年增长 43.69%；人均社会消费品零售总额由 1995 年的 4 235 元提高到 6 032 元。

3. 统一规范开放的市场体系基本形成

第一，知名老专业市场做大做强。20 世纪 90 年代常熟招商场发展壮大为常熟招商城，占地面积由近百亩扩展到 300 多万平方米，交易区面积由近万平方米扩大到 100 多万平方米，设有店铺、摊位上万个，年销售额由 3 亿元增加到 126 亿元，市场商品成交额占常熟全市市场商品成交额的 2/3 以上，招商城管理部门拥有的总资产超 10 亿元，实现利税由 1 500 万元增加到超亿元，市场的综合效益跃居全国十大市场第二位。商城直接吸纳 10 多万个个体经营者和商品生产者，日进场采购的商贩有 10 多万，当地上千家大大小小的服装及纺织品生产加工企业和 2 万多户个体服装生产专业户的产品主要靠这个市场销往全国各地，市场的不断壮大成为常熟经济发展的一股强劲推动力。吴江盛泽东方丝绸市场，1992 年年底晋级为中国东方丝绸市场；1994 年扩建占地 200 亩的盛泽丝绸商城，建筑面积扩大至 12 万多平方米，新增客商 600 多家；1995 年市场成交额突破 100 亿元大关，成为江苏省首个年成交额超百亿元的商品批发市场；1996 年达 120.8 亿元，建场 10 年累计成交各类纺织面料 20 亿米、化纤原料 20 万吨，销售总额 354 亿元。[1] 吴县渭塘珍珠市场，1994 年再次改建扩建，摊位增至 1 200 多个，年成交额超 10 亿元，占全国淡水珍珠交易量的 2/3，成为中国最大、世界闻名的淡水珍珠专业交易市场，1995 年被命名为“中国珍珠城”，1996 年市场占地达 3.2 万平方米，日均进场人数 8 000 人，成交量达 780 吨。[2]

第二，各类新办大型专业市场成批涌现。第一类是为适应农产品统购统销制度改革、实现市场化经营应运而生的农副产品批发交易专业市场。如 1991 年苏州市食品公司建办的苏州市肉食品批发交易市场，1993 年苏州市粮食局建办的苏州市粮食批发交易市场、吴江震泽镇创办的江苏太湖茧丝市场等。第二类是依托本地加工生产基地而建立的商品专业批发市场。如 20 世纪 90 年代初张家港市妙桥镇兴办妙桥针织精品市场，1995 年市场成交额名列江苏省十大工业品市场第二位，1996 年成交额进一步放大至 60 亿元，成为全国最大的羊毛衫专业市场。1992 年在苏虞张公路两侧建起蠡口家具城，总占地面积达 1.66 平方千米，总营业面积 60 万平方米，仓储面积近 40 万平方米，汇聚著名品牌 200 余家，驻场经营户 2 868 户，从业人员 5.6 万人，年成交额超 10 亿元，成为华东第一、全国第二的家具专业市场。[3] 吴县镇湖的刺绣业改革开放后成为当地农户的主要家庭副业，全镇从业人数有 8 000 人左右。自 1998 年起镇政府规划建造长 1 670 米、总建筑面积 7 万多平方米的绣品一条街，有前店后坊式

---

[1] 吴辰：《盛泽丝绸商城昨日开业》，《苏州日报》，1994 年 3 月 29 日。

[2] 王荣、韩俊、徐建明：《苏州农村改革 30 年》，上海远东出版社 2007 年版，第 52 页；尹平、文标：《姑苏著名市场掠影》，《苏州日报》，1999 年 3 月 19 日。

[3] 沈石声、王莉：《江苏蠡口国际家具城崛起纪事》，《苏州日报》，1999 年 8 月 30 日。

的刺绣工艺品店及花线店、电脑印花店、镜框店等专业配套店近200家，2000年全街年销售总额4.98亿元，商家盈利1.8亿元，镇湖镇被文化部授予中国民间刺绣艺术之乡的称号。常熟市支塘镇1992年建办常熟食品城（又名支塘副食品市场），市场滚雪球般发展，经销各类炒货、糖果、蜜饯、饮料等，2000年成交额达10.8亿元。第三类是为满足本地消费需要而创办的各类专业市场。这是20世纪90年代发展的数量和门类最多的一类。如郊区横塘乡1993年开办了占地1.52平方千米的苏州首家装修材料专业市场——金屋装饰城，经6年的发展，经营商户总数达1 200多户，年交易额超10亿元。苏州肉联厂自1995年起开发建设钱万里桥小商品市场，吸纳以浙商为主的500多家客商进驻，1997年成交额增至3亿元左右。1998年民营苏州鹏云集团投资兴建的华东电器城开张，建筑面积4万平方米，进驻厂商300余家，经营3 000余个品牌；2000年又在东环路南端投资兴办了华东装饰城，总建筑面积达10万平方米，进场厂商800余家。

第三，市场中介服务业发展提速。20世纪90年代苏州各级各部门把培育和发展市场中介组织及中介服务业作为建立健全社会主义市场体系的重要一环，大力加以推进，着重发展形成了三类中介组织。第一类是直接为市场主体和交易双方服务的组织、机构，1994年苏州市有职业介绍所201家、人才交流中心11家。第二类是为保证公平交易、有序竞争的公正服务机构，1994年苏州市有会计师事务所、审计师事务所、律师事务所162家。第三类是为促进市场发育、提高决策和管理水平、降低交易成本而开展中介服务的咨询中心、信息中心、评估和研究机构，至1998年苏州市有咨询机构229家、专职咨询人员4 260人，占江苏省统计数的19.7%，居省辖市之首，咨询内容涉及决策、技术、工程、企业管理、金融、法律、信息等领域，全年承接咨询项目6.48万项，金额2.54亿元。[1]

通过上述举措，20世纪90年代苏州的市场经济得到充分发育，商品流通量大增，以批发销售地产工农业产品和区域性商品集散中心为主要功能的各类专业市场在城乡继续蓬勃发展，无论是生产资料市场还是消费品市场和生产要素市场，数量都有大量增加，门类有很大拓展，规模、功能、档次也显著提

[1] 苏体信：《我市市场中介组织发展迅速》，《苏州日报》，1994年8月18日；王重云：《我市积极发展咨询产业》，《苏州日报》，1997年8月14日；虞守平、陈莉：《咨询业发展快范围广》，《苏州日报》，1999年6月7日。

升，基本形成了社会主义市场经济新条件下的统一、规范、开放的市场体系，为全市第三产业的快速增长和市场经济体制改革的不断推进发挥了日益重要的作用。在江苏省市场协会组织评选的1995年全省三大类各十大市场中，苏州有东方丝绸市场、常熟招商场、渭塘中国珍珠城、妙桥羊毛衫商城、苏州市钢材市场等10家市场榜上有名；全省年成交额超50亿元的5个商品批发市场中，苏州独占4席。2000年与1991年相比，苏州市商品交易市场由481个增至846个，年成交总额由39.64亿元增至798亿元，其中年成交额超亿元的市场由10个增至63个。由此，苏州市“九五”规划中提出的建设“区域性商品物资集散中心”目标基本实现。

4. 交通运输和邮电通信业长足发展

第一，交通运输业发展适度超前。“八五”时期苏州市用于交通基础设施建设的资金达58.3亿元，为“七五”时期的26倍，组织实施并竣工了十大骨干工程，占同期全社会固定资产投资完成额的5.4%，比“七五”时期提高4.48%。“九五”时期苏州市共完成交通基础设施建设投资81.07亿元（不含铁路和管道建设投资），比“八五”时期又增长39%。初步形成了“快速便捷、干支通达、江海贯通、水陆空联运”的网络化、立体式交通运输体系，从“水运时代”全面迈向了“公路时代”，进而又跨进了“高速公路时代”和“远洋航运时代”。与内河航运业的逐年萎缩与铁路运输业的缓慢发展相比，公路建设得到长足发展。到2000年年底苏州市公路总里程达1 925千米（按公路管理部门及公路经营公司管养的里程长度统计），比1990年增加394千米，其中国道392千米（包含高速公路70千米）、省道256千米、县道916千米、乡道431千米；与1990年相比，国道增加150千米，省道增加19千米，县道增加703千米，乡道减少408千米；全市有二级以上公路992千米，比1995年增加414千米。道路建设的快速发展为运输业的跨越式发展提供了条件。客运方面，2000年苏州市拥有营运载客汽车8 478辆/116 979座，公路旅客运输量为18 447万人次，完成客运周转量1 009 983万人/千米，分别比1990年增长9.3倍、1.8倍、1.8倍、3.6倍；苏州市客运班车线路由1991年的635条增加到1 111条，主要增加了省际班线，由167条增至477条。货运方面，2000年苏州市拥有营运载货汽车42 660辆/112 683吨，完成公路货物运输量4 567万吨、公路货物运输周转量249 587万吨/千米，分别比1990年增长65.4倍、23.1倍、5.1倍、8.4倍；自1993年起货运市场放宽，运输企业的所有制结构发生重大改变。以苏州市区为例，2000年苏州市区共有营运载货汽车11 133辆/

34 767 吨，其中交通专业运输企业 630 辆/4024 吨，只占总量的 5. 7%，而非交通运输企业（含乡镇、街道）拥有 9 579 辆/29 681 吨，个体私营拥有 924 辆/1 062 吨。城市公共交通业同步快速发展。自 1991 年起连续 5 年将公交车更新、线路新辟列为苏州市政府实事项目，对社会各界营运的 500 余辆客运中巴车实行收购改组，实现城乡公交一体化；1995 年苏州市区首辆无人售票公交车在 9 路公交线上运行，至 2002 年全面实行公交无人售票和乘坐一票制（少数远郊线路实行按路段不同的票价翻牌制）；1998 年首批 15 辆空调车在 7 路公交线路上营运，14 辆双层公交车在 68 路公交线路上营运，苏州市公交公司客运总量 11 470 万人次，最高日客运量 48. 25 万人次，客运总收入 7 620 万元；1999 年苏州市公交公司与上海巴士公司合资组建苏州巴士公共交通公司，改变了苏州市区公交几十年独家经营的局面；2000 年苏州市区共有公交营运线路 43 条，线路营运长度 648. 4 千米，比 1986 年增加了 22 条和 394. 4 千米。苏州市区的出租汽车营运业自 1992 年起加快发展，当年国有、集体、个体出租汽车由 1985 年的 77 辆猛增到 500 余辆，1993 年又发展到 1 000 余辆。1995 年组织首次公开拍卖市区出租汽车营运证 280 张，同时对苏州市区营运的中巴车实行有偿收购后转为出租车，当年苏州市区出租车数量猛增至 2 134 辆。1996 年后苏州市区出租汽车进入总量控制、稳定发展阶段，54 家出租汽车营运企业、2 400 余辆的总量一直保持到 2003 年。20 世纪 90 年代苏州各县（市）也先后发展起出租汽车业务，2000 年先后在县城开辟公交线路，并逐步开通农村公交线路。民用航空客运业有所拓展。硕放机场 20 世纪 90 年代增辟苏州至福州、昆明 2 条航线，总航线达 5 条。2004 年 2 月恢复民用通航后，当年完成运输旅客 32 万人次，比 1994 年增长 30 余倍。

第二，邮电通信业与时俱进。“八五”期间苏州市邮电部门多渠道筹集建设资金，大胆利用国外资金，大规模引进现代通信技术和装备，共投入 6. 5 亿元，形成了邮电通信建设规模经营、成片开发的良好局面。1993 年，在江苏省率先将人工、模拟交换机全部改建为数字程控交换机，建成苏州—上海、苏州—南京等大容量光纤传输通道，长途线路中光缆和数字微波占到 96%，苏州实现本地传输光缆化、交换程控化，城乡电话用户发展至 7. 6 万户。1995 年年底苏州市城乡电话总数达到 53. 7 万户，其中住宅电话 39. 9 万户，电话普及率达到每百人 15. 64 部，其中市话普及率每百人 29. 33 部，农话普及率每百人 9. 69 部，均属江苏省领先水平；苏州市城乡邮电支局公众电报传递方式更新为传真化，传统的按键发报方式退出历史；无线寻呼业务（BP 机）用户发展至 20 万户。苏州的通信技术接近世界发达国家水平。“九五”时期苏州的现代通信业进一步加快发展。1998 年年底“全球通”移动电话用户达 28.98 万户，业务总量 11.43 亿元；2000 年移动电话用户发展到 110 万户，向社会推出了全球通、神州行、如意呼、语音信箱、短消息、金卡快捷通、手机银行、移动证券、GPS 车载定位等多种业务；国际漫游通达 63 个国家和地区。公众多媒体通信从无到有，1996 年 5 月开通 163 因特网；1997 年窄带综合业务数字网在苏州正式投入商用，因特网用户累计达到 2 000 余户，其中个人用户占近一半；1998 年 169 网覆盖全市，苏州站点网上信息源超过 60 个；1999 年苏州电信局（1998 年 10 月苏州邮电局分建苏州电信局和苏州邮政局）实施建设“信息港湾工程”，将信息站点建设到所有市（县），可开放包括网络教学、电子商务、股市交易、网络报税等一系列网上应用系统；2000 年年初苏州电信本地宽带网正式开通，带宽升至 155 兆/秒，与房地产商合作建成 22 个信息化小区，住户可实现宽带高速上网、视频点播（Video on Demand，VOD）等网络应用服务，享受全新的信息化生活方式，至年底全市互联网用户新增 29 万户，企业上网增至 2.4 万户。固定电话进一步发展，2000 年 3 月苏州市电话交换机总容量达 246 万门，固定电话用户突破 150 万户，城乡电话普及率达每百人 48.07 部。

5. 金融保险和证券期货业全面兴盛

第一，银行金融机构和业务规模不断拓展。工、农、建、中等国有银行逐步突破专业银行业务范围，向综合性银行发展。1993 年中信银行、1996 年华夏银行、1997 年浦发银行、1998 年光大银行、2000 年招商银行在苏州设立分支机构，开展金融业务。1995 年苏州市农村信用合作社与农业银行脱钩，独立开展金融业务。1996 年设立中国农业发展银行苏州分行，承担从农业银行中分离出的国家有关农业政策性金融信贷业务。1997 年以苏州市区 16 家城市信用社为基础，由苏州市财政部门和 9 家大型企业（集团）合资组建苏州城市合作银行（1998 年更名为苏州市商业银行），为苏州市第一家地方性股份制商业银行。1995 年苏州被国务院批准为金融对外开放的试点城市，且为全国 23 个试点城市中唯一的非省会城市。1996 年上海巴黎银行苏州代表处成立，主要从事银行金融咨询工作。1997 年日本住友银行苏州分行（2001 年更名为三井住友银行苏州分行）开业，成为落户苏州的第一家外资银行。苏州市银行货币信贷业务规模爆发式增长。年末各项存款余额，1991 年 178 亿元，2000 年 1 440 亿元，翻了近三番；年末各项贷款余额，1991 年 170 亿元，2000 年 958 亿元，增长 4.64 倍，为当地经济发展提供强有力的资金支撑。为适应开放型经济发展的需要，苏州银行业的国际业务从无到有、从小到大，行行都办，1994 年呈现出外汇供大于求、储蓄全省领先的好形势。苏州市银行金融机构还积极拓展多种与国际接轨的现代融资功能和金融衍生业务，20 世纪 90 年代初起开展信托投资业务，20 世纪 90 年代后期拓展消费贷款业务，至 2000 年年末已发放各类消费贷款 28. 94 亿元。20 世纪 90 年代苏州市各大银行引进和注入电子货币、电脑联网、无人银行、信用卡消费等一系列高新技术手段和金融新业务，使金融业的发展步入了崭新的天地。截至 2001 年年底，苏州联网金融机构 12 家、商户 163 家、联网 POS 机数量达 356 台，全年联网刷卡金额为 4. 9 亿元，极大地方便了商户和持卡人的消费和结付。信贷规模的扩大和新金融业务的不断拓展，使银行业的经营效益不断提高，2000 年苏州市各大银行共盈利 8. 25 亿元。1991 年设立苏州市信托投资公司，为苏州首个非银行金融机构。1992 年苏州典当行（后更名为华夏典当行）成立，1994 年江苏拍卖典当行苏州分行开业，至 2000 年各县（市）也都先后开办了典当行。

第二，保险机构和业务稳中有升。1994 年太平洋保险公司从交通银行分出，独立经营。1996 年中国人保公司实行产险、寿险分业经营，分设为 2 家公司。1997 年平安保险财险和寿险、2000 年天安保险在苏州设立分支机构，至此苏州共有 6 家保险公司。各保险公司在各专所长、适度竞争中求得共同发展。2000 年人保财险、人保寿险、太平洋财险、平安财险苏州分公司的保费总收入分别达 4. 82 亿元、5. 48 亿元、1. 95 亿元、6 255 万元。

第三，证券交易业快速起步。苏州股票二级市场交易的起步虽稍晚，但起点较高，发展的势头很猛。1993 年 5 月苏州财政证券公司正式开业，开通上海股市的异地交易，成为中华人民共和国成立后苏州第一家经营股票交易的证券商，年内又开通了深圳股市的交易，吸引 6 000 多名股民登记入市；至 11 月中旬，苏州及下辖的常熟先后有 8 家证券公司投入运行，全市登记入市的股民达 42 280 人，股票成交总额 12. 37 亿元。自 1998 年起外地证券公司纷纷抢滩苏州市场，全市证券交易额增至 692 亿元；是年 3 月苏州证券公司获中国证监委授予的“主承销资格”，成为江苏省第二家获此资格的市级证券公司。2000 年苏州共有证券交易营业部 27 家，年成交总额 1 532 亿元，全市证券开户股民增至 39. 6 万户。

经过 10 年左右的探索和努力，社会主义市场经济体系在苏州地区已经基本建立，经济结构发生了根本性的变化，经济发展的质量和效益显著提升。

第五章　转型发展中的苏州经济

2001 年年底，中国成功加入世界贸易组织，为经济发展提供了有利的外部环境。2002 年 11 月、2012 年 10 月、2018 年 10 月召开的中共十六大、十八大、十九大先后将“三个代表”重要思想、科学发展观和习近平新时代中国特色社会主义思想确立为党的指导思想，标志着经济发展已从此前侧重追求增长速度开始向更多地追求质量、从外延的数量扩张型向注重内涵的效益提升型逐渐转变，并应注意解决发展中的不平衡和不充分的问题。同时，这一时期因 2003 年非典型性肺炎（以下简称“非典”）、2008 年金融危机、国际关系的起伏不定，以及 2019 年年底开始暴发的新型冠状病毒肺炎（以下简称“新冠肺炎”）疫情的影响，发展中的不确定因素也在增加。

第一节　科学发展观统领下的苏州经济

中共十六大后，面对经济发展中的新情况和新问题，以胡锦涛为总书记的党中央提出，要坚持以人为本，树立全面、协调、可持续的发展观，统筹城乡发展、统筹区域发展、统筹经济社会发展、统筹人与自然和谐发展、统筹国内发展和对外开放。苏州积极贯彻科学发展观，力争经济又好又快发展。

一、争当“两个率先”的先行军和排头兵

2000 年 8 月，苏州市第九次党代会根据中共十三大制定的我国社会主义现代化建设分“三步走”的战略部署和江苏省委的要求，从苏州已经提前 10 多年实现第二步战略目标任务的实际出发，确定 21 世纪头 10 年苏州的总体奋斗目标是：经济社会发展再上一个新台阶，基本实现现代化。

正当苏州市委团结带领全市广大干部、群众朝着苏州市第九次党代会确定

的崭新目标奋力前进之际，2002 年 11 月召开的中共十六大确立了我国在 21 世纪头 20 年全面建设小康社会、到 21 世纪中叶基本实现现代化的两个重要的阶段性发展目标，对中共十三大制定的我国现代化建设第三步战略目标的实现步骤进行了进一步细化，更符合我国国情和现代化建设的实际，具有强大的凝聚力和号召力，迅速成为全党、全国的行动纲领。中共十六大还提出：有条件的地方可以发展得更快一些，在全面建设小康社会的基础上，率先基本实现现代化。2003 年全国“两会”期间，中共中央总书记胡锦涛、国家主席江泽民分别来到江苏代表团，希望江苏率先全面建成小康社会，率先基本实现现代化。“两会”结束后，江苏省委书记李源潮就“两个率先”建设两次到苏州调研。他提出：苏州是一个出经验的地方。近年来苏州的发展速度最快，开放度最高，对全省的贡献最大，经济、人口、资源、环境的协调发展最好。苏州完全有条件成为全省全面建设小康及基本实现现代化的先行军，全国率先发展的排头兵。江苏省委在以苏州特别是昆山为典型的调研基础上，于 8 月做出了《关于学习贯彻“三个代表”重要思想，努力实现“两个率先”的决定》，要求苏南发达地区走在全省“两个率先”的前列，到 2007 年率先完成省全面建设小康社会的指标任务，到 2020 年率先基本实现现代化。[1]

中共十六大和江苏省委的战略部署，两任总书记和省委领导对苏州的殷切期望，为苏州在 21 世纪初叶的发展进一步指明了方向。2003 年 4 月，苏州市委、市政府带领 7 个调研组，在城区、沿江、开发区、企业、农村等进行广泛调研。在此基础上，就苏州“两个率先”的指标体系和进程安排进行专题研究，形成了苏州走在全省“两个率先”前列的总体构想。7 月召开的苏州市委九届五次全会提出：苏州要争当全省“两个率先”的先行军，争当全国率先发展的排头兵。

9 月，苏州市委制定了《关于学习贯彻“三个代表”重要思想，争当全省“两个率先”先行军的决定》，正式确定了苏州市“两个率先”的指标体系和实现时间表。这一指标体系主要参考了《江苏省全面建设小康社会指标体系》，并从苏州实际出发确定，其中十大核心指标和两个阶段的目标值分别为：人均地区国民生产总值为 48 000 元和 96 000 元；城镇居民人均可支配收入为 16 000 元和 24 000 元，农民家庭人均纯收入为 8 000 元和 13 000 元；城市化率为 55% 和 60%；科学研究与试验发展经费支出占国内生产总值比重为 1. 5%和 2%；高

[1] 王荣：《苏州之路：“两个率先”的实践与思考》，苏州大学出版社 2006 年版，第 87 页。

等教育毛入学率为45%和55%；卫生服务体系健全率为90%和99%；城镇登记失业率小于5%和4.5%；城镇劳动保障三大保险各自覆盖率为98%和99%；城镇绿化覆盖率为40%和42%；环境质量综合指数为87和90。[1]

这些指标体系的设定体现了三个方面的特点：一是在指标范围上，不仅包含经济指标，而且包含社会指标、民生指标，着重体现富民优先，体现经济、政治、文化、社会建设的协调推进和生态环境的可持续发展，体现社会的全面进步与和谐发展。有个别指标对江苏省设定的指标进行了调整，如反映地区教育发展水平的指标，江苏省设定的是“高中阶段教育毛入学率”，而苏州设定的是“高等教育毛入学率”，这主要是由于苏州高中段教育已全面普及，正在向普及高等教育迈进。二是在设定标准上，体现了自加压力、敢于争先的精神，有些指标值明显高于江苏省设定的标准。如人均地区生产总值两个阶段目标值均比江苏省设定的标准高出一倍。三是在实现时间上，总的指导思想是要早于全省、快于全国，明确到2005年率先完成江苏省全面建设小康社会的指标任务，到2010年率先基本实现现代化。前者比江苏省委对苏南地区的要求提前2年，比中共十六大制定的全国实现时间提前15年；后者比全省总体目标提前10年，比全国总体目标提前40年。

正当苏州朝着“两个率先”建设目标扎实前进的时候，时任中共中央总书记的胡锦涛于2004年5月初前来视察工作，充分肯定了苏州在“两个率先”建设中所取得的成绩。在视察苏州工业园区时，他对苏州工业园区10年来的显著变化和可喜成果表示欣慰，对苏州引导“工业向园区集中、人口向城市集中、住宅向社区集中”、提高土地利用集约化程度的做法表示赞赏。他提出：要把工作重点放在优化经济结构、提高经济增长的质量和效益上来，切实转变增长方式，努力实现速度与结构、效益、质量相统一。他希望大力增强企业的科技创新能力，要选择一些有基础、有优势、有条件，对经济社会发展有重大意义的方向和领域进行攻关，尽快掌握一批核心技术，拥有一批自主知识产权。[2] 这给正在投身“两个率先”建设的苏州广大干部、群众以强大的精神鼓舞。

在全市上下波澜壮阔的率先全面建设小康社会的崭新实践中，苏州市委、

---

[1] 王荣：《苏州之路：“两个率先”的实践与思考》，苏州大学出版社2006年版，第89页。

[2] 中共苏州市委党史工作办公室、苏州市统计局：《辉煌5年（2001—2006）》（内部发行），第2页。

市政府认真贯彻落实党的十六届三中全会提出的科学发展观和党的十六届四中全会提出的构建和谐社会的重大方针决策，紧密结合苏州实际，采取了一系列重大举措，确保“第一个率先”目标任务3年胜利实现。

第一，加快发展经济，夯实全面建设小康社会的物质基础。全市以新型工业化为第一方略，抓住国际制造业转移的有利时机，大力加强沿沪宁线高新技术产业带、沿江基础产业带和沿沪制造业配套产业带的建设，推进IT产业“双倍增计划”和发展规模企业“220计划”，加速市属工业扩张性项目搬迁，努力增强自主创新能力，提高经济增长的质量和效益，打造国际先进制造业基地。2005年，全市实现工业总产值12 123亿元，比2002年增长1倍；其中规模以上工业占81.73%，高新技术产业产值占31%，重工业产值比重达66.7%；工业总产值仅次于上海，一跃成为全国第二大工业城市。实施“服务业跨越计划”，重点发展与制造业相配套的现代物流、信息咨询、服务外包等生产性服务业，开放发展新兴服务业，繁荣提升传统服务业，促进服务业与制造业互动并进。2005年，苏州市实现服务业增加值为1 256亿元，总量居全省第一位，社会消费品零售总额突破900亿元；苏州市接待国内外游客分别为3 657万人次和156万人次；物流业生气勃勃，苏州港（张家港港、常熟港、太仓港三港合一）港口年吞吐量突破1亿吨大关。[1] 农业结构调整优化，粮食、水产、园艺、畜牧四大主导产业基本走上规模化、商品化、专业化发展之路。把开放型经济作为第一性经济来抓，抓住中国加入世界贸易组织的有利机遇，主动适应全球经济一体化趋势，把开发区作为招商引资的重要载体，进一步强化“亲商”理念，改善投资环境，发展壮大开放型经济的领先优势。2005年，苏州市实际利用外资60亿美元，仅次于上海，位居全国第二位，累计实际利用外资突破400亿美元，在苏州投资的世界500强企业达107家；苏州市进出口总额1 406亿美元，比2002年接近翻两番，总额仅次于上海、深圳，居全国第三位，其中出口总额727.7亿美元，机电产品出口比重提升到81.2%。由此推动苏州市经济综合实力再上新台阶。2005年，苏州市实现地区生产总值4 026.5亿元，比2002年翻一番，位居全国大中城市第五位；苏州市完成财政总收入718.1亿元，其中地方一般预算收入316.8亿元，一般预算收入位居全国大中城市第六位。[2] 苏州经济的率先发展、科学发展，引起国内外瞩目。2004年

[1] 苏州市统计局：《苏州统计年鉴（2006）》，中国统计出版社2006年版，第1-10页。
[2] 苏州市统计局：《苏州统计年鉴（2006）》，中国统计出版社2006年版，第574-577页。

苏州市荣获“CCTV 中国最具活力城市”大奖。2005 年苏州市被中国社会科学院评定为“中国城市综合竞争力 10 强”。2006 年 9 月国家统计局发布“2005 年度全国百强县（市）”名单中，苏州所辖 5 县（市）全部进入前 10 名，昆山市蝉联第一名。

第二，实施富民工程，提高人民的生活质量和水平。苏州市各级各部门牢固确立“以人为本、富民优先”的理念，不断完善富民机制，千方百计增加城乡居民收入。把扩大就业放在突出位置，完善城乡一体的就业服务体系，广辟就业岗位。2005 年苏州市新增就业岗位 30 万个左右，有 10 万个左右的下岗职工实现再就业，城镇登记失业率仅为 3.3%。把农民致富作为富民工程的重中之重，研究制定了《关于促进农民持续增收的意见》，推进农村十项实事，着力构建“人人有技术、人人有职业、人人有保障、家家有物业、户户有股份”的“五有机制”，自 2004 年起在全国率先取消农业税，促进农民收入持续稳定增长。把创业作为富民的最根本途径，加快发展民营经济。2005 年年末，苏州市私营企业 9.24 万户、个体工商户 23.08 万户，注册总资本达 1 800 亿元，提前 1 年完成“民营经济腾飞计划”确定的全市私营个体经济注册资本 3 年翻番的目标；私营企业数量名列江苏省第一位，并进入全国前五位城市行列；2005 年苏州市私营个体经济上缴的税收占全市税收的比重达 30.5%，完成投资额占全社会固定资产投资总额的 30.1%。[1] 由此，苏州民营经济长期“短腿”的局面根本改观，私营个体经济成为本市经济发展的又一个重要增长极。同时抓好社会保障工作，巩固完善城镇养老、失业、医疗、工伤、生育等保障制度，不断提高参保范围和保障标准，五大保险参保人数均超过 150 万人。积极探索建立农村社会保障制度。自 2004 年起苏州市全面实施农民基本养老保险制度。2005 年年末，苏州市农村劳动力基本养老保险参保率达 84%，农村老年居民享受社会养老补贴覆盖率达 91%，农村新型合作医疗保险制度的覆盖率达 96%。从而使中国农民千百年来“土地养老”“养儿防老”的观念和模式在苏州率先得到改变。富民工程实施 3 年，苏州城乡人民群众的生活水平稳步提高。2005 年，苏州市城镇居民人均可支配收入 16 276 元，农民人均纯收入 8 393 元，两者之比为 1.94∶1，远低于全国 3.22∶1、全省 2.33∶1 的水平；年末城乡居民人均人民币储蓄存款余额 3.4 万元，3 年增长近一倍。在收入较快增长的同时，城乡居民的消费水平也迅速提高。2005 年全市城镇居民人均消费支出 11 163

[1] 苏州市统计局：《苏州统计年鉴（2006）》，中国统计出版社 2006 年版，第 1-10 页。

元，农民人均生活消费支出 6 143 元，而反映居民生活质量的“恩格尔系数”明显下降，城、乡分别从 2000 年的 42.7%和 40%下降到 2005 年的 37.4%和 37.3%。[1] 这些表明，苏州人民的生活水平有了本质改善。

第三，发展社会事业，提升经济社会协调发展水平。3 年中，苏州市围绕着建设国际新兴科技城市、社会主义文化强市、社会主义法治城市、学习型城市和健康城市的目标，全面推进各项社会事业的发展，促进社会事业和经济建设同步协调发展，达到全面小康社会的相应水平。深入推进国际新兴科技城市十大工程，提高自主创新能力和科技发展水平。2002 年 7 月，苏州市委、市政府做出在古城东、西两翼分别开发建设规划面积各约 10 平方千米的苏州独墅湖高等教育区和苏州国际教育园，建立研究生和高级应用型人才培养基地、高科技成果研究转化基地。到 2005 年年底，两地校园已基本成型，独墅湖高等教育区已吸引中国科技大学、东南大学、南京大学、中国人民大学、美国得克萨斯州立大学、英国利物浦大学等进园创办了高校，同时在园内开发设立了创意产业园和生物纳米科技园；上方山苏州国际教育园已有 12 所院校入驻；2006 年秋季开学时，两地入驻师生超过 6 万人，成为苏州中高级人才培养的主要基地。苏州市各级政府逐年加大对科技的投入，全社会研发经费支出每年增加近 10 亿元，高新技术产业的产值年均增长 37.6%，相继建成 10 个国家火炬计划产业基地和总面积为 68.7 万平方米的 25 个科技创业园，本地骨干企业与科研院所、高校合作建立了 200 多个相对固定的产、学、研联合体。“十五”期间，苏州市获得市级以上科技进步奖的成果共 800 多个，其中国家奖 111 个。2004 年，苏州被科技部评为“全国科技进步先进市”。教育事业蓬勃发展，为全面小康建设提供人才支撑。3 年中，苏州市教育投入近 200 亿元，其中地方财政预算内教育经费超 100 亿元，实现了基础教育优质化、均衡化发展，高等教育进入普及化阶段，高等教育毛入学率提高到 51.5%，普通高校由 7 所增加到 16 所，实现了 5 个县级市“市市有高校”，高校在校生增加到 11 万人，共开办高职学校 22 所，中等职业学校在校生达 14 万人，本地新成长劳动力人均受教育年限提升至 14.5 年，学习型城市建设扎实推进。[2] 2005 年 9 月，苏州市委、市政府做出《关于加快建设教育强市，率先实现教育现代化的决定》，提出到 2007 年全市率先基本实现教育现代化，并决定从 2006 年秋季新学年开

[1] 苏州市统计局：《苏州统计年鉴（2006）》，中国统计出版社 2006 年版，第 574-577 页。
[2] 苏州市统计局：《苏州统计年鉴（2006）》，中国统计出版社 2006 年版，第 7、508-509 页。

始全市实行 9 年免费义务教育制度。文化事业繁荣活跃，继承创新齐头并进。苏州市按照 2001 年制定的《文化强市建设规划纲要》和 2004 年制定的《“文化苏州”行动计划》，加快大型文化设施建设，苏州市体育中心、图书馆新馆、规划展示馆、国际博览中心、沧浪少年宫、昆曲博物馆、评弹博物馆等相继建成，苏州市博物馆新馆、苏州科技文化中心等一批精品工程已经或即将完工；切实加强基层公益性文化阵地建设，积极实施广电网络化数字化工程，丰富城乡群众的文化娱乐生活；积极发展文化产业，工业园区动漫产业园被列为国家动画产业基地，苏绣文化产业群被列为全国文化产业示范基地；加大文化遗产的保护力度，成功承办了第 28 届世界遗产委员会会议，昆曲、古琴被列为世界非物质文化遗产代表作，苏绣、评弹等 18 个项目被列为首批国家非物质文化遗产代表作，拥有 5 个国家级、5 个省级历史文化名镇，到 2006 年 8 月苏州市共有全国重点文物保护单位 34 处、省级文物保护单位 106 处、市级文物保护单位 398 处，文物保护单位总数名列全国城市首位。卫生事业长足发展，健康城市建设全面启动。苏州市城乡建立健全了卫生监督体系、疾病控制体系和医疗服务体系，农村医疗卫生状况有较大改善，全民健身运动广泛开展。截至 2005 年年末，苏州市拥有卫生机构 1 945 个，专业卫生技术人员 3.1 万人，人口平均预期寿命达 78.2 岁，市民身体素质不断提高。2005 年苏州市荣获世界卫生组织颁发的“健康城市优秀实践奖”。以创建文明城市为龙头，全面推进各项群众性精神文明创建活动，苏州蝉联创建全国文明城市工作先进市，张家港荣膺首批“全国文明城市”，成为全国唯一获此殊荣的县级市。

第四，加强城乡建设，大力改善发展环境和生态环境。一是加大城市基础设施建设力度。2003 年 4 月，苏州市委、市政府做出《关于加快城市化进程的决定》，提出要按照城乡统筹的要求，构建“1510”城镇规划体系，即 1 个中心城市（苏州）、5 个县级市城区和 10 个左右的中心镇，力求建设成为功能互补、特色鲜明、设施配套、环境优美的现代化城市群，再带动一般乡镇和广大农村的一体化发展。3 年中，苏嘉杭、沿江、苏州绕城及苏昆太和苏沪两条射线的高速公路相继建成，沪苏浙高速公路启动建设，新增高速公路通车里程 364.2 千米，累计通车总里程达 434.2 千米，“一纵三横一环两射”高速公路网开始形成，实现了“镇镇 30 分钟上高速”，高速公路密度达到国际先进水平；城镇人均拥有道路面积由 2000 年的 10.9 平方米增加到 19 平方米；港口建设跳跃式发展，长江沿岸建成万吨级以上码头泊位 69 个，比 3 年前增加 58 个；信息化建设加快推进，互联网宽带用户达 49.58 万户；电力建设力度继续加大，苏州市电厂装机总容量超 1 300 万千瓦，列全国大中城市首位。[1] 二是以提高中心城市首位度为目标，大力加强苏州城区建设。城市快速路环线高架道路、环古城河风貌带、平江路和山塘街历史街区修复保护试验段等一批大型建设项目竣工，有力提升了中心城区的功能和形象。新城区日益展现时代魅力。苏州工业园区的开发建设向金鸡湖以东地区全面推进，中新合作区 70 平方千米内的基础设施全面建成，初步建成具有国际竞争力的高科技工业园区和现代化新城区；苏州新区与虎丘区合并后形成苏州高新区（虎丘区），加快向西向北拓展，逐步形成“真山真水园中城”框架；吴中区和相城区加快融入中心城区，平江、沧浪、金阊新城的功能开发全面展开。苏州市区的建成区面积扩大到 195 平方千米，比国务院批复的苏州市第二轮城市总体规划中确定的 2010 年市区建成区面积还大了 8 平方千米，城市形态也由“一体两翼”向“五区组团”演变。三是大力推进县域城镇建设和新农村建设。3 年中，各县（市）普遍进行大幅度的区划调整，以县级市城区、中心镇重点镇和中心村为核心，实行镇、村合并，苏州市建制镇和行政村数减少了一半以上，同时加大县城区和重点镇的城镇化开发建设力度，5 个县城区建成区面积平均扩大 10 平方千米左右，形成了设施配套完善的现代化中等城市格局，建设部确定的 10 个重点镇达到小城市规模，其他各建制镇镇区普遍达到改革开放初期县城镇的面积和居住人口规模，从而使苏州市的城市化率每年提高 5%左右，到 2005 年年底达到 65%。广大农村地区按照建设社会主义新农村的目标要求，大力推进改水、改厕、改路的“三改”工程和清洁家园、清洁村庄、清洁河道的“三清洁”工程，农村自来水普及率达 99%，卫生厕所普及率达 82%，有线电视入户率达 85%，农村河道普遍疏浚一遍，村镇公路全面完成等级化改造，1 180 个行政村通上公交车，农村年均新增绿地林地 10 万亩，一批设施配套完善，环境整洁优美、生活方式基本城市化的农民集中居住区在各地涌现，并建成全国环境优美镇 33 个、省级生态村 157 个，分别占全国、江苏省命名总数的 14% 和 15%。[2] 四是狠抓“生态苏州”建设。以水污染防治为重点，坚持综合治理，控制环境污染、推行循环经济、建设生态工程等多方并举，努力改善生态环境综合质量，打造适宜人居与创业的城市。苏州市新上各类项目，严格实行环保一票否决制；环保投入资金占 GDP 的比例确保不低于 2%；苏州市生活污水处

[1] 苏州市统计局：《苏州统计年鉴（2006）》，中国统计出版社 2006 年版，第 261、266、390、557 页。
[2] 王荣、韩俊、徐建明：《苏州农村改革 30 年》，上海远东出版社 2007 年版，第 490-491 页。

理率提高到 61.5%，市区人均公共绿地面积为 9.8 平方米，环境综合质量指标数达 84.45，[1] 在全国重点城市中名列前茅。通过水环境综合治理和水资源保护工程的实施，形成了太湖、阳澄湖、汾湖、尚湖、金鸡湖等一批生态保护区和生态景观区。苏州市荣获全国首届绿化先进市，苏州市及其常熟市、张家港市获得国际花园城市称号，张家港市、常熟市、昆山市进入全国首批 6 个生态市之列，5 个县级市和吴中区成为全国生态示范区，全市建成国家园林城市群、国家环保模范城市群。经过全市人民的共同创造和建设，苏州已形成一个绿带相绕、绿地相隔、快速交通相连的有机城市群体，成为镶嵌在我国东部长三角地区的一颗璀璨明珠。

经过全市干部、群众 3 年的不懈努力和奋力拼搏，苏州全面小康社会建设进展顺利，并取得了预期的成效。对照江苏省设定的全面小康社会考核指标体系，即包含经济发展、生活水平、社会发展、生态环境 4 大类 18 项 25 个考核指标，到 2004 年年底苏州有 15 个指标提前达标。到 2005 年年底，除森林覆盖率 1 项指标因苏州水面占比高达 42.5%的特殊情况与江苏省考核指标尚有一定距离，居民文教娱乐服务支出占家庭消费支出比重、全社会研发经费支出占 GDP 比重这 2 项指标接近江苏省考核指标值外，其余 22 个指标值都达到或超过江苏省考核指标值。从而，苏州在总体上如期完成了江苏省设定的全面建设小康社会各项指标任务。

进一步解析苏州的指标实现情况，有两个突出之处令人关注和振奋。一是代表经济发展水平的各项指标领先优势十分明显。人均地区生产总值达 54 164 元，比江苏省设定的目标值高出 1.26 倍；第二、三产业增加值占 GDP 比重 97.8%，比江苏省设定的标准高出 5.8%；城市化水平达 65%，比江苏省设定的标准高出 10%；城镇登记失业率为 3.3%，比江苏省设定的标准低 1.7%。二是在实现难度最大、人民群众最为关心、最能代表老百姓生活“幸福指数”的几个指标上，苏州都有过硬的实绩。城镇居民人均可支配收入和农民人均纯收入，分别比江苏省设定的标准高出 1.7%和 4.9%；农民人均拥有钢混结构住房面积达 64 平方米，比江苏省设定的标准多出 24 平方米；城镇人均拥有道路面积达 19 平方米，比江苏省设定的标准多出 7 平方米；新型农村合作医疗覆盖面达 96%，比江苏省设定的标准高出 11%；城镇劳动保障三大保险各自覆盖面

---

[1] 苏州市统计局：《苏州统计年鉴（2006）》，中国统计出版社 2006 年版，第 7、557、564 页。

达98.3%，比江苏省设定的标准高出3.3%。[1] 可以说，苏州实现了一个不带水分的、人民群众得实惠的、老百姓认可的小康。

2006年2月9日至11日，时任江苏省委书记的李源潮率省委、省政府有关部门负责人来到苏州市区和昆山，对苏州市全面小康社会建设情况进行实地考察和严格考核。结束后当月江苏省委宣布：苏州及所辖5个县级市已率先达到江苏省全面小康社会建设各项指标任务，成为江苏省全面小康建设的先行军。

二、新型工业化道路的探索

在我们这样一个人口众多的大国里，经济长期保持较高速度的发展对资源和环境造成的压力是相当大的。就苏州来说，压力就更大。苏州市人均耕地早已不足0.5亩，远低于联合国粮农组织设定的警戒线；2005年的资源综合利用率只有30%~40%，与发达国家的60%相差甚远；粗放发展导致消耗土地资源过多，环境污染问题较为严重；在产业结构上，第二产业比重过大，第三产业只占GDP的34.1%，远低于世界平均水平的64%，服务业明显滞后，城市率偏低；工业发展过分依赖外企，原创技术少，研发能力弱。

按照科学发展观关于统筹经济、社会和环境三者之间的关系，实现经济与人口、资源、环境相和谐的可持续发展，以及以人为本的要求，苏州长期以来一直在积极探索并逐步形成了符合地域情况的新型工业化道路，即以信息化带动工业化、以工业化促进信息化，加快科技进步和创新，推动产业升级和布局优化，把苏州打造成国际制造业基地，加快发展电子信息、生物医药、新材料等高新技术和钢铁、化工、建材、纺织等新型传统产业。中共十六大以来，这一进程明显加快。

2004年9月，苏州市委、市政府印发《关于促进可持续发展的若干意见》，并制定了《苏州市循环经济发展规划》，着手实施“220工程”，即通过产业导向、政策扶持、跟踪服务，做大、做强一批具有国内乃至国际市场竞争力的规模型企业，力争通过3~5年的努力，全市拥有200家年销售收入超10亿元、20家超100亿元的大型企业。11月，苏州市委九届八次全会提出要以科学发

---

[1] 中共苏州市委党史工作办公室、苏州市统计局：《辉煌5年（2001—2006）》（内部发行），第113页。

展观为指导，贯彻中央关于加强宏观调控的部署，高扬发展主题，坚持率先发展、富民强市不动摇和深化改革、扩大开放不松劲，突出新型工业化和城市化两大抓手，实现经济社会的协调发展。此后，新型工业化进程稳步推进，重点是抓好新兴产业的发展，对传统产业进行技术改造，淘汰重污染、耗能高、技术含量低的产业，大力发展循环经济。

苏州高新区（虎丘区）在发展循环经济、促进新型工业化建设方面取得了不少成绩和经验。长期以来，苏州高新区（虎丘区）坚持把发展循环经济作为重要抓手，大力推进生态工业园建设，积极引导区内企业以环境友好的方式利用自然资源和环境容量，向高效益、低污染、生态化方向发展，实现科技与生态并进、经济与环境双赢。通过生态工业园的建设，占区内70%的电子信息主导产业的产品链得到补充和发展；区内的汽车配件、环保设备、机床加工产品群，建立了代谢类生态链，130 多家企业积极参与绿色采购行动，多家企业开展硫酸铜回收技术，各种线路板、电子元器件、电子终端产品、注塑件、包装箱等关联产品在企业间形成生态循环；将生态设计、绿色招商、清洁生产、环境管理体系融入企业采购、生产、产品和服务等各个层面，不仅形成了企业间互利共生及区域层面的物质循环，也使全区域电子信息、精密机械加工、精细化工等产业群落的构成更趋完整和合理。2003 年，共获省级以上高新技术产品 33 种，经认定的高新技术企业 228 家，共有 25 个 3 000 万美元以上的外商投资项目，有 148 家企业已经或正在进行 ISO14000 认证、占区内企业数的一半；有 50 多家工业企业正在积极开展清洁生产审核工作，重点企业实施清洁生产审核的占总数的 70%，两家企业申报国家级“环境友好企业”的评审；区内万元 GDP 能耗从 0.5 吨标准煤降到 0.45 吨，用水量从 15 吨降到 12 吨，化学需氧量（Chemical Oxygen Demand，COD）和二氧化硫排量分别降至 3 千克、4.4 千克，均明显低于国家标准；工业用水循环利用率从 65% 提高到 75%，回用率达 30%，工业固体废物综合利用率从 73% 提高到 80%，工业危险废物、医疗垃圾、废电池等危险废物基本实现处置，万元 GDP 污染物排放下降 10%[1]，初步实现了环境友好型的发展。

2005 年，为推进新型工业化进程，苏州工业系统加快结构调整和增长方式转变，先后启动或加快实施特色产业基地、现代物流、“220 工程”、中小企业

---

[1] 苏研境：《科技与生态并进　经济与环境双赢——苏州高新区建设生态工业园发展循环经济的实践与探索》，《人民日报 · 海外版》，2004 年 11 月 8 日。

成长、信息化带动、企业走出去、自主创新、节能、清洁生产等“十项行动计划”，经济增长转向科技含量高、资源消耗低、环境污染少、经济效益好的集约型方向，运行质量明显提高，工业总产值达 12 123.1 亿元，实现利税 598.2 亿元，分别增长 26.8%、25.5%。其中高新技术产业产值达 3 085.2 亿元，增长 22.2%，列全国科技兴贸重点城市第三名；有经过认定的民营科技企业 1 000 家，其中省级以上高新企业 706 家（内含国家重点高新技术企业 58 家），有国家认定的软件企业 116 家，累计经认定的省级以上高新技术产品 1 639 种，其中国家重点高新技术产品 95 种[1]，新型工业化建设取得明显成效。

2006 年，苏州市进一步加大调整产业结构的力度，效果进一步彰显，以电子信息产业为代表的先进制造业完成产值 4 657.8 亿元，比上年增长 22.6%，占全市规模以上工业企业产值的 37.1%。苏州市拥有市级以上企业技术中心 144 家，其中省级 34 家，完成新产品研发项目近 500 个，同时还实施引进消化吸收再创新、生物医药、企业创新能力建设和信息化带动项目 40 个；在名牌战略带动下，江苏省、苏州市财政有关部门嘉奖省级以上名牌企业资金近 1 900 万元；苏州市新增国家级名牌 12 个、驰名商标 6 件，累计达 41 个、22 件，占全省的 1/3 以上，与深圳等 5 个城市一起获得品牌之都的称号。苏州市政府出台《推进清洁生产的指导意见》，组织 1 000 家企业开展清洁生产活动，150 家通过审核。苏州市被确立为江苏省循环经济试点城市，23 家企业列入省级循环经济试点，30 家列入市级循环经济试点。万元生产总值综合能耗为 1 吨标准煤，下降 4.2%，水耗下降 6.1%。[2]

为继续推进新型工业化进程，苏州市委、市政府于 2008 年 9 月制定《关于加快推进工业结构调整和优化升级的实施意见》，提出要大力推进产业高端化，主攻产业高端发展的关键技术，促进制造业向高端环节延伸，强化技术创新服务平台建设，增强企业自主创新能力，推动工业化和信息化的融合发展，强化现代服务支持。重点推进四大产业跨越式发展：一是新型平板显示产业，二是风能、太阳能等新能源产业，三是医药及生物技术产业，四是智能电网产业。2009 年的苏州经济因受全球金融危机的影响，遭遇 21 世纪以来前所未有的严重困难，在“保增长、扩内需、调结构”的方针指导下，着重进行产业的转型升级和进一步节能减排工作，取得了明显成效。规模以上高新技术产业产

---

[1] 苏州年鉴编纂委员会:《苏州年鉴（2006）》，古吴轩出版社 2006 年版，第 229 页。

[2] 苏州年鉴编纂委员会:《苏州年鉴（2007）》，古吴轩出版社 2007 年版，第 250 页。

值达到 6 912.6 亿元，其中电子信息、医药制造业分别比上年增长 12.9% 和 30.1%。新增省级以上企业技术中心 15 家（内含 1 家国家级），累计拥有国家级企业技术中心 5 家、省级 62 家。科技创新为节能减排提供了技术支撑，循环经济试点企业在已有 200 家的基础上新增 100 家，100 项总投资 50 亿元、年节能量达 120 万吨标准煤的节能重点技改项目已开工 80%；年组织申报国家节能技术改造财政奖励项目 14 个，总投资 5.1 亿元，节约 40.5 万吨标准煤，GDP 能耗指标下降 4.5%，200 家企业通过清洁生产审核。是年年底，累计关闭化工企业 952 家。[1] 这表明新型工业化建设的成效更加明显，措施更加有力。

在实施新型工业化发展战略中，民营经济的作用功不可没，成为新型工业化建设的主力军。2003 年苏州实施民营经济“腾飞计划”，实现开放型经济、民营经济和规模经济竞相发展、“三足鼎立”的格局。工业上，除继续发展 IT、钢铁、造纸、石油化工、机械、纺织等行业外，还要重点发展机械制造装备业、汽车、软件产业；力争 3 年内，民营经济固定资产投入、上缴税收占全市总量的 45%，民营经济占全省份额达到 30% 左右，争做全省民营经济的“龙头”；争做沿沪宁线高新技术产业带的“龙头”。这一年虽然受到非典的影响，但苏州经济逆势上扬，地区生产总值达 2 700 余亿元，同比增长 17.9%；财政收入达 409.9 亿元，同比增长 42.1%；全社会固定资产投资突破 1 400 亿元，同比增长 72.2%；工业投入、出口增幅、新增注册和实际使用外资均位列全国大中城市第一名。

2004 年 1 月，苏州市委、市政府进一步做出《关于促进民营经济腾飞决定》，提出：通过鼓励民众自主创业和投资，放宽市场准入，鼓励民营企业开展跨地区、行业、所有制兼并联合，改进行政审批服务，保护民营企业合法权益，规范行政事业收费行为，禁止乱收费、乱罚款、乱摊派行为，加大对民营经济扶持力度，完善多元创业投融资体系，增强各类创业载体能力，支持民营企业开拓市场，建立健全社会化服务体系，培育民营经济核心竞争力，引导民营企业进一步加强管理，打造一支与国际接轨的民营企业家队伍等措施，进一步解放思想、拓展思路、转变职能、依法行政、放宽领域、强化服务，营造环境、倡导氛围，调动人民群众崇尚创业、追求财富的积极性，引导和推动民营

---

[1] 苏州年鉴编纂委员会：《苏州年鉴（2010）》，上海社会科学院出版社 2010 年版，第 272-273 页。

经济向经济规模化、产业高度化、经营国际化、布局合理化、资源节约化、人才集聚化方向迈进，促进民资与外资“比翼齐飞”，加快构筑“三足鼎立”格局，使苏州成为江苏民营经济发展的先进地区和新型工业化建设的样板区。

为此，先后推出3个配套政策，加大民营经济工作力度，建立健全并理顺管理体系，逐步形成市、市（县、区）两级融资担保网络体系，建立从事中小企业信用担保业务的担保机构22家，为730多家中小企业担保26.95亿元，累计担保1 870家、45.6亿元；全年新增私营企业18 459户、个体工商户62 838户，累计私营企业和个体工商户82 065户、221 681户，分别吸纳劳动力122.04万人、36.35万人。由于民营经济的快速发展，苏州获评中国最具经济活力城市的称号。

民营经济之所以会成为走新型工业化道路的主力军，是因为经营管理体制灵活科学，自主创新动力强劲，符合苏州经济发展的政策，从而得到鼓励和支持，享受到不少政策红利。

三、开展社会主义新农村建设，加快推进城乡一体化

2006年2月，中共中央、国务院下发《关于推进社会主义新农村建设的若干意见》，提出要完善强化支农政策，建设现代农业，稳定发展粮食生产，积极调整农业结构，加强基础设施建设，加强农村民主政治建设和精神文明建设，加快社会事业发展，推进农村综合改革，促进农民持续增收，确保社会主义新农村建设有良好开局。2007年1月，中共中央、国务院发出《关于积极发展现代农业扎实推进社会主义新农村建设的若干意见》，指出发展现代农业是社会主义新农村建设的首要任务，要用现代物质条件装备农业，用现代科学技术改造农业，用现代产业体系提升农业，用现代经营形式推进农业，用现代发展理念引领农业，用培养新型农民发展农业，提高农业水利化、机械化和信息化水平，提高土地产出率、资源利用率和农业劳动生产率，提高农业素质、效益和竞争力。其核心思想是明确了发展现代农业是建设新农村的首要任务。

据此，苏州市于2006年4月制定了《苏州市建设社会主义新农村行动计划》，5月提出《关于全面深化农村“三级联创”活动，全力推进社会主义新农村建设的意见》，确定新农村建设的目标任务为：按照中央提出的“生产发展、生活富裕、乡风文明、村容整洁、管理民主”的总要求，推进城乡统筹发展、促进农民持续增收、加快建设现代农业、深化农村改革、繁荣农村公共

事业。

具体来说，一是要建立和建设好强有力的组织体系、明确完整的目标体系、确定多种形式的示范体系等“三大体系”，形成全社会齐抓共管、积极参与的良好氛围，在“十一五”期间要完成10个具体目标、开展8项重点工作、采取5项具体措施。二是推进社区股份合作社、土地股份合作社、专业合作社、富民合作社等农村新型合作经济。三是坚持创业、就业、物业三业并进，通过鼓励农民自主创业、组织扶持联合投资创业、统筹城乡就业，以政府主导、财政补贴、自愿参加、市场运作、委托代办的形式完善农村保障体系等措施，提高农民收入水平。四是按照“四个四百万亩”（一百万亩优质粮油、一百万亩高效园艺、一百万亩特种水产、一百万亩生态林地）工程的农业产业布局规划，突出高效、设施、生态三个重点，加快农业现代化建设。五是按照“科学布局、因地制宜、分类指导、突出特色”的原则和统筹城乡发展的要求，重视和加快村庄生产力、水系、基础设施、生态环境规划，着力推进农村基础设施、老村改造和生态环境建设，继续实施清洁田园、家园和水源“三清”工程，绿色基地、通道、家园“三绿”工程，改水、改厕、改路“三改”工程，不断完善医疗和文体等社区服务中心建设，对义务教育阶段和贫困家庭学生继续实行“两免一补”政策，促进农村生产生活条件和环境面貌发生积极变化，提高农村经济社会协调发展水平。六是强化农民负担监督、土地承包、农村集体资产管理，提高为农服务水平。要健全完善农民合同内“零负担”“零缴费”的长效监督管理机制。当年，苏州市确定了由城市社区型（占22.3%）、乡村别墅型（占28.1%）、整治改造型（占38.8%）、生态自然型（占9.1%）、古村落保护型（占1.7%）5种类型、121个市级新农村示范村，进行试点建设，涉及5 238个村民小组、17.94万名农户、户籍农民61.23万人、耕地46.67万亩，分别占全市的15.3%、15.9%、16.5%、17%。[1]

2007年2月，苏州市委召开市农村工作会议，将“富民、强村、现代农业”作为“三农”工作的核心内容。随后，苏州市委、市政府先后出台《关于进一步加快富民强村工作的意见》《关于进一步加快发展现代农业的意见》《深化农村综合改革的实施意见》等重要文件，提出到2010年要使参加社区股份、土地股份、专业、富民合作社的农民达到80%，变“个个有技能、人人有工作、家家有物业”为“户户有资本、家家成股东”；农民纯收入达1.3万元

[1] 苏州年鉴编纂委员会：《苏州年鉴（2007）》，古吴轩出版社2007年版，第237页。

以上，村级平均年可支配收入达300万元以上；全面落实土地出让金15%用于农业投入。为推进农业现代化，要开展6项工作，即落实布局规划，稳定现代农业发展基础；创新组织形式，建立现代农业推进机制；加强基础建设，改善现代农业设施装备；开发多种功能，构筑现代农业产业体系；改进管理方式，提升现代农业服务水平；强化政策支持，保障现代农业顺利推进。农村综合改革包括完成乡镇机构改革、积极推进义务教育改革、探索和推进县乡财政管理体制改革、建立精干高效的行政管理体制和运行机制，覆盖城乡的公共财政制度、支付保障的义务教育体制，进一步解放和发展生产力，促进农业增效、农民增收和农村经济社会事业的全面发展，推进新农村建设，为率先基本实现现代化奠定基础。到2010年，要使农产品基地化生产率达到80%，土地规模化经营面积达到80%左右，农业机械化率达到85%，水稻生产基本实现现代化，以休闲观光农业为主的农业服务业增加值达到100亿元以上。

经过不懈努力，到2007年年底，苏州城乡居民的可支配性收入分别为21 260元、10 475元，差距为2.03∶1，远低于全国的3.33∶1；由于农村经济的全面、快速发展，对年龄偏高的40~50岁农民实行就业辅导，同时政府有针对性地安排就业机会，200万名农村劳动力已有160万名转移到非农领域，在全国其他许多地区长期影响农民收入提升的就业问题得到解决；新型农村合作医疗已实现行政村全覆盖，人均筹资水平达到210元，人年均报销医药费4万多元，因病致贫的现象基本得以消除；对经济发展中的土地使用实行有偿转让，对失地农民做到"失地不失业""失地不失财""土地换保障"，逐年提升土地返还的资金补偿；城乡低保每人每月分别为350元、230元。[1] 当年，新农村示范村建设扩大到232个。

到2008年年底，经过3年努力，在新农村建设方面已累计投入125.2亿元，新建农民集中居住点848个，集中居住农户31.57万户，2 183个自然村得到整治，农村基础设施、村庄建设水平明显提高，农民生产生活条件显著改善。

新农村建设一个重要方面就是要逐步实现城乡一体化发展。就苏州而言，实现城乡融合发展，既是实现区域经济社会整体发展和全面进步的必然要求和具体体现，也是通过城乡一体化发展为区域的整体发展提供新的动能。一方面，实现城乡一体化可以为拉动内需、促进城市经济的转型升级、转移产能提

[1] 苏州年鉴编纂委员会：《苏州年鉴（2008）》，古吴轩出版社2008年版，第12、16-17页。

供动力和机会；另一方面，通过一体化发展，可以实现人口、资源、环境的和谐、协调发展，也是对资源节约型、环境友好型发展方针的具体贯彻。

以常熟市为例，2004年年初提出城乡一体化的整体推进计划，决定用12年左右的时间，以“农村变城市、村庄变社区、农民变市民”为目标，建设120~150个农民集中居住区，每区容纳5 000人以上，享受和城里人一样的居住、医疗、教育、文化、娱乐、保安等条件。此举可以增加10万亩耕地，全市耕地面积可以增加50%。这对耕地资源相当紧缺的苏州地区来说是相当重要的。

2008年，苏州市被确立为江苏省城乡一体化发展综合配套改革试点区。5月，苏州市委、市政府相继发出《关于深化农村改革促进城乡一体化发展的意见》、关于转发《省委办公厅、省政府办公厅关于苏州城乡一体化发展综合配套改革试点方案》的通知，提出要着力推进农村发展规划、基础设施、公共服务、就业社保、领导体制5个方面的一体化进程。在工业化、城市化进程中，充分维护农民在集体经济组织内部的集体资产所有权和分配权、集体土地的承包权和经营权、宅基地使用权，通过推进“三大合作”、“三个集中”（农村工业向规划区集中、农民居住向新型社区集中、农业生产向适度规模经营集中）和“三个置换”（农户自愿换股、换保、换房进城），进一步推动先进生产要素向农村流动、基础设施向农村延伸、公共服务向农村覆盖、现代文明向农村传播，探索建立具有苏州特色的城乡一体化发展工作格局和制度体系。11月，苏州市委、市政府制定《关于城乡一体化发展综合配套改革的若干意见》，提出要建立城乡统一的土地市场、社保制度、公共服务、现代金融体系和行政管理体制，推进城乡一体化发展。

是年年底，苏州市已累计建立“三大合作”经济组织2 512家、入社农户96. 63万户，从中直接受益24亿元。农民人均收入达到11 789元，其中财产性收入占30. 5%，为实现农民增收的长效化打下了坚实基础。城乡一体化方面，投入农村河道疏浚资金1. 5亿元，疏浚整治河道1 966条、1 713千米，完成土方2 338万立方米；投资2. 4亿元，完成121个农村集中居住区的生活污水处理，全市33. 8%的村全部或部分生活污水得到集中处理，88. 3%的村生活垃圾实现“户集、村收、镇运、县处理”，自来水普及率超过99%，新增无害化卫生户厕1. 75万户，96个行政村成为省级卫生村；投资25. 9亿元，新建公路83. 21千米，改建75. 45千米，所有乡镇均能在15分钟内进入高速公路，行政村班车通达率超过99%；太湖、阳澄湖超面积围网全部撤除，沿湖1~5千米内的畜禽养殖整治工作全部完成；投入 32.12 亿元用于农村绿化建设，全市陆地森林覆盖率达到 20.33%。[1]

2009 年 1 月，苏州市委制定《关于贯彻落实党的十七届三中全会和省委十一届五次全会精神，加快推进农村改革发展的意见》，提出到 2012 年基本建立城乡一体化发展的体制机制。据统计，2009—2012 年累计投资 125 亿元，新建农民集中居住点 848 个、市级示范村 358 个。[2] 到“十一五”末的 2010 年年底，苏州市的城市化率已提高到 66.6%。此后，城乡一体化又有所发展。到 2012 年，苏州市城乡养老、医保、社保实现并轨；连接城乡的轨道交通 1 号线建成投运、2 号线实现“轨通”、4 号线和 2 号线延伸线开工建设，行政村班车通达率达到 99%，城乡公交一体化覆盖率达到 90%以上，90%的规划保留村庄实现生活污水集中处理，农村全部实现生活垃圾集中处理；苏州市 90%的农村工业企业进入工业园，88%的耕地实现规模化经营，48%的农民实现集中居住，累计有 136 万名农民通过换股、换保、换房实现居住地和身份的转变；城乡居民的收入差距进一步缩小，基本保持在 2∶1 以内。这些成绩的取得，标志着苏州市已初步实现了城乡一体发展的基本目标。张家港市被第四届长三角改革发展论坛评为城乡一体化范例县（区）。[3]

到 2010 年年底，苏州市成功缓解了 2008 年发生的全球性金融危机的影响，全面、超额完成“十一五”计划的各项任务，全市地区生产总值年均增长 13.6%，预算收入年均增长 22.6%，工业总产值年均增长 18.4%，第一、二、三产业之比为 1.7∶57.8∶40.5，战略性新兴产业产值占规模以上工业总产值的比重达 27%以上，科技进步综合评价得分、科技孵化机构数量、专利申请量、专利授权量均居全省首位。5 年间实际利用外资 380 多亿美元，年均引进内资超过 500 亿元；城乡居民人均年纯收入分别增长 12.2%和 11.2%，城镇职工养老、医疗、失业、工伤、生育五大社会保险覆盖率达 98.6%，农村基本医疗和养老保险参保率分别达到 97%和 99%，农村老年居民享受基本养老补贴基本实现全覆盖。经济建设上所取得的巨大成绩，为区域和谐社会的构建提供了

[1] 苏州年鉴编纂委员会：《苏州年鉴（2009）》，上海社会科学院出版社 2009 年版，第 304-305 页。

[2] 中共苏州市委党史工作办公室：《中国共产党苏州历史大事记（1921—2016）》（下），中共党史出版社 2016 年版，第 897 页。

[3] 中共张家港市委党史地方志办公室：《张家港市（沙洲县）改革开放执政纪事（1979—2012）》，中共党史出版社 2015 年版，第 189 页。

强有力的物质基础。

在“十一五”取得成就的基础上，苏州市在“十二五”计划中提出了新的更加宏伟的发展目标，将苏州建成新兴产业增量扩张与传统产业存量提升“两手并举”，先进制造业与现代服务业“双轮驱动”，工业化与信息化“双向互动”，加快构建现代产业新体系，力争形成3个格局，即增长动力从过去的要素投入拉动为主转向创新驱动为主的格局，经济结构由制造业为主转向以服务业为主的格局，工业经济由传统产业转向新兴产业主导的格局，到2015年新兴产业的产值要占全市规模以上工业产值的50%。同时要继续争当江苏省乃至全国的“排头兵”和“领头羊”，率先基本实现现代化，把苏州“建设成为科学发展的样板区、开放创新的先行区、城乡一体的示范区，成为以现代经济为特征的高端产业城市、生态环境优美的最佳宜居城市、历史文化与现代文明相融的文化旅游城市”。从而为将苏州快速发展的脚步坚定地迈入新时代做好充分准备。

第二节　迈进新时代的苏州经济

2012年召开的中共十八大，标志着中国特色社会主义进入新时代。这次大会提出了统筹推进政治建设、经济建设、文化建设、社会建设、生态文明建设“五位一体”布局。中共十八大后不久，中国的经济发展进入了新常态，改革进入深水区。习近平总书记提出要为实现中华民族伟大复兴的中国梦而奋斗，并于2013年提出“一带一路”建设的战略构想。同年，党的十八届三中全会做出《关于全面深化改革若干重大问题的决定》，提出要通过全面深化改革来推动新常态下中国经济的发展，充分发挥市场在资源配置中的决定性作用。2014年12月，习近平总书记在江苏调研考察时提出了“全面建成小康社会、全面深化改革、全面依法治国、全面从严治党”的“四个全面”发展思想，要求把江苏建成“经济强、百姓富、环境美、社会文明程度高”高质量发展的先行区。2015年10月召开的党的十八届五中全会提出“创新、协调、绿色、开放、共享”五大发展理念。11月，又提出进行“供给侧改革”的新要求。苏州经济的巨轮由此再次扬帆起航。

一、苏州经济发展进入“新常态”

面对“新常态”，苏州上下同心协力、凝精聚神，在开展不断加大改革力度、深化经济体制改革、继续推进新农村建设和农业现代化、实现城乡一体化发展、加快民营经济转型升级、推动开放型经济提升质量、促进循环经济向深度发展、改善民生、推进供给侧改革等常规工作的同时，又在加快转变发展方式、推动创新发展、实现经济发展的平稳运行等方面，取得了新的突破。

在面对经济下行压力的情况下，苏州把发展新兴战略产业、推进新型工业化进程作为带动经济发展的主要抓手，形成“倒逼机制”。2011 年开始实施的苏州第十二个五年计划，将战略性新兴产业升格为经济发展的“第一方略”，重点发展新能源、新材料、生物技术和新医药、智能电网和物联网、节能环保、新型平板显示、高端装备制造、软件和集成电路八大产业。2012 年开始实施万企升级行动计划，提出到 2015 年，苏州市现有近万家规模以上企业实现阶段性转型升级目标，2 000 家科技型、高成长型小微企业进入规模以上企业行列，重点培育一批综合实力强、现代化水平高的生产性服务业企业。2013 年 2 月，苏州市委先后召开现代化建设暨转型升级推进会、科技创新大会，提出要以壮士断腕的气魄推进产业的转型升级工作，要千方百计激发企业创新活力，抢抓机遇推动产业转型升级，更新理念加快构筑人才高地，整合资源完善科技服务体系，统筹兼顾打造一流创新环境。2014 年 2 月，苏州市委召开工业转型推进大会，下发《关于打造苏州工业经济升级版的实施意见》，提出要始终坚持以战略性新兴产业为第一方略、科技创新为第一驱动、人才为第一资源、品牌为第一支撑、质量效益为第一追求，持续优化产业结构，加快提升产业层次，深入推进生态优先，走出一条质量效益好、资源消耗低、科技含量高、自主品牌强、产业布局优的具有苏州特色的新型工业化道路，推动“苏州制造”向“苏州创造”“苏州智造”转变，全力打造苏州工业经济的升级版。

2015 年 3 月，苏州市委、市政府下发《关于全力打造苏南国家自主创新示范区核心区的意见》，提出了 5 个方面的任务：高点定位，建设苏南国家自主创新示范区；统筹布局，形成苏州创新一体化发展新格局；发挥优势，当好苏南国家自主创新示范区建设先行军；深化改革，为苏南国家自主创新示范区建设探索新路；强化保障，优化苏南国家自主创新示范区创新环境。12 月，苏州市委发出《中国制造 2025 苏州实施纲要》，提出了 6 个方面的具体措施：实施创新驱动工程，提升核心竞争力；实施品牌塑造工程，扩大苏州产品影响力；实施融合推进工程，提高智能发展水平；实施结构优化工程，促进产业高端发展；实施生态创新工程，探索“制造+服务”新途径；实施绿色制造工程，促进可持续发展。

苏州市委、市政府一系列创新举措的实施，取得了明显成效。到2014年，苏州在纳米、光伏、云计算、氮化镓、机器人、生物医药、医疗器械等前沿领域先后培育了一批拥有核心技术和自主知识产权的科技型企业。其中光伏产业在电池片、组件、控制系统等方面形成齐全的产业链；纳米产业成为全球八大区域创新中心之一；医疗器械产业在植入治疗、影像诊断、医学信息等高端领域达到世界先进水平；生物医药产业在小核酸药物、纳米生物医药、抗体诊断等领域跻身国家前沿，新兴产业对工业利税增长的贡献度超过了70%。[1]

在开放型经济发展方面，国际经济一体化程度很高、外向型经济十分发达的苏州积极响应、参与国家的“一带一路”倡议，跨出地域、走出国门，为快速、可持续、高质量发展开辟新途径。民营经济是参加“一带一路”倡议的主力军，在走出去方面，主要有3种类型：紧跟原材料走出去、紧跟产业链走出去、紧跟市场走出去。[2] 2016年，苏州市对沿线国家协议投资额达5.99亿美元，占全市协议对外投资额的18.7%。[3]

以新兴产业和外向型经济为带动，到“十二五”期末，苏州经济逆势上扬，取得了不俗的成绩。2010—2015年，苏州地区生产总值从3 572.75亿元增至7 493.58亿元；“十二五”期末，苏州市区主要经济指标占全市的比重均超过50%，中心城市首位度大幅提升。2015年，苏州市固定资产投资达到6 124亿元，是2010年的1.7倍。“十二五”期间，苏州市固定资产投资5年累计完成投资28 126亿元，是“十一五”的2.1倍，投资总量实现5年翻番。进出口总值连续5年超3 000亿美元，全市城镇化率提高至74.9%，农村集体资产总额和村年均稳定性收入分别达到1 610亿元和776万元。苏州市成为全国第一个独立拥有轨道交通系统的地级市。城乡居民收入稳步增长，常住居民人均可支配收入从2010年的25 492元增长到2015年的42 987元，年均增长

---

[1] 钱怡：《新兴产业集群引领“创富”——关注苏州创新驱动新优势》，《苏州日报》，2014年11月14日。

[2] 陈秀雅：《“一带一路”成就企业新梦想——探访苏州民营企业“走出去”嬗变之路新闻行动》，《苏州日报》，2015年9月7日。

[3] 苏州年鉴编纂委员会：《苏州年鉴（2017）》，古吴轩出版社2017年版，第17页。

11.0%，其中，城镇常住居民人均可支配收入从30 473元增长到50 390元，年均增长10.6%；农村常住居民人均可支配收入从14 534元增长到25 580元，年均增长12.0%。城乡居民收入比从2010年的2.1∶1缩小为2015年的1.97∶1。2015年，苏州城镇常住居民人均可支配收入、消费支出和结余均居江苏省第一位。居民收入的快速增长，为提高生活品质提供了物质基础，私家车保有量从2010年年末的97.97万辆增加到229.28万辆，净增131.31万辆，年均增长18.5%。2015年年末，私家车保有量占汽车保有量比重85.4%，较2010年提高7%。

2016年是苏州“十三五”规划取得良好开局的第一年，经济结构进一步优化，第三产业覆盖率达到51.5%；科技进步对经济增长的贡献率达到62.9%，高于全国平均水平的6.2%；新兴产业占全部规模以上工业企业产值的49.8%。在城乡一体化方面，2017年城市化率已超过75%。[1]

二、苏州自贸区的设立

2013年9月上海自贸区成立后，苏州市立即启动筹建自贸区的建立工作，以更好地对接上海，促进自身发展。12月，苏州市委召开十一届六次全会，提出：苏州要积极创建苏州自贸区并主动呼应对接，用好上海自贸区的溢出效应，着力推进制造业转型升级，力促开放型经济发展，扩大服务业对外开放。

经过多年筹备，2019年8月国务院同意设立中国（江苏）自由贸易试验区（以下简称“江苏自贸区”）。设立江苏自贸区，是党中央、国务院做出的重大决策，是新时代推进改革开放的战略举措，是新阶段我国自贸试验区制度创新模式在更大范围内复制和推广的重要部署。中国（江苏）自由贸易试验区苏州片区（以下简称“苏州自贸区”）是江苏自贸区中的一个片区，面积为60.15平方千米（含苏州工业园综合保税区5.28平方千米），位于苏州工业园区，涵盖了高端制造与国际贸易区、独墅湖科教创新区、阳澄湖半岛旅游度假区、金鸡湖商务区的核心区域，主要包括高端制造与国际贸易区范围除去所有的居住小区及沪宁高速以北的工业区、尖浦河以东强胜路以北的工业区，青秋浦以东中新大道东以南胜浦路以西的工业区、钟南街以东钟园路以南中环快速路以西的区域、苏州德威学校、苏州中学园区校区、星华街以西现代大道以北区域以

---

[1] 王存理、陈仁厚、刘铮等：《这里的黎明静悄悄》，《苏州日报》，2017年7月6日。

外的产业用地范围；独墅湖科教创新区的月亮湾国际中心、创意产业园、生物纳米园、桑田岛产业园部分区域、纳米科技城、人工智能产业园的核心区域；阳澄湖半岛旅游度假区的总部基地产业园核心板块；金鸡湖商务区的湖西CBD、湖东CWD、苏虹西路沿线工业区域、现代服务业产业园、基金小镇产业用地的核心区域。

2019年9月1日，苏州自贸区正式挂牌。苏州自贸区以服务企业发展为重心，持续优化国际化、法治化、便利化营商环境为目标，首批推出七项改革创新举措，助推实体经济发展。一是在全国首家试点打造保税检测集聚区，发挥综保区“保税+”平台功能，将区内保税政策与区外业务联动，加速推动检测检验产业集聚发展。二是园区港增设海关监管作业场所，园区港作为目的港和起运港，与上海、宁波等一线港口互联互通、一体化运作，提升物流贸易便利化水平。三是实行进口研发（测试）用未注册医疗器械分级管理，支持生物医药产业尤其是医疗器械企业创新发展。四是建立“关、助、融”公共服务合作机制，完善进出口企业诚信体系，助力进出口企业提高信贷额度、降低融资成本。五是围绕重点产业，提供一站式的专利快速授权、快速确权、快速维权、运营管理服务。六是实行市场准入本级事项“证照分离”改革全覆盖；七是建立市场主体容错纠错机制。

苏州自贸区围绕“一区四高地”（建设世界一流高科技产业园区，打造全方位开放高地、国际化创新高地、高端化产业高地、现代化治理高地）的功能定位（图1），牢牢抓住“一带一路”建设、长江经济带、长三角一体化发展等国家机遇叠加实施的重大机遇；充分发挥国家级开发区、国家开放创新综合试验、自主创新示范区与自由贸易试验区叠加联动优势；立足改革开放大局和高质量发展要求，对标高标准国际经贸规则，以制度创新为核心，大胆试、大胆闯、自主改，聚焦产业高端升级与创新驱动发展；致力建成投资贸易自由便利、营商环境一流、创新生态优化、高端产业集聚、金融服务完善、监管高效便捷、辐射带动作用突出、发展特色鲜明的高标准高质量自由贸易园区。为此，苏州自贸区将在加快转变政府职能、深化投资领域改革、推动贸易转型升级、深化金融领域开放创新、推动创新驱动发展和积极服务国家战略六大任务框架下，着力在贸易便利化、产业创新发展、金融开放创新、跨境投资、知识产权保护、聚集国际化人才等方面开展具有特色化突破性制度创新。

苏州自贸区的设立是改革开放进程中具有标志性意义的大事。这不仅打开了苏州和园区新的成长空间，也为企业的发展开辟了广阔天地，使投资贸易更自由、更便利，也使政府服务更高效、更快捷。苏州自贸区设立后，围绕“探路”“引领”“突围”三个主题，以更大的开放，倒逼更深刻的改革，以更深刻的改革，促进更高质量的发展。苏州自贸区以服务企业发展为重心，持续优化营商环境，不断推出利企惠企创新举措，助推实体经济发展，创出更多可复制推广的制度创新成果，打造自贸区建设的“苏州样板”。

苏州自贸区的设立，有利于苏州及其工业园区进一步发挥开放优势，加快打造开放型经济发展先行区，为推动形成全面开放新格局做出新贡献；有利于创新实体经济发展路径，加快打造产业转型升级示范区，为国家级开发区产业升级提供路径示范；有利于推进创新驱动发展，加快建设世界一流高科技产业园区，为我国开发区创新发展提供可复制、可推广的经验；有利于深化体制机制创新，加快建设现代化治理高地，营造最具活力和效能的高质量发展制度环境。

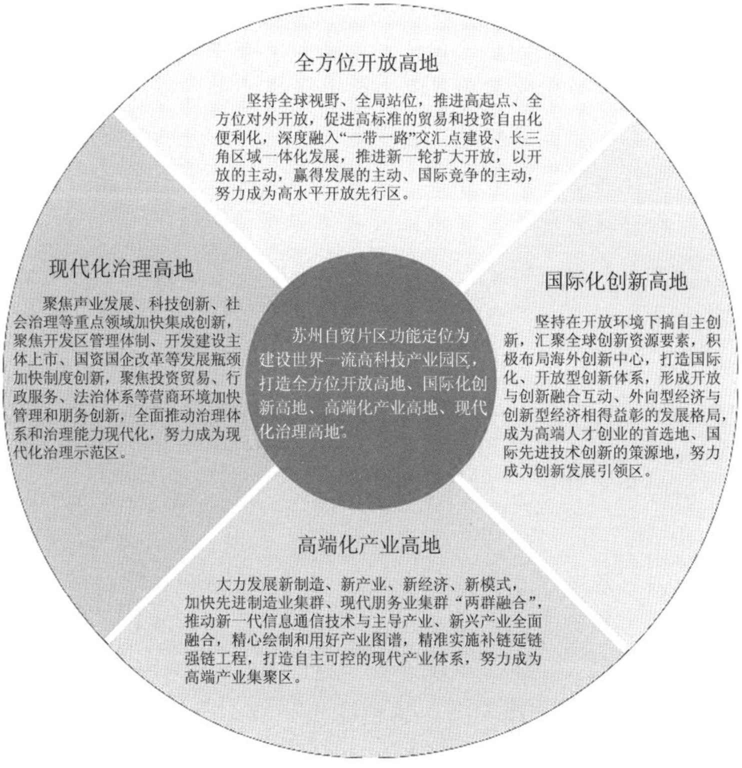

图1　苏州自贸区的“一区四高地”功能定位图

三、改革开放再出发

改革是党的十一届三中全会以来的中国发展中的主题词、关键词，也是中共十八大以来的主题词和关键词。面对发展中的不确定性及不平衡、不充分等问题，唯有进行不断改革、不断创新，持续冲破体制机制障碍，才能找到突破发展瓶颈的良方，平安涉过深水区。

2020 年新年伊始，苏州市召开开放再出发大会，发布开放再出发 30 条政策举措，涉及开放推动创新发展、促进产业转型、强化有效投入、优化营商环境、塑造城市品质 5 个方面；推出 68.8 平方千米产业用地，向全球首发“苏州开放创新合作热力图”，推介苏州营商环境、投资政策、发展愿景。来自海内外的约 3 000 名创新创业人才、企业家、投资者、国际友人等参会。会上，共有 556 个项目签约，投资总额达 7 359 亿元。会议决定，苏州将推出“3+3”鼓励政策，即 3 年内滚动遴选 1 000 家创新型企业，参照国家高新企业所得税政策给予 3 年奖励；自贸区苏州片区内新设立的关键领域、核心环节生产研发企业，符合条件的享受同等奖励，发展态势良好的，奖励期再延长 3 年。

通过不断深化改革，扩大开放，到 2020 年年底，“十三五”规划的实施交出靓丽答卷。在经济发展上，苏州地区生产总值从“十二五”末的 1.45 万亿元迈上 2 万亿元左右新台阶，占全省经济总量的比重超过 20%；一般公共预算收入从“十二五”末的 1 560.8 亿元增加到 2 300 亿元，总量、增量和税比均保持全省前列。规模以上工业总产值、增加值稳居全国前三名，高新技术产业产值、战略性新兴产业产值占规模以上工业总产值比重均超 50%。进出口和出口规模分别保持全国第四名和第三名，一般贸易占比年均提升 1.5%左右，利用外资水平持续提升、总量保持全省第一名。全社会研发经费支出占比增至 3.7%左右、居全省第一名。高新技术企业数从“十二五”末的 3 478 家增加到近 1 万家，万人有效发明专利拥有量由 27.4 件增长到 68 件。目前，苏州拥有国家级重大人才工程创业类人才 146 人，居全国首位。此外，恒力、沙钢、盛虹 3 家企业入围世界 500 强，26 家企业上榜“2020 中国民营企业 500 强”、数量居全国第二名，28 家企业入围“2020 中国民营企业制造业 500 强”、数量居全国第一名。苏州在境内外上市的企业达 181 家，其中境内 A 股上市公司 144 家、居全国第五名，科创板上市公司 20 家、居全国第三名。

在民生福祉上，“十三五”时期，苏州居民收入较快增长，城乡人均可支配收入增速与经济增长保持同步，提前实现比2010年翻一番目标。城乡低保标准由“十二五”末每人每月750元提高至1 045元、居全省首位。新建改扩建学校528所，新增学位52.43万个，获评全国首个义务教育基本均衡地级市。全面实现养老保险市区统筹，设立全国首个养老服务业发展引导基金，人均期望寿命较“十二五”末提高0.95岁、达83.82岁。建成沪苏通铁路和沪苏通长江公铁大桥，开工建设南沿江等5条铁路，城市轨道交通运营里程166千米、在建里程187千米，太仓港成为全国首个实现跨省通关一体化的港口。累计承担国家级农村改革试点任务18项，在全国率先发布了《苏州市率先基本实现农业农村现代化考核指标体系（2020—2022年）（试行）》。

在生态环保上，“十三五”时期，苏州环境质量大幅改善。实施压煤、减污、治车、抑尘、禁燃等治气措施，PM2.5浓度比“十二五”末下降25微克/立方米以上，空气优良天数比例提升到84%以上。苏州严格落实国务院印发的《水污染防治行动计划》（以下简称《水十条》），国、省考断面水质优Ⅲ比例比2016年提高28%。城乡黑臭水体基本消除，集中式饮用水水源地水质100%达标。苏州先后荣获联合国人居环境奖、李光耀世界城市奖，建成全国首批国家生态文明建设示范市、全国首个“国家生态园林城市群”。

在超额完成“十三五”规划的各项任务的同时，苏州市委又在2020年年底制定和提出了目标更加宏伟的国民经济和社会发展第十四个五年规划和2035年远景目标的建议，经济上的指导思想是：以推动高质量发展为主题，以深化供给侧结构性改革为主线，以谋划新发展优势为主轴，以改革创新为根本动力，以满足人民日益增长的美好生活需要为根本目的，统筹发展和安全，推进现代化经济体系建设，加快建设充分展现“强富美高”新图景的社会主义现代化强市。

总体要求是坚持党的全面领导，坚持以人民为中心，坚持新发展理念，坚持深化改革开放，坚持系统观念。按照“争当表率、争做示范、走在前列”的新使命新要求，争当改革创新、推动高质量发展表率。紧扣高质量发展的重点领域、关键环节，用好国家、江苏省改革试点政策，充分发挥长三角生态绿色一体化发展示范区、苏州工业园区开放创新综合试验、苏州自贸区、苏南国家自主创新示范区等重大改革开放平台的牵引作用，先行先试、率先探索，更大力度地谋划改革、鼓励创新，争做高质量发展领跑者。在经济社会发展的各个领域自觉对照“表率”要求，用更深层次改革破解发展中的难题，加快实现更高质量、更有效率、更加公平、更可持续、更为安全的发展。突出创新引领，提升产业核心竞争力，建设更高水平的创新之城；深化改革开放，激活发展新动能，建设更高水平的开放之城；落实国家战略，主动融入长三角一体化，打造长三角重要中心城市，为建设世界级城市群做出重要贡献；注重保护传承，实现文化产业大发展，建设更高水平的人文之城；践行“绿水青山就是金山银山”理念，建设“美丽苏州”，建设更高水平的生态之城；坚持以人民为中心，不断满足人民对美好生活的期待，建设更高水平的宜居之城；统筹发展和安全，提高社会治理现代化水平，建设更高水平的善治之城。在服务全国构建新发展格局上争做示范城市。坚持全国一盘棋，立足自身在发展大局中的定位使命，发挥苏州开放度高的外循环优势、区域配套强和辐射广的内循环优势，提升对全球优质资源的配置能力，建设国内循环重要支点城市、双循环关键枢纽城市。把握扩大内需这一战略基点，深化供给侧结构性改革，注重需求侧管理，打通堵点、补齐短板，贯通生产、分配、流通、消费各环节，形成需求牵引供给、供给创造需求的更高水平动态平衡。统筹推进现代流通体系建设，探索构建市场体系、交通运输体系、商贸流通体系、社会支撑体系、金融服务体系等，打造构建新发展格局有力支点。建立更高水平开放型经济新体制，推动形成更大范围、更宽领域、更深层次的全面开放格局。在率先实现社会主义现代化上走在前列。牢牢把握“率先实现”和“走在前列”的逻辑关系，着眼未来，用世界眼光审视谋划现代化建设。从中国特色社会主义的本质特征出发，用好力、把握好节奏、掌握好平衡，实现稳和进、近和远、质和量的有机统一。把握全面建设现代化社会主义国家奋斗目标和总体部署，在“强富美高”总要求下，用好昆山市、苏州工业园区现代化建设试点的经验，积极探索具有苏州特色和实践内涵的现代化形态，在社会主义现代化建设新征程中始终走在江苏省、全国前列。

具体目标为，综合实力和竞争力进一步增强，基本建成制造业和服务业国际化、高质量特征更加鲜明的产业体系，制造业在产业结构中的主体地位进一步巩固，传统产业转型升级、制造业智能化改造和数字化转型深入推进，产业基础高级化和产业链现代化水平明显提高，更多重点产业链进入全球价值链中高端。科技创新能力显著提升，全社会研发经费支出占地区生产总值比重、全要素生产率全面提高。营商环境达到国际一流，内外需结构调整优化，有效投入持续增加，消费拉动经济增长的作用进一步凸显，在构建新发展格局中发挥基础性作用。人民群众生活品质进一步提高，居民收入增长和经济增长基本同步，中等收入群体比重明显增加。公共服务体系优质均等化水平显著提升，就业更加充分更高质量，教育现代化水平持续提升，多层次社会保障体系更加健全，卫生健康体系更加完善。社会大局保持稳定，人民群众生命安全、身体健康、安居乐业切实得到保障。城市功能进一步完善，城市空间、产业布局、资源配置更加科学合理，创新策源、产业引领、门户枢纽等功能全面增强，城市数字化转型更加有效，科学化、精细化、智能化长效机制更加完善，城市韧性显著增强。生态环境治理体系和治理能力现代化取得重要突破，美丽苏州建设的发展路径、动力机制基本形成，生态环境质量、城乡人居品质、绿色经济发展活力位居江苏省、全国前列。建设世界旅游目的地城市，基本建成国家历史文化名城保护示范区，长三角生态绿色一体化发展示范区建成“世界级水乡人居文明典范”。

在“十四五”发展的基础上，再奋斗 10 年，高水平建设令人向往的创新之城、开放之城、人文之城、生态之城、宜居之城、善治之城，高水平建成充分展现“强富美高”新图景的社会主义现代化强市、世界历史文化名城，打造长三角重要中心城市，为建设世界级城市群做出重要贡献。经济总量和城乡居民人均收入将迈上新的大台阶，经济综合实力迈入全球先进城市行列，城市软实力全面增强，城市能级和核心竞争力全面提升；建成现代化经济体系，更多关键核心技术自主可控，在全球产业链、价值链、供应链中的地位更加突出；更高水平的开放型经济新体制更加成熟稳定，成为深度融入经济全球化的全国典范；生态环境根本好转，建成美丽中国标杆城市；公共服务水平明显提升，中等收入群体显著扩大，社会文明程度达到新高度，人的全面发展和人民共同富裕走在江苏省、全国前列。

可以预料，只要始终坚持改革开放的既定方针，继续解放思想，不断冲破体制机制障碍，大胆创新，一个经济上更加繁荣、社会更加和谐、法制更加健全、环境更加美好、人民更加富裕、发展更具活力的新苏州必将呈现在世人的面前。

参考文献

一、专著、论文类

[1] 贝政新，顾建平. 江苏乡镇企业集团化研究 [M]. 北京：人民出版社，2001.

[2] 常熟市老区开发促进会. 常熟市革命老区发展史 [M]. 南京：江苏人民出版社，2019.

[3] 陈惠康. 江南农村的一场变革 [M]. 苏州：苏州大学出版社，1998.

[4] 丁启清. 军管时期苏州地区的经济恢复与社会改造（1949—1952）[D]. 苏州大学硕士学位论文，2011.

[5] 丁永仁，万解秋. 90 年代乡镇企业发展透视：机遇·挑战·战略 [M]. 上海：同济大学出版社，1993.

[6] 段本洛，张圻福. 苏州手工业史 [M]. 南京：江苏古籍出版社，1986.

[7] 段本洛. 历史上苏南多层次的工业结构 [J]. 历史研究，1988（5）：98-113.

[8] 段本洛，单强. 近代江南农村 [M]. 南京：江苏人民出版社，1994.

[9] 段本洛. 苏南近代社会经济史 [M]. 北京：中国商业出版社，1997.

[10] 段本洛. 中国资本主义的产生和早期资产阶级 [M]. 苏州：苏州大学出版社，1996.

[11] 洪松. 国民经济恢复时期苏州市劳资关系研究 [D]. 苏州大学硕士学位论文，2015.

[12] 洪银兴，王荣. 改革开放三十年：苏州经验 [M]. 苏州：古吴轩出版社，2008.

［13］蒋振云. 苏州崛起的足迹［M］. 北京：党建读物出版社，1992.

［14］江祝霞. “一五”时期企业职工社会保障事业研究：以苏州地区为考察对象［D］. 苏州大学硕士学位论文，2008.

［15］昆山市老区开发促进会. 昆山市革命老区发展史［M］. 南京：江苏人民出版社，2019.

［16］李婧. 苏纶纱厂的社会主义改造研究［D］. 苏州大学硕士学位论文，2010.

［17］陆学艺，浦荣皋. 苏南模式与太仓实践［M］. 北京：社会科学文献出版社，2009.

［18］马海涛. “大跃进”时期苏州地区“技术革命”研究［D］. 苏州大学硕士学位论文，2010.

［19］孟焕民. 崛起的热土：来自苏州各级开发区的报告［M］. 上海：上海科学普及出版社，1994.

［20］孟焕民，陈楚九. 第二次突破：苏州开发区建设实证研究［M］. 北京：人民出版社，2002.

［21］裴叔平，沈立人，陈乃醒. 苏南工业化道路研究［M］. 北京：经济管理出版社，1993.

［22］沈石声. 苏南模式在苏州的实践［M］. 北京：人民日报出版社，2010.

［23］苏州高新区（虎丘区）老区开发促进会，苏州高新区（虎丘区）档案局. 苏州高新区（虎丘区）革命老区发展史［M］. 南京：江苏人民出版社，2019.

［24］苏州市经济委员会. 走向辉煌：阔步前进的苏州工业经济［M］. 苏州：古吴轩出版社，1994.

［25］苏州市人民政府研究室，常熟高等专科学校区域经济研究室. 改革发展实录［M］. 上海：上海科学普及出版社，2000.

［26］苏州市吴江区老区开发促进会. 苏州市吴江区革命老区发展史［M］. 南京：江苏人民出版社，2019.

［27］苏州市相城区老区开发促进会. 苏州市相城区革命老区发展史［M］. 南京：江苏人民出版社，2019.

［28］《苏州通史》编纂委员会，王玉贵，吴晨潮. 苏州通史·中华人民共和国卷（1949—1978）［M］. 苏州：苏州大学出版社，2019.

［29］《苏州通史》编纂委员会，姚福年. 苏州通史·中华人民共和国卷（1978—2000）［M］. 苏州：苏州大学出版社，2019.

［30］孙艺兵，邬才生. 苏州现代化建设战略研究［M］. 北京：中国国际广播出版社，2001.

［31］太仓市老区开发促进会. 太仓市革命老区发展史［M］. 南京：江苏人民出版社，2019.

［32］太仓市史志办公室. 太仓港发展史［M］. 西安：西安地图出版社，2005.

［33］万解秋. 政府推动与经济发展：苏南模式的理论思考［M］. 上海：复旦大学出版社，1993.

［34］万解秋，等. 乡镇企业结构调整与集约化经营研究［M］. 苏州：苏州大学出版社，1999.

［35］王国平，周新国，等. 江苏经济发展与现代化历史进程研究［M］. 苏州：苏州大学出版社，2008.

［36］王国平. 苏州史纲［M］. 苏州：古吴轩出版社，2009.

［37］王荣. 和谐社会理论与苏州实践［M］. 苏州：古吴轩出版社，2006.

［38］王荣. 苏州之路："两个率先"的实践与思考［M］. 苏州：苏州大学出版社，2006.

［39］王荣，韩俊，徐建明. 苏州农村改革30年［M］. 上海：上海远东出版社，2007.

［40］王荣. 苏州精神："三大法宝"的价值与升华［M］. 苏州：苏州大学出版社，2008.

［41］王荣. 苏州民营经济发展30年［M］. 苏州：苏州大学出版社，2009.

［42］王卫平，王玉贵. 新中国成立前后苏州地区企业年奖制度的演变［J］. 中国社会科学，2015（8）：182-203.

［43］王玉贵. 20世纪60年代初农村人民公社退赔研究：以苏州地区为考察对象［J］. 当代中国史研究，2003（1）：36-48.

［44］王玉贵，娄胜华. 当代中国农村社会经济变迁研究［M］. 北京：群言出版社，2006.

［45］王玉贵. 制度变革·社会变迁·制度绩效：以苏南农村人民公社为研究对象［M］. 长春：吉林人民出版社，2009.

[46] 王玉贵，等. 制度变革与苏州社会经济变迁研究 [M]. 苏州：古吴轩出版社，2014.

[47] 温铁军，等. 解读苏南 [M]. 苏州：苏州大学出版社，2011.

[48] 吴声功. 苏州区域经济的整体效应 [M]. 苏州：苏州大学出版社，2003.

[49] 邬才生. 行动中的苏州新农村建设 [M]. 苏州：古吴轩出版社，2007.

[50] 新望. 村庄发育、村庄工业的发生与发展：苏南永联村记事（1970—2002）[M]. 北京：生活·读书·新知三联书店，2004.

[51] 新望. 苏南模式的终结 [M]. 北京：生活·读书·新知三联书店，2005.

[52] 徐国保. 走向现代化的苏州 [M]. 苏州：苏州大学出版社，1995.

[53] 徐虹霞，王玉贵. 吴文化的创新特质与苏南创新型社会的构建 [M]. 苏州：古吴轩出版社，2015.

[54] 徐伟荣. 异军突起在苏南 [M]. 南京：江苏人民出版社，1996.

[55] 严金泉，尚贵华，季秋萍. 苏州城镇化进程中的土地节约利用与可持续发展研究 [M]. 苏州：苏州大学出版社，2006.

[56] 杨守松. 昆山之路（1991—1995）[M]. 南京：江苏文艺出版社，1995.

[57] 杨晓堂. 苏州基本现代化研究 [M]. 苏州：苏州大学出版社，1996.

[58] 姚东明. 情系民企：苏州市工商联十年之路 [M]. 上海：文汇出版社，2012.

[59] 姚福年. 苏州改革开放实录 [M]. 北京：中共党史出版社，2019.

[60] 张家港市老区开发促进会. 张家港市革命老区发展史 [M]. 南京：江苏人民出版社，2019.

[61] 张卫国. 对外开放在苏州 [M]. 南京：江苏人民出版社，1998.

[62] 赵俊生. 苏州基本现代化规划 [M]. 苏州：苏州大学出版社，1997.

[63] 周德欣，周海乐. 苏州和温州发展比较研究：区际比较的实证分析 [M]. 苏州：苏州大学出版社，1997.

[64] 周海乐. 苏锡常发展报告 [M]. 北京：人民日报出版社，1994.

[65] 周海乐，周德欣. 苏锡常发展特色研究 [M]. 北京：人民日报出版社，1996.

［66］周海乐，陈红霞，等.“苏南模式”的新发展：区域发展个案反馈的前沿信息［M］. 北京：人民出版社，2001.

［67］周海乐. 2000 年苏南发展报告［M］. 北京：人民出版社，2003.

［68］周向群，苏简亚. 苏州经济发展论纲［M］. 南京：江苏人民出版社，2001.

［69］朱通华. 论“苏南模式”［M］. 南京：江苏人民出版社，1987.

［70］朱通华，孙彬. 苏南模式发展研究［M］. 南京：南京大学出版社，1994.

［71］朱仲翊. 苏州经济国际化进程研究［M］. 北京：人民出版社，2000.

［72］宗菊如，郭宝塍，黄胜平. 苏南农村改革的脚印［M］. 北京：中国卓越出版公司，1991.

二、史志、年鉴、专题资料

［1］董寅寅. 苏州历史、文化、经济［M］. 上海：上海人民出版社，1990.

［2］陆允昌，高志斌. 苏州对外经济五十年（1949—1999）［M］. 北京：人民出版社，2001.

［3］苏州市地方志编纂委员会. 苏州市志［M］. 南京：江苏人民出版社，1995.

［4］苏州市地方志编纂委员会. 苏州市志（1986—2005）［M］. 南京：江苏凤凰出版社，2014.

［5］苏州市对外经济贸易委员会. 苏州对外经济志（1896—1990）［M］. 南京：南京大学出版社，1991.

［6］苏州市发展和改革委员会，中共苏州市委党史工作办公室. 社会主义建设时期苏州经济工作（1953—1966）［M］. 北京：中共党史出版社，2008.

［7］苏州市高新区虎丘区志编纂委员会. 苏州市高新区虎丘区志［M］. 上海：上海社会科学院出版社，2012.

［8］苏州市工商业联合会，苏州市中小企业局，江苏省苏州工商行政管理局. 2010 苏州市民营经济发展报告［M］. 苏州：古吴轩出版社，2011.

［9］苏州市工商业联合会，苏州市中小企业局，江苏省苏州工商行政管理局. 2011 苏州市民营经济发展报告［M］. 苏州：古吴轩出版社，2012.

［10］苏州工业园区地方志编纂委员会. 苏州工业园区志（1994—2005）［M］. 南京：江苏人民出版社，2012.

［11］苏州市经济贸易委员会，苏州市乡镇企业管理局，中共苏州市委党史工作办公室. 苏州乡镇工业［M］. 北京：中共党史出版社，2008.

［12］苏州市农业委员会. 苏州农业志［M］. 苏州：苏州大学出版社，2012.

［13］苏州市人民政府. 苏州：东方人的智慧：汉英对照［M］. 北京：五洲传播出版社，2009.

［14］苏州市统计局. 苏州统计年鉴（2006）［M］. 北京：中国统计出版社，2006.

［15］苏州市政协文史委员会，孙中浩. 苏州老字号［M］. 苏州：古吴轩出版社，2006.

［16］苏州市政协文史委员会. 异军突起：苏州乡镇企业史料［M］. 苏州：古吴轩出版社，2012.

［17］太仓市史志办公室. 中共太仓地方史：第二卷（1949—1978）［M］. 北京：中共党史出版社，2012.

［18］吴县地方志办公室，吴县档案馆. 吴县大事记（石器时代—1993年）［M］. 苏州：古吴轩出版社，1994.

［19］中共常熟市委党史工作办公室，沈秋农. 缔造辉煌［M］. 北京：中共党史出版社，2001.

［20］中共常熟市委党史工作办公室. 中国共产党常熟历史：第二卷（1949—1978）［M］. 北京：中共党史出版社，2014.

［21］中共江苏省委农村工作部. 农业生产大跃进的经验［M］. 南京：江苏人民出版社，1958.

［22］中共昆山市委党史研究室. 中国共产党昆山市历史大事记（1949. 5—1999. 12）［M］. 上海：上海科学技术文献出版社，2000.

［23］中共昆山市委党史研究室. 中共昆山地方史：第二卷（1949—1978）［M］. 北京：中共党史出版社，2011.

［24］中共苏州市委党史工作办公室，苏州市体制改革委员会. 姑苏春潮：苏州改革开放纪实［M］. 上海：上海大学出版社，1998.

［25］中共苏州市委党史工作办公室. 苏州城市接管与社会改造［M］. 北京：中共党史出版社，2009.

[26] 中共苏州市委党史工作办公室. 中国共产党苏州党史大事记（1949—1999）[M]. 北京：中国文史出版社，2000.

[27] 中共苏州市委党史工作办公室. 苏州改革开放三十年大事记（1978—2008）[M]. 北京：中共党史出版社，2008.

[28] 中共苏州市委党史工作办公室. 中国共产党苏州九十年纪事（1921—2011）[M]. 北京：中共党史出版社，2012.

[29] 中共苏州市委党史工作办公室. 中国共产党苏州历史：第二卷（1949—1978）[M]. 北京：中共党史出版社，2014.

[30] 中共苏州市委党史工作办公室. 中国共产党苏州历史大事记（1921—2016）[M]. 北京：中共党史出版社，2016.

[31] 中共苏州市委员会. 今日苏州农村经济 [M]. 南京：江苏人民出版社，1985.

[32] 中共吴江市委党史工作办公室. 中共吴江地方史：第二卷（1949—1978）[M]. 北京：中共党史出版社，2011.

[33] 中共张家港市委党史地方志办公室. 历史的回声：张家港市党史专题集（1962—2000）[M]. 北京：中央文献出版社，2001.

[34] 中共张家港市委党史地方志办公室. 中国共产党张家港市历史大事记（1949. 4—1998. 12）[M]. 北京：中共党史出版社，1999.

[35] 中共张家港市委党史地方志办公室. 辉煌二十年（1986—2005）[M]. 北京：中共党史出版社，2006.

[36] 中共张家港市委党史地方志办公室. 中国共产党张家港（沙洲）历史：第二卷（1949—1978）[M]. 北京：中共党史出版社，2013.

[37] 中共张家港市委党史地方志办公室. 张家港市（沙洲县）改革开放执政纪事（1979—2012）[M]. 北京：中共党史出版社，2015.

三、苏州市档案资料[1]

[1] 华东军政委员会土改委员会. 华东区土地改革成果统计 [A]. 苏州市档案馆，1952-12.

---

[1] 苏州市档案资料现藏于苏州市档案局（馆）。苏州市档案馆于 1949 年筹建，1959 年正式成立。1980 年苏州市档案局成立，1983 年与苏州市档案馆合并，称“苏州市档案局（馆）”。

［2］华东军政委员会土改委员会第三次会议. 华东土地改革工作资料［A］. 苏州市档案馆，1952.

［3］华东军政委员会土改委员会. 上海市郊区苏南行政区土地改革画集［A］. 苏州市档案馆，1952-1.

［4］苏州人民行政公署土地改革委员会. 我所见到的苏南土地改革运动［A］. 苏州市档案馆，1951-9.

［5］苏州人民行政公署土地改革委员会. 土地改革前的苏南农村［A］. 苏州市档案馆，1951-9.

［6］苏州人民行政公署土地改革委员会. 土地改革后的苏南农村［A］. 苏州市档案馆，1951-9.

［7］苏州地区革委会生产指挥组. 农村人民公社经营管理参考资料［A］. 苏州市档案馆，1973-10.

［8］苏州地委办公室. 苏州地区农村人民公社经营管理会议文件（大会交流材料）［A］. 苏州市档案馆，1978-2.

［9］新华通讯社. 农村人民公社调查汇编［A］. 苏州市档案馆，1960-5.

［10］中共苏南区党委宣传部. 土改学习文件［A］. 苏州市档案馆，1950-8.

［11］中共苏南区党委宣传部. 地主罪恶种种［A］. 苏州市档案馆，1950-9.

［12］中国共产党苏南区委员会农村工作委员会. 苏南土地改革文献［A］. 苏州市档案馆，1952-7.

后 记

2021 年是中国共产党成立 100 周年。百年来，在党的坚强领导下，苏州人民历经革命斗争、建设探索和改革发展，圆满交出了高水平全面小康的答卷，“强富美高”新蓝图在苏州大地展现出令人鼓舞的现实模样。“以史为鉴，可以知兴替”，全面梳理总结在党的领导下苏州经济发展的历史，对于苏州努力打造向世界展示社会主义现代化的“最美窗口”颇具历史借鉴意义。有鉴于此，中共苏州市委党史工作办公室决定与苏州大学历史学系深度合作，认真谋划编撰《百年苏州经济简史》，以期探索苏州经济发展的内在规律，特别是改革开放以来的经济变革和发展特色，献礼中国共产党百年华诞。

从立项到成书，只有一年多的时间，其间还受到因新冠肺炎疫情而带来的查阅资料不便的影响。在这么有限的时间内完成具有较高质量的编撰任务，还是有相当难度的。好在近年来，编著者先后参与了《中国共产党苏州历史·第二卷（1949—1978)》《苏州史纲》《苏州通史·中华人民共和国卷（1949—1978)》等书的编写工作，作为主要作者参加了《苏州高新区（虎丘区）革命老区发展史》的编撰工作，积累了不少材料。另外，《苏州通史·中华人民共和国卷（1978—2000)》《苏州改革开放实录》都有不少篇幅准确、详尽地描述了改革开放时期苏州的经济发展情况。由于时间有限，同时避免做重复劳动，在编写本书时，借鉴了其中的不少内容。当然，按照简史的编写要求，对原有表述做了不少删改、调整和适当补充。21 世纪以来的苏州经济发展，内容相当丰富，本书主要抓住其中颇为重要的几项内容，特别是此前没有出现或虽有出现但特点尚未充分表露的内容进行了论述。

在中共苏州市委党史工作办公室朱江、诸晓春等领导的部署下，书稿完成后，约请党史专家、资深编辑，以及相关理论工作者、经济工作实践亲历者进行了严肃认真的审读，努力做到政治性、理论性和实践性的有机统一。书中的一些判断、取舍是否符合实际情况，具体论述是否妥当，欢迎经济界领导、学者和广大读者提出建设性的批评和建议。感谢中共苏州市委党史工作办公室张秀芹同志、赵金涛同志对本书编撰的大力支持，特别感谢本书的责任编辑冯云老师、孙佳颖老师，是她们极其认真负责的态度和敬业精神，使书中可能存在的技术性错误降至最低。

编著者

2021 年 8 月